ABITUR-WISSEN

Prüfungswissen Deutsch

Werner Winkler

STARK

© 2019 Stark Verlag GmbH
www.stark-verlag.de
1. Auflage 2015

Inhalt

Vorwort

Liebe Schülerin, lieber Schüler,

dieses Buch will Ihnen bei der **Vorbereitung auf Klausuren** und die **Abiturprüfung** im Fach Deutsch helfen.

Eine kompakte, klar strukturierte und übersichtliche Darstellung grundlegender Fakten ermöglicht Ihnen, **wichtige Wissensgebiete** und **Arbeitstechniken** rasch zu **wiederholen** und evtl. vorhandene Kenntnislücken zu schließen. Die **Konzentration auf wesentliche, prüfungsrelevante Stoffgebiete** erleichtert das effektive Lernen.

Dieser Band bietet Ihnen verdichtet Informationen zu **Aufsatzarten, Aufgabenstellungen und Vorgehensweisen** sowie **Begriffserläuterungen** und **literarische Grundkenntnisse**. Ein Abriss der **Literaturgeschichte** fehlt dabei ebenso wenig wie Basisinformationen zu den Themen **Sprache, Kommunikation und Medien**.

Zahlreiche **Beispiele** (gekennzeichnet durch dieses Symbol: B) sorgen für Anschaulichkeit. **Bearbeitungsvorschläge** und praktische **Übersichten** runden die gezielte Vorbereitung ab.

Arbeiten Sie die einzelnen Kapitel systematisch und sorgfältig durch. Dann können Sie in der konkreten Prüfungssituation Aufgabenstellungen leichter klären, methodisch angemessene Lösungswege finden und stichhaltige Argumente sprachlich korrekt formulieren.

Für Ihre Prüfungsvorbereitung wünsche ich Ihnen viel Spaß und Erfolg!

Werner Winkler

Analysieren, Erschließen und Interpretieren von Texten

Die Untersuchung vorgegebener Texte und die Auseinandersetzung mit ihnen ist wesentlicher Bestandteil der schriftlichen Abiturprüfung im Fach Deutsch. Zum Gelingen der Bearbeitung kann die Kenntnis von Textarten und häufigen Aufgabenstellungen entscheidend beitragen.

Textarten

Text: von spätlat. *textus* = Inhalt, Text; eigentlich Gewebe der Rede < lat. *textus* = Gewebe, zu lat. *texere* = weben, flechten; kunstvoll zusammenfügen

Ein **Text** ist ein nach bestimmten Ordnungskriterien (Regeln) zusammengesetztes Gefüge von Wortfolgen. Die Regeln, die Inhalt, Gestaltungsmittel und Gehalt betreffen, können aus Gewohnheit entstanden oder willkürlich festgelegt sein. Alle Sätze sind strukturiert, aufeinander bezogen, ergeben in ihrer Gesamtheit einen Inhalt und erzielen Wirkung beim Rezipienten.

Der Begriff **Literatur** wurde früher für alles Geschriebene verwendet. Heute wird er auch für mündlich Vermitteltes und mit technischen Geräten akustisch Konserviertes gebraucht. Ausdrücke wie „schöne Literatur“, „Gebrauchsliteratur“, „Trivialliteratur“ und „Unterhaltungsliteratur“ zeigen die Bandbreite des Begriffs. In einem engeren Sinne unterscheidet man Schriftwerke von hoher kulturgeschichtlicher Bedeutung und Unterhaltungsliteratur von Gebrauchs- und Sachliteratur.

pragmatisch: sachbezogen, auf Fakten beruhend

fiktional: erdacht, in der Vorstellung existierend

Bei einer Textuntersuchung hilft die Differenzierung in nichtpoetische Texte (nichtfiktionale Texte, Gebrauchstexte, Sachtexte, pragmatische Texte) und poetische Texte (fiktionale Texte, literarische Texte).

Die **nichtpoetischen Texte** lassen sich nach der Intention des Autors gliedern. So spricht man von belehrenden (kognitiven), regelnden (normativen), mitteilenden (informativen), begründenden (argumentativen) und auffordernden (appellativen) Texten. Die im Abitur bevorzugt angebotenen pragmatischen Texte beschäftigen sich zumeist mit schülerrelevanten Sachverhalten, die informierende, erklärende und argumentierende Anteile enthalten. Auch Glosse und Rezension stellen Mischformen dar und verbinden mehrere Intentionen. Bei **poetischen Texten** ist zunächst die Gliederung nach den drei Grundgattungen ausreichend: epische, dramatische und lyrische Texte. Auch hier finden sich Mischformen wie die Ballade. Der Essay enthält poetische und nichtpoetische Anteile.

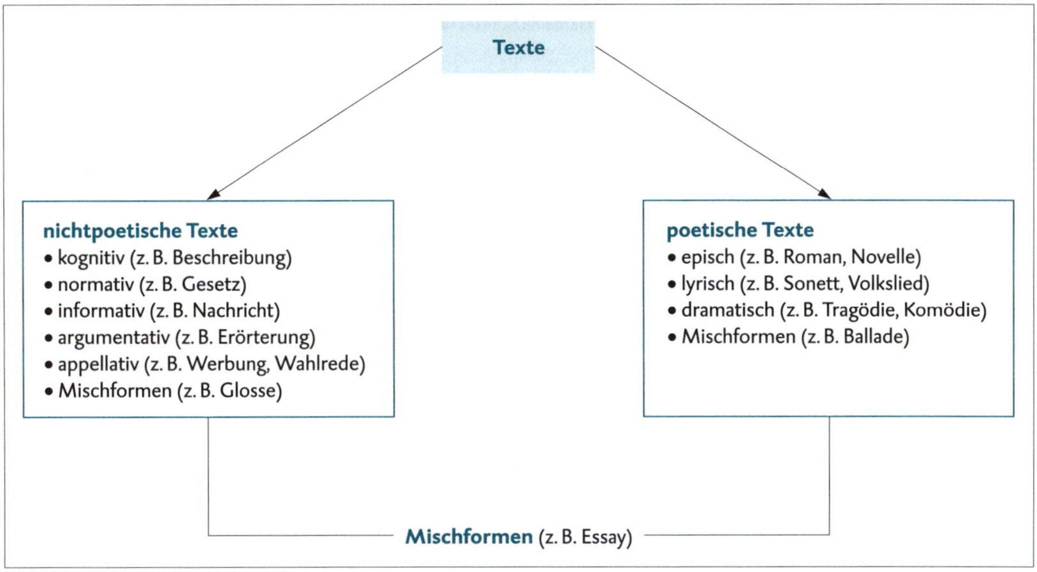

Textarten

Poetische Texte unterscheiden sich durch ihre fiktive Wirklichkeit, ihre Komplexität, Vieldeutigkeit und künstlerische Qualität von den oft zweckgerichteten Gebrauchstexten.
Manchmal führt die Differenzierung in fiktionale und nichtfiktionale Literatur allerdings zu Problemen. Dies geschieht, wenn bei Formen der politischen Dichtung, der engagierten und dokumentarischen Literatur, der künstlerische Anteil gesellschaftlichen Intentionen geopfert wird. Andererseits können Sachbuchtexte oder Essays durch ihre sprachliche Beschaffenheit und ihren Gehalt in den Bereich der „hohen" Literatur hineinreichen. Letztlich geht es also um Wertungskriterien, die Fragen der Kunst berühren und von epochalen und persönlichen Maßstäben beeinflusst werden. Hier berücksichtigt man sowohl Kriterien der Analyse als auch der auslegenden und deutenden Interpretation.
Bei Prüfungen kommen einteilige Arbeitsanweisungen, einteilige Aufgabenstellungen mit Zusatzhinweisen und mehrteilige Aufgabenstellungen vor. Handelt es sich um eine differenziertere Anforderung, so zielen die einzelnen Teile in der Regel auf Inhalt, Gestaltungsmittel und Ideengehalt. Da eine Trennung der einzelnen Bereiche besonders bei fiktionalen Texten oft schwierig ist (vgl. Beziehungen zwischen Form und Gehalt) und zu Wiederholungen und Formalismus verführen kann, eröffnet eine umfassende Aufgabenstellung („Interpretieren Sie …") dem Schüler ein freieres und breiteres Bearbeitungsspektrum.

Allgemeine Untersuchungsbereiche

Autoren verfolgen mit ihren Texten bestimmte Absichten. Dabei schwingen bewusst oder unbewusst persönliche Erfahrungen sowie situative, historisch bedingte Gegebenheiten mit. Sie beeinflussen die Wahl des Themas, dessen Einbindung in eine Textart und dessen Darstellung in Inhalt und Gestaltung. Der Text selbst löst unterschiedliche Wirkungen aus, die durch den Einsatz von Vermittlern verstärkt werden können. Damit ergeben sich drei Untersuchungsfelder, die bei allen Textarten eine Rolle spielen:

1. Untersuchungsbereich

Im ersten Untersuchungsbereich fragt man nach den Hintergründen, den Einflüssen, Ursachen, Anlässen und Absichten, die zur **Entstehung des Textes** führten. Antworten liefern:

- der Autor (Interessen, Intentionen; bei literarischen Texten auch biografische Impulse) und
- situative Faktoren (aktueller Anlass, öffentliches Informationsbedürfnis; Zeithintergrund).

2. Untersuchungsbereich

Der zweite Untersuchungsbereich erfasst den **Text selbst**, wie er sich in seinem **Inhalt**, seiner **Gestaltung** und seinem **Gehalt** präsentiert. Bearbeitungsschwerpunkte bilden:

- Thema,
- Textart,
- Inhalt,
- Struktur und sprachliche Gestaltung,
- Textaussage(n).

3. Untersuchungsbereich

Der dritte Bereich schließlich befasst sich mit der feststellbaren oder vermuteten **Wirkung des Textes**. Man untersucht:

- den Einsatz der Vermittler (z. B. Verlagswerbung, Kritikerurteil, Medieneinsatz) und
- die unterschiedliche Textaneignung seitens der Leser (Rezeptionsgeschichte).

Aufgabenarten

Die **Aufgabenarten** in der schriftlichen Abiturprüfung haben **zwei Schwerpunkte:** das **textbezogene** und das **materialgestützte Schreiben** (vgl. Schaubild S. 166).

Zum ersten Bereich gehören die Interpretation und die Erörterung literarischer Texte sowie die Analyse und Erörterung pragmatischer Texte, zum zweiten Bereich das Verfassen informativer und argumentierender Texte.

Bei der **Interpretation eines literarischen Textes** wird zunächst der Inhalt beschrieben, dann folgt die Analyse von Aufbau, Sprache und Form. Auf den gefundenen Einzelergebnissen und ihrem erfassten Zusammenspiel baut die Deutung der inhaltlichen Aussage, ihrer Thematik und Motivik auf. Zum Nachweis eines überzeugenden Textverständnisses sollte man textexternes Wissen einbeziehen (literaturgeschichtliche Kenntnisse, Motivtraditionen).

Zur Analyse und Interpretation literarischer Texte vgl. S. 7, 13 ff., 49 ff.

Diese Aufgabenart kann beispielsweise mit einem Erörterungsauftrag kombiniert werden.

Die **Analyse pragmatischer Texte** richtet sich auf Thema, Inhalt, Struktur und sprachlich-stilistische Gestaltung der Textvorlage. Ziel ist es, Funktionen, Argumentationsstrategien und Wirkungsabsichten zu erkennen und zu erklären. Wird eine vergleichende Textanalyse verlangt, so richtet man sich nach den in der Arbeitsanweisung genannten Untersuchungsaspekten oder den die Textart bestimmenden Kriterien und Intentionen. Auch diese Aufgabe kann mit weiteren Aufträgen verbunden werden, z. B. mit einer eigenständigen Textproduktion.

Zur Analyse pragmatischer Texte vgl. S. 6, 13, 139 ff.

Die **Erörterung eines literarischen Textes** besteht im Wesentlichen aus einer Argumentation, die auf den gewonnenen Analyseergebnissen des Ausgangstextes aufbaut. Bei vielen Arbeitsanweisungen ist Kontextwissen gefragt, z. B. wenn es um historische Einordnung, die Rezeption des Textes oder das zum Ausdruck kommende Weltbild geht (Vergleich mit relevanten Strukturen, Themen und Motiven; Bezugnahme auf geistes- und kulturgeschichtliche sowie soziale Entwicklungen). Sie sollten zudem in der Lage sein, die künstlerische Qualität eines literarischen Produkts zu beurteilen.

Zur Erörterung vgl. S. 149 ff.

Auch die **Erörterung pragmatischer Texte** stellt die Argumentation in den Mittelpunkt. Die in der Textvorlage vertretenen Aussagen, Ansichten, Behauptungen, Problemstellungen und Sachverhalte müssen erkannt und erklärt werden. Der Prüfling beurteilt die Stärken und Schwächen der Aussage. Sie bilden die Grundlage für die eigenen Meinungen und Argumente.

Vorgegebene Materialien, zu denen Grafiken und Tabellen gehören können, bilden die Grundlage für das **materialgestützte Verfassen informierender Texte**. Es gilt, die Materialien auf die Arbeitsanweisung(en) hin zu überprüfen, Kernaussagen festzuhalten, diese mit eige-

Zum materialgestützten Schreiben vgl. S. 165 ff.

nen Kenntnissen zu verbinden und dem Leser einen Sachverhalt durchdacht, übersichtlich strukturiert und verständlich darzustellen.
Beim **materialgestützten Verfassen eines argumentierenden Textes** wird ebenfalls auf vorgegebene Materialien zurückgegriffen. Die hier gewonnenen Informationen verbindet der Prüfling mit seinen Sachkenntnissen (relevante kulturelle, philosophische, politische, weltanschauliche Bezüge). So ergibt sich eine tragfähige Basis für die eigene Argumentationsstrategie. Diese ist adressatenbezogen, übersichtlich gegliedert und in der Aussage überzeugend anzubieten.

Aufgabenschwerpunkte bei pragmatischen Texten

Nichtpoetische Texte werden von Realitätsbezug und zweckorientierter Intention bestimmt. Bei **argumentativen Texten** (z. B. Kommentar, Rezension) liegt der Schwerpunkt der Analyse vor allem auf gedanklichem Aufbau, Argumentationsgang und Argumentationsweise sowie der sprachlich-stilistischen Darstellung. Bei **appellativen Texten** (z. B. Rede, Werbung) geht es um das angestrebte Ziel (was will der Autor erreichen?), die eingesetzten Mittel (womit soll das Ziel erreicht werden?) und den Adressatenbezug (welche Wirkung haben die eingesetzten Mittel? welche Folgen lassen sich erschließen oder sind zu erwarten?). Rein **kognitive, normative und informative Texte** (z. B. Nachricht, Gesetzestext) finden sich bei den Aufgabenstellungen kaum. Hier zielt die Untersuchung auf Informationsaufbereitung und -vollständigkeit, auf Übersichtlichkeit der Gliederung und die korrekte Verwendung von Fachtermini. Bei **Mischtexten**, etwa der Glosse, interessieren der informative, argumentative und appellative Anteil gleichermaßen.
Der Analyse nichtpoetischer Texte kann ein **Erörterungsauftrag** angehängt sein, der vom Schüler verlangt, sich mit den im Text angesprochenen Themenbereichen, Thesen, Fragen und Problemen auseinanderzusetzen.

B
Erörterungsauftrag

> Erörtern Sie, ausgehend von Ihren Analyseergebnissen, ob die deutsche Hochsprache vom Verfall bedroht ist.

Aufgabenschwerpunkte bei literarischen Texten

Die gemeinsame künstlerisch-poetische Grundlage und die Differenzierung fiktionaler Literatur in die drei Grundgattungen Epik, Dramatik und Lyrik ergeben teils gleiche, teils unterschiedliche Aufgabenschwerpunkte. Gemeinsame Aspekte sind Thema, Inhalt, Aufbau, Sprache, Motivik, Problemgehalt, Epochenbezug.
Bei epischen Texten stehen zusätzlich im Vordergrund der Untersuchung: Erzählstrategie, Handlungsverlauf, Figurendarstellung sowie Raum- und Zeitgestaltung. Besondere Bedeutung kommt der Motivik zu. Die Epochenzuweisung kann auch Aussagen zur poetologischen Orientierung liefern. Ähnlich verhält es sich bei dramatischen Texten: Wichtige Untersuchungsbereiche sind Komposition, Figurendarstellung, Raum- und Zeitgestaltung sowie Kommunikationssituation (Gesprächs-, Dialogführung). Auch hier kann die Poetik im Zusammenhang mit Gattungsfragen und Autorintentionen von Bedeutung sein. Bei lyrischen Texten liegen die zusätzlichen Akzente auf den Bauelementen, den Besonderheiten der lyrischen Sprache und der Position des lyrischen Ich. Bei Texten wie der Ballade wird man neben Stoff, Thematik und Motivik auch die Bauelemente des Lyrischen untersuchen und auf epische und dramatische Anteile zu sprechen kommen.

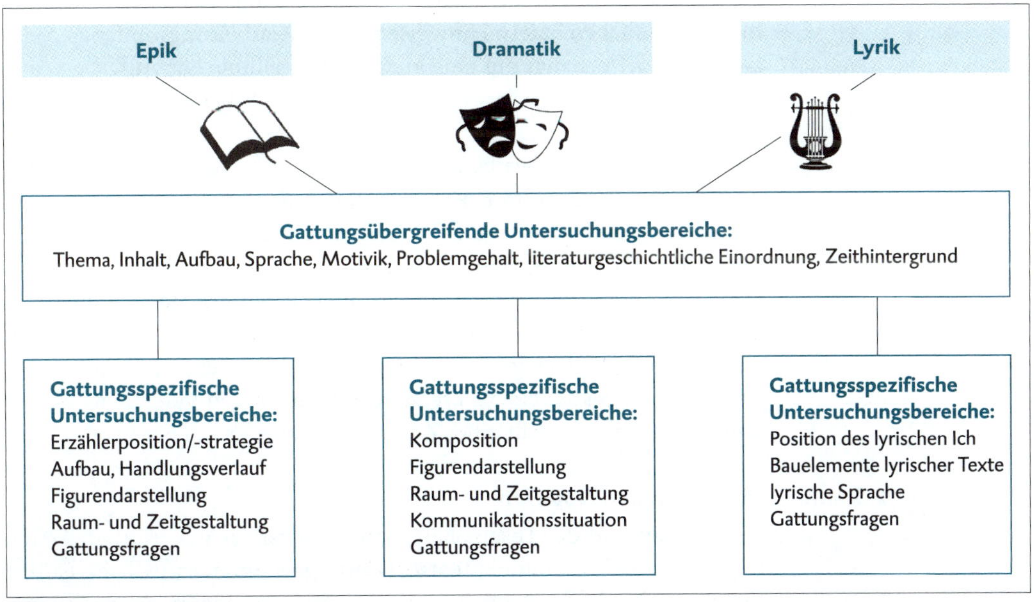

Untersuchungsbereiche fiktionaler Texte

Methodisches Vorgehen und sprachliche Gestaltung

Arbeitsschritte

Das methodische Vorgehen bei Textanalyse, Erschließung und Interpretation von Texten gliedert sich in folgende Arbeitsschritte:
1. Klären der Arbeitsanweisungen und mehrfaches Lesen des Textes,
2. Markieren und Notieren,
3. Sichten und Ordnen,
4. Ausführen,
5. Überprüfen.

1. Schritt Klären der Arbeitsanweisungen und mehrfaches Lesen des Textes

Bei umfassenden Aufgabenstellungen („Interpretieren Sie ...") ergeben sich die Untersuchungskriterien erst nach dem Lesen des Textes (vgl. S. 13 ff.). Dagegen lassen detaillierte Arbeitsanweisungen das erwartete methodische Vorgehen erkennen. So zielen Aufgabenstellungen wie „Beschreiben Sie ..." und „Erläutern Sie ..." auf die klare Darstellung vorgefundener Sachverhalte, während Anweisungen wie „Beurteilen Sie ..." und „Interpretieren Sie ..." auch Wertungen fordern.
Manche Aufgaben liefern Hinweise auf den Bearbeitungsumfang. „Skizzieren Sie ..." verlangt nur eine knappe Darstellung. Die Aufgabe „Analysieren Sie ..." zielt dagegen auf eine ausführliche und detaillierte Untersuchung.
Um die Aufgabe(n) bearbeiten zu können, muss der Text verstanden werden. Das ist nicht immer einfach. Bei pragmatischen Texten werden ironische Wendungen oft nicht erkannt und bei poetischen Texten nuancenreiche Aussagen missverstanden.
Der erste Lesedurchgang vermittelt einen Überblick über Thema und Inhalt, der zweite erfolgt strukturiert, das heißt, man achtet nun auf einzelne textgliedernde Schwerpunkte. Ein weiteres reflektierendes Lesen fördert besonders bei literarischen Texten den Verstehensprozess und das Erkennen inhaltlicher Zusammenhänge.

2. Schritt Markieren und Notieren

Bereits während des Lesens hält man lösungsrelevante Auffälligkeiten fest. Dies geschieht durch Textmarkierungen (unterschiedliche Farben für unterschiedliche Bereiche) und Notizen am Textrand oder auf einem gesonderten Blatt. Strukturelle, sprachliche und inhaltliche Besonderheiten zeichnen sich schon hier in ihren Funktionen ab. Es folgt die Auflistung der gefundenen Fakten in einer Stoffsammlung.

Sichten und Ordnen

3. Schritt

Das erfasste Material wird nun auf die Arbeitsanweisung hin überprüft (Unzutreffendes wird ausgesondert, Fehlendes ergänzt) und anschließend nach zusammengehörenden Fakten geordnet. Diese erhalten ggf. Oberbegriffe. Aus der Beziehung und Relevanz der einzelnen Bereiche ergibt sich die Gliederung, die mit einer Überblicksinformation beginnt und einem Schlussteil endet.
Für den Hauptteil bieten sich verschiedene Gliederungsmöglichkeiten an:

- Bei Entwicklungen (Gedankengänge, Handlungs- und Geschehensabläufe, vorwärtsdrängende Dialoge, personale und räumlich-zeitliche Veränderungen, Erkenntnisprozesse) kann man textbegleitend vorgehen. Allerdings besteht die Gefahr einer zu starken Textanlehnung und -paraphrasierung.
- Dominiert hingegen ein zentrales Thema, eine Idee oder ein Gedanke (eine einheitliche Stimmung, ein Motiv, eine Figur), so lässt sich der Aufbau nach diesem bestimmenden Gegenstand gestalten. Man untersucht seine im Text realisierten Aspekte und gliedert sie entsprechend ihrer Relevanz.
- Handelt es sich um einen argumentativen oder appellativen Text, wird man dem Gedankengang und der Argumentation folgen und die sprachlich-stilistischen Mittel berücksichtigen.
- Stehen kommunikative Gesichtspunkte im Vordergrund, bietet sich eine Gliederung nach Aussageabsicht, eingesetzten Mitteln und Adressatenbezug (Adressatenrelevanz, Wirkung, Folgen) an.

Der Schluss rundet die Arbeit durch eine Zusammenfassung oder einen Rückgriff auf die Einleitung ab, er bietet die Möglichkeit einer persönlichen Stellungnahme oder weist bei Problemen auf andere Lösungswege hin.

Ausführen

4. Schritt

Während der schriftlichen Fixierung wird das bisher Gefundene noch einmal intensiv bedacht. Möglicherweise lassen sich ergänzende Aspekte entdecken. Deshalb empfiehlt es sich, die endgültige Gliederung erst nach der schriftlichen Ausgestaltung des Aufsatzes in Reinschrift zu übertragen. Während der Ausführung ist stets auf Absicherung der Aussagen zu achten. Als Beweismittel fungieren Zitate, die mit Zeilenangaben belegt sein müssen.

5. Schritt **Überprüfen**
Abschließend wird die Arbeit auf mögliche Fehler überprüft.

Hinweise zur sprachlichen Gestaltung

Die sprachliche Gestaltung einer Textuntersuchung verlangt Angemessenheit, d. h. einen Stil, der

- sachlich-distanziert,
- klar (präzise, eindeutige Formulierungen; Fachtermini),
- abwechslungsreich (flexible Wortwahl und Syntax) und
- korrekt in Rechtschreibung und Grammatik ist.

Tempus ist das Präsens.

Häufige Fehler bei Textuntersuchungen

Fehler beim Erfassen der Aufgabe(n) und des Textes

Die mit jeder Prüfung verbundene Anspannung kann zum ungenauen Lesen der Aufgabe(nteile) und damit zum Übersehen wesentlicher Bereiche führen. Das Missverstehen einer Aufgabe hat falsche Antworten zur Folge. Häufig wird beispielsweise die Frage nach dem gedanklichen Aufbau mit einer Inhaltsparaphrasierung zu beantworten versucht.
Es kommt auch immer wieder vor, dass die Autorintention verkannt wird. Wiederholtes und genaues Lesen und Überlegen sind deshalb unabdingbare Voraussetzungen für das Gelingen der Arbeit. Die dafür benötigte Zeit holt man bei der Ausführung wieder ein.

Fehler beim Konzipieren der Gliederung

Die Gliederung ist nach der Stoffsammlung und vor der Ausarbeitung in ihrer Gesamtstruktur zu erstellen (nur die Reinschrift kann am Schluss erfolgen!). Geschieht dies nicht, so fehlt am Ende die Zeit zur formalen Sauberkeit.

Überprüft werden müssen dabei vor allem Vollständigkeit, innere Logik, Geschlossenheit, Ausgewogenheit und Einheitlichkeit der sprachlichen Darstellung (gleiche Abstraktionsebene; Fehler: Mischung syntaktischer Strukturen, z. B. Hauptsätze und Stichwortsätze).

Fehler bei der Ausarbeitung

Die gefundenen textbestimmenden Merkmale dürfen nicht zu einer bloßen Aneinanderreihung von Details verführen. Allzu leicht verliert man dabei das Ganze aus den Augen, die Ausführung wirkt zerklüftet, langweilig und monoton. Nicht die Fülle der Einzelheiten zählt, sondern das Erkennen ihrer Zusammenhänge. Deshalb ist eine bloße Auflistung der erkannten sprachlichen Mittel strikt abzulehnen (Zusammenfassung nach funktionaler Bedeutung!).
Fehlt eine analytische Vorarbeit, mündet die Ausführung in bloße Thesenanhäufung. Es gilt also zu bedenken, dass jeder Behauptung der überzeugende Beweis zu folgen hat. Bestätigt wird die Aussage durch Textbelege, die von genauen Zeilenangaben begleitet sein müssen. Immer wieder kommen Fehler bei der **Zitiertechnik** vor.

Tipps zur Zitiertechnik:
- doppelte Anführungszeichen für Anfang / Ende des Zitats
- Zitate innerhalb eines übernommenen Textes → einfache Anführungszeichen
- Auslassungen durch […] kennzeichnen
- grammatische Veränderungen stehen in []
- eigene Hervorhebungen (z. B. Unterstreichungen) kennzeichnen: *[Hervorhebung durch den Verfasser]*
- unmittelbar nach dem Zitat Zeilenumfang, bei Gedichten Versumfang in () angeben

Fehler bei der sprachlichen Gestaltung

Häufige Fehler liegen in
- einem subjektiv-wertenden, unsachlichen Stil (vgl. triviale Formulierungen wie „Schiller, einer unserer größten Dichter"; unstatthafte Wertungen wie „diese schöne Metapher"),
- unklaren, nicht eindeutigen Formulierungen („in gewisser Weise"),
- der mangelnden Verwendung von Fachtermini,
- dem Einbau von zeilenfüllenden Floskeln („wie schon erwähnt"),
- unangemessenen Überleitungen („Im Folgenden möchte ich nun den Inhalt kurz wiedergeben.") und
- Monotonie in Wortwahl und Syntax.

Übersicht: Texte, Untersuchungsbereiche, methodisches Vorgehen

Text	Gefüge von Wortfolgen, die nach bestimmten Regeln strukturiert sind und einen sinnvollen Inhalt ergeben
Literatur	• umfassende Bedeutung: alle Texte • engere Bedeutung: Texte mit künstlerischem und kulturgeschichtlichem Anspruch
Texteinteilung	**Nichtpoetische Texte (pragmatische Texte, Sachtexte):** kognitive, normative, informative, argumentative, appellative Texte **Poetische Texte (fiktionale Texte, literarische Texte):** epische, dramatische, lyrische Texte
Allgemeine Untersuchungsbereiche	**Textentstehung:** biografische Einflüsse, Zeithintergrund **Textdarstellung:** Inhalt, Gestaltung, Ideengehalt **Textwirkung:** Autorintention, Lesererwartung, Einfluss der Vermittler, Rezeption
Aufgabenschwerpunkte	**Nichtpoetische Texte:** • gedanklicher Aufbau, Argumentation • sprachliche Mittel • Autorintention • Wirkung • Verhältnis von Information und Meinung **Poetische Texte:** • Textform (-sorte, -art) • formale Gestaltungsmittel, Sprache und Stil • Figurendarstellung, Lyrik: lyrisches Ich • Raum-, Zeitgestaltung • Motivik, Ideengehalt • Epochen- bzw. Zeitbezug
Methodisches Vorgehen	**Arbeitsschritte:** • Erfassen der Aufgabenstellung; mehrfaches Lesen des Textes • Markieren, Notieren, Auflisten (Stoffsammlung) • Sichten und Ordnen (Gliederung) • Ausführen; Reinschrift der Gliederung • Überprüfen **Sprachliche Gestaltung:** • Sachstil (Eindeutigkeit, Fachsprache) • Gewandtheit, Korrektheit (Rechtschreibung, Grammatik) • Präsens

Häufige Aufgabenbereiche und Arbeitsanweisungen

Umfassende Aufgabenstellungen

Analysieren eines Sachtextes

Sachtexte (auch: pragmatische Texte, Gebrauchstexte): z. B. Nachrichten, Reportagen, Kommentare, Interviews, Berichte

Ziel einer Analyse ist es, einen Text nach sachlich beschreibbaren und überprüfbaren Fakten systematisch zu untersuchen. Der Text wird dabei in Teile zerlegt, deren Kenntnis zum Verständnis des Ganzen, des Gesamtzusammenhangs und der Wirkungsabsicht notwendig ist.

Werden keine weiteren Angaben zur Aufgabenstellung gemacht, so strukturiert man nach Sachbereichen. Man nennt zuerst Textart, Thema und Situationszusammenhang, dann beschreibt man den Inhalt und Aufbau (Gedankengang; bei argumentativen Texten: Argumentationsgang), schließlich untersucht man die sprachliche Gestaltung und geht auf die Absicht des Verfassers ein.

Die Untersuchung erfolgt in sachlichem Stil (persönliche Wertungen dürfen nicht vorkommen). Als Tempus wird das Präsens gewählt. Fachtermini sind zu verwenden. Zur Bestätigung und Erläuterung dienen Zitate, deren Standort im Text durch Zeilenangaben nachgewiesen wird.

Analysieren eines Sachtextes

> Analysieren Sie die Position des Autors unter Berücksichtigung der sprachlichen Mittel.

Erschließen eines poetischen Textes

Poetische Texte (auch: literarische Texte): z. B. Drama, Novelle

Die Untersuchung eines poetischen Textes erfolgt wie die Analyse eines Sachtextes nach sachlich beschreibbaren und überprüfbaren Fakten. Ziel ist es, einen Text in seiner Aussage zu verstehen. Dazu segmentiert man ihn in Sinnabschnitte. Deren Kenntnis ist Voraussetzung für das Gesamtverständnis.

Bei der Texterschließung können detaillierte Fragen vorgegeben sein, z. B. nach Handlungsverlauf, Figurenkonzeption und Gestaltungsmitteln. Gibt es keine näheren Arbeitsanweisungen, geht man auf Inhalt, Aufbau, gattungsspezifische Gestaltungsmittel, Sprache, Figuren, Raum- und Zeitgestaltung, Epochenbezug und ggf. Intention und Wirkung ein. Für die Darstellung gelten die gleichen Kriterien wie bei der Analyse eines Sachtextes.

Interpretation: von lat. *interpretatio* = Auslegung, Übersetzung, Erklärung; Verstehen bzw. Deuten eines literarischen Kunstwerks. Voraussetzungen, Gegenstand und methodisches Vorgehen sind dabei stets zu reflektieren

Interpretieren eines poetischen Textes

Bei der Interpretation folgt auf die Analyse die Deutung des Textes. Die Untersuchung erfährt damit eine besondere Vertiefung. Dabei ist zu beachten, dass jede Deutung einen subjektiven Anteil enthält, der, argumentativ zwar abgesichert, dennoch Akzentuierungen bietet, denen ein anderer Interpret nicht zu folgen braucht.
Die Deutung verbindet die Ergebnisse der Einzeluntersuchungen miteinander. Aus ihrem Zusammenspiel lassen sich Grundideen, Steuerungselemente und Ordnungsprinzipien des Textes erkennen, die sich wiederum als spezielle Grundformen des Denkens erweisen und über den Text hinausgehend ihre Wurzeln in der Persönlichkeit des Autors und seiner Zeit haben können.
Im Gegensatz zu anderen Aufgabenstellungen wird hier meist keine genauere Arbeitsanweisung gegeben. So beginnt man mit den Elementen der Erschließung (Inhalt, formale und sprachliche Gestaltung, ggf. Figuren-, Raum- und Zeitdarstellung), kommt anschließend bei der Deutung besonders auf die Motivik zu sprechen und setzt diese in einen historischen oder biografischen Kontext.
Die Frage, wie man einen literarischen Text methodisch am besten untersuchen könne, beschäftigt die Wissenschaft seit der Mitte des 19. Jahrhunderts. Im Lauf der Zeit haben sich verschiedene Verfahren entwickelt. Die wichtigsten sind:

Interpretationsmethoden

Die positivistisch-biografische Methode: Ihre Vertreter betreiben Quellenforschung, sammeln biografische Fakten des Autors und versuchen einen Bezug zwischen dem Text und der Lebenssituation des Verfassers herzustellen. Die Entwicklung dieser Methode lief parallel zum Aufschwung der Naturwissenschaften. Gegner werfen diesem Verfahren vor, dass es in seinem Bemühen um Exaktheit und Registrierbarkeit den Kunstcharakter eines Werkes verkennen könne.

Die geistesgeschichtliche Methode: Diese Methode entwickelte sich als Gegenbewegung zum exakten positivistischen Verfahren. Hier geht es nicht um Zusammentragen nachprüfbarer Fakten, sondern um die jeweiligen zeitbestimmenden geistigen Strömungen. Ihre Auswirkungen auf die Texte werden untersucht. Dieser Methode wird subjektiv-spekulatives Vorgehen, Gefahr von überspannten Urteilen und Mangel an wissenschaftlicher Exaktheit vorgeworfen.

Die werkimmanente Methode: Vor allem in der Nachkriegszeit beherrschte diese Methode die Literaturwissenschaft. Ihre Vertreter wollen den Text aus sich selbst heraus (immanent) verstehen, d. h., Biografisches und Geschichtliches werden abgelehnt. Die Untersuchung konzentriert sich ausschließlich auf den Text, wobei sprachliche und stilistische Faktoren für den Interpreten ausschlaggebend sind. Kritiker werfen dieser Methode Sterilität und Lebensferne vor.

Emil Staiger (1908–1987), Vertreter der werkimmanenten Methode. Diese Methode bietet für Klausuren und das Abitur die meisten Vorteile

Die psychoanalytische Methode: Die Anhänger dieser auf Sigmund Freud (1856–1939) zurückgehenden Methode glauben, literarische Werke mithilfe psychoanalytischer Verfahren interpretieren zu können. Sie sehen in verdrängten Trieben, Wünschen und Traumata des Autors unbewusste Schreibimpulse, die sich in Stoff- und Motivwahl, Figurengestaltung und sprachlichen Bildern manifestieren. Neben dem Autor und den Verhaltensweisen der literarischen Figuren richtet sich das Interesse mitunter auch auf Leserreaktionen. Allerdings kann die ausschließliche Beschränkung auf Psychologisches bloßen Spekulationen den Zugang erleichtern.

Die literatursoziologische Methode: Die Literatursoziologie sucht eine Beziehung zwischen gesellschaftlicher Wirklichkeit und poetischem Text. Die Interpreten interessiert vorrangig die Antwort des Autors auf die gesellschaftlichen Verhältnisse seiner Zeit. Durch die starke Konzentration auf das soziale Umfeld, in dem ein Text entstand, besteht nach Meinung von Kritikern die Gefahr von Einseitigkeit und Parteilichkeit. Die Methode verfehle die Vielschichtigkeit eines literarischen Werkes.

Die Rezeptionsästhetik: Diese Richtung, die sich seit dem Ende der 1960er-Jahre entwickelt hat, stellt den Leser in den Mittelpunkt der Untersuchung. Man fragt nach den Rezeptionsbedingungen, also nach beeinflussenden Faktoren, die bei der Textaufnahme eine Rolle spielen. Denn persönliche Interessen, Bildungsstand und das jeweilige soziokulturelle Umfeld können die Wahrnehmung des Rezipienten so steuern, dass Informationen, Sinn und Bedeutung eines Textes möglicherweise nur eingeschränkt erfasst oder gar missverstanden werden. Der Rezipient hat also durch seinen Verstehenshorizont Anteil an der Textaussage.

Interpretationsmethoden und ihre Schwerpunkte

Für das Abitur bietet die werkimmanente Methode die meisten Vorteile, weil sich mit der Textnähe exaktes und überprüfbares Arbeiten am günstigsten verbindet. Auf dieser faktenorientierten Grundlage aufbauend sollten aber auch textübergreifende Aspekte berücksichtigt werden (Zeithintergrund, Biografisches, literaturgeschichtliche Einordnung, Rezeption). Denn kein Text bildet eine fugenlos abgeschlossene Einheit. Vielmehr ist er stets mit anderen Texten durch seine formale Gestaltung, seine Themen und Motive verbunden sowie mit autobiografischen und kultursoziologischen Gegebenheiten vernetzt.
Die Darstellung erfolgt übersichtlich, nach den Untersuchungsbereichen gegliedert, in sachlicher Sprache. Zeitstufe ist das Präsens. Fachtermini werden eingesetzt, die Aussagen mit Zitaten belegt. Entscheidend ist nicht die Auflistung von Einzelheiten, sondern das Erkennen übergeordneter Zusammenhänge.

Einzelaufgaben

Überblicksinformation und Inhalt

So können Arbeitsanweisungen lauten:

- „Geben Sie den Inhalt kurz und mit eigenen Worten wieder.“
- „Fassen Sie den Inhalt des folgenden Textes kurz zusammen.“
- „Beschreiben Sie den Inhalt.“

Solche Arbeitsanweisungen verfolgen den Zweck, den Leser über die wesentlichen Aussagen eines vorgegebenen Textes zu informieren. Der Bearbeiter zeigt, dass er Wichtiges von Unwichtigem trennen kann. In der Regel geht der Darstellung des Inhalts eine **Überblicksinformation** voraus. Diese führt einleitend zum Gegenstand oder Grundgedanken des Textes. Hier werden Textart, Titel, Verfasser und Thema genannt. Erwähnen lassen sich ferner: Erscheinungsort und -jahr, Absicht des Autors, Ort und Zeit der Handlung. Bei einer allgemeineren

Aufgabenstellung („Analysieren/Erschließen/Interpretieren Sie …“) kann diese Überblicksinformation auch die Einleitung bilden.

> In [Textart] „[Titel]“ von [Autor] wird [Thema] behandelt. Das Geschehen spielt in [Ort] um [Zeit] und konzentriert sich auf [Hauptfigur].

B **Überblicks-information**

Der Aufbau der **Inhaltsangabe** richtet sich nach der vorgegebenen Textart. So achtet man bei erzählenden Texten auf die Abfolge der Ereignisse, bei Sachtexten auf den Gedankengang und bei erörternden Texten auf die Argumentationsführung (hilfreich: farbige Markierung der Sinneinheiten).
Die Darstellung zielt auf das Wesentliche, unwichtige Aussagen lässt man weg. Sie erfolgt in eigenen Worten, verständlich, übersichtlich und unter Verwendung der indirekten Rede. Textübernahmen, Zitate, Floskeln und triviale Überleitungen werden vermieden. Günstig erweist sich der Gebrauch von nebenordnenden und unterordnenden Konjunktionen (denn, darum, deshalb; weil, da, als).
Inhaltsangabe und **Inhaltsbeschreibung** unterscheiden sich im Abstraktionsgrad. Die Beschreibung verlangt eine größere Betrachtungsdistanz. Bei pragmatischen Texten verbindet die Arbeitsanweisung häufig Inhalt und Aufbau: „Beschreiben Sie Inhalt und Aufbau!“ Hier berichtet man distanziert über den Inhalt und erfasst dabei zugleich seine gedankliche Struktur. Noch deutlicher zeigt dies die **strukturierte Inhaltswiedergabe**, die Gedankengang und Argumentationsfolge ebenfalls in den Vordergrund rückt und somit neben die Information über den Inhalt („was?“) auch dessen methodische Präsentation („wie?“) berücksichtigt. Die Ausarbeitung folgt der Struktur der Vorlage.
Die Konzentration auf die inhaltlichen Schwerpunkte wird vor allem bei der **Inhaltszusammenfassung** deutlich. Hier erscheint die Textaussage in besonderem Maße gerafft und verdichtet.

Aufbau

So können Arbeitsanweisungen lauten:

- „Beschreiben Sie den Aufbau.“
- „Beschreiben Sie den gedanklichen Aufbau (den Gedankengang).“

Aufgabe dieser Arbeitsanweisungen ist es, das Ordnungsgefüge eines Textes zu erkennen und darzustellen.

Elemente der äußeren Form: Kapitel, Absätze; Akte, Szenen, Sprecheinheiten; Strophen, Verse

Der Aufgabenbereich betrifft die äußere und innere Textgestaltung. Meist verweist bereits die **äußere Struktur** auf inhaltliche Einheiten. So kann man sich bei Gedichten z. B. an der Strophengliederung oder an zusammengehörenden Verseinheiten orientieren, bei dramatischen Texten am Orts-, Figuren- und Sprecherwechsel, bei epischen Formen an Absätzen mit Schluss- und Anfangsformulierungen, die Veränderungen signalisieren. Zusätzlich deutet die feste Komposition bestimmter Textarten auf das innere Gefüge (vgl. Sonett, Parabel, Fabel). Auch argumentative Texte folgen meist einer klaren inneren Struktur.

Elemente der inneren Form: Einleitung, Hauptteil, Schluss; Exposition, Steigerung, Peripetie, fallende Handlung, Lösung; These, Antithese, Synthese; Argument, Folgerung, Appell

Die **innere Gliederung** drückt sich in Erzähl-, Handlungs- und Gedankenschritten aus, die Situations-, Perspektiven- und Handlungsveränderungen entsprechen.

Die einzelnen Textelemente (Sinneinheiten) können locker miteinander verbunden sein oder eine feste Fügung besitzen. Im literarischen Bereich spricht man von einer **offenen** bzw. **geschlossenen Form**. Einen geschlossenen Text erkennt man in der Regel an einem klaren Anfang, einem umfangreicheren, gegliederten Hauptteil und einem eindeutigen Schluss, also an einer geordneten inneren Struktur. Sachtexte werden durch die kausale Logik des Gedanken- und Argumentationsablaufs zusammengehalten.

Das methodische Vorgehen orientiert sich am Textverlauf. Die Darstellung erfolgt übersichtlich und knapp in eigenen Worten. Der Umfang der festgestellten und beschriebenen Strukturelemente ist in runden Klammern durch Zeilenangaben nachzuweisen.

B

Aufbau literarischer Text

> Der vorliegende Text ist in **drei Hauptabschnitte** gegliedert. In einem **einleitenden Teil** werden Angaben zu Situation und Figuren gemacht (Z. …). Eine knappe, auf Spannung bedachte **Überleitung** (Z. …) führt zum **Hauptteil** (Z. …).
>
> Dieser lässt eine klare Strukturierung in **vier Erzählschritte** erkennen, die in wachsender Spannung einem Höhepunkt zustreben. **Zunächst** bietet der Erzähler […]

Falls die Aufgabenstellung es zulässt, ist es mitunter ratsam, Aufbau und Inhalt gleichzeitig zu bearbeiten, um Wiederholungen zu vermeiden. Allerdings muss dann die Abfolge der Textstruktur besonders deutlich gemacht werden.

Sprache und Stil

So können Arbeitsanweisungen lauten:

- „Untersuchen Sie die im Text verwendeten sprachlichen Mittel im Hinblick auf ihre Funktion."
- „Zeigen Sie, wie die sprachliche Darstellung die Aussage stützt."

Die sprachliche Gestaltung eines Textes liefert wesentliche Aussagen über Inhalt und Intention. Ihre Analyse darf deshalb bei einer Textuntersuchung nicht fehlen. Sie umfasst folgende Bereiche: Wortwahl, Syntax, Stil, rhetorische Figuren und ggf. grammatische Besonderheiten.

Wortwahl

Lassen sich bedeutungstragende Wörter erkennen?

- Zu ihnen gehören **Leitwörter**, die den Gedankengang steuern, Geschehen und Handlung begleiten. Sie finden sich an wesentlichen Stellen des Textes, besitzen oft leitmotivischen Charakter und fassen das Thema komprimiert zusammen (vgl. „Tod" in Thomas Manns *Der Tod in Venedig).*
- Wichtig sind auch **Schlüsselwörter**, die ein Thema gleichsam aufschließen und erhellen. In Thomas Manns Novelle findet sich bereits zu Beginn eine Reihe von Schlüsselwörtern, die einen Zugang in die Thematik und Stimmung eröffnen, so die Ausdrücke „falscher Hochsommer" und „Friedhof".
- Es gibt **stimmungstragende Wörter** (vgl. in Goethes *Werther:* „Natur", „Gefühl"). In nichtpoetischen Texten erstreben Reizwörter eine affektiv-wertende Einflussnahme. Beiden gemeinsam ist ihre Wirkungsintensität.
- In trivialer Literatur finden sich gehäuft **Modewörter** („in", „Frust") und **Floskeln** („in gewisser Weise", „wie schon gesagt"). Modewörter sollen Aktualität signalisieren und Distanzen zum Rezipienten verringern. Die substanzarmen Floskeln dienen zur Textfüllung und bescheinigen dem Verfasser lediglich mangelnde Sprachkompetenz. In poetischen Texten benützt sie der Autor, um eine bestimmte Haltung einer Figur, ein zur Konversation verflachtes Gespräch oder die Sinnlosigkeit einer Situation darzustellen.

„Friedhof" ist ein Schlüsselwort in Thomas Manns *Der Tod in Venedig*. Der „Wanderer am Nordfriedhof" wird z. B. als Bote der Unterwelt und des Todes interpretiert

Die Wortwahl kann weiter im Hinblick auf fachsprachliche, alters- und schichtenspezifische sowie mundartliche Ausdrücke untersucht werden. Mit gehäuftem **Fachwortschatz** und **Fremdwörtern** in Gebrauchstexten will sich der Autor Sachkompetenz bescheinigen; er erreicht

Ludwig Thoma (1867–1921) verwendete in seinen Werken bayerische Mundart

indes nur, dass er nicht verstanden wird. Sachliche Souveränität ermöglicht es in der Regel, auch komplexe Phänomene in verständlicher Sprache darzubieten. Gerade die abstrusen Formulierungen im sog. Bürokratendeutsch verwirren und lähmen letztlich das politische Interesse der Bevölkerung. Mit dem Einsatz eines **schichtenspezifischen** und **mundartlichen Wortschatzes** in poetischen Texten zielt der Autor auf Realitätsnähe (vgl. Gerhart Hauptmann; Franz Xaver Kroetz; Ludwig Thoma). Gleichzeitig bedeutet der Dialekt, wie wir ihn heute in zahlreichen Mundartgedichten finden, ein Äquivalent zur sprachlichen Abstraktion und eine Chance zur Identifikation (vgl. S. 293 f.).

Syntax

Sätze sind geschlossene Sprach- und Bedeutungseinheiten, die sowohl ihren Teilen (Satzgliedern, Wörtern) als auch dem Textganzen verpflichtet sind. Ihre Funktion und Leistung liegt in ihrem Sinn- und Bedeutungsgehalt, ihrer kommunikativen Aufgabe, ihrer Handlungs-, Wirkungs- und Wirklichkeitsfunktion. Die Untersuchung berücksichtigt Satzarten, syntaktische Grundformen wie Parataxe und Hypotaxe, die Stellung der Satzglieder (meist unter „Satzfiguren" analysiert), Satzfiguren (sofern nicht bei den rhetorischen Figuren behandelt) und, falls von Bedeutung, die Handlungsrichtung (Aktiv, Passiv). Im Hinblick auf die **Satzarten** (Aussage-, Frage-, Befehls- und Ausrufesatz) lassen sich Dominanzverhältnisse bestimmen. Syntaktische Ordnungsverhältnisse kommen in der Stellung der Satzglieder sowie in Parataxe und Hypotaxe zum Ausdruck.

Parataktische Strukturen, bei denen Nebensätze zurücktreten, wirken übersichtlich, erhalten die Aufnahmefähigkeit und verstärken die einprägsame Wirkung.

B
Parataktische Strukturen

Ich löffelte die Suppe. Der Schnee fiel und die Heiligen hatten hohe weiße Hüte. Ich hatte keinen Hut und wartete auf den Tau. Die Sonne wurde länger und die Stürme wärmer – ich löffelte die Suppe.

Gestern sah ichs wieder, das erste Grün. Die Bäume blühen und die Frauen werden durchsichtig. Auch ich bin durchsichtig geworden.
(Horváth: *Ein Kind unserer Zeit*)

Bei der **Hypotaxe** wird ein komplexer Sachverhalt durch einen Hauptsatz und von ihm abhängige Gliedsätze ausgedrückt (Beziehung durch unterordnende Konjunktionen verdeutlicht). Sie kann sowohl der Vermeidung eines Spannungsabfalls als auch dem Spannungsabbau, der Beruhigung, dienen.

Die wichtigsten **Satzfiguren** sind:

- das Asyndeton (Reihung gleichgeordneter Wörter oder Satzteile ohne verbindende Konjunktionen; poetische Funktion: Steigerung),
- die Ellipse (Weglassen von Satzgliedern: Ausdrucksintensivierung),
- die Inversion (Veränderung des üblichen Wortgefüges im Satz: archaisierende und emphatische Wirkung),
- der Parallelismus (gleiche syntaktische Struktur mehrerer Satzteile oder Sätze: rhythmisierendes Element),
- die Parenthese (Einschub eines oder mehrerer Wörter: Spannungssteigerung durch Unterbrechung der Gedankenführung; Betonung z. B. durch Einfügung eines Namens oder eines emotionsaufgeladenen Wortes) und
- das Polysyndeton (Verknüpfung mehrerer Wörter durch dieselbe Konjunktion: rhythmisierendes Mittel; einerseits Beschleunigung des Sprachflusses, andererseits Beruhigung).

B **Hypotaktische Strukturen**

> Er zeigte mir alle Gewächse dieser Art, besonders den peruvianus, welcher wirklich eine prachtvolle Pflanze geworden war, er verbreitete sich über die Behandlung dieser Gewächse während des Winters, sagte, daß mancher schon im Hornung blüht, daß nicht alle eine gewisse Kälte vertragen, sondern in der wärmeren Abteilung des Hauses stehen müssen, besonders verlangen dieses viele Cereusarten, und er ging dann auf die Einrichtung des Hauses selber über, und hob es als eine Vorzüglichkeit heraus, daß der Herr für jene Stellen, an denen die Gläser über einander liegen, ein so treffliches Bindemittel gefunden habe, durch welches das Hereinziehen des Wassers an den übereinandergelegten Stellen des Glases unmöglich sei, und das diesen Pflanzen so nachteilige Herabfallen von Wassertropfen vermieden werde. (Adalbert Stifter: *Der Nachsommer*)

Stil

Unter „Stil“ versteht man die **charakteristische Ausdrucks- und Gestaltungsweise eines Textes**. Er wird beeinflusst durch:

- das individuelle Sprachvermögen des Autors (Individualstil),
- die Zeit (Zeit-, Epochalstil),
- Vorbilder (Epigonalstil),
- die verwendete Form (Gattungsstil),
- die Intention und Textart (z. B. Sachstil, Wissenschaftsstil),
- die Sprachschicht des Autors (vgl. die umstrittenen Begriffe „restringierter“ und „elaborierter“ Code; Jargon) und den
- geographischen Raum (Dialekt).

Aus der Antike stammt die Einteilung in drei Stilarten, und zwar in:

- den **niederen Stil** (einfach, schmucklos, umgangssprachlich; diese Form wird im Wesentlichen zur bloßen Mitteilung und Belehrung verwendet),
- den **mittleren Stil** (stärkerer Einbau von rhetorischen Figuren; diese Form findet sich bei unterhaltenden und erbauenden Texten) und
- den **hohen Stil** (gewählte und ausdrucksvolle Sprache, reicher Einbau rhetorischer Figuren; diese Form dient der Darstellung von gesteigerten Affekten und emotionaler Erschütterung).

B

Sprache und Stil

Bereits aus der Wortwahl lässt sich auf die Intention des Autors schließen. So fungiert der zentrale Begriff der Überschrift als Leitwort, das sich an fünf entscheidenden Stellen der Argumentation findet (Z. ...).
Der Einbau von Reizwörtern, so [...] (Z. ...), [...] (Z. ...), Modewörtern, beispielsweise [...] (Z. ...), und fachsprachlichen Ausdrücken wie [...] (Z. ...) verdeutlicht, dass der Autor im emotionalen Bereich wirken, durch Aktualität die Distanz zum Rezipienten verringern und gleichzeitig Sachkompetenz beweisen will.
Mit Parataxen (vgl. besonders Z. ...), Ellipsen (Z. ...) und Anaphern (Z. ...) versucht er seine Aussagen zu intensivieren. Dazu dienen ihm auch die spannungssteigernden rhetorischen Fragen (Z. ...) und Parenthesen (Z. ...) sowie eine scharf kontrastierende Antithese (Z. ...). Vergleiche (Z. ...) und sprachliche Bilder (Z. ...) veranschaulichen die Argumente. Negativ besetzte Adjektive (Z. ...) werten Gegenmeinungen ab, die zusätzlich durch eine Reihe ironischer Wendungen, wie z. B. [...] (Z. ...; vgl. auch: Z. ...), parodiert werden. [...]

Marcus Tullius Cicero (106–43 v. Chr.) gilt als herausragender Redner der römischen Antike

Rhetorische Mittel

Bereits in der Antike wusste man von den Wirkungsmöglichkeiten der Sprache. Man glaubte, durch **gezielten Einsatz sprachlicher Mittel** (v. a. vor Gericht, in der Politik und bei Festlichkeiten) die Zuhörer im Sinne der eigenen Absicht beeinflussen zu können. Auch wenn das Verhältnis von Kunst und bewusster Sprachstrategie heute vielfach fragwürdig erscheint, kann man ohne Kenntnis der Figuren und Tropen keinen Text hinreichend analysieren.
Der häufigste Fehler, der bei einer Untersuchung der sprachlich-stilistischen Mittel gemacht wird, ist ihre Wiedergabe in Form einer Aufzählung. Denn es geht bei einer Textanalyse und -interpretation nicht um das Erkennen und Festhalten zahlreicher Details, vielmehr soll bei nichtpoetischen Texten die **Absicht des Autors** herausgearbeitet wer-

den (z. B. Appell). Bei poetischen Texten steht die Analyse der rhetorischen Mittel im Dienst der **Deutung**.
Daher ist es zweckmäßig, die eingesetzten Mittel im Hinblick auf ihre **Funktion** zusammenzufassen. So kann der Autor auf Anschaulichkeit, Eindringlichkeit, Spannung, ästhetische Anschaulichkeit und/oder kommunikative Wirkung bedacht sein. In der Übersicht werden den rhetorischen Mitteln Wirkungsbereiche zugeordnet: Wort- (W), Satz- (Sa), Stil- (St), Gedanken- (G) und Klangfiguren (Kl).

Damit ergibt sich bei der Analyse folgender Weg:

- Lesen des Textes,
- Feststellen der sprachlichen Mittel im Hinblick auf ihren Wirkungsakzent (z. B. durch mehrfarbige Textmarkierung),
- Erkennen der Funktion und Schließen auf die Intention.

Übersicht: Rhetorische Mittel

	Erklärung	Beispiel	Figur
Akkumulation	Anhäufung von Wörtern ohne Nennung eines Oberbegriffs	„Nun ruhen alle Wälder, Vieh, Menschen, Städt' und Felder“	W
Allegorie	systematisierte Metapher, durch Reflektion zu erschließen	Justitia (Gerechtigkeit)	St, G
Alliteration	gleicher Anlaut aufeinanderfolgender Wörter	Haus und Hof; heiliger Himmel	Kl
Allusion	Anspielung	Sie wissen, was ich meine.	G
Anapher	Wiederholung der Anfangswendung in aufeinanderfolgenden Sätzen, Versen, Strophen	Wir fordern, dass ... Wir fordern, dass ...	W, Sa
Anrede	Hinwendung an den Adressaten	Meine Damen und Herren, ...	G
Antithese	Gegenüberstellung	heiß geliebt und kalt getrunken	G
Antonomasie	Umbenennung	Barbarossa statt Friedrich I.	W
Aphorismus	knapp formulierter Sinnspruch	Der Klügere gibt nach.	G

Apokope	Wegfall eines Lautes oder einer Silbe am Ende des Wortes; meist durch Apostroph verdeutlicht	ich hab' dich, ich lass' dich	Kl
Apostrophe	Anrede von Dingen, Abstrakta, Göttern	„Mein Schwert!", „Du böser Tod!", „Ihr Götter!"	G
Archaismus	veralteter sprachlicher Ausdruck	abhold	St
Asyndeton	Reihung ohne Konjunktionen	Er kam, sah, siegte.	W, Sa
Ausruf		Stirb!	W, Sa
Beispiel		beispielsweise …	G
Chiasmus	Überkreuzstellung	Die Kunst ist lang, kurz ist unser Leben.	Sa
Chiffre	Zeichen, dessen Inhalt rätselhaft und letztlich nicht zu erfassen ist	„Ein Wort, ein Satz –: aus Chiffren steigen / erkanntes Leben, jäher Sinn"	G
Contradictio in adjecto	Widerspruch zwischen Substantiv und Adjektiv	blaues Blut	G
Correctio	Verbesserung eines Ausdrucks, der zu schwach erscheint	Die Schulaufgabe ist schlecht, ja geradezu miserabel.	G
Diminutiv	Verkleinerungsform	Äuglein, Häuschen	W
Elision	Wegfall eines auslautenden unbetonten Vokals vor einem folgenden Vokal	da steh' ich, hätt' ich doch	Kl
Ellipse	Auslassung eines Wortes oder Satzteils	Je schneller, desto besser.	Sa
Emphase	akustische Steigerung	„Das Volksvermögen wird bewacht in der Nacht, der Nacht und vor allem in der Nacht."	G, Kl
Epanalepse	Wiederholung eines Wortes oder Satzteiles, jedoch nicht unmittelbar hintereinander	Er lief und lief.	W, Sa, Kl
Epipher	Umkehr der Anapher	Nicht jetzt, sagt er … später, sagt er.	W, Sa

Epitheton ornans	schmückendes Beiwort	göttergleicher Agamemnon	G
Euphemismus	Beschönigung; Verschleierung	„Dahinscheiden“ statt „Sterben“	St
Exclamatio	Ausruf	„Hoch soll er leben!“	Sa
Figura etymologica	Verbindung eines Verbs mit einem stammverwandten Substantiv; auch: zwei Wörter gleichen Stammes	das Lernen lernen, Spiele spielen, Reden reden das Beste vom Besten	W
Geminatio	unmittelbare Wiederholung eines Wortes (Duplicatio) oder Satzteiles (Repetitio)	rolle, rolle; „Mein Vater, mein Vater“	W, Sa, Kl
Hyperbel	Übertreibung	ein Mund groß wie ein Scheunentor	G
Inversion	Umstellung von Satzgliedern, abweichend vom normalen grammatikalischen Gebrauch	Lang ist der Weg der Gerechten.	Sa
Ironie	Es ist etwas anderes gemeint als gesagt.	Du siehst heute aber gut aus!	St, G
Katachrese	Vermengung von nicht zusammengehörenden Bildern	Der Zahn der Zeit, der schon manche Träne getrocknet hat, wird auch über diese Wunde Gras wachsen lassen.	G
Klimax	Steigerung	In jeder Partei gibt es Eifrige, Übereifrige und Allzueifrige.	G
Litotes	Bejahung durch doppelte Verneinung	Die Schüler sind nicht unwillig.	G
Metapher	Sprachbild mit übertragener Bedeutung	kühn: schwarze Milch; verblasst: Redefluss, Flussarm	G, St
Metonymie	Umbenennung, Übertragung	Goethe lesen, ein Glas trinken, Italien friert	W, G
Onomatopoesie	Lautmalerei bei Wortbildungen	Es knistert und knastert.	W
Oxymoron	Zusammenfügen entgegengesetzter Begriffe	alter Knabe, bittere Süße, beredtes Schweigen	W

Parallelismus	gleichartiger Satzbau	Heiß ist die Liebe, kalt ist der Schnee.	Sa
Parenthese	Einschub	Ich möchte Ihnen – ich fasse mich kurz – über den Vorfall berichten.	Sa
Paronomasie	Wortspiel	Wir fürchten niemals Verhandlungen, doch wir werden niemals aus Furcht verhandeln.	W, G
Periphrase	Umschreibung eines Begriffs	„der Allmächtige" statt „Gott"	G
Personifikation	Vermenschlichung eines Gegenstandes	Kunst und Wissenschaft gehen Hand in Hand.	St, W
Polyptoton	Wiederholung desselben Wortes in verschiedenen Flexionsformen	Homo homini lupus.	W, Sa
Polysyndeton	Verbindung zwischen Wörtern und Satzteilen durch mehrmalige Wiederholung derselben Konjunktion	„Und wiegen und tanzen und singen dich ein."	Sa
Rhetorische Frage	Scheinfrage	Wer glaubt denn das noch?	G
Symbol	„… ein sinnlich gegebenes und fassbares, bildkräftiges Zeichen, das über sich selbst hinaus … auf einen höheren, abstrakten Bereich verweist" (Wilpert)	„Zauberwort" in Eichendorffs Gedicht *Wünschelrute*; „Sonne" für „Gott", „Wasser" für „Leben"	St
Synästhesie	Vermischung von Sinnesgebieten	goldene Töne	St, G
Synekdoche	Ein Teil steht für das Ganze.	„Klinge" statt „Schwert"	W
Synkope	Ausfall eines kurzen Vokals im Wortinnern	ew'ger Friede	Kl
Vergleich		stark wie ein Löwe	St, G
Zeugma	Verbindung von Substantiven durch ein Verb, das zu jedem einzelnen, nicht aber zu beiden passt	Er schlug das Fenster und den Weg zum Bahnhof ein.	Sa
Zitat	Textübernahme (Wort, Satz, Abschnitt)	der Ausdruck „bunte Büsche" (Z. …)	W, Sa

Argumentation

So können Arbeitsanweisungen lauten:

- „Skizzieren Sie den Argumentationsverlauf.“
- „Beschreiben Sie den Argumentationsgang.“
- „[…], gehen Sie dabei auch auf die Argumentationsweise ein.“

Die Untersuchung des **Argumentationsganges oder -verlaufs** eines Textes hat zum Ziel, den Ablauf einer Beweisführung zu beschreiben. Man gibt zuerst das Thema an, nennt dann die Hauptthese, folgt den Argumenten und Beispielen und geht abschließend, falls vorhanden, auf Folgerungen und Appelle ein.

B **Argumentationsgang oder -verlauf**

> Der vorliegende Text hat […] **zum Thema**. Nach der einleitenden Schilderung eines **aktuellen Falles** (Z. …) formuliert der Autor seine **These:** […] (Z. …). In einem längeren Abschnitt versucht er anschließend seine Meinung mit einer **Reihe von Argumenten** zu belegen. Zunächst beruft er sich auf eine Statistik des soziologischen Instituts der Universität Hamburg. Danach seien […] (Z. …). **Zwei folgende Beispiele** dienen der Konkretisierung. So zeigt der Autor […] (Z. …) und verweist dann auf […] (Z. …) […]

Die Untersuchung der **Argumentationsweise** beantwortet die Fragen: Wie wird argumentiert? Überzeugen die Argumente? Während bei der Beschreibung des Argumentationsganges lediglich die Struktur der Argumentation in ihrer Abfolge festgehalten wird, verlangt die Untersuchung der Argumentationsweise also eine wertende Kommentierung, deren Aussagen freilich auch abgesichert werden müssen. Überprüft werden die Präzision der Beweisführung, die Relevanz, Stichhaltigkeit und Folgerichtigkeit der Argumente, die Berücksichtigung von Gegenargumenten und das Verhältnis von Sachinformation und Meinung.

Folgende Fragen können bei der Beurteilung der Argumentationsweise helfen:

- Ist die Darstellung sachgemäß (keine Abschweifungen, Themabezogenheit, Bemühen um Objektivität, Fachwortschatz)?
- Ist sie übersichtlich (sinnvolle Absätze, Überleitungen, z. B. durch Wiederaufnahme von Leitbegriffen)?
- Ist sie anschaulich (Beispiele, Vergleiche)?

- Ist sie nachvollziehbar (Transparenz von Aufbau und Inhalt; Folgerichtigkeit; Vermeiden von Gedankensprüngen, Widersprüchen, Gemeinplätzen)?

B
Argumentationsweise

Die Ausführungen des Autors überzeugen nicht. Seine Argumentation ist **unsachgemäß**. So lenkt er wiederholt vom Thema ab (vgl. besonders Z. ...) und verliert dieses streckenweise ganz aus den Augen (Z. ...). Statt Sachargumente anzubieten, weicht er auf Gemeinplätze aus (Z. ...). Gegenargumente werden überhaupt nicht berücksichtigt. Fehlende Überleitungen machen den Text **unübersichtlich**. Dies wirkt vor allem in den Zeilen [...] störend. Der Mangel an konkretisierenden Beispielen reduziert die vom Leser gewünschte Anschaulichkeit. Im emotionalen Stil kann man **Parteilichkeit** erkennen. Auffällig sind Wiederholungen (Z. ...) und Hyperbeln (Z. ...) zur Bestätigung der eigenen Meinung. Euphemismen (Z. ...) sollen eigene Fehler verharmlosen. [...]

Klären von Begriffen, Erläutern

So können Arbeitsanweisungen lauten:

- „Erörtern Sie, ausgehend von einer Definition des Begriffs ‚Technik', [...]"
- „Setzen Sie sich, ausgehend von einer Klärung des Begriffs ‚Natur', mit der Meinung des Autors auseinander."
- „Erläutern Sie die Vorstellung des Autors von [...]"
- „Erläutern Sie wesentliche Erscheinungsformen von Macht [...]"
- „Zeigen Sie an literarischen Werken verschiedener Epochen, wie sich Schriftsteller mit dem Thema Abschied auseinandersetzen."

Jedes Gespräch, vor allem aber jede wissenschaftliche Kommunikation, beruht auf dem sicheren Umgang mit den Inhalten von Begriffen. Die genaue Kenntnis der Begriffsinhalte ist deshalb Voraussetzung für das Vermeiden von Missverständnissen und das Gelingen von Kommunikation, Forschung und Wissenschaft.
Die kürzeste Form einer Begriffsklärung ist die **Definition**. Sie erklärt einen unbekannten Begriff mit bereits bekannten Fakten. Die Definition ist wie eine Gleichung aufgebaut. Dem zu bestimmenden Begriff steht auf der Antwortseite die Erklärung seines Inhalts mit bereits bekannten Begriffen gegenüber. Die strenge Form der Definition wird

durch Nominalstil, hohen Abstraktionsgrad und absolute Eindeutigkeit der Aussage bestimmt.

> **Der Alexandriner ist** ein sechshebiger jambischer Vers mit Zäsur nach der dritten Hebung.

B
Definition

Die **Begriffsklärung** ist weniger kompakt. Sie bietet eine Annäherung an einen Gegenstand über verschiedene relevante Bereiche und erstrebt nicht Allgemeingültigkeit. Wie die Definition erfolgt die Klärung ebenfalls aus sachlicher Distanz, jedoch ist hier der Grad der Anschaulichkeit höher. Es können Beispiele verwendet werden. Zitate sind als Beleg und Nachweis ratsam.

> **Allgemein versteht man unter ‚Macht'** die Möglichkeit, bei Personen, selbst gegen deren Willen, Gehorsam zu finden. ‚Macht' ist also im sozialen Raum angesiedelt. Hier stehen sich Machtträger und Beherrschte gegenüber. Während die Mächtigen um Beibehaltung ihrer Position bemüht sind und die Nichtbefolgung ihrer Normen bestrafen, zielt das Interesse der Schwachen auf Veränderung der bestehenden Machtverhältnisse. Zwischen beiden Gruppen kann es deshalb zu Spannungen und Konflikten kommen.

B
Begriffsklärung

Die **Erläuterung** kann von unterschiedlichen Perspektiven her erfolgen, so von der Seite des Autors („Was versteht der Autor unter …?") oder der Seite des Lesers („Erläutern Sie den im Text vorkommenden Begriff … ."). Bezieht sich die Erläuterung auf die Vorgaben des Textes, dann ist nach den dort angegebenen Aspekten zu gliedern. Werden vom Leser jedoch eigene Aussagen erwartet, so überprüft man relevante Bereiche, in denen der zu erläuternde Sachverhalt eine besondere Rolle spielt.
Bei der Darstellung ist wie bei der Begriffsklärung auf Sachlichkeit und Anschaulichkeit zu achten.

> Die Geschichte zeigt, dass Macht in allen **Bereichen** anzutreffen ist. [Dieser Überleitung folgt dann der Nachweis mit Beispielen aus **Politik, Wirtschaft, Gesellschaft, Kultur und Religion**.]

B
Beginn einer Erläuterung

Das Vanitas-Motiv (lat. *vanitas* = Nichtigkeit, leerer Schein, Eitelkeit) ist typisch für das Zeitalter des Barock (vgl. S. 174 ff.)

Bei der Klärung und Erläuterung von Begriffen wie „Abschied" empfiehlt es sich, verwandte Begriffe zu assoziieren und in einer Mindmap festzuhalten, um ein möglichst breites inhaltliches Spektrum zu finden. Bei „Abschied" könnten sich ergeben: Trennung von einer geliebten Person, Entsagung, Einsamkeit; Leid, Krankheit, Sterben, Tod, „partir, c'est mourir un peu" („Abschied ist ein bisschen wie Sterben"), Trauer; Vergänglichkeit, Vanitas-Motiv; Abend, Herbst; Fin-de-Siècle, Weltschmerz, Verfall; Furcht vor Kommendem, aber auch Befreiung.

Intention des Autors

So können Arbeitsanweisungen lauten:

- „[...] und zeigen Sie abschließend auf, welche Absicht in den Ausführungen des Redners deutlich wird."
- „[...] und schließen Sie aus der Argumentationsweise auf die Intention des Verfassers."

Mit dieser Aufgabe wird geklärt, welches Ziel der Verfasser verfolgt. In der Regel will er das Verhalten des Rezipienten nach seiner Vorstellung beeinflussen. Beispielsweise kann er belehren, etwas mitteilen oder beweisen, auffordern, unterhalten oder poetisch wirken. Interessant erscheint die Aufgabe vor allem dann, wenn das Verhalten des Lesers manipulativ verändert werden soll.

Der Autor drückt seine Intention meist nicht direkt aus. Ihre Darstellung erfolgt indirekt und muss aus der Darbietung der Inhalte, der Argumentationsweise, der Redestrategie, einer möglichen Rezipientenzuwendung und vor allem aus dem sprachlichen Ausdruck erschlossen werden. Überprüft werden sollten:

- Sachlichkeit (Bemühen um Objektivität – emotionale Ausrichtung),
- Logik (Schlüssigkeit – Widersprüchlichkeit),
- Vollständigkeit (Berücksichtigung möglicher Gegenargumente – Verschweigen nicht ins Konzept passender Inhalte),
- Realitätsbezug (Authentizität, Überprüfbarkeit – Verfremdung durch Auf- und Abwertungen, Trivialisierung und Verschleierung).

B **Intention des Autors**

Die Relevanz des **Themas**, die klare Strukturierung des **Inhalts**, die Schlüssigkeit der **Argumentation**, die Berücksichtigung möglicher Gegenargumente und die auf Sachlichkeit bedachte **Sprache** belegen die ernsthafte **Intention** des Autors, dem Leser das Problem **aufzuzeigen** und ihn zu einer **Verhaltensänderung** im Hinblick auf [...] zu bewegen.

Motiv

So können Arbeitsanweisungen lauten:

- „Untersuchen Sie das zentrale Motiv."
- „Vergleichen Sie das Hauptmotiv in beiden Texten."

Motive sind Grundideen und Bedeutungsträger, die als Textelemente fungieren. Sie kommen meist an zentralen Stellen vor. Dadurch gliedern und stabilisieren sie den Text und steuern die Textaufnahme. Sie können Handlungen auslösen, verknüpfen oder raffen, machen vergangenes Geschehen erklärbar und zukünftiges vermutbar.
Die Untersuchung richtet sich nach den im Text vorgefundenen Motivaspekten und -bezügen. Dabei geht es meist um die Frage: Welche Aspekte des Motivs werden im Text realisiert? Diese werden markiert, notiert und nach ihrer Bedeutung gegliedert.

B Motiv

Die **Vergänglichkeit** ist das zentrale Motiv des Textes. Der Autor geht dabei auf deren **verschiedene Formen** ein. So schildert er in einem **ersten Abschnitt** mit impressionistischen Bildern die leuchtenden Herbstfarben (Z. ...). Gleichzeitig aber verweist er auf den **Verfall in der Natur** und den drohend bevorstehenden Winter (vgl. besonders Z. ...). **Dann** kommt er auf Gegenstände der Kultur und Technik zu sprechen (Z. ...) und verdeutlicht die **Vergänglichkeit der vom Menschen geschaffenen Dinge** an drei Beispielen (Z. ...). Der umfangreichste **dritte Teil** kreist um die **Zeitlichkeit des Menschen** (Z. ...).

Das Motiv spiegelt sich in der **melancholischen** Abschiedsstimmung, die über der **Abendlandschaft** liegt (Z. ...), der ernsten **Krankheit** der Hausherrin (Z. ...) und der Furcht vor dem drohenden **Krieg**, die das leise Gespräch der Gesellschaft beherrscht (Z. ...). Selbst die Erwähnung der **Astern** (Z. ...) deutet das Motiv an. Wenn der Erzähler auf die ruhige Stetigkeit des großen „trägen Flusses" (Z. ...) und die „zeitlose Stille" (Z. ...) der Landschaft als Zeichen des Bleibend-Dauerhaften verweist, will er durch **Kontrast** Trennung, Abschied und Vergänglichkeit schärfer hervorheben (vgl. Bild der spielenden Schmetterlinge, Z. ...).

Stellungnahme

So lauten Arbeitsanweisungen:

- „Nehmen Sie zu der Meinung des Autors kritisch Stellung."
- „Setzen Sie sich mit den Vorstellungen des Autors auseinander."

Äußert ein Autor zu einem Thema seine Meinung, schätzt er eine Problemstellung ein oder bewertet er einen Sachverhalt, kann der Leser zu einer (kritischen) Stellungnahme aufgefordert werden. Er soll ein

argumentativ gestütztes Urteil abgeben. Dazu müssen Pro- und Kontra-Argumente aufgezeigt und gegeneinander abgewogen werden.
Stimmt der Leser mit der Meinung des Autors überein, müsste er dies auf jeden Fall begründen. Lehnt er sie ganz oder in Teilen ab, ist ebenfalls eine stichhaltige Begründung erforderlich.
Zur **Überprüfung der vorgegebenen Meinung** erweisen sich folgende Fragen als hilfreich:

- Ist die Beweisführung schlüssig?
  - Stimmen Zahlen, Daten, Statistiken, Fakten?
  - Gibt es Widersprüche in der Argumentation?
  - Ist die Gedankenführung folgerichtig?
  - Wurde die These umfassend bewiesen oder wurde nur auf Teile ausgewichen?
  - Wurde sachlich argumentiert oder zu manipulieren versucht (emotionale Sprache, Ironie, Polemik)?
  - Wurden mögliche Einwände berücksichtigt?
- Wurden die Beispiele sinnvoll ausgewählt?
- Sind die Folgerungen zwingend?

So ergeben sich für eine Stellungnahme folgende Gliederungsmöglichkeiten:

- **bei Zustimmung:** Nennen des Themas, Formulieren der These des Autors, eigene Meinungsäußerung, Überprüfung der Argumente, Bestätigung und Ergänzung durch eigene Beweggründe.
- **bei Ablehnung:** Nennen des Themas, Formulieren der These des Autors, Gegenmeinung, Begründung durch Entkräften der einzelnen Argumente, Aufbau einer eigenen Argumentation, Folgerung.

Richtet sich die Aufgabe auf den Gesprächsverlauf oder die Dialogführung, so geht es um die von den Gesprächspartnern (Dialogpartnern) vorgebrachten Argumente bzw. inhaltlichen Schwerpunkte. Man fragt nach Anlass, Verlauf und Ergebnis des Gesprächs. Reizvoll ist die Aufgabe, wenn eine klare Gesprächsstrategie zu erkennen ist. Dann lässt sich vom Ziel ausgehen und von dort zu den einzelnen eingesetzten Mitteln (wie Provokation, Auf- und Abwerten, Verweigern und Entgegenkommen, Ironisieren, Ablenken, Identifikation) kommen, um schließlich das Ergebnis festzuhalten.

Stellungnahme

Der vorliegende Text hat [...] zum **Thema**. Dabei stellt der Autor folgende **These** auf: [...] (Z. ...). Mit verschiedenen **Argumenten** versucht er eine Beweisführung. **Doch** [**Einschränkung**] seine Aussagen bleiben unsachlich und tendieren ins Polemische. [...] So zeigen seine Formulierungen [**Beispiele**] Übertreibung und Pauschalisierung [**Entkräftung**]. Inhaltlich ist dieser Aussage entgegenzuhalten, dass [**Gegenargument**]. Im folgenden Abschnitt (Z. ...) ist der ironische Unterton aus den rhetorischen Fragen zu spüren. Auch hier sind Beweisführung und Konkretisierung schief, **denn** [**Gegenargument, Begründung**]. [...] Aufgrund der unsachlichen und daher nicht nachvollziehbaren Argumentation ist auch die Folgerung nicht schlüssig [**Zusammenfassung und Ausweitung**]. [...] Die Untersuchung hat gezeigt, dass die Behauptung des Autors nicht bestätigt werden kann [**Fazit**]. **Vielmehr** gilt: [**Gegenthese**]. Dies lässt sich mit [**Argumentenkette**] zeigen. [...]

Textvergleich

So können Aufgaben lauten:

- „Vergleichen Sie die Weltsicht in beiden Gedichten."
- „Vergleichen Sie das zentrale Motiv in beiden Gedichten."
- „Vergleichen Sie die Kernaussagen beider Texte."
- „Zeigen Sie in einem Vergleich, wie das Thema in einem anderen literarischen Werk behandelt wird."

Ziel eines Textvergleichs ist die Herausarbeitung unterschiedlicher Sichtweisen und ihrer Ursachen. Meist geht es dabei um ein bestimmtes Thema oder Motiv, z. B. Krieg, Liebe oder Natur. Steht die Wahl des Vergleichstextes frei, sollte man eine gegensätzliche Darstellung heranziehen, denn die Spannung zwischen unterschiedlichen Perspektiven erleichtert die Bearbeitung. Einzelne Aspekte lassen sich schärfer voneinander abgrenzen und so verdeutlichen.

Entscheidend beim methodischen Vorgehen ist zunächst das Finden von Vergleichskriterien, die zur Grundlage der Gliederung werden können. Beispielsweise fragt man nach Ursachen, Entwicklungen, Erscheinungsformen und Auswirkungen des zu vergleichenden Gegenstandes. So lassen sich Motive häufig in ihre verschiedenen Erscheinungsformen auffächern. Als vorausgehende Arbeit empfiehlt sich eine tabellarische Auflistung der Gemeinsamkeiten und Unterschiede auf einem gesonderten Blatt. Diese Vorgehensweise, nach bestimmten Vergleichskriterien zu gliedern, ist meist überzeugender als andere Praktiken.

Bei Sachtexten können unterschiedliche Standpunkte und Argumentationen zu einem Vergleich auffordern. Hier nennt man zunächst die gegensätzlichen Positionen, geht dann die vergleichbaren Aspekte durch und beurteilt ihre Beweiskraft wie bei einer Stellungnahme oder einer Erörterung. In einem Schlussteil fasst man das Ergebnis zusammen.

B **Textvergleich**

[Nennen des Motivs:] Bereits die Überschrift beider Texte zeigt das **zentrale Motiv**, die Technik, [Vorwegnahme des Ergebnisses:] die jedoch **gegensätzlich** bewertet wird. Text A urteilt positiv, Text B negativ. [Gliederung nach Vergleichskriterien:] **Zunächst** gehen beide Autoren auf die Ursprünge **der Technik** ein. [Darstellen des Gegensatzes:] Während Text A vom menschlichen Wunsch nach Organentlastung, -ergänzung und -verstärkung spricht (Z. ...), wird in Text B menschliche Bequemlichkeit als treibende Kraft genannt (Z. ...). Der **folgende Abschnitt** bewertet die **Entwicklung der Technik**. [...]

Epochenzuordnung

So können Arbeitsanweisungen lauten:

- „[...], berücksichtigen Sie dabei epochen- und zeittypische Merkmale."
- „Weisen Sie in dem Text epochentypische Merkmale nach."
- „[...] und gehen Sie dabei ausführlich auf epochenspezifische Merkmale ein."

Bei der Lösung solcher Aufgaben zeigt der Prüfling, dass er einen Text literaturgeschichtlich einordnen kann. Er geht auf Komposition, sprachliche Gestaltung, Figurendarstellung, Motivik, Wirklichkeitssicht und Weltbild ein und fragt nach deren epochenspezifischen Besonderheiten. Wird eine umfassendere Antwort erwartet, ist bei der Ursachenanalyse der Zeithintergrund zu berücksichtigen. Viele Gestaltungsmerkmale und Motive sind ohne Bezugnahme auf politische, wirtschaftliche und kulturelle Ereignisse nicht zu erklären (vgl. den Einfluss des Dreißigjährigen Krieges auf die Barockliteratur). Um einzelne Aspekte besonders hervorzuheben, empfiehlt es sich, auf Unterschiede in anderen Epochen zu verweisen.

B **Epochenzuordnung**

Im vorliegenden Text ist die entstofflichte **Handlung** ganz ins Innere der **Hauptfigur** gelegt (vgl. V. ...). Handlung und Figuren sind einer übergeordneten und allgemein gültigen Idee unterstellt (V. ...). Diese Idee bestimmt als Hauptmotiv den Text und verdeutlicht ein geschlossenes, auf festen Werten beruhendes **Weltbild**. Die **Wirklichkeit** ist überblickbar. Die **Sprache** wirkt ritualisiert, künstlich, gedämpft. [...] Die gefundenen Merkmale verweisen auf die Epoche der Klassik.

Gestaltendes Schreiben

Das gestaltende Schreiben „im Sinne fiktionalen Schreibens“ ist weitgehend der **Arbeit im Unterricht vorbehalten** „und entfällt als ausschließliche Aufgabenstellung in der schriftlichen Abiturprüfung. Weiterführende gestaltende Arbeitsaufträge können sich aber durchaus an Aufgaben anschließen, die ihren Schwerpunkt in den Bereichen des informierenden sowie des erklärenden und argumentierenden Schreibens haben.“ (Bildungsstandards, S. 30) Diese Aussage bezieht sich in erster Linie auf adressatenbezogene Texte, z. B. das Verfassen eines Essays zu einem pragmatischen Text („Textbezogenes Argumentieren, auch in freieren Formen“). Handelt es sich um eine literarische Textart, spricht man vom **gestaltenden Interpretieren**, bei einem Sachtext von einem **adressatenbezogenen Schreiben**.

Die gestaltende Interpretation

Sie bildet eine Alternative zur herkömmlichen Interpretation. Bei ihr erfolgt die Deutung (**hermeneutische** Komponente) eines poetischen Textes als eigenständige Textproduktion (**kreative** Komponente). Sie ist gleichsam die gestaltende Antwort des Rezipienten auf die im Ausgangstext angelegten und zuvor untersuchten Gestaltungselemente. Diese und die Kriterien der zu verfassenden Textsorte stellen einen Bearbeitungsrahmen dar, der dem individuellen Gestalten sowohl Spielraum schafft als auch Grenzen aufzeigt. Schöpferische Fantasie ist hier also immer kontrollierte Fantasie.

Hermeneutik (zu griech. *hermeneuein* = deuten, auslegen): urspr. die Kunst der sinngemäßen Auslegung, z.B. von allegorischen Texten oder Bibeltexten; hier: das Verstehen von Sinnzusammenhängen aus sich selbst (bzw. dem sprachlichen Werk) heraus

Die Aufgabe umfasst **zwei bzw. drei Arbeitsanweisungen**. Die erste beschäftigt sich mit dem **Ausgangstext** und fragt nach der vorgestellten Situation, dem Protagonisten oder der Figurenkonstellation.

Die gewonnenen Ergebnisse bilden die Voraussetzung für die **gestaltende Interpretation**. Diese wird in der zweiten Arbeitsanweisung gefordert, sie bildet den Hauptteil der Arbeit und wird dementsprechend gewichtet. Typische Arbeitsanweisungen könnten lauten:

- „Gestalten Sie eine Dramenszene. Gehen Sie dabei von folgender Annahme aus: [...]“
- „Gehen Sie von folgender Annahme aus: Das Gespräch zwischen [...] und [...] veranlasst [...] seine Situation zu überdenken. Verfassen Sie einen inneren Monolog.“
- „Gehen Sie von folgender Annahme aus: Die quälenden Gedanken und die unglückliche Situation, in der sich [...] befindet, veranlassen [...] einen Brief an [...] zu schreiben. Kurz darauf erhält er eine Antwort. Verfassen Sie beide Briefe.“

In einem abschließenden Teil kann das **eigene gestalterische Vorgehen überdacht**, begründet und gerechtfertigt werden.

Ein erfolgreiches Arbeiten beruht auf zwei wesentlichen Voraussetzungen: dem Verstehen des Ausgangstextes mit seinen sprachlichen Besonderheiten und der Kenntnis der zu erstellenden Textsorte.
Auch wenn die erste Teilaufgabe nur nach thematischen Schwerpunkten fragen mag, ist die eingehende Auseinandersetzung mit der **Textvorlage** im Hinblick auf Struktur, Sprache, inhaltliche Akzentuierungen (Handlungsverlauf, Thematik, Motivik, Figurenkonzeption und -konstellation) und literarhistorischen Standort für den anzufertigenden Text von großem Vorteil.
Ein nicht unerhebliches Problem kann die Annäherung der **eigenen sprachlichen Gestaltung** an die Figurensprache der literarischen Vorlage darstellen. Es ist deshalb ratsam, die Sensibilität für figuren- und situationsabhängige Stilebenen zu schärfen. Besondere Beachtung verdienen Auffälligkeiten in der Sprachform (Hochsprache, Dialekt, Jargon), dem Sprachfluss (flüssig, stockend, zusammenhanglos, verstummend; Gestik), der Syntax (Parataxe, Hypotaxe, Satzbrüche, Ellipsen), bei rhetorischen Figuren (Bildhaftigkeit, Eindringlichkeit, Spannung), der Phraseologie (Wiederholung bestimmter Redewendungen, Phrasen, Floskeln) sowie beim Grad innerer Betroffenheit (sachlich – affektiv).

Tagebucheintrag: regelmäßige (z.B. tägliche) Aufzeichnung aus dem eigenen Leben mit monologischem Charakter, meist privater Natur, z. T. aber auch mit dem Ziel einer Veröffentlichung verfasst; eine Art des gezielt öffentlichen Tagebuchschreibens ist das sog. Bloggen, also das Führen eines Tagebuchs oder eines Journals auf einer Website

Ebenso wichtig ist es, die Merkmale der **angestrebten Textsorte** zu kennen, in der sich die gestaltende Interpretation realisieren soll. Bevorzugte und angemessene Textsorten sind: Tagebucheintrag, Brief, innerer Monolog und Bühnenmonolog. Daneben bieten sich auch das Gespräch, besonders als Streitgespräch, und eine Szenengestaltung an.
Der **Tagebucheintrag** besitzt eine weitgehend offene Struktur. Er hält subjektive Erfahrungen fest, die der Schreiber mit sich und seiner Umwelt gemacht hat. Im Fall der gestaltenden Interpretation wird auf den Inhalt des Ausgangstextes zurückgegriffen. Die Gefahr besteht in einer bloßen Aneinanderreihung von Gedanken, Stimmungen und Notizen. Es ist deshalb wichtig, auf einen sinnvollen Aufbau zu achten, um dem Ganzen unter Beibehaltung des Tagebuchcharakters Spannung zu geben.
Auch ein **Brief** gewährt der Kreativität Freiraum. Er wird vor allem dann gefordert werden, wenn eine Figur eigene oder fremde Situationen, Beziehungen oder Handlungen analysieren und beurteilen soll. Oft geht es dabei um psychische Verstrickungen, die vom Bearbeiter Einfühlungsvermögen verlangen. Die Darstellung kann Erinnerungen einbauen und Hoffnungen Ausdruck geben. Pointierung und die Berücksichtigung dramatischer Elemente bei der Briefkomposition steigern die

Qualität der Arbeit. Besondere Bedeutung kommt der Kommunikationssituation zu. Der Briefpartner ist anzusprechen und in das dargestellte Geschehen zu integrieren (Hinweise auf Gemeinsamkeiten, Fragen, Bitten). Anrede- und Schlussformel sowie korrekte Ansprache sind zu beachten.

Der **innere Monolog** benutzt die Ich-Form und als Zeitstufe das Präsens. Er besteht aus einer Abfolge von Gedanken, Assoziationen und Empfindungen (vgl. S. 57 f.). Das darf aber nicht dazu verleiten, willkürlich Gedanken aneinanderzureihen und das Ganze in ein unbedachtes Chaos von Gedankenfragmenten abgleiten zu lassen. Vielmehr entwickeln sich die Elemente des inneren Monologs kausal; sie liefern Impulse, die neue Elemente generieren. Hinter aller Spontaneität muss also eine Richtung erkennbar sein, ein Gedankenstrom, der zwar ausufern kann, aber nachvollziehbar bleiben muss. Kennzeichnend für den inneren Monolog ist die mitunter extreme syntaktische Struktur. Sie kann als Ellipse, Fragment, rhetorische Frage, Ausruf und konzentriert im einzelnen Wort dem seelischen Zustand Intensität verleihen.

Die Art des **Monologs** hängt von der gegebenen Situation und der inneren Befindlichkeit der Figur ab. Sein Spektrum reicht vom Mittel der reflektierenden Entscheidungsfindung zum Stimmungs- und Affektträger (vgl. S. 105).

Gespräche, besonders in der spannungsvollen Form von Dialogen oder Streitgesprächen, haben thematische Schwerpunkte. Bei der gestaltenden Interpretation kommt es nicht so sehr auf eine treffsichere Argumentation an, vielmehr müssen sich die Äußerungen aus den im Primärtext vorgegebenen Verhaltensweisen und Charaktereigenschaften schlüssig ableiten lassen. Wenn möglich, sollte eine dramatische Konzeption des Aufbaus mit einem Höhepunkt ins Auge gefasst werden.

Auf eine **Szenengestaltung** drängen vor allem Aufgaben, die auf Spannung zwischen Figur und Gegenfigur setzen oder auf eine Figurenkonstellation, bei der wesentliche Eigenschaften und Charakterzüge einer Figur erhellt werden sollen. Im ersten Fall treffen steigernd Argumente auf Gegenargumente. Hier könnte eine zunehmende Emotionalisierung der Sprache und eine fortschreitende Verkürzung der syntaktischen Strukturen die Gesprächstemperatur erhöhen. Im zweiten Fall sollten die im Ausgangstext vorgegebenen Persönlichkeitsmerkmale aufgenommen, variiert und vertieft werden.

Bei der gestaltenden Interpretation literarischer Texte beweist der Schüler, dass er

- die Möglichkeiten der Vorlage für seine Ziele erkennen,
- das gefundene Material aufgabengemäß ergänzen,
- mit den Anforderungen der zu erstellenden Textsorte verbinden,
- in eine klare Struktur bringen und
- den Sprachgestus der Figuren treffen kann.

Es erweist sich als sinnvoll, bereits bei der Bearbeitung der ersten Teilaufgabe die für die eigene Gestaltung relevanten Informationen zu erfassen. Eine gute Orientierungshilfe leistet die Frage: **Was darf nicht verändert werden?** In der Regel stehen **Figuren** im Vordergrund des Interesses. Deren Charakter und Wertvorstellungen haben sich meist in einer langen Prägungsphase gebildet und stabilisiert. Die vorgefundenen Merkmale werden in die eigene Textproduktion übernommen, sie können aber der Situation gemäß verschärft und pointiert zum Ausdruck gelangen. Dies gilt ebenso für die **Figurensprache**.
Es erleichtert die Arbeit, wenn man sich die spezifischen Kennzeichen der zu gestaltenden Textsorte vorab notiert.
In den nächsten Arbeitsschritten werden die gefundenen Fakten interpretierend ergänzt, steigernd strukturiert und zu einer schlüssigen Gliederung geführt.
Bei der Ausarbeitung sollte man Monotonie vermeiden, überraschende Einfälle entwickeln, Situationen zuspitzen und auf eine plastische und mit der Textvorlage korrespondierende Figurenzeichnung achten. Ebenso ist der literarhistorische Kontext zu berücksichtigen.
Den Abschluss bildet eine Überprüfung der Interpretation auf inhaltliche Stimmigkeit, zutreffende Realisierung der Textsorte und die Annäherung der Sprache an den Sprachgestus der Figuren in der Vorlage.

Das adressatenbezogene Schreiben
Grundlage dieser Aufgabenart ist ein Sachtext. Er wird mit einer festgelegten nicht-literarischen (nicht-fiktionalen; pragmatischen) Textsorte für eine bestimmte Adressatengruppe erschlossen. Dem Sachtext können weitere Materialien beigefügt sein (z. B. literarische Texte, Definitionen aus Lexika, Grafiken, Tabellen).

Die vollständige Aufgabe besteht meist aus **zwei Arbeitsanweisungen**. Die erste zielt auf den **Ausgangstext**, bei dem es sich oft um eine journalistische Form (Kommentar, Glosse), einen (populär-)wissenschaftlichen oder philosophischen Text handelt. Seine Untersuchung geht dem adressatenbezogenen Schreiben voraus.

Der zweite Arbeitsauftrag stellt den Hauptteil der Arbeit dar oder er ergänzt eine vorausgegangene ausführliche Textanalyse. Übliche Arbeitsanweisungen lauten:

- „Nehmen Sie zu dem Zeitungskommentar in einem Leserbrief Stellung und klären Sie dabei den Begriff [...].“
- „Verfassen Sie zu dem Bericht einen Kommentar und entwickeln Sie darin eigene Lösungsvorschläge.“

Beim adressatenbezogenen Schreiben soll der Schüler nachweisen, dass er

- aus dem Inhalt der Vorlage die für seine Arbeit wichtigen Aussagen treffsicher auswählen,
- die Argumentation auf ihre Stichhaltigkeit und Verwendbarkeit überprüfen und ergänzen,
- die geforderte Textart kriterienbezogen gestalten und
- dem kommunikativen Kontext bzw. dem Verwendungszweck strategisch und sprachlich gerecht werden kann.

Vor der eigenen Textproduktion wird das in der Textvorlage enthaltene Material themengerecht erfasst und gesichtet. Dies erfolgt am ausführlichsten durch eine Inhaltsanalyse sowie eine Überprüfung der Argumentationsstrategie und Sprache.
In einem weiteren Schritt sammelt man zusätzlich stützende, ergänzende und widersprechende Argumente wie auch anschauliche und aussagekräftige Beispiele. Anschließend wird das gefundene Material sinnvoll strukturiert. Dabei sind die geforderte Gestaltungsform und die Adressatengruppe bzw. der Verwendungszweck stets zu berücksichtigen. Die Qualität der Ausführung beruht wesentlich auf dem engen Bezug zwischen These und Argument, der Stichhaltigkeit und Nachvollziehbarkeit der Begründungen und der sicheren Entkräftung möglicher Einwände (zur Argumentation vgl. S. 157 ff.). Dies beinhaltet auch, dass die argumentative Auseinandersetzung mit der vorgegebenen Thematik sprachlich überzeugend erfolgen sollte.

Zu möglichen **Textsorten** gehören: Kommentar, Glosse, Rede, (Leser-)Brief, Interview und Essay.

Verfassen kommentierender Texte auf der Grundlage vorgegebener Texte und Materialien

Kommentar: von lat. *(liber) commentarius* = Notizbuch, Niederschrift; generell Bezugnahme auf eine vorherige Äußerung oder Darstellung; im Journalismus ein Meinungsbeitrag mit kritischer Stellungnahme zu einem aktuellen Thema durch einen namentlich genannten Autor

Verfassen eines Kommentars auf der Grundlage eines Sachtextes

So könnte die Arbeitsanweisung lauten:

a) „Verfassen Sie eine strukturierte Inhaltsangabe zu der Abhandlung von [...].“

b) „Schreiben Sie unter Berücksichtigung der in den Materialien gefundenen Informationen einen Kommentar zum Thema [...]. Formulieren Sie dazu eine passende Überschrift. Ihr Text sollte etwa [...] Wörter umfassen.“

Die Aufgabe hat damit zwei Schwerpunkte:

- Ein erster Teil bezieht sich auf den Sachtext. Zu ihm ist eine **strukturierte Inhaltsangabe** (vgl. S. 17) zu erstellen.
- Der zweite Arbeitsauftrag fordert als eigenständigen Textblock einen **Kommentar** zu einem vorgegebenen Thema unter Einbeziehung der zur Verfügung gestellten Materialien.

Obwohl es sich um voneinander getrennte Arbeitsaufträge handelt, sollen diese in der Darstellung als **geschlossene Einheit** erscheinen.

Beim **Verfassen einer strukturierten Inhaltsangabe** gilt es zunächst, den inneren Aufbau der Textvorlage zu erkennen. Dazu wird der Sachtext in seine einzelnen **Sinneinheiten zerlegt**. Diese sind formal meist durch Absätze begrenzt und bestehen inhaltlich aus Gedanken, Thesen, Argumenten und Meinungen. Fragen können den Zugang erleichtern:

- Welche Thesen werden aufgestellt?
- Wie werden diese begründet?
- Sind die Argumente von Beispielen untermauert?
- Auf welche Autoritäten beruft sich der Verfasser?
- Zu welchem Ergebnis kommt er, und welche Folgerungen zieht er?

Es erleichtert die Arbeit, wenn man bereits beim ersten Lesen die Kernaussagen stichwortartig am Rand der Textvorlage festhält. So ergibt sich rasch ein Überblick über die inhaltliche Struktur.
In einem weiteren Schritt werden die einzelnen **Sinneinheiten zusammengefasst** und nach ihrer logischen Abfolge **in eigenen Worten** wiedergegeben. Sie sind durch Absätze äußerlich sichtbar voneinander zu trennen. Ihr Aufbau lässt sich oft auch an spezifischen Formulierungen erkennen: „Der Verfasser behauptet, argumentiert, veranschaulicht,

beruft sich auf, beurteilt, gibt zu bedenken, kritisiert, polemisiert, rät, folgert, fasst zusammen, appelliert ..."
Die strukturierte Inhaltsangabe wird mit einer **Überblicksinformation** eingeleitet. Sie gibt knapp Auskunft über Verfasser, Titel, Quelle, Publikationsdatum und Thema, gegebenenfalls verbunden mit der Absicht des Autors.

Faktenvermittlung, Auseinandersetzung sowie Meinungsbildung bestimmen das Wesen des Kommentars (vgl. S. 140 f.). Die Darstellung unterschiedlicher Positionen bildet deshalb einen wichtigen Schwerpunkt. Beim **Verfassen eines Kommentars** empfiehlt sich folgendes methodische Vorgehen:
Am Anfang steht die **Stoffsammlung**, bei der man zunächst das zur Verfügung gestellte Material auf themenrelevante Informationen untersucht. Dann lenkt man den Blick auf größere Stoffzusammenhänge, betrachtet das Thema aus verschiedenen Perspektiven, fragt nach Ursachen, zieht historische Entwicklungen heran und geht auf gegensätzliche Auffassungen ein.
Wer andere überzeugen will, bietet nicht nur Argumente, die die eigene Meinung stützen, sondern wird sich auch mit fremden Standpunkten auseinandersetzen und diese durch das Aufzeigen von „Schwachstellen" (Thesenhäufung, Gemeinplätze, Gedankensprünge, Widersprüche) zu entkräften versuchen. Dabei sollte man gängige Argumente nicht übergehen, der Leser könnte sie vermissen. Indem man so dem Vorwurf der Einseitigkeit begegnet, erhöht man gleichzeitig den Anspruch auf Glaubwürdigkeit. Hilfreich erweist sich dabei die Mindmap-Technik, bei der das Thema in den Mittelpunkt eines semantischen Netzes gestellt wird.
Zur Stoffsammlung gehören auch die Auswirkungen von Sachverhalten und Verhaltensweisen sowie die daraus zu ziehenden Konsequenzen.
Es folgt die **Sichtung und Überprüfung** des gefundenen Materials auf Logik, Stichhaltigkeit, Relevanz, Vollständigkeit und kommunikative Wirkung. Die Fakten müssen gesichert sein, denn sie bilden die feste Grundlage für alle Folgerungen. Eine falsche Ausgangsbasis vernichtet jeden noch so glänzend formulierten Kommentar.
In einem weiteren Schritt legt man beim Abwägen und Bewerten der Fakten und Argumente den **Leitgedanken** des Kommentars fest. Er verleiht dem Text eine eindeutige Richtung und lenkt den Rezipienten auf das vom Autor vorgesehene und angestrebte Ziel. Dieses ist stets im Auge zu behalten, denn allzu leicht kann eine gut gemeinte Fülle nebensächlicher Details den Leser verwirren. Aus der Leitthese ergibt

sich auch die **Überschrift**. Sie soll durch eine auffällige Formulierung den Leser überraschen, fesseln und ihm gleichsam Appetit auf das Lesen des Textes machen. Provozierende Fragen und Wortspiele bieten sich besonders an.

Die **Gliederung** richtet sich nach der Intention des Autors. Um sein Ziel zu erreichen, wird dieser auf eine dem Thema angemessene, logische und dem Steigerungsprinzip folgende Strukturierung achten.
Es gibt allerdings Themen, deren Komplexität sich einer schnellen und eindeutigen Lösung verschließt. In diesem Fall muss man versuchen, zwischen mehreren Alternativen abzuwägen („einerseits – andererseits"). Wenn ein klares Urteil aufgrund der Vielschichtigkeit des Problems nicht möglich ist, wird der Kommentator seine Entscheidungsprobleme dem Leser darstellen, begründen und zu bedenken geben.
Auch bei zwei klar konträren Meinungen, von denen jede mit treffenden Argumenten belegt werden kann, fällt eine Entscheidung oft schwer. Gerade aber dies setzt den Leser von Argument zu Argument stärker unter Spannung, und er brennt schließlich darauf zu erfahren, ob das Pro oder das Kontra den Zuschlag erhält. Gerade eine knappe Entscheidung nach einer aufrichtigen Auseinandersetzung, bei der perspektivenreich und intensiv geistig gerungen wurde, nötigt dem Leser Respekt ab.

- Ein **einleitender Satz**, der die Aussage der Überschrift noch verschärft, führt zum Hauptteil. Oft entscheidet sich bereits hier, ob der Leser weiterliest. Provozierende Thesen, als Zitate in Fragen oder Ausrufe gekleidet, wecken seine Neugier.
- Damit der Leser der Argumentation folgen kann, muss vorher das **Thema geklärt und abgegrenzt** werden. Dazu liefert der erste Abschnitt des Hauptteils die notwendigen Informationen, beispielsweise Begriffsbestimmungen, Situationsdarstellungen oder Ereignisbeschreibungen.
- Der anschließende Abschnitt bietet die **Argumentation**. Hier werden die unterschiedlichen Positionen erläutert, das Für und Wider dargelegt. Dabei kann man der Erörterungsstruktur folgen: These, Beleg, Beispiel. Sinnvoll ist das Steigerungsprinzip: Die stärksten Argumente befinden sich am Schluss. Die Leitidee sollte sich wie ein roter Faden durch den Text ziehen.
- Aus der Argumentation ergeben sich **Urteil** und **Schlussfolgerung**, die dezidiert die **persönliche Meinung** des Verfassers noch einmal aufzeigen und **Handlungsmöglichkeiten** vorstellen. Schließlich er-

wartet der Leser Orientierungshilfe bei der Bewertung eines Themas. Ist dieses allerdings besonders vielschichtig und eine endgültige Lösung zum gegebenen Zeitpunkt nicht möglich, wird der Kommentator dies ebenso klar ausdrücken (siehe oben).

Beim Verfassen eines Kommentars ist auf den **Umfang** zu achten. Dem Journalisten steht in der Regel nur ein begrenzter Platz zur Verfügung. Auf ihn hin muss er seinen Text planen. Dies gilt auch im schulischen Bereich, wenn in der Aufgabenstellung die Textlänge als Richtwert vorgegeben ist (beispielsweise 750 Wörter). Damit soll der Sinn für eine klare Textstrukturierung und sprachliche Dichte geschärft werden. Es ist deshalb ratsam, bereits bei ersten Überlegungen zur Gliederung den jeweiligen Textumfang der einzelnen Teile ins Auge zu fassen. Dies gelingt, wenn man die eigene Handschrift kennt und abschätzen kann, wie viele Wörter auf eine Seite passen. Nach einigem Üben im Vorfeld lässt sich diesbezüglich rasch Sicherheit gewinnen.

Jeder Kommentator will beeinflussen. Er erreicht sein Ziel nicht nur durch klare, in sich schlüssige und überzeugende Argumentation, sondern auch durch einen abwechslungsreichen und spannenden Stil, also durch **sprachliche Mittel**. Stets ist der Adressat im Blick zu behalten, dessen Alter und Kenntnisstand sind neben dem Publikationsrahmen (Schülerzeitung, Tageszeitung usw.) zu beachten. Wenn der Verfasser über den Rezipienten hinweg kommuniziert, bleibt sein Einsatz erfolglos. Deshalb achtet der Verfasser auf eine überschaubare Syntax mit prägnanten Formulierungen. Am verständlichsten und wirkungsvollsten sind Hauptsätze. Komplizierte Satzgefüge mit Attribut- und Gliedsätzen oder langen Parenthesen erschweren die Verständlichkeit und sollten vermieden werden.
Unter den Stilmitteln eignen sich besonders die auf Spannung zielende rhetorische Frage, die Antithese, die Inversion und das Wortspiel. Eindringlich wirken Formen der Wiederholung wie Anapher, Asyndeton (Reihung ohne Konjunktionen), Ellipse und Klimax. Feine Ironie, wie sie sich beispielsweise bei der Verbindung von Gegensätzlichem (Oxymoron), der Untertreibung (Litotes) und Übertreibung (Hyperbel) findet, erfrischt durch ihren provokativen Unterton den Leser und hält ihn beim Text. Dieser sollte vor allem anschaulich sein. Metaphern, Beispiele und Vergleiche können auch trockenen Sachverhalten Lebendigkeit verleihen.

Für den Kommentar besonders geeignete sprachliche Mittel
(vgl. S. 23 ff.):
- rhetorische Frage, Antithese, Inversion, Wortspiel → Spannung
- Anapher, Asyndeton, Ellipse, Klimax → Eindringlichkeit
- Ironie, Oxymoron, Litotes, Hyperbel → Provokation
- Metapher, Beispiel, Vergleich → Anschaulichkeit

Verfassen einer Rede

Wird eine Rede verlangt, ist zunächst die **Rolle** wichtig, die man übernehmen muss, etwa als Schülersprecher oder als Mitglied einer Redaktionskonferenz bei einer Zeitung. Ebenso ist die Frage zu klären, welche **Interessen** man zu vertreten hat, zum Beispiel die der SMV oder einer bestimmten Lesergruppe.

Grundsätzlich gestaltet sich eine Rede nach dem auf Seite 144 angegebenen Aufbau. Wichtig ist es, bereits in der Einleitung das **Zuhörerinteresse** zu wecken, zum Beispiel durch einen überraschenden und pointierten Einstieg.

Im Hauptteil wird der Redner informieren und kommentieren. Seine Argumentation darf sogar provozieren, **nicht** aber **polemisieren**. Besondere Bedeutung kommt dem Einsatz rhetorischer Mittel zu. Sie dienen der Aussagebekräftigung, der Abwertung anderer Meinungen und der Adressatenzuwendung.

Auch Politiker der Gegenwart wie Barack Obama bedienen sich der Mittel der Redekunst, um ihre Zuhörer zu überzeugen

- Will der Redner seiner Aussage Nachdruck verleihen, wird er eindringliche und anschauliche Mittel einsetzen. Eindringlichkeit bewirken besonders Formen der Wiederholung, Akkumulation, Asyndeton, Ausruf, Ellipse und Klimax. Die Anschaulichkeit lässt sich mit Beispielen, Metaphorik und Vergleichen erhöhen.
- Zum Entkräften von Meinungen und Argumenten dienen: Hyperbel, Ironie, rhetorische Frage und emotionale Abwertung.
- Eingestreute kommunikative Mittel, zum Beispiel Anrede, Allusion und rhetorische Frage, sowie spannungsauslösende Mittel wie Antithese, Contradictio in adjecto und Inversion binden die Aufmerksamkeit des Zuhörers.

Die Rede schließt mit einer Zusammenfassung, es können Schlussfolgerungen gezogen und Appelle ausgesprochen werden.

Verfassen eines Leserbriefs

Der Aufbau des Leserbriefes entspricht dem der Rede. Die Einleitung weckt das Leserinteresse, indem sie das aktuelle Thema der Textvorlage aufgreift. Im Hauptteil begründet der Verfasser seine Meinung. Er informiert und kommentiert, er kann auf Ursachen und Folgen eingehen sowie erklärend auf Hintergründe und Zusammenhänge verweisen. Die Argumentation sollte sachlich erfolgen, pointierte Formulierungen schärfen die Aussage. Auf- und Abwertungen sind erlaubt. Der Schlussteil enthält Folgerungen und Appelle.

Verfassen eines Essays auf der Grundlage eines Dossiers

Die übliche Arbeitsanweisung umfasst **zwei Teile:**

- Ein erster bezieht sich auf Textdokumente eines vorgegebenen Dossiers, von denen **Kurzzusammenfassungen** anzufertigen sind.
- Der zweite Arbeitsauftrag verlangt das **Schreiben eines Essays** zu einem vorgegebenen Thema unter Einbeziehung der aus den Textdokumenten gewonnenen Informationen.

In einem **Dossier** sind Texte mit unterschiedlichen Informationen zu einem bestimmten Thema zusammengestellt. Dabei kann es sich neben literarischen und nichtliterarischen Texten (z. B. Erzählungen, Berichte, Kommentare) auch um diskontinuierliche Texte (z. B. Grafiken, Tabellen, Karikaturen) handeln (vgl. S. 168 f.). Von den Materialien sollen sog. **Abstracts** (vgl. S. 168), also Kurzzusammenfassungen, erstellt werden. Diese Arbeit erleichtert Fragen nach dem thematischen Schwerpunkt, der Autorintention, der eingenommenen Perspektive (umfassend – einseitig), dem Gedankengang (folgerichtig – sprunghaft), dem Ergebnis (eindeutig – offen) und der Darstellung (verständlich – diffus).
Das methodische Vorgehen beim **Verfassen eines Essays** beginnt mit der Sammlung und Sichtung der Dossiermaterialien. Dies bildet eine wichtige Grundlage für den zu erstellenden Essay und liefert dem Verfasser Impulse für eigene Überlegungen: Er kann die Aussagen akzeptieren, hinterfragen, ablehnen, argumentativ entkräften oder bestätigen und, von ihnen ausgehend, neue Gedanken entwickeln. Dabei wird er wichtige Aussagen der Textvorlagen zitieren, paraphrasieren, auf sie anspielen oder kritisch zu ihnen Stellung nehmen. Da jedoch das Thema oft vielschichtiger Natur ist und endgültige Ergebnisse problematisch erscheinen, wird man es von verschiedenen Perspektiven einzukreisen und zu vertiefen versuchen.
Grundsätzlich finden sich beim Essay ähnliche Elemente wie beim Kommentar, doch ist hier der Aufbau deutlich freier. Der Autor verwendet die vorgegebenen Fakten, lässt sich aber oft von seinen Einfällen und Assoziationen leiten. Er unterhält sich gleichsam mit einem fiktiven Leser und möchte dessen Gedankenwelt erkunden und berücksichtigen.
Bei aller Fantasie darf der Essay nicht so ins unsystematisch Sprunghafte abgleiten, dass man das Thema aus den Augen verliert. Um dies zu vermeiden, sollte man bereits bei der Stoffsammlung an eine Strukturierung denken. Bei der Ausführung können dann die Übergänge zwischen den einzelnen Absätzen stilistisch fließend gestaltet werden, sodass der Essay den Eindruck einer lockeren und geistreichen Gedankenführung vermittelt, aber doch als geschlossenes Ganzes zu erkennen ist.

Übersicht: Häufige Aufgabenbereiche und Arbeitsanweisungen

Analysieren eines Sachtextes	• Verstehen des Textes durch Untersuchung seiner Teile und ihres Zusammenhangs • Überblicksinformation, Inhalt, formale und sprachliche Gestaltungsmittel, Aussageschwerpunkte, Autorintention • Präsens, Sachstil, Zitate, Übersichtlichkeit
Erschließen eines poetischen Textes	• Verstehen des Textes durch Untersuchung seiner Teile und ihres Zusammenhangs • Untersuchung nach vorgegebenen Aufgaben; bei fehlenden weiteren Arbeitsanweisungen: Überblicksinformation, Inhalt, Gestaltungsmittel, ggf. Figurengestaltung, Raum- und Zeitgestaltung, Motivik, Epochenbezug • Präsens, Sachstil, Zitate, Übersichtlichkeit
Interpretieren eines poetischen Textes	• Verstehen des Textes durch Untersuchung seiner Teile und ihres Zusammenhangs sowie Deutung der erkannten Fakten • Vorgehen wie bei der Erschließung; zusätzlich: Zusammenführen der Einzelergebnisse und Festhalten von textbestimmenden Grundideen, Motiven; Bezug auch zum historischen und biografischen Kontext • Präsens, Sachstil, Fachsprache, Beschreibung und kommentierende Deutung mit fortwährenden Zitatbelegen
Überblicksinformation (Basissatz, Einleitungssatz)	• konzentrierte Darbietung von Grundinformationen • Nennen von: Autor, Titel, Textart, Thema; ggf. Erscheinungsort und -jahr, Autorintention, Handlungsort und -zeit, Hauptfiguren
Inhalt	• Zusammenfassen wesentlicher Aussagen • Orientierung am Textverlauf: informative Texte – Sinneinheiten, Gedankengang; erörternde Texte – Argumentationsgang; erzählende Texte – Handlungsverlauf; dramatische Texte – Handlungs-, Gesprächsverlauf; Gedichte – Strophenfolge, Sinneinheiten • Sachstil, auf Wesentliches konzentriert, indirekte Rede, eigene Worte, Vermeiden von Textübernahmen und Zitaten
Aufbau	• Erfassen des Ordnungsgefüges eines Textes • Orientierung am Textverlauf; Benennen der Gliederungseinheiten; Fragen nach Rahmen, Grobstrukturierung (Einleitung, Hauptteil, Schluss), Überleitungen, Erzählschritten, Argumentationsgang, Sinnabschnitten • Präsens, Sachstil, Übersichtlichkeit, eigene Worte, Fachwortschatz, Nachweis der Strukturelemente durch Zeilenangaben
Sprache und Stil	• wesentliche Grundlage bei jeder Textuntersuchung • Untersuchungsbereiche: Wortwahl, Syntax, Stil, Funktion rhetor. Mittel • Vorgehensweise: Markieren der sprachlichen Mittel im Text; Zusammenstellen nach gemeinsamen Funktionen; Auswerten; Vergleich mit anderen Textmerkmalen

Argumentation	• Beschreiben einer Beweisführung • Argumentations*gang*: Darstellen von Thema, These, Argumenten, konkretisierenden Beispielen, Folgerung, Appell • Argumentations*weise*: Aussagen zur Objektivität der Beweisführung; Fragen nach Sachlichkeit, Übersichtlichkeit, Anschaulichkeit, Nachvollziehbarkeit • Präsens, Sachlichkeit, Übersichtlichkeit, Fachwortschatz, Zitate als Belege (bei der Argumentationsweise)
Begriffsklärung, Erläutern	• *Definition:* gedrängte Darstellung; Nominalstil, hoher Abstraktionsgrad • *Begriffsklärung:* Annäherung durch Gegensätzliches und Nachweis des Begriffs in relevanten Bereichen; Sachstil, Beispiele, Zitate • *Erläuterung:* Überprüfung relevanter Bereiche; Sachstil, Beispiele, Zitate; Assoziieren als Hilfe bei der Stoffsammlung
Autorintention	• Erkennen der oft verschleierten Pläne des Autors • Erschließen aus Thema, Inhalt, Argumentation und Sprache • Präsens, Sachstil, Zitate als Belege
Motiv	• Grundidee, Bedeutungsträger an zentralen Textstellen; Gliederungs- und Stabilisierungselement • Untersuchung der im Text realisierten Motivaspekte; Gliederung nach deren Relevanz
Stellungnahme	• Auseinandersetzung mit einer vorgegebenen Meinung, Klärung eines Sachverhalts oder eines strittigen Problems • Nennen des Themas und der zentralen These des Autors; eigene Meinung; kritische Überprüfung der vorgegebenen Beweisführung; Ergänzung durch eigene Argumente, Fazit • Präsens, Sachstil, Übersichtlichkeit, Zitate als Belege
Textvergleich	• Aufzeigen unterschiedlicher Sichtweisen eines Themas • vorgegebenes Thema: Gliederung nach Teilaspekten • umfassender Vergleich: Überblicksinformation, Inhalt, Gestaltungsmittel, Thema-(Motiv-)Behandlung, Zusammenfassung
Epochenzuordnung	• Nachweis der historisch-kulturellen Einbindung des Textes • Thematik, Motivik, Handlung, Figuren, Raum und Zeit, Wirklichkeitssicht, Weltbild, Sprache
Verfassen kommentierender Texte	• mögliche Formen: z. B. Kommentar, Leserbrief, Rede, Essay • Arbeitsschritte: Stoffsammlung und Gliederung erstellen; Ausführung: Gliederung in Einleitung – Hauptteil – Schluss • Adressatenbezug beachten • pointierte, rhetorisch anspruchsvolle Sprache

Untersuchungsbereiche epischer Texte

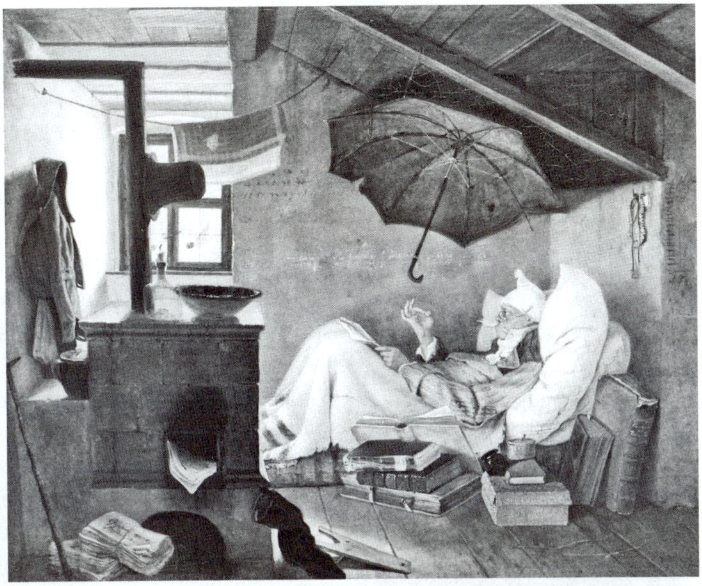

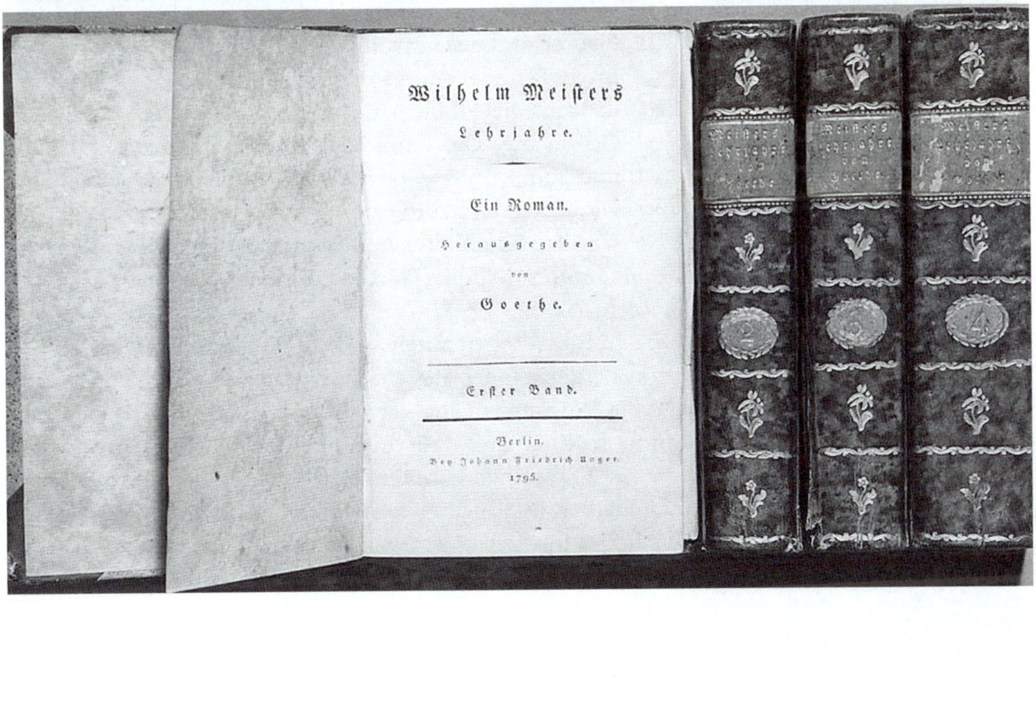

Die Epik ist eine der drei Grundgattungen der Dichtung. Sie umfasst alle Möglichkeiten **fiktiven Erzählens**, ob in Versen oder in Prosa. Man unterscheidet kleinere Formen (z. B. Märchen, Kurzgeschichte), mittlere Formen (Novelle) und Großformen (Epos, Roman).

Die epische Darstellung wird durch einen **Erzähler** bestimmt. Dabei handelt es sich um eine vom Autor geschaffene fiktive Figur. Autor und Erzähler sind also nicht identisch. Der Erzähler vermittelt dem Leser ein erdachtes, vergangenes Geschehen und gestaltet Handlungen und Figuren in von ihm gewählten Räumen, Zeiten und Wirklichkeiten.

Jedem epischen und dramatischen Text liegt eine **Geschichte** (Story) zugrunde, in der in einem bestimmten Raum, während einer durch Anfang und Ende definierten Zeit, Handlung und Geschehen ablaufen und Figuren beteiligt sind.

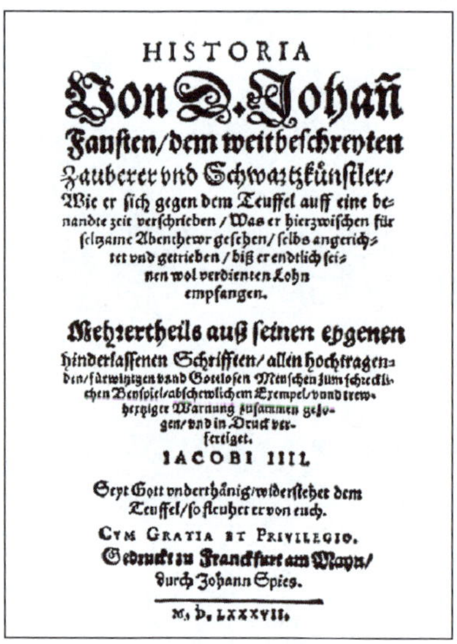
HISTORIA
Von D. Johañ
Fausten/dem weitbeschreyten
Zauberer vnd Schwartzkünstler/
Wie er sich gegen dem Teuffel auff eine benandte zeit verschrieben / Was er hierzwischen für seltzame Abenthewr gesehen/ selbs angerichtet vnd getrieben / biß er endtlich seinen wol verdienten Lohn empfangen.
Mehrertheils auß seinen eygenen hinderlassenen Schrifften/ allen hochtragenden/fürwitzigen vnnd Gottlosen Menschen zum schrecklichen Beyspiel/abschewlichem Exempel/vnnd trewhertziger Warnung zusammen gezogen/ vnd in Druck verfertiget.
IACOBI IIII.
Seyt Gott vnderthänig/widerstehet dem Teuffel/so fleuhet er von euch.
CUM GRATIA ET PRIVILEGIO.
Gedruckt zu Franckfurt am Mayn/ durch Johann Spies.
M. D. LXXXVII.

Titelblatt des Faustbuches, Frankfurt 1587

Die künstlerische Intention eines Autors kann von einem bereits vorhandenen **Stoff** angeregt werden. Darunter versteht man zunächst verschiedene Teile eines Rohmaterials, das, real oder fiktiv vorgefunden (z. B. als historisches Faktum oder als Gegenstand der Kunst), durch Bearbeitung und Verknüpfung zum eigentlichen Stoff wird. So liegen etwa dem Faust- und dem Don-Juan-Stoff historische Wirklichkeitselemente zugrunde. Ihre dichterische Bearbeitung ist frei. Bedeutende Stoffe haben eine Tradition. An ihr zeigt sich, dass Stoffe bis auf ihre Grundsubstanz verändert werden können, also Orte, Zeiten und Figuren austauschbar sind.

Im Stoff findet der Autor sein **Thema**, d. h. den Grundgedanken, die Problematik oder die **Grundidee** für seine Geschichte. Die Grundidee ist der äußerst abstrahierte und komprimierte Kern einer Geschichte, der einen Sinn vermitteln und zur Deutung anregen soll. So ist Humanität die Grundidee in Goethes *Iphigenie auf Tauris.* In Schillers *Don Carlos* ist Marquis Posa der Träger der Ideen von Humanität und Freiheit.

Geschichte und Fabel stehen miteinander in Verbindung, sie lassen sich aber doch klar voneinander abgrenzen. Während „Geschichte" mehr den Ablauf der Vorgänge meint, versteht man unter **„Fabel"** (Plot) die vom Autor nach seinen künstlerischen Intentionen organisierte Abfolge der Ereignisse: Er verändert Zeiten und Räume, bildet nach seiner Vorstellung Figuren und Figurenkonstellationen, betont Wesentliches, lässt Unwichtiges fort, relativiert, verknüpft und trennt und schafft so durch neue Sinnzusammenhänge eine eigene poetische Wirklichkeit.

Der Erzähler

Autor und Erzähler

Um dem Leser seine Geschichte und Absicht vermitteln zu können, wählt der Autor ein erzählendes Medium: den fiktiven Erzähler, von dem nicht vorschnell auf den Autor geschlossen werden darf. So lässt der Stil des Erzählers in Döblins *Berlin Alexanderplatz* nicht folgern, dass dies die Sprache des Autors sei. Denn der Autor kann, je nach seiner künstlerischen Intention, den Erzähler gestalten und ihn mit einem spezifischen Verhalten und einer angemessenen Sprache ausstatten. Deshalb sind Autor und Erzähler zu unterscheiden.

Wandel der Erzählerposition

Die Position des Erzählers hat sich im Verlauf seiner Geschichte verändert. Der Erzähler in **traditionellen Texten** gibt sich **selbstbewusst**. Er lässt erkennen, dass er das Geschehen, über das er berichtet, kennt. Mehr oder weniger deutlich zeigt er seine Präsenz durch eingestreute Wertungen an. Sein Auftreten steht im Zusammenhang mit dem geschlossenen, auf festen Werten beruhenden Weltbild, das ihn, seine Figuren und seine Leser bestimmt: das Weltbild des bürgerlichen Zeitalters.
Die **moderne Literatur** vermittelt ein anderes Erzählerbild. Bereits im Realismus finden sich Tendenzen einer **geschwächten Erzählerposition**. Zunehmend tritt der Erzähler hinter seinen Figuren zurück und gibt ihnen Raum, sich in direkter Rede zu artikulieren. Auch die Mehrdeutigkeit der indirekten und erlebten Rede ist ein Indiz für die unsichere Position des Erzählers. Der Bewusstseinsstrom des inneren Monologs lässt keinen Erzähler mehr erkennen. Außerhalb der Figurenrede berichtet der Erzähler sachlich-distanziert. In einer komplexen Welt, in der Wertepluralismus und rascher Wertewandel die Orientierung erschweren und das Individuum seine Autonomie an das Kollektiv abgegeben hat, hütet er sich vor Urteilen. Er kämpft mit Begriffen (vgl. Hofmannsthal: *Ein Brief*) und gerät in Identitätskrisen (Frisch: *Stiller*); seine passiven und leidenden Figuren spiegeln seine eigene Ratlosigkeit (vgl. die Figuren in Texten Kafkas).

Erzählform

Epische Texte kann man nach der Ich-Form und der Er-Form unterscheiden. Bei der **Ich-Form** werden die Ereignisse als vom Erzähler selbst erlebt dargestellt. Er ist also zugleich auch handelnde Figur. Durch die auf das erzählende Ich eingeschränkte Sichtweise erhält die Aussage eine stark subjektive Note. Gleichzeitig ist diese Form ein Kunstmittel, das die Glaubwürdigkeit des Inhalts erhöht und sich deshalb besonders zur Wiedergabe psychischer Vorgänge eignet. Aus diesem Grund greift der Erziehungs- und Bildungsroman gern diese Form auf (vgl. Stifter: *Der Nachsommer*). Auch Tagebücher und Briefromane sind in der Ich-Form verfasst. Verschiedene Autoren benützen autobiografisches und reales Material, das sie dichterisch umgestalten und zur Konfrontation mit einem fiktiven Erzähler bringen (vgl. Goethe: *Werther*). Nicht selten wird solches Schreiben vom Autor als innerer Distanzierungs- und Befreiungsversuch verstanden. Bei **Memoiren** ist der Autor selbst das erzählende Ich. Der zeitliche Abstand zu den Ereignissen zeigt aber, dass das erzählende Ich vom erlebenden Ich zu trennen ist: Der Verfasser kann zu seinem früheren Leben kritisch Stellung nehmen.

Memoiren: von frz. *memoire* = schriftl. Darlegung, Denkschrift (nach lat. *memoria* = Gedächtnis); literar. Darstellung des eigenen Lebens, insbesondere auf politischer, kultureller und gesellschaftlicher Ebene (Abgrenzung zur Autobiografie, die mehr das eigene Seelenleben betrachtet)

Bei der **Er-Form** (3. Person) beschreibt der Erzähler die Erlebnisse anderer. Hier sind sein Spielraum und der Objektivitätsgrad größer als bei der Ich-Form. Es ist ihm aber möglich, sich kommentierend einzumischen (vgl. auktorialer Erzähler).

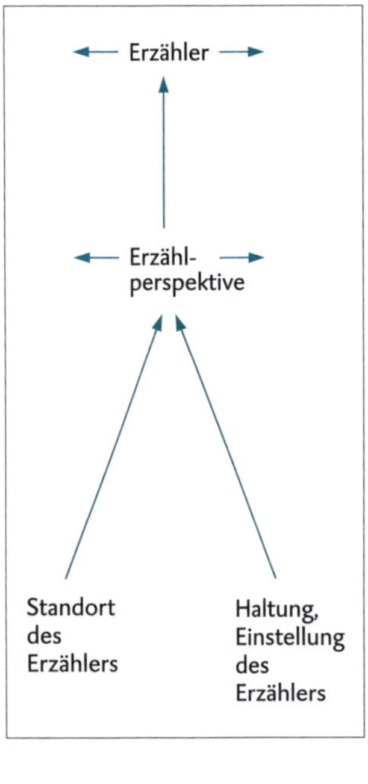

Erzählperspektive

Der vom Autor erdachte Erzähler kann zu der ebenfalls fiktiven Welt der Geschichte in unterschiedlicher Beziehung stehen. Sie resultiert zunächst aus seinem **Standort**, von dem aus er Handlungen und Geschehen beobachtet, dann aus seiner **Haltung**, die er zu Ereignissen und Figuren einnimmt. Die Summe der äußeren und inneren Ein-Stellungen ergibt die **Erzählperspektive**.

Die Wahrnehmung der fiktiven Wirklichkeit hängt von mehreren Komponenten ab: Der von Raum und Zeit festgelegte Standort bestimmt den **Blickwinkel** (point of view) des Erzählers. Befindet sich der Erzähler in großem Abstand, geradezu in „olympischer" Höhe „über" den Ereignissen, dann hat er ein breites, unbehindertes Blickfeld. Besitzt er einen zeitlichen Abstand, so kennt er meist Anfang und Ausgang der Geschichte (auktorialer Erzähler). Ist er hingegen mitten im Geschehen, schlüpft er gar in die Figuren hinein, so hat es den Anschein, als wäre er gar nicht vorhanden und als ob der Leser ein Bild aus der Perspektive einer Figur erhielte.

In das Blickfeld des Erzählers können **Dinge** und **Figuren** ein- und austreten und sich in größerer oder kürzerer **Blickdistanz** befinden. Gegenstände fallen je nach ihrer Beschaffenheit und ihrer Beziehung zur Umgebung mehr oder weniger auf. Auch das Interesse des Erzählers für bestimmte Gegenstände kann die Aufmerksamkeit des Lesers lenken (vgl. die Betonung des Kleinen und Unscheinbaren im Biedermeier). Manchmal lösen Gegenstände **Gedanken, Erinnerungen und Träume** beim Erzähler aus. Dann kommt es zu Einschnitten im Erzählablauf, zu Rückwendungen oder Vorausdeutungen.

Veränderung des Erzählerstandorts

> Sie waren unterdessen längst ins Tal herabgekommen und näherten sich einem Dorf, das ihnen bereits auf der Höhe bemerklich gewesen und hinter welchem sich unmittelbar ein kleines Schloß von modernem Ansehen, der Wohnsitz eines Grafen von Schinzberg, in der freundlichen Ebene zeigte. Es sollte in dem Ort gefüttert, gerastet und Mittag gehalten werden. Der Gasthof, wo sie hielten, lag vereinzelt am Ende des Dorfs bei der Straße, von welcher seitwärts eine Pappelallee von nicht sechshundert Schritten zum herrschaftlichen Garten führte. (Mörike: *Mozart auf der Reise nach Prag*)

Unterschiedliche Wahrnehmung der Gegenstände

> Das Meer leuchtete von weitem, der Himmel blitzte und funkelte unübersehbar mit unzähligen Sternen, darunter lag die heilige Stadt, von der man nur einen langen Nebelstreif erkennen konnte, wie ein eingeschlafener Löwe auf der stillen Erde, und Berge standen daneben, wie dunkle Riesen, die ihn bewachten.
> Ich kam nun zuerst auf eine große, einsame Heide, auf der es so grau und still war wie im Grabe. Nur hin und her stand ein altes, verfallenes Gemäuer oder ein trockener, wunderbar gewundener Strauch; manchmal schwirrten Nachtvögel durch die Luft, und mein eigener Schatten strich immerfort lang und dunkel in der Einsamkeit neben mir her. (Eichendorff: *Aus dem Leben eines Taugenichts*)

Auftauchen und Verschwinden von Gegenständen

> Ich trat in einen hellen Saal, in welchem es von allen Wänden und von großen Gerüsten in frischen Farben und Gold erglänzte. Der erste Eindruck war ganz traumhaft; große klare Landschaften tauchten von allen Seiten, ohne daß ich sie vorerst einzeln besah, auf und schwammen vor meinen Blicken mit zauberhaften Lüften und Baumwipfeln; Abendröten brannten, Kinderköpfe, liebliche Studien guckten dazwischen hervor, und alles entschwand wieder vor neuen Gebilden, so daß ich mich ernstlich umsehen mußte, wo denn dieser herrliche Lindenhain oder jenes mächtige Gebirge hingekommen seien, die ich im Augenblicke noch zu sehen geglaubt. (Keller: *Der grüne Heinrich*)

B
Auslösen von Erinnerungen

> Darüber hinaus fing eine Dame in dem Garten an, überaus lieblich zu singen. Ich stand ganz wie bezaubert, denn es war die Stimme der schönen gnädigen Frau und dasselbe welsche Liedchen, das sie gar oft zu Hause am offnen Fenster gesungen hatte.
> Da fiel mir auf einmal die schöne alte Zeit mit solcher Gewalt aufs Herz, daß ich bitterlich hätte weinen mögen, der stille Garten vor dem Schloß in früher Morgenstunde, und wie ich da hinter dem Strauch so glückselig war, ehe mir die dumme Fliege in die Nase flog.
> (Eichendorff: *Aus dem Leben eines Taugenichts*)

B
Auslösen von Fantasie

> [...] und wenn ich dann an Sonntags-Nachmittagen vor der Mühle im Grase lag und alles ringsum so still war, da dachte ich mir Rom wie die ziehenden Wolken über mir, mit wundersamen Bergen und Abgründen am blauen Meer und goldnen Toren und hohen glänzenden Türmen, vor denen Engel in goldnen Gewändern sangen.
> (Eichendorff: *Aus dem Leben eines Taugenichts*)

Wenn der Erzähler seinen Standort außerhalb des Geschehens und der Figuren wählt, also aus einem bestimmten Abstand nur äußerlich Wahrnehmbares registriert, spricht man von **Außensicht** oder Außenperspektive. Ist der Erzähler dagegen unmittelbar beim Geschehen und blickt gleichsam in die Figuren hinein, kennt ihre Gedanken und Gefühle, handelt es sich um **Innensicht** oder Innenperspektive.

Formen des Erzählverhaltens

Franz K. Stanzel hat die Möglichkeiten des Erzählers als „Erzählsituationen" bezeichnet. Andere Wissenschaftler sprechen vom „Erzählverhalten". Man unterscheidet folgende Formen:

Die auktoriale Erzählsituation, das auktoriale Erzählverhalten

Hier existiert ein „persönlich anwesender" Erzähler, der den Ablauf der Ereignisse kennt, sie überblickt und gleichsam „allwissend" ist. Obwohl er außerhalb steht, mischt er sich kommentierend, reflektierend und urteilend ein. Indem er den Leser unmittelbar anspricht, fungiert er als eigenes Aussagesubjekt, das sich vom momentanen Geschehen abwendet und kritisch Stellung nimmt. Diese Form wird meist am Tempuswechsel erkennbar (Präsens).

> Jetzt seht ihr Franz Biberkopf nicht saufen und sich verstecken. Jetzt seht ihr ihn lachen: man muß sich nach der Decke strecken. Er ist in einem Zorn, daß man ihn gezwungen hat, es soll ihn keiner mehr zwingen, der Stärkste nicht. Er hebt gegen die dunkle Macht die Faust, er fühlt etwas gegen sich stehen, aber er kann es nicht sehen, es muß noch geschehen, daß der Hammer gegen ihn saust. (Döblin: *Berlin Alexanderplatz*)

B
Auktoriale Erzählsituation

Die personale Erzählsituation, das personale Erzählverhalten

Hier wählt der Erzähler seinen Standpunkt mitten zwischen Handlungen und Ereignissen, er scheint aber zurückzutreten, da er sich eigener Kommentare enthält und die Perspektive einer Figur benutzt. Dies zeigt sich besonders dort, wo der Leser mit Gedanken, Gefühlen, also dem Inneren einer Figur konfrontiert wird. Dadurch steigert sich das Leseerlebnis; die Aussage wird unmittelbarer, und es entsteht beim Leser die Illusion, selbst am Schauplatz des Geschehens zu sein.

> Abends, in ihrem Zimmer, versucht sie sich vorzustellen, wie er mit Mitte zwanzig gewesen ist. Damals war sie ein kleines Mädchen, sie ging zur Schule, aber trotzdem: Es wäre alles gekommen wie in Müritz. Wo immer sie ihn entdeckt hätte, in einem Kaffeehaus mit Freunden, sie hätte gezittert und gehofft und ihn nie mehr vergessen. (Michael Kumpfmüller: *Die Herrlichkeit des Lebens*)

B
Personale Erzählsituation

Die neutrale Erzählsituation, das neutrale Erzählverhalten

Von ihr spricht man, wenn der Erzähler ganz zurücktritt, „neutral" bleibt und als außenstehender, unbeteiligter Zuschauer fungiert. Die Vorgänge werden aus der Distanz vermittelt. Besonders deutlich wird diese Form in der direkten Rede (Dialog).

> Ein Fremder hatte sich neben den entlassenen Sträfling gestellt, sah ihm zu. Er fragte: „Ist Euch was, ist Euch nicht gut, habt Ihr Schmerzen?" (Döblin: *Berlin Alexanderplatz*)

B
Neutrale Erzählsituation

Die Ich-Erzählung

Sie kann sowohl auktoriales, personales als auch neutrales Erzählverhalten zeigen. Der Ich-Erzähler fungiert als **auktorialer** Erzähler, wenn er distanziert aus späterer Zeit sich früherer Ereignisse und Handlungen erinnert. Er kann zu seinem vergangenen Verhalten Stellung nehmen und es kommentieren. Das erzählende Ich steht in Distanz zum erlebenden Ich.

B
Auktorialer Ich-Erzähler

> Heute ist es eine Woche seit der Ohrfeige, die zu meiner Verhaftung geführt hat. Ich war (laut Protokoll) ziemlich betrunken, weswegen ich Mühe habe, den Hergang zu beschreiben, den äußeren. (Frisch: *Stiller*)

Personal verhält sich der Ich-Erzähler, wenn er gleichsam in sein früheres Ich schlüpft, wenn also erzählendes und erlebendes Ich zusammenfallen. Die Darstellung wirkt durch ihre Unmittelbarkeit.

B
Personaler Ich-Erzähler

> Seine Frau habe ich gern. Sie war noch Schülerin, als er sie zum erstenmal in den Kreis brachte, und die Art, wie sie da saß, mit ihren hübschen Augen und den theologisch-soziologischen Auseinandersetzungen folgte, machte mich ganz elend. Ich sah ihr an, daß sie viel lieber tanzen oder ins Kino gegangen wäre. (Böll: *Ansichten eines Clowns*)

Darbietungsformen des Erzählens

Darunter versteht man die sprachliche Vermittlungsweise des Erzählers. Es gibt zwei grundsätzliche Vermittlungsformen: den Erzählerbericht und die Figurenrede.

Der Erzählerbericht
Er umfasst alle Äußerungen des Erzählers (nicht aber die Äußerungen der handelnden Figuren). Man unterscheidet zeitliche und zeitlose Erzählweisen.
Zu den **zeitlichen Erzählweisen** zählt man den Bericht, der Handlung und Geschehen im Ablauf zeigt (der Erzähler strafft, stellt die Vorgänge aus der Distanz fest), und die szenische Darstellung, die auf Breite, Genauigkeit und Unmittelbarkeit angelegt ist und auch die Personenrede beinhaltet.
Zu den **zeitlosen Erzählweisen** rechnet man die Beschreibung von Örtlichkeiten und Figuren sowie Erörterungen. Sie wirken aus dem Ablauf der erzählten Zeit herausgenommen.

Die Figurenrede
Dazu zählen direkte und indirekte Rede, erlebte Rede und innerer Monolog.

Direkte Rede: Sie gibt den Wortlaut des Gesagten unverändert wieder und wird in Anführungszeichen gesetzt. Der Erzählerbericht erscheint allenfalls in der Redeankündigung (Inquit-Formel).

Inquit-Formel (lat. *inquit* = er sagt/sagte): formelhafter Redeeingang oder -abschluss (Nomen/Pronomen + Verb des Sagens oder Denkens)

> Er sagte: „Ich gehe jetzt."

B **Direkte Rede**

Indirekte Rede: Die Reden oder Gedanken der Figuren werden vom Erzähler in der 3. Person und im Konjunktiv wiedergegeben.

> Er sagte, dass er jetzt gehe. Er dachte, jetzt sei es genug.

B **Indirekte Rede**

Erlebte Rede: Dieses Stilmittel steht zwischen direkter und indirekter Rede. Es dient der Wiedergabe von Bewusstseinsregungen und erzeugt eine suggestive Wirkung. Kennzeichen sind: 3. Person Indikativ, episches Präteritum (fiktionale Wirklichkeitsaussage zum Ausdruck der fiktiven Gegenwartssituation einer Person) und Wegfall der Inquit-Formel „er dachte", „dachte er".

> Ob es am Ende wirklich nur eine Reise war? Ob das, was er als Flucht geplant und unternommen, nicht bestimmt sein konnte, als Vergnügungsfahrt zu enden? (Schnitzler: *Flucht in die Finsternis*)

B **Erlebte Rede**

Innerer Monolog: Diese Erzähltechnik sucht ebenfalls den Bewusstseinsstand (Gedanken, Assoziationen, Ahnungen u. a.) unmittelbar darzustellen. Dazu werden die Ich-Form und das Präsens benutzt. Der innere Monolog ist besonders bei modernen Erzähltexten zu finden. Hier realisiert er den sog. „stream of consciousness", eine rasche Folge von Gedanken, Assoziationen, Empfindungen und Wahrnehmungen. Dabei kommt es häufig zur Auflösung der Syntax, die Erzählzeit ist länger als die erzählte Zeit.

> Wie lange wird denn das noch dauern? Ich muß auf die Uhr schauen ... schickt sich wahrscheinlich nicht in einem so ernsten Konzert. Aber wer sieht's denn? Wenn's einer sieht, so paßt er gerade so wenig auf, wie ich, und vor dem brauch' ich mich nicht zu genieren ... Erst viertel auf zehn? ... Mir kommt vor, ich sitz' schon drei Stunden in dem Konzert. Ich bin's halt nicht gewohnt ... Was ist es denn eigentlich? Ich muß das Programm anschauen ... Ja, richtig: Oratorium? Ich hab' gemeint: Messe. Solche Sachen gehören doch nur in die

B **Innerer Monolog**

Kirche. Die Kirche hat auch das Gute, daß man jeden Augenblick fortgehen kann. – Wenn ich wenigstens einen Ecksitz hätt'! – Also Geduld, Geduld! Auch Oratorien nehmen ein End'! Vielleicht ist es sehr schön, und ich bin nur nicht in der Laune. Woher sollt' mir auch die Laune kommen? Wenn ich denke, daß ich hergekommen bin, um mich zu zerstreuen ... Hätt' ich die Karte lieber dem Benedek geschenkt, dem machen solche Sachen Spaß er spielt ja selber Violine. Aber da wär' der Kopetzky beleidigt gewesen. Es war ja sehr lieb von ihm, wenigstens gut gemeint. Ein braver Kerl, der Kopetzky! Der einzige, auf den man sich verlassen kann ... Seine Schwester singt ja mit unter denen da oben. Mindestens hundert Jungfrauen, alle schwarz gekleidet wie soll ich sie da herausfinden? Weil sie mitsingt, hat er auch das Billett gehabt, der Kopetzky ... Warum ist er denn nicht selber gegangen? – Sie singen übrigens sehr schön. Es ist sehr erhebend – sicher! Bravo! bravo! ... Ja, applaudieren wir mit. Der neben mir klatscht wie verrückt. Ob's ihm wirklich so gut gefällt? [...] ... Ah, ein Solo! Wer ist das? Alt: Fräulein Walker, Sopran: Fräulein Michalek ... das ist wahrscheinlich Sopran ... Lang' war ich schon nicht in der Oper. In der Oper unterhalt' ich mich immer, auch wenn's langweilig ist. Übermorgen könnt' ich eigentlich wieder hingeh'n, zur „Traviata". Ja, übermorgen bin ich vielleicht schon eine tote Leiche! (Schnitzler: *Leutnant Gustl*)

Aufgaben- und Bearbeitungsbeispiel

So könnten mögliche Aufgaben lauten:

- „Untersuchen Sie die erzählerische Gestaltung."
- „Zeigen Sie wesentliche Mittel der erzählerischen Gestaltung auf und beschreiben Sie ihre Wirkung."

So könnte eine Bearbeitung der ersten Aufgabe aussehen:

Bearbeitungsbeispiel

Der Text ist in der **Er-Form** verfasst. Die **Erzählperspektive** verändert sich im Verlauf der Handlung. Der Erzähler betrachtet zunächst aus größerer Distanz das Geschehen in der Stadt (Z. ...). Dann verengt sich sein **Blickwinkel** auf die Figur des [...] (Z. ...). Mit ihm betritt der Erzähler eines der typischen Altstadtcafés. Die wahrgenommenen Gegenstände lösen **Erinnerungen** an die Vorkriegszeit aus (Z. ...). An zwei Vergleichen lässt sich die kritische **Haltung** des Erzählers gegenüber der beschriebenen Gegenwart erkennen (Z. ...). Im folgenden Abschnitt werden die Gegenstände schärfer ins Auge gefasst, die Blickdistanz hat sich verringert. Dies zeigt sich besonders bei der Beschreibung der Figur, die am Tisch des [...] Platz nimmt (Z. ...). Jetzt geht der Erzähler von der **Außensicht** zur **Innensicht** über. Er teilt die Gedanken von [...] mit (Z. ...).

Auch das **Erzählverhalten** wechselt. Zunächst gibt sich der Erzähler **auktorial**, er steht gleichsam über dem Geschehen. Aus verschiedenen Wendungen kann man eine wertende Kommentierung erkennen, so wenn er von dem „hektischen" (Z. ...) Verkehr spricht und diesem das „geruhsame" (Z. ...) Leben der Vergangenheit gegenüberstellt. Im Café scheint sich der Erzähler zurückzuziehen. Er wählt die Perspektive des [...] und konfrontiert den Leser mit dessen Gedanken und Gefühlen (Z. ...). Dieses **personale Erzählverhalten** wechselt bei der Wiedergabe des Tischgesprächs in **neutrales Verhalten**.
Der Erzähler bietet seinen Text weitgehend als **Bericht** an. Dazu gehört auch die knappe Beschreibung des Cafés **(zeitlose Erzählweise)**. Der Erzählerbericht wird durch die **Figurenrede** unterbrochen, die in der **direkten Rede** des Gesprächs, der **erlebten Rede** (vgl. „Konnte man ihm trauen? War er glaubwürdig?", Z. ...) und des **inneren Monologs** („Ich werde noch abwarten. Ich werde ihm nichts erzählen. Ob er mich für den Mörder hält? Weshalb lächelt er so?", Z. ...) zum Ausdruck kommt.
Die zeitkritischen Bemerkungen des Erzählers scheinen auf eine feste **Position** zu weisen, auf ein Weltbild, dessen Werte Orientierung vermitteln. Doch die Mehrdeutigkeit in der erlebten Rede (vgl. Z. ...) und sein Rückzug hinter die Figuren, die zunehmend mit ihren unterschiedlichen Vorstellungen dominieren, deuten auf eine unsichere, ja schwache Erzählerposition.

Übersicht: Der Erzähler

Autor und Erzähler	Erzähler als vom Autor erfundene Figur
Erzählerposition	• starke Position (der selbstbewusste traditionelle Erzähler) • schwache Position (der ratlose moderne Erzähler)
Erzählformen	• Er-Form (3. Person; Erzähler berichtet von anderen) • Ich-Form (1. Person; Erzähler berichtet von sich)
Erzählperspektive	• Standort: Blickwinkel, Blickdistanz; Außen-, Innensicht • Haltung: Einstellung des Erzählers
Erzählverhalten	• auktorial (Erzähler „allwissend"; mischt sich kommentierend ein) • personal (Erzähler benutzt Perspektive der Figuren) • neutral (Erzähler nicht feststellbar; distanzierte Vermittlung)
Darbietungsformen	• Erzählerbericht: – zeitliche Erzählweisen (Bericht; szenische Darstellung) – zeitlose Erzählweisen (Beschreibung; Erörterung) • Figurenrede: – direkte Rede (Wortlaut; zwischen Anführungszeichen) – indirekte Rede (3. Person; Konjunktiv) – erlebte Rede (3. Person; Indikativ; episches Präteritum) – innerer Monolog (1. Person; Indikativ; Präsens; Syntax-Auflösung)

Aufbau und Handlungsgang

Gegenüber Sach- und Gebrauchstexten haben epische Texte meist einen komplexeren Aufbau. Man kann einen poetischen Text als ein System betrachten, das aus einzelnen Elementen besteht, die in bestimmten Beziehungen zueinander stehen. Es gibt lockere Verknüpfungen, bei denen die einzelnen Teile ein hohes Maß an Autonomie besitzen, und starke Verbindungen, die eine sehr geschlossene Gesamtkomposition bewirken.
Da der Aufbau als gestalterisches Mittel betrachtet werden kann, das der Erzähler zur Realisierung seiner Absichten einsetzt, lässt sich dieser Bereich auch unter dem Aspekt der erzählerischen Gestaltung behandeln.

Die einfachste Struktur bildet die lineare Abfolge des Geschehens. Erzähler und Leser schreiten gemeinsam von Ereignis zu Ereignis:

Ein anspruchsvollerer Erzähler setzt Handlungsschwerpunkte. Unwichtige Ereignisse werden gerafft oder nur kurz gestreift:

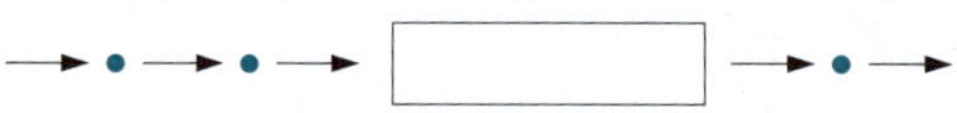

Erscheinen bestimmte Phasen dem Erzähler bedeutungslos, so kann er sie überspringen und der Fantasie des Lesers überantworten:

Phasenbildung

Episch anspruchsvolle Texte reihen nicht monoton Ereignisse aneinander. Vielmehr werden Auswahl und Betonung eingesetzt, um eine bestimmte Absicht zu verwirklichen. So kommt es zu Unterbrechungen und Neuansätzen im Erzählfluss, zu Phasenbildungen und inhaltlichen Gliederungen in Sinneinheiten, die wie Erzählschritte bei der Erlebniserzählung spannungssteigernd aufgebaut sein können.

Verknüpfungen

Die einzelnen Erzählphasen müssen zu einem einheitlichen Ganzen geführt werden. Dazu verwendet der Erzähler verschiedene Verknüpfungsmittel:
Viele Geschichten werden durch die **zentrale Figur** eines Helden zusammengehalten, wie es beispielsweise bei den traditionellen Entwicklungs- und Bildungsromanen geschieht.

Leitmotiv: wiederkehrende, einprägsame Formulierung oder thematische Einheit mit gliedernder oder verbindender Funktion

In anderen Fällen verbinden **Leitmotive** die Erzählabschnitte. In Grimmelshausens *Der abenteuerliche Simplicissimus Teutsch* ist es das Kriegsmotiv, in Goethes *Werther* das Liebesmotiv, in Th. Manns *Der Tod in Venedig* das Todesmotiv und in Döblins *Berlin Alexanderplatz* die Stadt Berlin.

Die traditionelle Novelle enthält häufig an entscheidenden Stellen ein die Ereignisse verknüpfendes **Dingsymbol**. In Kleists *Michael Kohlhaas* sind es die Rappen, in Droste-Hülshoffs *Die Judenbuche* ist es der Baum. Auch mit **steigender Spannung** lässt sich die Geschlossenheit der Geschichte erhöhen. Spannung beruht vor allem auf retardierenden und kontrastierenden Elementen. Viele epische Texte, besonders die Novelle, bieten nach dem Vorbild des Dramas eine Einführung in die Ausgangssituation, die Figuren und die Grundstimmung. Dann folgt eine Steigerung mit verzögernden Elementen, ein Höhe- bzw. Wendepunkt, nach dem keine Umkehr für den Helden mehr möglich ist, schließlich eine letzte Spannungssteigerung vor der Lösung.

Bei streng komponierten Texten treten die verknüpfenden Elemente gehäuft auf. So finden sich in Th. Manns *Der Tod in Venedig* Gustav von Aschenbach als Hauptfigur, der Tod als Leitmotiv, die schlechten Zähne als Dingsymbol, eine einheitliche Stimmung, Spannungssteigerung mit retardierenden Momenten, die Beschränkung auf den Schauplatz Venedig und die Unausweichlichkeit des Geschehens. Bei manchen Erzählungen wird die Binnenhandlung durch eine **Rahmenhandlung** gefestigt (vgl. Storm: *Der Schimmelreiter*).

Rahmenhandlung in Theodor Storms *Der Schimmelreiter:*
- äußerer Rahmen: 1. Erzähler, Ich-Form, Handlung um 1888
- zweiter Rahmen: 2. Erzähler, Ich-Form, Handlung um 1830
- Binnenhandlung: der Schulmeister als Erzähler, Er-Form, Handlung um die Mitte des 18. Jahrhunderts

Andererseits wirken manche moderne Romane wie die Aneinanderreihung von nahezu selbstständigen Erzählungen. So wird der Inhalt von Thornton Wilders *Die Brücke von San Luis Rey* nur durch das Dingsymbol der Brücke und die Frage nach dem Sinn des Zufalls zusammengehalten, in Bölls *Wo warst du, Adam?* geschieht die Verbindung durch die Figur des Feinhals und das Kriegsmotiv.

Die **Simultantechnik** versucht durch die Aufhebung des zeitlichen Nacheinander und die oft lockere Zusammenfügung verschiedenster Textelemente der Komplexität der Welt zu entsprechen. Sie bedient sich des Mittels der **Montage** (aus der Filmkunst übernommen) bzw. der **Collage** (der bildenden Kunst entlehnt). Die Montage löst den Handlungs- und Geschehensablauf auf, bewirkt Überraschungseffekte und zeigt letztlich den Menschen als Produkt einer Vielfalt von rätselhaften und unvereinbaren Elementen, die nicht auf Harmonie zielen, sondern auf Bruchstellen aufmerksam machen. Montage bzw. Collage drücken den Verlust eines geschlossenen Weltbilds und die Vorstellung sich vielfältig überlagernder Wirklichkeitsebenen aus. Als einer der bedeutendsten deutschen Montageromane gilt A. Döblins *Berlin Alexanderplatz*. Hier werden in die Handlung Statistiken, Zeitungsberichte,

Montage- und Collagetechnik (weitestgehend synonym verwendet): aus dem Bereich der Filmtechnik übernommenes Zusammenfügen unterschiedlicher Textteile mit oft sprachlich, stilistisch und inhaltlich völlig verschiedener Herkunft (z. B. Zeitungsmeldungen, Zitate, Werbung usw.)

oft in Form von Sensationsmeldungen und Annoncen, Reklametexte, wissenschaftliche und medizinische Exkurse, Lieder, Zitate aus der Literatur und auch der Bibel sowie unterschiedliche Sprachschichten einmontiert.

Erzähleinsatz

Der Erzähleinsatz braucht nicht am Beginn der Geschichte zu liegen. Er kann in der Mitte oder erst am Ende erfolgen. Abschnitte der erzählten Zeit lassen sich herausnehmen und später nachtragen. Differenziert wird das Strukturschema auch durch den Einbau von Rückwendungen und Vorausdeutungen:

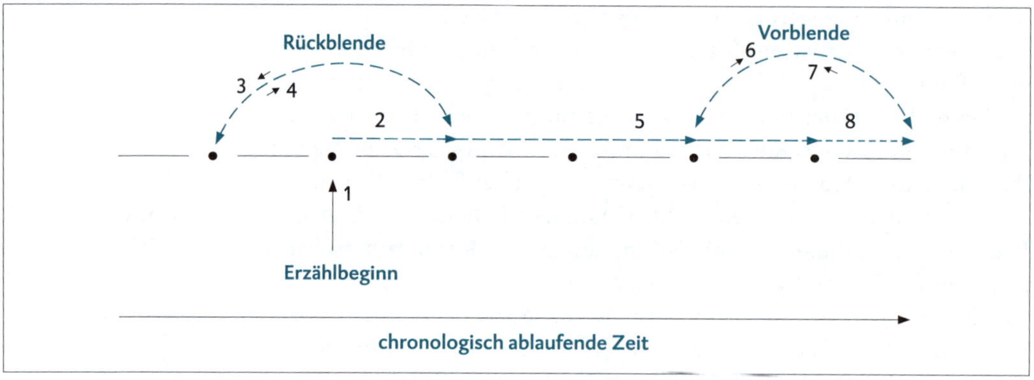

In Milieubeschreibungen, Landschaftsschilderungen und Charakterdarstellungen unterbricht der Erzähler ebenfalls den Gang der Geschichte. Er hält ein und bietet Atmosphäre, die sich bis zum Symbolhaften steigern kann, oder er liefert Erklärungen; mitunter mischt er sich sogar in Form von Kommentaren ein.

Handlungsstränge

Weiter hat der Autor die Möglichkeit, die lineare Abfolge der Ereignisse zu beleben, indem er beispielsweise den Leser kurz in die Schicksale anderer Figuren blicken lässt. Bei zwei Hauptfiguren, die sich oft als Kontrastfiguren gegenüberstehen, kann er alternierend in der Erzählung vorrücken. Diese spannungssteigernde Möglichkeit findet sich beim Märchen und einfachen Kriminalroman:

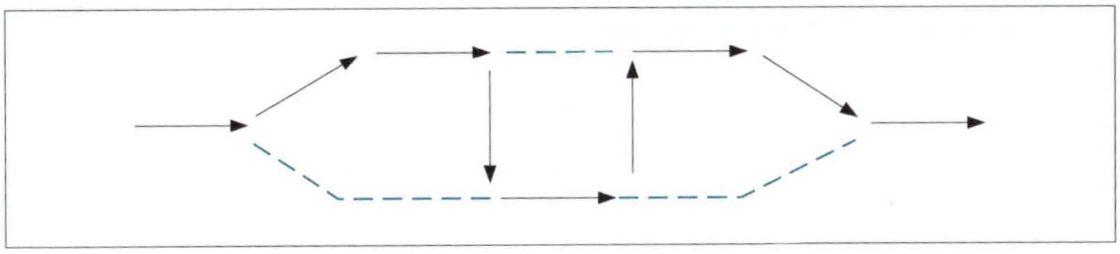

Trennen sich an einem Punkt die Lebenswege mehrerer Hauptfiguren, so kommt es zum Aufbau verschiedener Handlungsstränge:

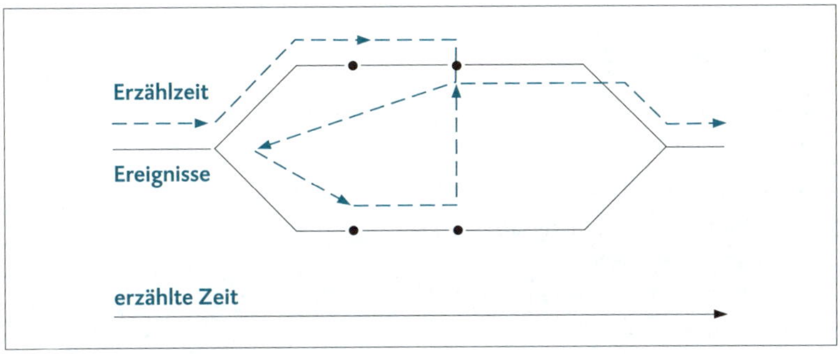

Äußere und innere Handlung

Die Abfolge der Ereignisse wird auch als **äußere Handlung** bezeichnet. Notwendige Voraussetzung zum Verständnis sind dabei der Handlungsraum, die Handlungszeit, der/die Handlungsträger und das Handlungsobjekt, an dem sich Handlung entzündet.

Unter **innerer Handlung** (Tiefenhandlung) versteht man geistig-seelische Vorgänge, die oft durch äußeres Geschehen ausgelöst und von vielen Faktoren beeinflusst werden können, so von persönlichen Erfahrungen, Erziehung, Bildungsinformationen, Emotionen, Werten, Normen und Zielsetzungen.

Während im traditionellen Roman der Schwerpunkt auf äußeren Handlungs- und Geschehensabläufen liegt, lässt sich in der Moderne eine Verlagerung zur inneren Handlung, also in die Bewusstseinsvorgänge der Hauptfigur, erkennen. Die chronologisch ablaufende Zeit bleibt auf eine knappe Zeitspanne beschränkt, dafür werden Bewusstseinsvorgänge ausführlich dargestellt: Die innere Handlung dominiert (vgl. Böll: *Ansichten eines Clowns*).

Hinweise zur Untersuchung

Da es sich im Abitur meist um einen relativ kurzen Text handelt, müssen in der Regel nicht alle hier dargestellten Aspekte untersucht werden. Wesentlich ist das Erkennen der Textgliederung, der Kompositionsqualität und des Verhältnisses von äußerer und innerer Handlung. Die folgende Übersicht ist deshalb nicht als unbedingt zu erfüllende Checkliste zu verstehen.

Übersicht: Aufbau und Handlungsgang

Einstieg	• Expositionsfunktion: Grundsituation, Figuren, Grundstimmung • Rahmenfunktion
Hauptteil	• Sinneinheiten, Phasen • Erzählstruktur, Handlungsablauf: – Handlungseinsatz – chronologisch-lineare Abfolge – Kontrasthandlung – Art der Handlungsstränge: Haupthandlung, Nebenhandlungen • Handlungsführung, Kompositionsqualität: – Verknüpfungsarten: Leitmotive, Dingsymbole, Spannung (Steigerung, Retardierung, Höhe-, Wendepunkt, Lösung) – Verknüpfungsdichte (geschlossene vs. offene Form) – Montage, Simultantechnik • Verhältnis von äußerer und innerer Handlung
Schluss	• Art des Ausgangs: positiver, negativer Schluss; Pointe • Rahmen

Figurendarstellung

Bei der genaueren Untersuchung der im Text vorkommenden Figuren konzentriert man sich auf zwei Bereiche: die Einzelfigur **(Figurenkonzeption)** und das Beziehungsgeflecht aller Figuren **(Figurenkonstellation)**.

Figurenkonzeption: Die Einzelfigur

Der Erzähler steht zu seinen Figuren in einem bestimmten Verhältnis. Dies drückt sich in den Mitteln aus, mit denen er seine Figuren dem Leser näherbringt, in den Positionen, die er ihnen einräumt, und in der Haltung, die er selbst gegenüber den Figuren einnimmt. Die Figurenkonzeption äußert sich auch im Individualisierungsgrad der Figuren, im Erfassen ihrer äußeren Merkmale, ihrer Eigenschaften, ihres Wesens und ihres sozialen Bezugs.

Erzähler und Figur: Mittel der Darstellung und Haltung des Erzählers

Der Erzähler vermittelt dem Leser seine Figuren auf verschiedene Weise. So besitzt er die Möglichkeit der Beschreibung: Er wählt einen kurzen oder längeren Lebensausschnitt der Figur und teilt äußere Kennzeichen, Eigenschaften und Charakter sowie die Situationen und Beziehungen mit, in denen sich die Figur bewegt. Der Erzähler hat aber auch die Möglichkeit, die Figuren selbst zu Wort kommen zu lassen, z. B. durch wörtliche Reden oder innere Monologe. Schließlich tragen andere Figuren durch ihr Gespräch zur Erhellung der zu untersuchenden Figur bei.
Die Einstellung des Erzählers zu seinen Figuren reicht von innerer Distanz über engagierte Parteinahme bis zum Mitleiden. So warnt der Erzähler in Döblins Hauptwerk seine Figur: „Franz Biberkopf, sieh dich vor, was soll bei dem Sumpfen herauskommen! Immer rumliegen auf der Bude, und nichts als trinken und dösen und dösen!“

Grad der Individualisierung

Manche literarischen Werke enthalten nur typisierte, mit wenigen markanten Eigenschaften ausgestattete Figuren, während in anderen die Helden durch zahlreiche individuelle Merkmale detailliert charakterisiert werden.

Johannes von Tepl: *Der Ackermann aus Böhmen* (Buchseite einer um 1470 hergestellten Handschrift). Die Illustration aus dem 2. Kapitel zeigt einen Dialog zwischen Tod und Ackermann

In der Literatur läuft die Entwicklung der Individualität parallel zu entsprechenden Prozessen in anderen kulturellen Bereichen. Sie beginnt mit der Mündigwerdung des Ich in der Renaissance. Markantestes Zeugnis ist das Aufbegehren des Menschen gegen das Schicksal in *Der Ackermann aus Böhmen* (um 1400) des Johannes von Tepl. Dieser Prozess wird im Barockzeitalter gedämpft, in der Aufklärung durch den Glauben an die Einsichtsfähigkeit des Menschen wieder gesteigert und in der Subjektivität des Sturm und Drangs einem Höhepunkt zugeführt. Die Klassik schränkt den individuellen Spielraum zwar durch Negation extrem subjektiver Positionen ein, betont aber ausdrücklich die Autonomie der Einzelperson und ihre Fähigkeit zur Entwicklung und Ausbildung. Die Romantik weitet die individuellen Entfaltungsmöglichkeiten durch die Einbeziehung des Unbewussten. Im Biedermeier wird das Individuelle auf das Private reduziert, Realismus und Naturalismus zeigen die Abhängigkeit des Einzelnen von Anlage und Milieu. Die literarischen Figuren der Jahrhundertwende verfügen einerseits über eine hohe, besonders dem Künstlerischen zugewandte Sensibilität, wirken aber andererseits müde, erschöpft und in Resignation verfallen.

In der Moderne verliert sich das Ich im Kollektiv der Massengesellschaft, es wird zum verlachten Außenseiter. Häufig lässt sich das Individuelle nur mehr am Verbogenen, Krankhaften und Zukunftslosen erkennen. Zunehmend erscheint der Mensch typisiert, als Rollenträger festgelegt. So geschieht es im Expressionismus und in der zeitgenössischen Dichtung. Doch je komplexer, undurchsichtiger und schwächer die Figuren im modernen Roman werden, desto stärker verlangt es viele Leser nach neuen, selbstbewussten Helden, die nach dem Muster der Märchenfiguren eine einfache Persönlichkeitsstruktur besitzen. Die Trivialliteratur versucht diesen Wünschen zu entsprechen und mit typisierten Helden Identifikationsmöglichkeiten anzubieten.

Sprechende Namen: Namen von Personen oder Örtlichkeiten, die durch ihre Bedeutung etwas über den Charakter bzw. das Wesen der Person/des Ortes verraten (vgl. die Redewendung „Nomen est omen")

Beschreibung der äußeren Merkmale

Mitunter gewährt bereits die Namengebung einen Zugang zur Figur (vgl. Simplicius in Grimmelshausens *Der abenteuerliche Simplicissimus Teutsch*; Taugenichts in Eichendorffs Novelle *Aus dem Leben eines Taugenichts*, Aschenbach in Th. Manns *Der Tod in Venedig*, Walter Faber in Frischs Roman *Homo faber*).

Zu den äußeren Merkmalen gehören auch Lebensdaten, Aussehen, Gestik und Mimik, Sprache und Gewohnheiten der Figur. Ebenso kann die Kleidung Auskunft geben (vgl. die Werther-Tracht, die als Protest gegen die gekünstelte höfische Lebensart steht). Zuweilen hat die Betonung körperlicher Merkmale eine tiefere Bedeutung (vgl. die schlechten Zähne im Werk Th. Manns, die äußere Erscheinung des Oskar in Grass' *Die Blechtrommel*, das Käferdasein des Gregor Samsa in Kafkas *Die Verwandlung* und die äußere Verjüngung des Gustav von Aschenbach).

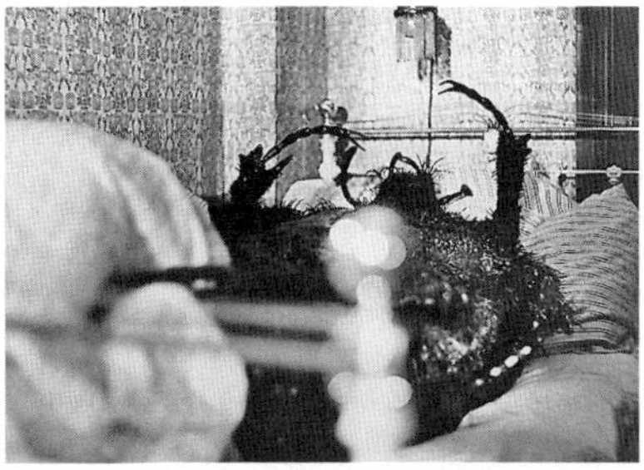

Franz Kafka, *Die Verwandlung*: Gregor Samsa erwacht als Käfer (Anfangsszene aus der Verfilmung von Ivo Dvorák von 1976)

Äußeres Verhalten, Einstellung, Bewusstseinsgrad, charakterliche Merkmale

Folgende Zugangsfragen erweisen sich bei einer Untersuchung als hilfreich:

- Wird das äußere Verhalten oder die innere Einstellung beschrieben?
- Welche handlungsauslösenden Motivationskräfte lassen sich erkennen?
- Wie reagiert die Figur auf äußere Einflüsse und Reize?
- Wie scharf ist ihre Wahrnehmung?
- Welche Gefühle und Stimmungen lassen sich erkennen?
- Ist ihr Verhalten außen- oder innengeleitet?
- In welchen Wirklichkeitsbereichen bewegt sie sich, d. h., ist sie stärker realitätsbezogen oder fantasiegeführt?

Einsatzbereitschaft und -fähigkeit des Helden lassen sich an der literarischen Entwicklung ablesen. Im historischen Verlauf nimmt seine Antriebsstärke bis zur Passivität ab; Reflexionen und Unsicherheit steigern sich. Als gegensätzliche Beispiele stehen Heinrich Drendorf in Stifters *Der Nachsommer* und Hans Schnier in Bölls *Ansichten eines Clowns*. Einzelne Epochen, wie der Sturm und Drang (vgl. Werther), betonen den Willen zur Individualität und Subjektivität, andere, wie Realismus und Naturalismus, die Abhängigkeit der Hauptfigur von sozialen Bedingungen und genetischen Anlagen. Während in der Romantik den irrationalen Kräften breiter Raum gewidmet wird – so führt Novalis' Romanfragment *Heinrich von Ofterdingen* in eine unrealistische Traumwelt –, beschränkt sich der Realismus weitgehend auf die Darstellung realer Fakten.
Zu den Charaktermerkmalen gehören außer der Lebensgrundstimmung Erlebnisfähigkeit und -tiefe im Gefühlsbereich sowie Abstraktionsvermögen, Folgerichtigkeit und Flexibilität im geistigen Bereich.

Entwicklungs- und Wandlungsfähigkeit

Folgende Zugangsfragen sind hilfreich:

- Bleibt die Figur während der gesamten Darstellung in ihrem äußeren und inneren Verhalten, ihrer Einstellung, ihren Interessen und Werten unverändert oder entwickelt sie sich während des Textverlaufs?
- Welche Folgen hat die Entwicklung für die Figur?

Beispielhaft sind hier die Erziehungs-, Entwicklungs- und Bildungsromane zu nennen. Sie sind Ausdruck einer bürgerlichen Welt, in der kulturelle Werte tragende und orientierende Kraft besaßen. In der Moderne, gekennzeichnet durch Bildungskrise und Persönlichkeitsverlust, erlahmt die Fähigkeit zu einer positiven Entwicklung. Den Übergang stellt Th. Manns Roman *Buddenbrooks* dar, der den „Verfall“ einer Familie beschreibt.

Die Figur in ihrer Umwelt

Die Beschreibung einzelner Figuren wäre unvollständig, wenn man ihre Umwelt als beeinflussenden Faktor vergäße. Die Zugangsfragen richten sich nach den Orten und Zeiten der Handlungen und Ereignisse, prägenden Kräften (z. B. Standes- bzw. Schichtzugehörigkeit, Elternhaus, Schule, Freunde, Liebesbeziehungen, Gegner), aber auch umfassenderen Orientierungen (z. B. Werte und Weltbilder, die den Helden tragen oder zu Konflikten führen).

Figurenkonstellation: Die Figuren im Beziehungsgeflecht

Sie beinhaltet die Anzahl der vorkommenden Figuren, beschreibt deren Position und Funktion im Beziehungsgeflecht und geht auf Beziehungsentwicklungen ein.

Position und Funktion

Zugangsfragen sind:

- Gibt es einen dominierenden Helden?
- Gibt es Kontrastfiguren?
- Welche Bedeutung kommt den Figuren im Beziehungsgeflecht zu?
- Ist die Figur in bestimmte soziale Gruppen integriert?
- Ist sie Außenseiter?
- Welche Aufgaben hat die Figur zu erfüllen?
- Wie entspricht sie den Erwartungen, die man an sie stellt?
- Welche Folgen hat ihr Verhalten für die anderen Figuren?

Dominierende Helden, die die Widrigkeiten des Lebens meistern, kennt der traditionelle Roman (vgl. Keller: *Der grüne Heinrich*). Kontrastfiguren erhöhen die Spannung und lösen Konflikte aus. Häufige Bearbeitung finden die Gegensätze von Mann und Frau (vgl. Fontane: *Effi Briest*), Kind und Eltern (vgl. Böll: *Ansichten eines Clowns*), Stadt- und Landbewohnern (vgl. Lena Christ: *Erinnerungen einer Überflüssigen*). In Kellers *Romeo und Julia auf dem Dorfe* stehen verfeindete Eltern dem Glück ihrer Kinder im Wege.

Beziehungsentwicklungen

Seit dem Realismus wird die Problematik menschlicher Beziehungen immer deutlicher. In der Moderne erscheint die Einsamkeit als wesensbestimmendes Merkmal menschlicher Existenz. Th. Mann hat diese Thematik wiederholt bei der Darstellung des Künstlertums angesprochen (vgl. *Tonio Kröger*). Die Auflösung sozialer Ordnungsformen, zunehmende Anonymisierung und Sprachkrise führen bei gleichzeitig gesteigerter Wahrnehmungssensibilität in die Isolation (vgl. besonders Kafka: *Die Verwandlung*). Der in Frankreich (Flaubert: *Madame Bovary*), England (Dickens: *Oliver Twist*) und Russland (Dostojewski: *Schuld und Sühne*) entstandene Gesellschaftsroman findet sich auch in Deutschland (Fontane: *Effi Briest*). Er beschreibt individuelle Schicksale in ihrer sozialen Verwobenheit und deckt spezifische Probleme des Einzelnen innerhalb des gesellschaftlichen Kräftefelds auf. Th. Manns *Buddenbrooks* lässt sich hier als besonders markantes Beispiel nennen. Daneben kann man aber auch auf die Erziehungs- und Bildungsromane verweisen. Probleme eines jungen Menschen mit der Gruppe werden in Musils *Die Verwirrungen des Zöglings Törleß* beschrieben, Hesse stellt in *Unterm Rad* ein Schultrauma dar.

Die Moderne zeigt den Menschen zunehmend in seiner Vereinsamung und Isolation, besonders auch Franz Kafka in *Die Verwandlung* (im Bild: Titelblatt der Erstausgabe von 1916)

Figurendarstellung im geschichtlichen Verlauf

Das Menschenbild in der Dichtung ist einem fortgesetzten Wandel unterworfen. Vergröbert lassen sich folgende Schwerpunkte erkennen:

Epoche	Menschenbild	Literarisches Beispiel
Renaissance	der mündige Mensch	Johannes von Tepl: *Der Ackermann aus Böhmen*
Barock	der leidende, doch standhafte, sich am Jenseits orientierende Mensch	Gryphius: Dramen
Aufklärung	der zur vernünftigen Einsicht befähigte Mensch	Lessing: *Nathan der Weise*
Sturm und Drang	der in Subjektivität und Leidenschaft eingebundene Mensch	Goethe: *Götz von Berlichingen* Schiller: *Die Räuber*
Klassik	der nach Harmonie und Humanität strebende, aber auch entsagende Mensch	Goethe: *Iphigenie auf Tauris*
Romantik	der unbegrenzt fühlende und dem Irrationalen offene Mensch	Novalis: *Heinrich von Ofterdingen* Eichendorff: *Aus dem Leben eines Taugenichts*
Biedermeier	der Mensch auf der Suche nach dem stillen Glück	Stifter: *Bunte Steine; Der Nachsommer*
Realismus	der diesseitsbezogene Mensch	Keller: *Der grüne Heinrich*
Naturalismus	der von Anlage und Milieu geprägte Mensch	Hauptmann: *Vor Sonnenaufgang; Die Weber*
Moderne	der suchende Mensch, der „unbehauste Mensch"	Döblin: *Berlin Alexanderplatz* Benn, Borchert, Böll u. v. a.

Aufgaben- und Gliederungsbeispiel

So könnte die Aufgabe lauten: „Charakterisieren Sie die Hauptfigur."
Bei Gesamtcharakterisierungen von Figuren steigert man von der Beschreibung äußerer Merkmale zu der schwierigeren Darstellung innerer Einstellungen.

Gliederungsbeispiel:

A Überblicksinformation und Hinführung (Autor, Titel, Name und Position der Figur)

B Charakteristik

- I. Äußere Merkmale (Aussehen, Gestik, Mimik, Kleidung, äußeres Verhalten, Gewohnheiten)
- II. Die Figur in ihrer Entwicklung (statisch oder dynamisch konzipierte Figur; prägende Einflussfaktoren)
- III. Die Figur in ihrer Umwelt (Ort, Zeit, Tätigkeiten, soziale Beziehungen)
- IV. Innere Einstellungen der Figur (Eigenschaften; intellektuelle und emotionale Kräfte: geistige Beweglichkeit, logisches Denken, Urteilsfähigkeit; Erlebnisfähigkeit, Empfindungen, Gefühle, Gefühlstiefe), Interessen, Ziele, mitmenschliche Aufgeschlossenheit, Wert- und Weltorientierung

C Zusammenfassung bzw. Vergleich mit anderen Figuren

Bei Charakteren, die in ihrer Veränderung gezeigt werden, steht diese natürlich im Mittelpunkt der Untersuchung. Am einfachsten ist es, nach Ursachen, Erscheinungsformen und Folgen der Veränderung zu gliedern.

Übersicht: Figurendarstellung

Die Einzelfigur	• Erzähler und Held: – Mittel der Darstellung: Beschreibung durch den Erzähler, Selbstdarstellung (z. B. durch inneren Monolog) und Charakterisierung durch andere Figuren – Haltung des Erzählers: positiv, negativ, distanziert • Position der Figur: Hauptfigur oder Nebenfigur • Grad der Individualisierung: Typ oder Charakter • äußere Merkmale: Name, Lebensdaten, Aussehen, Sprache, Auftreten, Umgangsformen, Gewohnheiten • Eigenschaften, Wesen: Empfindungen, Gefühle, Verhaltenssteuerung, Wirklichkeitsbezug; Entwicklungsfähigkeit • Die Figur in ihrer Umwelt: – Orte, Zeiten, Einflüsse: Elternhaus, Schule, Beruf, soziales Umfeld – Beziehungen, Freunde, Gegner – Wert- und Weltorientierung
Figurenkonstellation	• Anzahl der Figuren • Beziehungen der Figuren; Beziehungsdichte

Raumgestaltung und Raummotive

Ereignisse sind nicht nur an Zeiten, sondern auch an Räume gebunden. Gleichgültig, ob die Schauplätze in enger Beziehung zur Realität stehen (vgl. Sagen und historische Romane) oder bloße Fantasieprodukte sind (vgl. Märchen: „Hinter den sieben Bergen ...“), sie besitzen immer eine bestimmte Wirklichkeit.

Der Ausdruck „Raum“ ist ein komplexer Begriff. Bereits in der griechischen Antike, an der Schwelle des abendländischen Denkens, hat man sich mit ihm eingehend beschäftigt (vgl. die Vorstellung der Griechen von „Kosmos“ und „Schönheit“). Eine Festlegung auf lokale Gegebenheiten erscheint jedenfalls als zu eng. Auch das gesellschaftliche Umfeld, der soziale Raum, das Milieu, in dem sich der Mensch bewegt, sind von Bedeutung, ebenso seine Sprache, die ihm geistige Freiheit gibt und ihn zugleich begrenzt (vgl. „Sprachraum“). Ludwig Wittgenstein konnte deshalb formulieren: „Die Grenzen meiner Sprache sind die Grenzen meiner Welt.“

Raumarten und Raumfunktionen

In epischen Texten hat der Raum verschiedene Funktionen: Als **Handlungsraum** liefert er einen Rahmen für das Tun der Figuren. Er ist gesellschaftlicher **Lebensraum**, in dem sich die Figuren bewegen, aufwachsen, ihre Ausbildung erhalten, ihrer Arbeit nachgehen, Freundschaften schließen, lieben und hassen. Schließlich stellt der **geistige Raum**, der Raum der Gedanken und der Fantasie, der Wünsche, Träume und Illusionen, einen Bereich dar, der unermessliche Weiten eröffnet.

Der Erzähler kann dabei, je nach der Wahl der Perspektive, als Außenstehender **distanziert** berichten oder aber aus der Sicht der jeweiligen Figur einen subjektiv **erlebten Raum** entstehen lassen. Er hat die Möglichkeit, mit dem konkreten Raum eine bestimmte Atmosphäre und **Stimmung** zu erzeugen (vgl. die Stimmung, die von der Nordsee in Storms Novelle *Der Schimmelreiter* ausgeht, und die Atmosphäre der Lagunenstadt in Th. Manns *Der Tod in Venedig*) und ihm **symbolische Bedeutung** zu verleihen. So weist bei Stifter der konkret-gegenständliche Raum immer auf Tiefergehendes, Existenzielles. In *Der Tod in Venedig* wird die Stadt zum Symbol für die Verwobenheit von Schönheit und Verfall. In Th. Wilders *Die Brücke von San Luis Rey* ist die Brücke das Symbol der Liebe zwischen dem „Land der Lebenden“ und dem „Land der Toten“.

Das Meer als Stimmungsträger in Theodor Storms Novelle *Der Schimmelreiter*

Raumerfahrungen und Reaktionen

Zur Darstellung äußerer Räume eignen sich Beschreibung und Schilderung (vgl. besonders die Landschaftsschilderungen in der Romantik). Noch wichtiger erscheinen die **Raummotive**, die Raumerfahrungen und Reaktionen der betroffenen Figuren vermitteln. Zu ihnen gehören:

- das **Haus** (Schloss, Ruine, Wohnung) als Symbol für Geborgenheit, aber auch Enge (Kafka: *Das Schloss*),
- das **Fenster** als Grenze zwischen Beengung und Freiheit; vgl. die Beliebtheit des Motivs in der Romantik (dazu im Gegensatz: Kafka: *Das Gassenfenster*),
- das **Tor** als Trennung zwischen Welten, das entlässt (Döblin: *Berlin Alexanderplatz,* Beginn des ersten Buches) oder verwehrt (Kafka: *Vor dem Gesetz*),
- der **Garten** als Bereich zwischen menschlicher Zivilisation und freier Natur (Eichendorff: *Aus dem Leben eines Taugenichts*, *Schloß Durande*, *Das Marmorbild*; Novalis: *Heinrich von Ofterdingen*),

Das Fenster-Motiv in einem Gemälde von Moritz von Schwind (*Morgenstunde*, um 1860)

- die **Stadt** als positives Sinnbild menschlicher Zivilisation und als negativer Ort der Naturferne, Rastlosigkeit, Isolation und des Verbrechens (Raabe: *Die Chronik der Sperlingsgasse*, *Der Schüdderump*; Keller: *Der grüne Heinrich*; Rilke: *Die Aufzeichnungen des Malte Laurids Brigge*; Döblin: *Berlin Alexanderplatz*; Doderer: *Die Strudlhofstiege*),
- **Feld** (Keller: *Romeo und Julia auf dem Dorfe*) und **Wald** (vgl. die „Waldeinsamkeit“ bei den Romantikern) als Bereiche der Auseinandersetzung, der Verflachung und Vertiefung,
- das **Meer** als Stimmungsträger (Th. Storm: *Der Schimmelreiter*),
- die **Wanderung** (auch in den Formen der Reise, Bildungsreise, Lebensfahrt; vgl. die Weg- und Bewegungsmotivik; das Sehnsuchts- und Wandermotiv in der Romantik; Entwicklungs- und Bildungsromane),
- das **Labyrinth** als Kennzeichen des Orientierungsverlustes (vgl. Kafka: *Der Proceß*, *Das Schloss*),
- der **Staat**, der oft den Einzelnen bedrängt (Sophokles: *Antigone*; Seghers: *Das siebte Kreuz*; Exilliteratur; Herta Müller: *Atemschaukel*),
- **technisches Gerät**, z. B. in der Form des Autos, Schiffes und Flugzeugs (vgl. die „Super-Constellation“ in Frischs *Homo faber*).

Raumerfahrungen können positiver oder negativer Art sein. Probleme ergeben sich aus Grenzerlebnissen, Vertreibungen, Fluchterfahrungen und dem modernen Gefühl des „Unbehaustseins“.

Raumdarstellung im geschichtlichen Verlauf

Betrachtet man die einzelnen Kulturepochen, so kann man folgende Entwicklung in der Raumdarstellung erkennen:

Epoche	Kennzeichen, Erscheinungsformen von „Raum“
Antike	• Welt als Kosmos (göttlicher Ursprung; sinnvolle Ordnung nach den Gesetzen der Mathematik; harmonischer Einklang der Elemente des Universums) • gegensätzliche Welten bei Platon (Körper als Gefängnis der Seele)
Mittelalter	• Eingebundensein in Staat und Religion • Bedeutung des gesellschaftlichen Raumes (vgl. *Parzival*)
Renaissance	• Aufbruch der Individualität • Ausweitung des (geistigen) Horizonts (Beginn der Naturdarstellungen in der Malerei; Perspektive)
Barock, Absolutismus	• Spannungen zwischen Diesseits und Jenseits • Absage an den irdischen Raum (Gegenreformation) • Normbekenntnis in chaotischer Zeit (vgl. Sonett-Form) • Palast als Repräsentation • Geometrisierung der Gärten (Versailles)
Aufklärung, Empfindsamkeit, Sturm und Drang	• Ablehnung enger Gedankenräume (Lessing) • Mensch als Raumgestalter (Defoe: *Robinson Crusoe*) • Bildungsraum (Wieland: *Agathon*) • Bedeutung des Naturraumes (Rousseau: *Emile*) • Recht auf individuellen Raum (Prometheus-Motiv), Autoritäts- und Gesellschaftskritik
Klassik	• Bekenntnis zum begrenzten Raum (der gesittet-aristokratische Raum des Hofes; Goethe: *Torquato Tasso*)
Biedermeier	• Bekenntnis zum kleinen, familiären Raum • Idylle (Stifter: *Bergkristall*) • Haus als Symbol für geistige Haltungen (Stifter: *Der Nachsommer*)
Romantik	• Ausweitung; Grenzüberschreitungen • Aufbruchs- und Wandermotiv (Märchen) • Fenstermotiv • Absage an geistige Enge („Philistertum“; Eichendorff: *Aus dem Leben eines Taugenichts*) • irrationaler Raum (E. T. A. Hoffmann); Traum (Novalis) • Erschließen neuer Welten
19. Jahrhundert	• Reduzierung des Raumes auf das Diesseits; Verlust der Transzendenz • Untergang des raumausweitenden Helden (Th. Storm: *Der Schimmelreiter*) • Problematisierung enger Räume (G. Keller: *Romeo und Julia auf dem Dorfe*; vgl. 20. Jh.: Volksstücke von Ludwig Thoma) • Spiegel der sozialen Problematik in Hütte und Palast (Büchner) • bürgerliche Welt: das Haus als Besitz und Statussymbol • spätbürgerliche Zeit: Verfall und Verlust der familiär-häuslichen Welt (Th. Mann: *Buddenbrooks*)
Moderne	• Fluchträume (ästhetischer Raum; vgl. George, Rilke, Hofmannsthal; Th. Mann: *Der Zauberberg*) • untergehende Räume / Welten (Roth: *Die Kapuzinergruft*) • Raumverlust (Borchert: *Draußen vor der Tür*; Böll: *Haus ohne Hüter*) • Labyrinth und Einbruch des Grotesken (vgl. Trakl; Kafka) • die Stadt als ambivalenter Lebensraum • zunehmende Verlagerung des Geschehens vom Außen- in den Innenraum (Bewusstseinsstrom) • fortschreitende Verengung, Häufung von Begrenzungen • Figuren in der Isolation; Gefühl des Eingesperrtseins • Raumauflösungen, Orientierungsverluste, Öffentlichmachen von Bereichen der Intimität, Infragestellen der Begriffe „Heimat“ und „Tradition“, Kosmopolitismus und „Unbehaustsein“

Übersicht: Raumgestaltung und Raummotive

Raumarten und Raumfunktionen	• Handlungsraum (konkreter Aufenthaltsort, in dem sich die Figuren bewegen und das Geschehen abläuft): – Naturraum: Landschaft, Meer – vom Menschen geschaffener Raum (Haus, Garten) • Lebensraum: Familie, Arbeitswelt, soziale Schicht • Gedankenraum; Wirklichkeitsebenen: reale Welt, fiktive Welt (Wünsche, Träume, Fantasien); Gegensatz von Diesseits und Jenseits • Stimmungsraum: Vermittlung von Atmosphäre • Symbolraum: Verweisfunktion des Raumes
Raumerfahrungen und Reaktionen	• Erfahrungen: – positiv: Harmonie, Geborgenheit, Schutz, Weite – negativ: Enge, Isolation, Orientierungsverlust, Bedrohung – Problemerfahrungen: Kontrasträume, Grenzerlebnisse, Raumverluste, „Unbehaustsein" • Reaktionen: Suche nach Heimat, Fluchtversuche

Zeitgestaltung

Bei der Untersuchung fragt man nach der Epoche, in der das Werk verfasst wurde, und der Zeit, in der die fiktive Geschichte spielt. Zusätzlich kann die Zeit, in der das Werk gelesen und interpretiert wird, von Bedeutung sein (z. B. für die Wirkungsgeschichte).

Erzählzeit und erzählte Zeit

Jeder Erzähler bietet Ereignisse, Handlungen und Geschehen in zeitlichem Ablauf an. Aber bereits die Tatsache, dass eine Geschichte, die von mehreren Generationen handelt, in einer wesentlich kürzeren Zeit erzählt und gelesen wird, macht deutlich: Der Erzähler will oder kann nicht in einem monotonen Nacheinander erzählen. Vielmehr **gestaltet** er den Stoff, indem er auswählt, Wesentlichem Aufmerksamkeit schenkt, Unwichtiges auslässt oder gerafft darstellt. Mitunter unterbricht er auch den chronologischen Ablauf, greift auf Früheres zurück oder blickt in die Zukunft. Er hat die Möglichkeit, ein schnell ablaufendes Geschehen ausführlich festzuhalten. Bei der Beschreibung der Gegenstände eines Raumes, die z. B. einem Theaterbesucher auf einen Blick gegenwärtig sind, ist er auf ein sprachlich-zeitliches Nacheinander angewiesen. Durch diese Strukturierung in Erzählphasen wird Spannung zwischen der erzählten Geschichte und dem Erzählvorgang erzeugt.

Deshalb muss man zwischen **zwei Zeitkategorien** differenzieren: der **Erzählzeit** als der Dauer des Erzählens bzw. Lesens und der **erzählten Zeit** als der Dauer des erzählten Vorgangs. Natürlich kann sich das Verhältnis zwischen beiden Zeitkategorien im Verlauf einer Erzählung ständig verändern. Folgende Relationen zwischen Erzählzeit und erzählter Zeit sind möglich:

Die Erzählzeit ist kleiner als die erzählte Zeit.

Dies ist häufig im traditionellen Roman anzutreffen. Der Inhalt kann viele Jahre umfassen, während der Lesevorgang nur wenige Stunden dauert. Der Erzähler konzentriert sich auf wesentliche Handlungs- und Geschehensphasen und spart unwichtige Zeitspannen aus. Angezeigt wird dies durch Überleitungsformeln, z. B. „Einige Tage später [...]", „Im folgenden Sommer [...]".

Eine **Zeitraffung** liegt vor, wenn Ereignisse knapp hintereinander aufgereiht („Unterdessen hatte ein Krieg das Land überschwemmt, der alte König war gestorben [...]": sukzessive Raffung) oder sich wiederholende (iterative) Handlungen oder gleichbleibende (durative) Zustände („Der Sommer kam und ging und wieder ein Sommer, die Bauern säten und ernteten, das Land aber blieb wie es war: braun, steinig und karg.": iterativ-durative Raffung) erfasst werden.

Die Erzählzeit entspricht der erzählten Zeit.

Diese **Zeitdeckung** findet man vor allem bei der direkten Rede: Das Sprechen der fiktiven Figuren benötigt die gleiche Zeit, die der Leser zum Lesen braucht.

Die Erzählzeit ist größer als die erzählte Zeit.

Mit **Zeitdehnung** arbeitet der Erzähler, wenn er einen schnell ablaufenden Vorgang, z. B. einen Autounfall, in allen Einzelheiten beschreiben will (vgl. auch die Darstellung rasch ablaufender Gedanken und Assoziationen). Auch beim Erfassen gleichzeitiger Ereignisse, die notwendigerweise nacheinander erzählt werden müssen, dehnt sich die Erzählzeit über die erzählte Zeit aus.

Rückwendung und Vorausdeutung

Unterbrechung und Überlagerung von zeitlichen Vorgängen liegen bei der Rückblende (Rückwendung) und der Vorausdeutung vor.

Folgende Formen der **Rückblende (Rückwendung)** sind möglich:

- Bei der *Rahmenerzählung* trägt ein Erzähler eine von seinem Standpunkt aus in der Vergangenheit abgelaufene Geschichte vor (Binnenerzählung; vgl. Storm: *Der Schimmelreiter*). Die Distanz zu den Ereignissen wird durch den zeitlichen Unterschied erhöht.
- Die *„aufbauende Rückwendung“* (Lämmert, S. 104) hat expositorischen Charakter. Der Erzähler bietet Informationen an, nimmt dem Handlungseinsatz seine Isoliertheit, stellt Zusammenhänge klar und lässt den Leser Ursachen späterer Handlungen verstehen (vgl. den zweiten Abschnitt in Th. Manns *Der Tod in Venedig*).
- Die *„auflösende Rückwendung“* (Lämmert, S. 108) bereitet den Schluss der Erzählung vor. Sie deckt bislang verborgene Zusammenhänge auf, macht so Handlungen und Geschehensabläufe dem Leser begreiflich (vgl. Kriminalromane).
- An unterschiedlichsten Stellen in der Erzählung können *„eingeschobene Rückwendungen“* (Lämmert, S. 112 ff.) eingesetzt werden. Diese ermöglichen der Figur einen „Rückblick“ auf ihre Vergangenheit, die Figur holt in einem kurzen „Rückgriff“ ein Erlebnis in die fiktive Gegenwart oder sie gibt in einem „Rückschritt“ ihre „besondere Geschichte“ wieder, die sich vor ihrem Eintritt in die Handlung vollzogen hat.

Bei der **Vorausdeutung** muss es sich nicht um ein Geschehen handeln, das dann tatsächlich zutrifft. Im Hinblick auf die Zukunft können die Figuren von Ahnungen und Ängsten erfüllt sein, die sich keineswegs bestätigen. Hier spricht man von *zukunftsungewissen Vorausdeutungen*. Andererseits ist für den auktorialen Erzähler das kommende Geschehen bereits Vergangenheit. Er besitzt *Zukunftsgewissheit*. Folglich stellen seine Kommentare eine sich später realisierende Vorausdeutung dar. Weitere Formen der Vorausdeutung:

- Eine *„einführende Vorausdeutung“* (Lämmert, S. 143) lässt sich bereits in manchen Titeln finden (vgl. Broch: *Der Tod des Vergil*).
- Viele Märchen enden mit der *„abschließenden Vorausdeutung“* (Lämmert, S. 153): „Und so lebten sie glücklich ...“
- *„Eingeschobene Vorausdeutungen“* (Lämmert, S. 163), meist kurz gehalten, finden sich häufig an markanten Stellen (Texteinschnitten, Konfliktsituationen, Wendepunkten).

Vorausdeutungen stellen ein **spannungssteigerndes Mittel** dar, zumal, wenn das kommende Geschehen nur flüchtig angedeutet oder als Frage formuliert erscheint und seine Realisierung ungesichert bleibt.

Rückwendung und Vorausdeutung dienen dem Aufzeigen eines umfassenderen Weltbildes. Die Gegenwart wird so dynamisiert, vertieft und abgerundet. Die Vergangenheit kann gegenwärtiges Geschehen und Verhalten kontrastieren und Entwicklungen erklärbar machen. Die Vorausdeutung bietet die Möglichkeit zur Gegenwartsbestärkung oder verweist auf Möglichkeiten, die der Fantasie des Lesers Spielräume eröffnen.

Zeitbewusstsein im geschichtlichen Verlauf

Im Verlauf der Geschichte lassen sich deutliche Veränderungen im Zeitbewusstsein erkennen:

Epoche	Kennzeichen, Erscheinungsformen von „Zeit“
Antike	• Griechenland: zyklisches Denken: ewige Wiederkehr des Gleichen; Rhythmus als gegliederte Zeit und ihre Begrenzung (in Bewegung, Tanz und Sprache) • Rom: Zusammengehörigkeit von Vergangenheit und Gegenwart (Ahnenkult) • Christentum: Zeit als durch Anfang und Ende begrenzter Abschnitt; Vergänglichkeit des Irdischen; Jenseitsausrichtung
Mittelalter	• Orientierung an religiösen Vorstellungen • Gebet und Musik ohne zeitliche Gliederung
Renaissance	• verstärktes Zeitbewusstsein parallel zur Ausbildung der Individualität: Gliederung der Zeit (Räderuhren, Taschenuhren) • belastendes Bewusstsein eigener Sterblichkeit in der Spätgotik • Korrespondenz zwischen Lebenshunger, Angst und Tod (Pestzeiten; Johannes von Tepl: *Der Ackermann aus Böhmen*)
Barock, 18. Jahrhundert	• Erleben der Vergänglichkeit; Gegensatz zwischen zeitlicher Begrenzung im Diesseits und der Ewigkeit des Jenseits • Kosmetik, Puder, Perücke und Sonnensymbolik am absolutistischen Fürstenhof als Verdrängungsmechanismen • Kunst der Fuge als Beispiel für eine geordnete göttliche Welt; vgl. Architektur und normative Poetik; Sonett • technischer Fortschritt: Beschleunigung der Lebensführung • Verknüpfung von Zeit und Handlung • Sehnsucht nach der Verewigung des Augenblicks (Faust) • Gegensatz: objektive und subjektiv erlebte Zeit (Sturm und Drang) • Hinausgreifen über die alltägliche Zeiterfahrung, Suche nach ewigen Gesetzen (Klassik) • Sehnsucht der Romantik als ein Ausweichen vor der Gegenwart in Vergangenes oder Zukünftiges, in zeitlich Fernes
19. Jahrhundert	• Abkehr von der Transzendenz; Diesseitsorientierung • Verbindung von Zeit, Arbeit und Leistung; Pünktlichkeit • Zeitthematik im Zeit- und Gesellschaftsroman (Fontane) • Gefühl der davoneilenden Zeit und der Abhängigkeit von der Zeit
Jahrhundertwende	• Darstellen der Flüchtigkeit im Impressionismus • Verfallserfahrungen bei Hofmannsthal und Rilke (*Das Stundenbuch*; Herbstgedichte)
20. Jahrhundert	• zunehmende Belastung durch unverarbeitete Vergangenheit und Sorge um die Zukunft • Veränderung des Zeitbewusstseins durch Wissenschaft und Psychoanalyse • Simultantechniken und Montage beim modernen Roman (Proust, Joyce, Döblin) • Verdrängungsmechanismen in der modernen Gesellschaft

Übersicht: Zeitgestaltung

Erzählzeit und erzählte Zeit	• Erzählzeit kleiner als erzählte Zeit: Zeitraffung (Gestaltungsmittel in traditionellen Romanen) • Erzählzeit entspricht erzählter Zeit: Zeitdeckung (Dialog) • Erzählzeit größer als erzählte Zeit: Zeitdehnung (Gestaltungsmittel in modernen Texten)
Rückwendung und Vorausdeutung	• souveräne Position des auktorialen Erzählers (Gestaltungsfreiheit) • Funktion der Unterbrechung • Rückblende: Vermittlung notwendiger Informationen • Vorausdeutung: Spannungssteigerung

Epische Formen

Die zweckmäßigste Einteilung epischer Texte ergibt sich aus dem Textumfang. So spricht man von **kleineren, mittleren und großen Formen erzählender Prosa**.

Kleinere Formen

Zu den bekanntesten kleineren Formen zählen Anekdote, Fabel, Kalendergeschichte, Kurzgeschichte, Legende, Märchen, Parabel, Sage und Schwank.

Anekdote

Sie stellt einen Abschnitt aus dem Leben einer historischen Persönlichkeit dar oder erzählt von einer besonderen Begebenheit. Der kurze Prosatext enthält einen auf den Schluss hin konzipierten Spannungsaufbau. Eine Pointe bringt die Lösung. Die Intention zielt auf Unterhaltung und Belehrung. An einem kurzen Wirklichkeitsausschnitt soll Typisches deutlich werden.

Der griechische Dichter Äsop (um 600 v. Chr.) gilt als Begründer der europäischen Fabeldichtung

Fabel

Die Fabel ist eine lehrhafte Erzählung in Versen oder Prosa, in der Tiere als Handlungsträger auftreten, die aber auf menschliches Verhalten verweisen. Die Struktur folgt dem Schema: Aufzeigen der Situation, spannungserzeugende Rede und Gegenrede, Ergebnis (Lösung, Pointe). Ironie und Satire finden sich als häufige Gestaltungsmittel. Die Fabel enthält Zeit- und Gesellschaftskritik: Machtträger sollen indirekt zur Erkenntnis und damit zur Verhaltensänderung geführt werden.

Kalendergeschichte

In der Kalendergeschichte werden im Gegensatz zur Anekdote Ereignisse aus dem Leben des „kleinen Mannes" dargestellt. In einem einfachen, verständlichen und volkstümlichen Stil gibt sie dem Leser Verhaltensanweisungen und will unterhalten und belehren.

Kurzgeschichte

Die Kanadierin Alice Munroe (Nobelpreis 2013) gilt als Meisterin der *short story*. Diese Form der Kurzgeschichte aus dem englisch-amerikanischen Raum ist formal und bezogen auf den Umfang weniger genau festgelegt als die Kurzgeschichte im deutschsprachigen Raum

Sie eignet sich mit ihrem geringen Umfang zur Aufnahme in Zeitungen, Zeitschriften und Magazinen. Inhaltlich bietet sie einen unscheinbaren Lebensausschnitt von Durchschnittsmenschen, der aber mit seiner symbolischen Bedeutung über das Alltägliche hinausweist.
Die **Kennzeichen** der Kurzgeschichte sind:

- Aus dem Leben eines oder mehrerer Menschen wird ein bestimmtes Ereignis herausgegriffen. Eine Figur wird in eine Entscheidungssituation gestellt, die sie Spannungen aussetzt, in einen Konflikt führt und dadurch ihrem Leben eine Wendung gibt. Das real-alltägliche Geschehen erhält Verweischarakter. Fantastisch-groteske Züge sind möglich.
- Der Aufbau zeigt einen unvermittelten Eingang, eine gedrängte Steigerung und einen meist offenen Schluss mit überraschender Wendung. Innere Handlung dominiert. Assoziative Verknüpfungen und Montagetechnik dienen der Verdichtung und der Leserprovokation.
- Der Erzähler wählt meist die Er-Form. Er verzichtet auf Kommentierungen und verwendet überwiegend die personale Erzählweise.
- Bei den Handlungsträgern handelt es sich in der Regel um Durchschnittsmenschen, die in einer Entscheidungssituation gezeigt werden. Sie haben mit den traditionellen „Helden" nichts gemein. Nicht selten erscheinen sie gegensätzlich gezeichnet. Sie wirken typisiert bzw. erhalten nur wenige individuelle Züge.
- Der äußere Raum ist begrenzt. Es dominiert der seelische Raum.
- Das Geschehen erfasst einen kurzen Zeitausschnitt. Rückblenden und Vorausschau sind möglich.
- Die Sprache ist auf das Wesentliche konzentriert; jedes Wort erscheint von Bedeutung. Sie besitzt symbolischen Gehalt. Wegen der Neigung zum Assoziativen kann der Sprachfluss durch Gedankenstriche und Punktierungen unterbrochen werden. Besonders in der wörtlichen Rede steht der Stil dem Umgangsidiom nahe. Details sind mitunter impressionistisch skizziert.

Der **Leserbezug** ist bei der Kurzgeschichte ausgeprägt:

- Die Publikation in Zeitungen und Zeitschriften richtet sich an eine breite Leserschaft.
- Die Stoffe entstammen der Lebens- und Erfahrungswelt des Lesers und bieten ihm die Möglichkeit zum Wiedererkennen und zur Identifikation.
- Der literarischen Entwicklung in der Moderne entsprechend, bleibt die Gattung offen; sie fordert den Leser zur Ergänzung und zur Stellungnahme auf, versucht ihn zu beteiligen, nicht ihm etwas vorzuschreiben.
- Aktuelle Themen erleichtern den Zugang.
- Lesernähe zeigt sich auch in der Verwendung der Umgangssprache (der sog. „demokratischen" Komponente der Kurzgeschichte).
- Die Konzentration auf ein Moment inmitten des alltäglichen Geschehens entspricht der Bindungslosigkeit der Zeit und verdeutlicht die existenziellen Sorgen des Einzelnen im Augenblick.

Abgesehen von großen Vorläufern des 19. Jahrhunderts (Europa: Maupassant, Tschechow; Amerika: E. A. Poe), entfaltet sich die eigentliche Kurzgeschichte in Deutschland erst nach 1945. Vorbildlich wirkt vor allem der lakonische Reduktionsstil Ernest Hemingways. In seiner Nachfolge stehen H. Böll, W. Borchert, W. Schnurre und W. Weyrauch. Die Flexibilität des Genres zeigt sich in seiner formalen und inhaltlichen Weite. Es ist offen für realistische (Borchert, Böll: Auseinandersetzung mit der Vergangenheit), fantastische (Aichinger, Hildesheimer), parabolische (Aichinger, Kunert), psychologische (Kaschnitz) und zeitkritische (Kunert, Kunze) Elemente.

Märchen, Sage, Legende

Während das **Kunstmärchen** das Werk eines bestimmten Dichters ist (Höhepunkt: romantisches Kunstmärchen), sind die **Volksmärchen** uralt und lassen sich nicht auf einen Autor festlegen. Der Aufbau des Volksmärchens ist einfach: Auf eine einleitende Formel folgt die Geschichte des Helden, der seine Heimat verlässt, (meist drei) Prüfungen besteht und zum Erfolg kommt. Der glückliche Ausgang wird mit einer Schlussformel beendet. Die auftretenden Kontrastfiguren sind typisiert (arm – reich; jung – alt; schön – hässlich). Der Mensch erscheint wandlungsfähig, er kann Reifungsvorgänge durchlaufen und über sich hinauswachsen. Wesentliches Motiv ist das Wandermotiv.

Die Sammlung *Kinder- und Hausmärchen* der Brüder Jacob und Wilhelm Grimm wurde weltweit in rund 160 Sprachen übersetzt. Das Bild zeigt das illustrierte Titelblatt des ersten Bandes der zweiten Auflage von 1819

Das moderne **Antimärchen** (vgl. Kafka: *Die Verwandlung*) zeigt einen negativen Helden, der vor den ihn ergreifenden Kräften verzweifelt. Folgende Kriterien können sich bei der Unterscheidung von Märchen, Sage und Legende als hilfreich erweisen:

Kategorie	Märchen	Sage	Legende
Wirklichkeit	nicht real	realer Kern	reale Figur, meist nicht reale Situation
Ort, Zeit	keine genauen Angaben	reale Orte	räumlich und zeitlich meist festlegbar
Held	• von Gemeinschaft isoliert • universaler Bezug • Hilfe guter Mächte • Vertrauen • Bewährung • wandlungsfähig • guter Ausgang	• in Gemeinschaft eingebettet • einsam im Kampf • auf sich gestellt • Furcht spürbar • Bewährung • unerschütterlich • oft tragischer Ausgang	• z. T. in einer feindlichen Umwelt • Beziehung zu Gott • begnadet • Vertrauen • Bewährung • unerschütterlich • guter Ausgang

Parabel

Die Parabel ist ein zu einer Erzählung ausgeweiteter Vergleich. Ein dargestellter Vorgang (Bildebene) verweist auf einen anderen Vorstellungsbereich (Sachebene); umgekehrt wird dieser im Ereignis veranschaulicht. Etwas Konkretes, Besonderes, dient also zur Verdeutlichung von etwas Abstraktem, Allgemeinem. Der Leser wird zum Nachdenken angeregt. Bei modernen Parabeln verschmelzen oft Bild- und Sachebene und müssen vom Leser enträtselt werden. Die auftretenden Figuren sind typisiert. Die traditionelle Parabel hat einen didaktischen Aspekt und häufig einen religiösen Bezug. In der Moderne kommt ihr verstärkt die Funktion der Erkenntnissuche und Existenzdeutung zu.

Bildliche Darstellung des Schwankhelden Till Eulenspiegel mit Spiegel und Eule in den Händen

Schwank

Beim Schwank handelt es sich um eine scherzhafte Erzählung in Prosa (seit dem 19. Jh. auch als derb-komisches Schauspiel), die Alltagsnormen karikierend hinterfragt. Sie ist zielstrebig auf eine Pointe hin aufgebaut. Oft wird die Ohnmacht des Mächtigen, die Fehlbarkeit des vermeintlich Schlauen verspottet. Streiche und listenreiches Verhalten lassen sich auf jede Zeit aktualisieren. Inhalt und Sprache arbeiten mit den Mitteln des Gegensatzes, der Typisierung und Überzeichnung. Beispiele: Eulenspiegel- und Schildbürgergeschichten.

Die Novelle als Form mittleren Umfangs

Novelle: von lat. *novus* = neu; als Beginn der Novellen-Tradition gilt *Il Decamerone* (Sammlung von 100 Novellen, ca. 1350) von G. Boccaccio

Die Novelle ist eine Prosaerzählung (seltener: Verserzählung) von mittlerem Umfang. Der auf Wesentliches verdichtete Inhalt zielt auf einen zentralen Konflikt, einen Zusammenstoß von Mensch und Schicksal, Realem und Außergewöhnlichem. Goethe spricht von einer „unerhörten Begebenheit".

Die Handlungsführung ist geradlinig konzentriert und weist eine der geschlossenen Form des Dramas verwandte Architektur auf: geraffte Exposition, Steigerung, pointierter (oft szenisch gestalteter) Höhe- und Wendepunkt, Abfall und Ausklang. Die Geschlossenheit der Form wird auch durch Leitmotive, Dingsymbole, Raffungen und Vermeiden breiter Schilderungen bewirkt. Besondere Formen sind die zyklisch angelegten Novellen und die Rahmennovelle.

Der Roman als Großform

Wie keine andere Gattung spiegelt der Roman die jeweilige Situation der Welt und den Standort des Menschen. Mit der Veränderung der Welt entwickelte sich eine Vielfalt von Romanformen, die nach unterschiedlichen Kriterien eingeteilt werden. Um eine Übersicht zu erhalten, ist es deshalb am günstigsten, den einzelnen Epochen zu folgen.

Gattungsgeschichtliche Entwicklung des Romans

Im späten Mittelalter und in der Renaissance kommt es zu Prosaauflösungen mittelalterlicher Epen. Der **Begriff „Roman"** stammt aus dem französischen Mittelalter. Man verwendete ihn für die in der Landessprache, der „lingua romana", geschriebenen Werke. Später stand er für alle in Prosa umgesetzten Versepen.

Im Barock entsteht der erste bedeutende deutsche Roman, *Der abenteuerliche Simplicissimus Teutsch* von Grimmelshausen, beeinflusst von spanischen Schelmenromanen. Gegenüber dem autobiografischen und realistischen *Simplicissimus* sind die idealisierenden höfischen Barockromane heute vergessen. In der Aufklärung liest man Robinsonaden (im Anschluss an Daniel Defoes *Robinson Crusoe*), psychologische Familienromane, humoristische Sittenromane und Donquichotiaden (Einfluss: Cervantes' *Don Quichote*). Wieland begründet mit *Geschichte des Agathon* den deutschen Bildungsroman. Im Sturm und Drang übt Goethes Briefroman *Die Leiden des jungen Werther* den nachhaltigsten Eindruck aus. Wichtigster Roman der Klassik ist Goethes *Wilhelm Meisters Lehrjahre.* Als Entwicklungs- und Bildungsroman steht er in der Tradition von Wielands *Agathon*. In den nachfolgenden Epochen greifen verschiedene Autoren die Entwicklungs-, Erziehungs- und Bildungsthematik erneut auf, so in der Romantik Novalis mit dem Dichterroman *Heinrich von Ofterdingen*, im Biedermeier A. Stifter mit *Der Nachsommer*, im Realismus G. Keller mit *Der grüne Heinrich* und in der Moderne H. Hesse mit *Das Glasperlenspiel*.

Gegenüber dem mittelalterlichen Versepos, das ein Totalbild der Welt und einen in festen Ordnungen stehenden, typisierten Helden liefert, zeigt der Roman eine zunehmend differenzierte Welt, in der alte Ordnungen verloren gehen und der individuelle Held es immer schwerer hat, sinnvoll zu reagieren. Im Verlauf der Romanentwicklung verlagert sich die Handlung vom äußeren Geschehen zunehmend nach innen, die Beschreibung psychischer Vorgänge wächst. Damit wird auch die Komposition vielschichtiger. Mit dem Aufbrechen sozialer Gefüge und dem Verfall kultureller Werte reduziert sich die aktive Kraft des positiven Helden.

Bereits die Romane des Realismus und Naturalismus (sozialer Roman, Gesellschaftsroman) zeigen unter dem Einfluss der französischen und russischen Epik einen schwachen, fremdbestimmten und orientierungslosen Helden, der in der Moderne häufig in weitgehende Einsamkeit und Passivität verfällt. Wo die Welt zunehmend verfremdet und eine sinnvolle Ordnung einer nicht mehr überschaubaren Komplexität gewichen ist, kann es keinen allwissenden Erzähler, keine einheitliche Wirklichkeit und keinen klaren Romanschluss mehr geben. Der Erzähler zieht sich zurück, die Realität wird aus verschiedensten Erzählelementen zusammenmontiert (Montageroman); Wirklichkeitsfetzen, Fantasien, Erinnerungen, Zukunftsträume vermengen sich unauflösbar, Zeit und Raum werden relativiert und besitzen keine strukturierende Kraft mehr. Der Roman endet häufig als Fragment. Die Sprengung der tradierten Romanform führt zum experimentellen Roman und schließlich in eine krisenartige Situation.

Zur Trivialliteratur zählen auch die seit Beginn des 20. Jh. beliebten Groschenromane, die in Heftform in hohen Auflagen veröffentlicht wurden

Während der künstlerisch hoch stehende Roman nur selten ein breites Echo in der Öffentlichkeit findet oder gar, wie U. Ecos *Der Name der Rose*, zu einem Bestseller wird, erhält der sprachlich und inhaltlich anspruchslose **Trivialroman** größeren Zuspruch. Diese Literatur variiert gleiche Themen, so Liebe und Verbrechen, Heimat, Not und Tod. Sie sind grundsätzlicher Art, werden aber nicht existenziell, sondern klischeehaft angeboten. Ziel ist die Erzeugung vordergründiger emotionaler Reize, indem über Identifikationsfiguren beim Leser eine kurzfristige Genuss- und Wunschbefriedigung erfolgt. Die Darstellung ist nicht um Exaktheit und Authentizität bemüht, vielmehr sind Figuren, Schauplätze und Ereignisse austauschbar, Handlungsabläufe vorhersagbar. Oft werden Mittel der Akkumulation und Übertreibung eingesetzt. Ereignis reiht sich an Ereignis, unterschiedlichste Motive häufen sich, verschwommen fließen Bilder ineinander; es finden sich Vergleichs- und Bilderketten. Bewertungen richten sich nach dem Märchenmuster: Das Gute ist jung, schön, ehrlich, das Böse alt, hässlich, falsch. So wird die Darstellung unrealistisch.

Auf den zunehmenden Abstand zwischen intellektuellem Anspruch und Massengeschmack machte der amerikanische Literaturkritiker L. Fiedler bereits 1968 aufmerksam. Er forderte eine „postmoderne" Literatur, die diese „Kluft" schließt. Der **postmoderne Roman** soll die Lust am Lesen anspruchsvoller Literatur fördern. Dazu verwenden die Autoren einen klaren Romanaufbau, halten sich aber Themen, Motive, Perspektiven und Deutungsmöglichkeiten offen. Sie kombinieren Vergangenheit und Gegenwart, Elitäres und Triviales, Geistiges und Sinnliches, Akademisches und Massenkultur. Der Erzähler bietet eine Collage verschiedenster Bereiche. Er montiert Wirklichkeit und Fiktion, philosophische Strömungen, literarische Zitate und unterschiedliche Sprachebenen. Der Leser wird durch intertextuelle Bezüge angeregt, verfällt aber durch den Einbau von Ironie und Parodie nicht der Illusion. Die Figuren sind Außenseiter mit besonderen Eigenschaften. Dies ist freilich kein Zeichen von Individualität. Für sie ist in der Gegenwart kein Raum mehr. Die Sprache sprengt die Grenze von gewohntem Wortschatz und Stil. Fremdsprache, Fachsprache, Hochsprache und Dialekt stehen nebeneinander. So erweist sich die Postmoderne als ein Versuch, Kunst und Unterhaltung zu verbinden.

Als postmoderner Roman gilt Umberto Ecos (1932–2016) Bestseller *Der Name der Rose* (1980, dt. 1982; 1986 verfilmt; vgl. S. 266)

Romantypen

Die Literaturwissenschaft hat versucht, die breit gestreute Gattung Roman zu gliedern; hierbei gibt es freilich vielfache Überschneidungen. Als wichtigste Romantypen gelten:

Formen, Kennzeichen	Beispiele
Bildungsroman • Grundlage: Ideen der Aufklärung (Entwicklungsfähigkeit des Menschen) • Ziel: Verwirklichung eines bestimmten Bildungsideals • Bildungsgang des Helden als Prozess: Jugendjahre (Subjektivismus), Bewährung (Erlebnisse, Krisen, Auseinandersetzung mit der Welt), Erkenntnis (Einordnung in die Welt, Anerkennen notwendiger Normen)	Wieland: *Geschichte des Agathon* Goethe: *Wilhelm Meisters Lehrjahre* Novalis: *Heinrich von Ofterdingen* Hölderlin: *Hyperion* Mörike: *Maler Nolten* Stifter: *Der Nachsommer* Keller: *Der grüne Heinrich* Hesse: *Das Glasperlenspiel* Herrndorf: *Tschick*
Entwicklungsroman • Darstellung der Entwicklung eines Helden • chronologischer Aufbau • häufig Ich-Form; oft autobiografische Züge • Überschneidung mit Bildungs- und Erziehungsroman	Wieland: *Geschichte des Agathon* Keller: *Der grüne Heinrich* Th. Mann: *Der Zauberberg* Grass: *Die Blechtrommel* Süskind: *Das Parfum*
Erziehungsroman • Erziehung eines jungen Menschen durch Einzelfiguren und kulturelle Einflüsse • Grundlage: pädagogischer Optimismus der Aufklärung • Überschneidung mit Bildungs- und Entwicklungsroman	Wieland: *Geschichte des Agathon* Rousseau: *Emile* Goethe: *Wilhelm Meisters Lehrjahre* Stifter: *Der Nachsommer*
Familienroman • Familie (oft über Generationen) im Mittelpunkt • häufig als Spiegelung gesellschaftlicher Entwicklungen	Sophie v. La Roche: *Geschichte des Fräuleins von Sternheim* Th. Mann: *Buddenbrooks* Ruge: *In Zeiten des abnehmenden Lichts*
Gesellschaftsroman • realistische Darstellung von Zeitereignissen in fiktiver Handlung • Höhepunkt: 2. Hälfte des 19. Jahrhunderts • differenzierte Milieustudien • psychologische Analyse der Figuren • personaler Erzähler dominierend • Desillusionierung der Wirklichkeit	Flaubert: *Madame Bovary* Dickens: *Oliver Twist* Dostojewski: *Schuld und Sühne* Tolstoi: *Anna Karenina* Fontane: *Effi Briest* auch: Th. Mann: *Buddenbrooks; Der Zauberberg*
Historischer Roman • Grundlage: Interesse der Romantik für historische Stoffe • geschichtliche oder fiktive Figuren in geschichtlich realer Umgebung	Romane von Scott, Hugo Stifter: *Witiko* Tolstoi: *Krieg und Frieden* Romane von J. Roth Remarque: *Im Westen nichts Neues* Pasternak: *Doktor Schiwago* Eco: *Der Name der Rose* Kehlmann: *Die Vermessung der Welt*
Kriminalroman • Verbrecher bzw. Verbrechen im Zentrum • auf Spannung angelegt • von unterschiedlichem Umfang und unterschiedlicher Qualität (Kurzkrimi; psychologisch vertiefter und komplexer Roman; Unterhaltungsliteratur; Thriller)	Dostojewski: *Schuld und Sühne* Romane von E. A. Poe Romane von A. Christie, D. L. Sayers, P. Highsmith M. Puzo: *Der Pate* Eco: *Der Name der Rose*

Künstlerroman • Voraussetzung: erlebter Gegensatz zwischen Künstler und Gesellschaft • Beginn: 18. Jahrhundert (Geniezeit) • Thema: das problematische Verhältnis eines Künstlers zu seiner Umwelt (Spannungen zwischen Kunst und Wirklichkeit, Ideal und Realität, Künstler und Bürgertum, Sensibilität und Lebenstüchtigkeit, subjektivem Anspruch und gesellschaftlicher Einordnung; Außenseitertum) • häufig autobiografische Züge • oft in der Form des Entwicklungs- und Bildungsromans	Goethe: *Wilhelm Meisters theatralische Sendung* Novalis: *Heinrich von Ofterdingen* Mörike: *Maler Nolten* Keller: *Der grüne Heinrich* Rob. Schneider: *Schlafes Bruder* Kappacher: *Der Fliegenpalast*
Utopischer Roman Darstellung eines meist idealisierten Gegenentwurfs zu realen gesellschaftlichen und politischen Gegebenheiten	Morus: *Utopia* Swift: *Gullivers Reisen* Gegenentwürfe (Dystopien): Huxley: *Brave New World* Orwell: *1984* Eschbach: *Eine Billion Dollar*
Zeitroman • Entstehung: 19. Jahrhundert • Analyse realer Zeitgegebenheiten • verwandt mit dem Gesellschaftsroman • Einsatz einer neuen Erzähltechnik (Zurücktreten äußerer Handlung, Perspektivenwechsel, Simultan- und Montagetechnik, „Zeittypen" lösen das tradierte Bild des Helden ab)	Immermann: *Epigonen* Freytag: *Soll und Haben* Musil: *Der Mann ohne Eigenschaften* Feuchtwanger: *Erfolg* Koeppen: *Tauben im Gras* S. Lenz: *Deutschstunde*

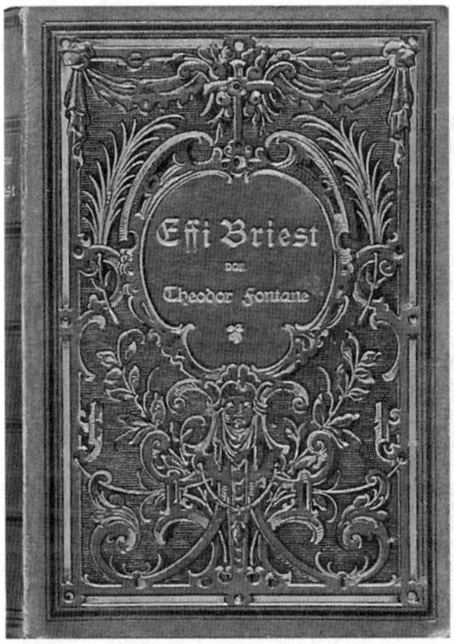

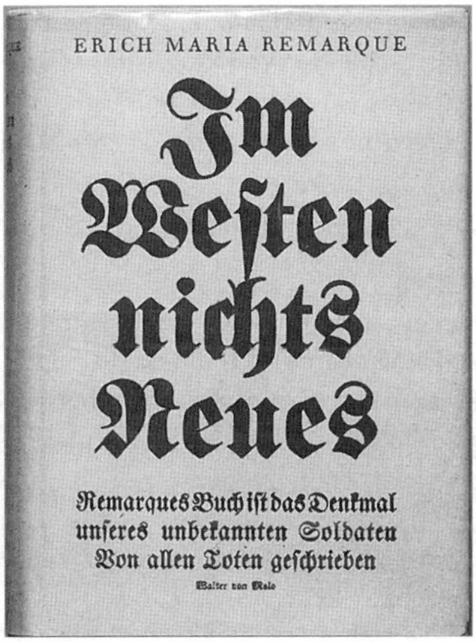

Cover dreier unterschiedlicher Romantypen: *Effi Briest* (1896), *Im Westen nichts Neues* (1929), *Deutschstunde* (1968)

Übersicht: Epische Formen

Kleinere Formen	**Anekdote** • Ereignis aus dem Leben einer histor. Persönlichkeit; besondere Begebenheit • steigende Spannung, Pointe als Lösung • Unterhaltung und Belehrung; Aufzeigen des Typischen am Einzelfall
	Fabel • Erzählung mit Verweischarakter • Tiere als Handlungsträger • Aufbau: Situation, Rede und Gegenrede, Ergebnis (Pointe) • häufige Gestaltungsmittel: Ironie, Satire • Gesellschaftskritik
	Kalendergeschichte • Ereignis aus dem Leben des „kleinen Mannes" • einfacher, verständlicher Stil • Belehrung, Unterhaltung; Verhaltensanweisungen
	Kurzgeschichte • Wirklichkeitsausschnitt mit Symbolgehalt • Aufbau: unmittelbarer Einstieg, gedrängte Steigerung, überraschende Wendung, offener Schluss • typisierte Durchschnittsfiguren • begrenzter äußerer Raum, kurzer Zeitabschnitt • Umgangssprache • ausgeprägter Leserbezug
	Märchen • Kunstmärchen: Werk eines bestimmten Dichters • Volksmärchen: alte Tradition, keinem Autor zuzuordnen • Aufbau: Eingangsformel, Hauptfigur in der Bewährung, glücklicher Ausgang, Schlussformel • typisierte Kontrastfiguren • Zeit und Raum enthoben • modernes Antimärchen: negativer Held
	Sage • Erzählung über ein historisches Geschehen mit realem Kern • oft tragischer Ausgang
	Legende • Erzählung aus dem Leben eines Heiligen • reale Figur, nicht reale Situation • guter Ausgang

	Parabel • Gleichnischarakter: Darstellung des Allgemeinen im Besonderen • Bild- und Sachebene, in moderner Parabel verschmolzen • typisierte Figuren • Erkenntnissuche, Existenzdeutung
	Schwank • scherzhafte Karikatur von Alltagsnormen • einsträngige Handlung; Pointe • Mittel: Gegensatz, Übertreibung, Typisierung
Mittlere Form	**Novelle** • Darstellung eines zentralen Konflikts (z. B. Zusammenstoß von Mensch und Schicksal) • einlinig konzentrierte Handlungsführung (Exposition, Steigerung, pointierter Wendepunkt, Abfall, Ausklang) • Leitmotive, Dingsymbol, Raffung • Bemühen um Objektivität • Zusammenhang von Schicksal und Charakter
Großform	**Roman** • Spiegel der bürgerlichen Welt und des Standortes des Menschen • Entwicklung parallel zum Bürgertum • wechselndes Schicksal des Erzählers • Veränderungen in der Erzählstrategie, der Figurendarstellung, der Raum-, Zeit- und Sprachgestaltung • Trivialroman – Ziel: Unterhaltung – Komposition, Handlungsverlauf: klar; vorhersagbar – Themen: modeadäquat, „sex and crime“ – Figuren: typisiert – Wirklichkeitsebene: unrealistisch, illusionistisch – Orte, Schauplätze: austauschbar, Wunschvorstellungen gemäß – Weltbild: undifferenziert, eindeutig – Sprache: anspruchslos, emotional, übertrieben, ungenau • Postmoderner Roman – Ziel: Verbindung von intellektuellem Anspruch und Massenkultur – Komposition: klar, eindeutig – Themen, Motive: vielfältig; nicht festgelegt; Kombination von Intellektuellem und Trivialem – Erzähltechnik: Montage vieler Bereiche – Figuren: Außenseiter mit besonderen Fähigkeiten; keine entwicklungsfähigen Individuen – Wirklichkeit: Mischung aus Realismus und Illusion – Sprache: verschiedene Sprachen und Sprachebenen

Untersuchungsbereiche dramatischer Texte

Antike Theatermasken auf einem römischen Mosaik

Das Drama (= griech. Handlung) ist neben Epik und Lyrik eine Hauptgattung der Literatur. Eine fiktive Wirklichkeit wird durch Rollenträger, die auf einer Bühne agieren, den Zuschauern unmittelbar vergegenwärtigt. Epische (Botenbericht) oder lyrische (Chorlied) Einlagen sind möglich (vgl. auch episches Theater). Handlung und Geschehen basieren auf Spannung und werden durch Dialoge, Monologe und nicht-verbale Mittel vorangetrieben. Der Aufbau gliedert sich im Idealfall (geschlossenes Drama) in Exposition, Steigerung, Peripetie, fallende Handlung und Katastrophe bzw. Lösung.

Die Komposition

Die Komposition gehört zu den wichtigsten Untersuchungsbereichen dramatischer Texte. Im Mittelpunkt der Analyse steht dabei die Frage nach der formalen Gliederung und dem Aufbau der Geschichte.

Die Darstellung der Geschichte

Der Autor, der ein dramatisches Werk für die Bühne schreiben möchte, weiß, dass er dabei anders verfahren muss als bei einem in die Breite und psychologische Tiefe gehenden epischen Text. Er hat die zeitlich beschränkte Aufnahmebereitschaft des Publikums zu beachten, die es ihm nicht gestattet, die ganze Geschichte auf die Bühne zu bringen. Daneben fehlt ihm weitgehend die Möglichkeit, mithilfe eines Erzählers über komplexe gesellschaftliche Vorgänge oder Gedankenabläufe der Figuren zu berichten. Schließlich muss er die Grenzen der Bühnentechnik berücksichtigen. So ist er auf eine verdichtete Darstellung seiner Geschichte angewiesen. Dazu bedarf es einer geschickten Komposition.

Gliederungseinheiten

Der Autor strukturiert den Handlungs- und Ereignisverlauf in verschiedene mehr oder weniger umfangreiche Abschnitte. Damit bietet sich ihm die Möglichkeit, Unwichtiges oder Nichtdarstellbares fortzulassen, also Zeit zu sparen und Schauplätze zu wechseln. Die Bühnendarstellung kennt als Gliederungseinheiten den Auftritt bzw. die Szene und den Akt bzw. Aufzug.

Die **Szene** lässt sich mit ihrer mehr oder minder geschlossenen Struktur als Gliederungselement erkennen, denn die neue Präsenz der Figuren ist dabei oft mit einer Handlungs-, Geschehens- und Schauplatzänderung verbunden. Im neueren Drama reihen sich mitunter Einzelszenen ohne Akte aneinander (vgl. die lockere Bilderfolge im Expressionismus).

Der **Akt** ist ein geschlossener, klar abgesetzter Hauptabschnitt des Dramas. Seine Funktion besteht in der Strukturierung des Handlungs- und Geschehensablaufs der Fabel. Das deutsche Drama kennt die Akteinteilung seit der Renaissance. Typisch für die deutsche Klassik ist der Fünfakter (Ausnahme: Goethes *Faust*). Im 19. Jahrhundert beschränkt man sich häufig auf den Drei- und Vierakter (vgl. Ibsen, Hauptmann). Auflösungstendenzen gibt es bereits bei J. M. R. Lenz, später bei A. v. Arnim, G. Büchner, D. Grabbe. Sie erreichen ihren Höhepunkt im Expressionismus und wirken von dort in die Moderne.

In der klassischen Antike waren Handlungs- und Geschehensablauf durch den Einbau von Chorliedern unterbrochen. An den Festtagen des Dionysos kamen dramatische Spiele zur Aufführung. Bei diesen Dionysien trat der **Chor** (griech. *choros:* Tanz, Tanzgruppe) auf, dem man später einen Einzelsprecher gegenüberstellte. Aischylos führte einen zweiten, Sophokles einen dritten Schauspieler ein. Damit wurde dramatische Handlung möglich. Die Bedeutung des Chores nahm ab, bei Euripides spielt er nur mehr eine periphere Rolle. Der Chor griff zunächst nicht direkt in die dramatische Handlung ein, sondern verfolgte distanziert den Ablauf des Geschehens, sprach aber seine Ansichten, Hoffnungen und Befürchtungen aus.

Sophokles (497/496–406/405 v.Chr.) gilt neben Aischylos und Euripides als der bedeutendste Tragödiendichter der griechischen Antike. Hauptwerke: *Antigone, König Ödipus*

Im geistlichen Drama des Mittelalters wurden die Einzelbilder durch liturgische Gesänge verknüpft. Im Schuldrama des Humanismus dienten Lieder zur Akteinteilung. Das Barockdrama kennt den Reyen, der meist am Aktschluss mit unterschiedlicher Funktion (Handlungsberuhigung, Handlungsdeutung, Trauerklage) zur Geltung kommt. Während im Drama der Aufklärung für den Chor kein Raum ist, gewinnt er in der Klassik, besonders bei Schiller, entscheidende Bedeutung (vgl. Schiller: Vorwort zu *Die Braut von Messina*). Die Dramatiker des Realismus und Naturalismus vermeiden den Chor, erst die Moderne (Symbolismus: Hofmannsthal; Expressionismus: Werfel, Kaiser) schenkt ihm zunehmende Beachtung. Eine besondere Funktion haben Songs und Chöre bei Brecht: Sie stehen als vorausdeutende oder rückblickende Kommentare und dienen so der Distanzgewinnung und angestrebten Verfremdung.

Handlung und Geschehen

Im Hinblick auf die moderne Literatur empfiehlt es sich, zwischen Handlung und Geschehen zu differenzieren.
„**Handlung**" lässt sich als in die Tat umgesetzte Absicht erklären. Dabei wird ein Ausgangszustand (Ausgangssituation) in einen anderen Zustand (eine andere Situation) überführt.
Dagegen spricht man von „**Geschehen**", wenn die Situationen unverändert bleiben oder die Veränderung sich der menschlichen Absicht und Entscheidungsfreiheit entzieht. So ist Handlungsarmut besonders im modernen Drama signifikant: Ein Geschehen läuft ab, in das die Figuren nicht eingreifen können oder wollen (vgl. Beckett: *Warten auf Godot*).

Offene und verdeckte Handlung

Dramatische Handlung ist im Wesentlichen **gezeigte (offene) Handlung**. Als Mittel der Konzentration und Raffung fungiert die **verdeckte Handlung:** Figuren auf der Bühne berichten aus ihrer Sicht über räumlich oder zeitlich versetzte Handlungen und Geschehnisse. So vermittelt die **Exposition** dem Publikum notwendige Kenntnisse der Vorgeschichte; im **Botenbericht** wird ein zurückliegendes Geschehen aktualisiert und bei der **Teichoskopie** (Mauerschau) berichtet eine Figur von einem bestimmten Standort auf der Bühne (Mauer, Fenster) über ein gleichzeitig ablaufendes, meist technisch schwer darzustellendes Ereignis.

Geschlossene und offene Form des Dramas

Mit Volker Klotz (1960) unterscheidet man zwei dramatische Kompositionsformen, die *geschlossene und offene Form im Drama*.

Bei der **geschlossenen Form** kann nichts hinzugefügt und nichts weggelassen werden. Sie ist gekennzeichnet durch

- die Einheit von Ort, Zeit und Handlung:
  - eindeutige Haupthandlung,
  - Einsträngigkeit,
  - geringe Bedeutung von Nebenhandlungen,
  - Beschränkung auf eine knappe Zeitspanne, die krasse Ortswechsel überflüssig macht,
  - ideelle Bedeutung des Raumes, gleichsam als Rahmen eines entstofflichten Geschehens;

- die zielstrebig ausgerichtete Bewegung von Handlung und Geschehen:
  - Linearität,
  - kausale Verknüpfung,
  - Folgerichtigkeit;
- den klaren Anfang und die eindeutige Lösung;
- die Unselbstständigkeit der Teile;
- die Beschränkung auf wenige Figuren;
- die einheitliche Sprache: hoher Stil, Vers, Pathos; Abwechseln von Hypotaxe und Stichomythie und
- eine ausgewogene Komposition (im Hinblick auf Figurengruppierungen; Konzentration auf Protagonist und Antagonist; pyramidaler Aufbau).

Im Gegensatz dazu findet man bei der **offenen Form** des Dramas

- eine Vielfalt von Orten, Zeiten und Handlungen:
  - mehrere gleichberechtigte Handlungsstränge,
  - Handlung und Geschehen erstrecken sich oft über weite Zeiträume,
  - Vielzahl von Räumen, wobei enger und weiter Raum wechseln (Raum als charakterisierendes Merkmal der Figuren);
- ein Aufbrechen der linearen Handlungs- und Geschehensabläufe (Koordination durch Leitmotive, wiederkehrende Sprachbilder und ein „zentrales Ich");
- selten einen klaren Anfang und endgültigen Schluss:
  - unvermitteltes Einsetzen und Abbrechen der Handlung,
  - keine Exposition,
  - Fortsetzung der Handlung möglich;
- einen hohen Autonomie-Grad der einzelnen Teile;
- viele Figuren;
- unterschiedliche Sprachebenen:
  - spontane Artikulation,
  - Parataxe, Reihung, Satzbrüche, Ellipsen,
  - häufig gestörte Kommunikation, Sprachschwierigkeiten bis zur nonverbalen Artikulation und
- eine offene Komposition:
  - Der Hauptfigur steht kein gleichwertiger Gegner gegenüber;
  - die Komposition erfolgt nicht vom Ganzen aus, sondern vom Einzelteil, der Szene, sodass das Ganze fragmentarisch und unausgewogen erscheint.

Von Lenz über Büchner, Brechts epischem Theater zum absurden Theater gibt es immer wieder Beispiele für die Abweichung von der geschlossenen Form. Die offene und die geschlossene Form sind als **ideale Muster** zu verstehen. Oft vermischen sich beide Formen (vgl. Schillers *Maria Stuart*).

Die **Bauform des geschlossenen Dramas** versuchte Gustav Freytag in seiner *Technik des Dramas* (1863) allgemein gültig zu beschreiben:

Die Einleitung führt als **Exposition** das Publikum in die Grundstimmung und Ausgangssituation ein und verweist auf wichtige Figuren. Sie liefert also die notwendigen Informationen, die für das Verständnis des Stückes von Bedeutung sind. Das **erregende Moment** stellt eine wesentliche Handlung der Hauptfigur oder ein bedeutsames Ereignis dar, wodurch die folgenden Verwicklungen in Gang kommen. Anschließend wird die **Handlung gesteigert** und zum **Höhepunkt** (Peripetie) geführt. Durch ein tragisches Moment bedingt, erfolgt die Umkehr der Handlungsrichtung **(fallende Handlung)**. Jetzt ist eine Auflösung des Konfliktes nicht mehr möglich. Ein **Moment der letzten Spannung** verzögert die Handlung, die anschließend in der Katastrophe, dem Untergang des Helden, oder in einer positiven **Lösung** zum Abschluss kommt.

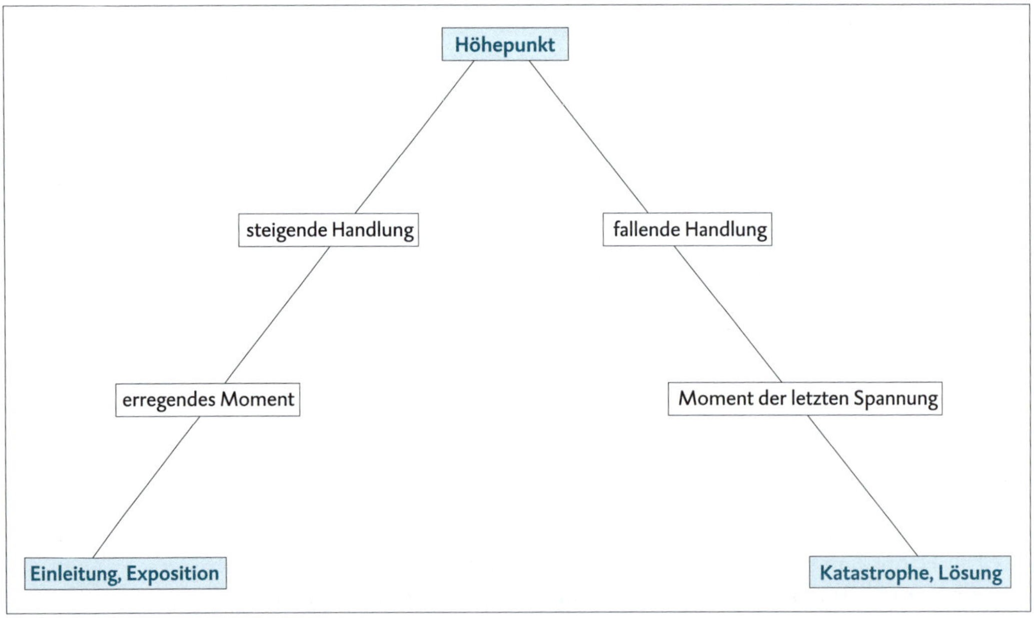

Bauform des geschlossenen Dramas

Iphigenie auf Tauris. I,1 bis I,3: **Exposition**, Information über Iphigenies Heimweh, Andeutung der problematischen Beziehung zwischen Mensch und Gottheit, Thoas' Werbung; Ende von I,3: **erregendes Moment:** Thoas ordnet die Wiedereinführung der Menschenopfer an. – I,4 bis III,2: **steigende Handlung**; Iphigenies Sehnsucht nach der Heimat wächst, sie erfährt von den Schicksalen ihres Vaters und ihres Bruders; seelische Erschöpfung Orests. – III,3: **Höhepunkt:** Heilung Orests. – IV, V: **fallende Handlung**, gekennzeichnet durch Iphigenies inneren Zwiespalt: IV (Spannungsverdichtung in IV,5); V: Versuch Iphigenies, den König durch Enthüllung der Wahrheit umzustimmen. – V,4: **Moment der letzten Spannung**, drohender Kampf wegen des Bildes der Diana. – V,6: **Lösung**, Versöhnung.

Übersicht: Die Komposition

Darstellung der Geschichte	Verdichtete Darstellung und geschickte Komposition erforderlich aufgrund zeitlicher Beschränkung, begrenzter Bühnentechnik und fehlendem Erzähler
Gliederungseinheiten	• Szene • Akt • (Chor)
Handlung und Geschehen	**Handlung:** beabsichtigte Zustandsveränderung **Geschehen:** unveränderte Situation oder Situationsveränderung ohne menschliche Intention
Offene und verdeckte Handlung	**Offene Handlung:** gezeigte Bühnenhandlung **Verdeckte Handlung:** räumlich oder zeitlich versetzte Handlung, dargestellt durch Exposition, Botenbericht, Teichoskopie
Geschlossene und offene Form	**Geschlossene Form:** • drei Einheiten (Ort, Zeit, Handlung) gewahrt • zielstrebige, lineare, kausale Komposition, Freytags-Pyramide, klarer Anfang, eindeutige Lösung, feste Ordnung (unselbstständige Teile) • geringe Figurenzahl • hoher Sprachstil **Offene Form:** • Vielzahl von Orten, Zeitebenen und Handlungssträngen • Aufbrechen der Abläufe; kein klarer Anfang, kein eindeutiger Schluss; Auflösung des festen Gefüges (Autonomie der Teile) • viele Figuren • verschiedene Sprachebenen

Figurendarstellung

Bei der Untersuchung von Dramenfiguren ergeben sich im Wesentlichen die gleichen Fragen wie bei Figuren in epischen Texten. Auch hier stehen die Bereiche **Figurenkonzeption** und **Figurenkonstellation** im Vordergrund.

Figurenkonzeption: Die Einzelfigur

Hier untersucht man den Grad der Individualisierung, äußeres Verhalten, Einstellung, Bewusstseinsgrad, charakterliche Merkmale und die Entwicklungsfähigkeit der Figur. Eine Rolle spielen auch das Verhältnis der Figur zu ihrer Umwelt und – bei der Tragödie – das tragische Vergehen des Helden.

Grad der Individualisierung

Es gibt **typisierte** Figuren, bei denen nur wenige Merkmale hervorgehoben werden, meist, um bestimmte Eigenschaften zur Geltung zu bringen (vgl. die Komödien von Molière). In vielen Dramen des Expressionismus tragen die Figuren keine Namen. Sie heißen „Er", „Sie", „Der Vater", „Der Sohn", „Der Dichter". Damit soll zum Ausdruck gebracht werden, dass die Figuren nicht Individuelles repräsentieren, sondern Ideelles, Mythisches. Der Naturalismus versucht dagegen, durch Herausarbeiten **individueller** Einzelheiten die Figuren dem wirklichen Leben anzunähern. Im modernen Drama wird die Identität der Figur zu einem Problem. Für Brecht ergeben sich die Figuren aus den Handlungen, nicht aus den Eigenschaften ihres Charakters. Bei Dürrenmatt gibt es in einer chaotischen, unüberschaubar gewordenen Welt keine Tragödie, die Überschaubar-

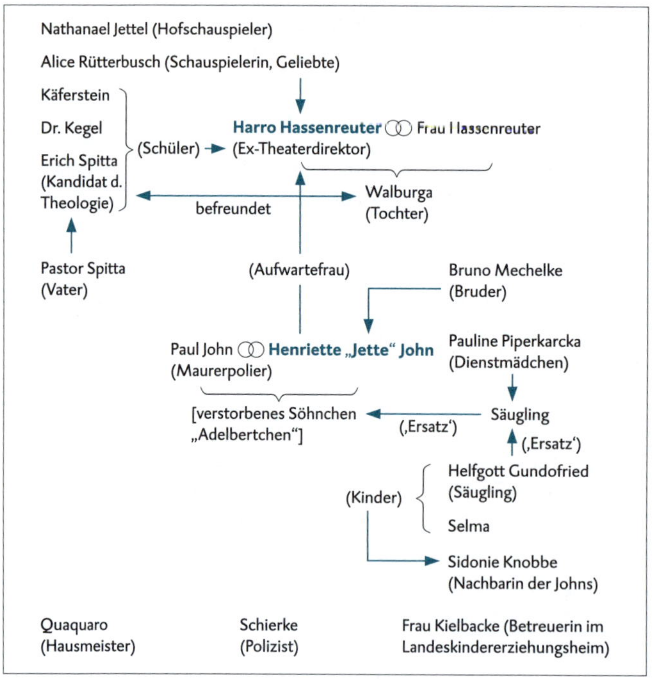

Beispiel: Die Figuren in G. Hauptmanns *Die Ratten*

keit, Verantwortung und Schuld voraussetzt. Damit existiert das Bild vom traditionellen dramatischen Helden ebenfalls nicht mehr. Im absurden Theater lässt sich keine Individualität erkennen, die Figuren erscheinen fremdbestimmt, verstümmelt und sinnlos.

Verhalten, Einstellung, Bewusstseinsgrad, charakterliche Merkmale

Individualisierung und Komplexität der Figur bedingen sich gegenseitig. Es gibt Figuren, die durch wenige Merkmale charakterisiert werden, und solche, deren Haltung und Charakter sehr differenziert dargestellt werden. Im Sturm und Drang dominiert die subjektive Einstellung, im Ideendrama durchbrechen die Figuren ihre subjektive Perspektive. Wenn die Figur in ihren Eigenschaften weitgehend festgelegt und aus dem Bühnengeschehen erklärbar ist, spricht man von einer **geschlossenen** Konzeption, im anderen Fall von einer **offenen** Konzeption. Äußeres Verhalten, gedankliche Fähigkeiten (Folgerichtigkeit des Denkens, Urteils- und Abstraktionsfähigkeit, Selbstständigkeit, Flexibilität), Willenskraft und Entschlussfähigkeit, Gefühle und Lebensgrundstimmung lassen sich aus sprachlichen Selbstäußerungen, aus Äußerungen anderer Figuren, an nichtsprachlichen Signalen wie Gestik, Mimik, Kleidung und an den handlungstragenden Aktionen und Reaktionen erkennen.

Entwicklungsfähigkeit

Hier unterscheidet man zwischen statisch und dynamisch konzipierten Figuren. Eine **statisch** angelegte Figur ändert sich während des Stückes nicht (vgl. das barocke Märtyrerdrama), bei einer **dynamisch** konzipierten Figur lassen sich Entwicklungen erkennen.

Die Figur in ihrer Umwelt

Neben den Orten und Zeiten, in denen sich die Figuren aufhalten und bewegen, spielen bei der Charakteristik auch soziale Beziehungen, Werte, Normen und Weltanschauungen eine wesentliche Rolle. Das Drama, das auf Spannung angelegt ist, findet im Verhältnis des Einzelnen zur prägenden und fordernden Umwelt eine Menge Konfliktmaterial.

Der tragische Held

In der Tragödie sieht sich der Held mit einem Geschehen konfrontiert, das ihn in eine **Katastrophe** führt. Diese Entwicklung (meist vom Glück zum Unglück) kann begründet sein

- in der Zwangsläufigkeit eines Geschehens und
- in der tragischen Verfehlung des Helden.

Wallenstein als tragischer Held, der in seinem tiefsten Fall Größe zeigt.
Im Bild Klaus Maria Brandauer als Wallenstein (Berlin 2007) in Schillers gleichnamigem Stück

Dabei ist ein Geschehen dann unabwendbar, wenn es auf einem **unlösbaren Konflikt** beruht. Die tragische Verfehlung des Helden äußert sich in Handlungen, die im Affekt geschehen, durch Irrtum oder Leichtsinn zur Fehleinschätzung einer besonderen Situation führen oder durch Überheblichkeit (eigene Fehleinschätzung) verursacht werden.

In Goethes *Iphigenie auf Tauris* muss die Titelheldin einen Ausweg aus dem Konflikt zwischen Pflicht und Neigung finden. Das Foto zeigt Angela Winkler als Iphigenie in einer Inszenierung von Michael Grüber an der Schaubühne Berlin (1998)

Die Griechen vertraten die Ansicht, dass es neben der eindeutigen persönlichen **Schuld**, z. B. hervorgerufen durch ein überhebliches Verhalten, auch eine andere Form der Schuld gibt. So kann durch Handlungen, die auf eingeschränkter Entscheidungsfreiheit des Helden beruhen, z. B. durch ein unabwendbares Schicksal und unvermeidbare Irrtümer, eine zwar subjektiv nicht anrechenbare, objektiv aber durchaus bestehende Schuld entstehen. Diese Art von Schuld führt zu unverdientem Leid.

In der griechischen Tragödie ist das **Leid** ein zentrales Thema. Der Held, für den es kein Entrinnen gibt, wird bis an seine letzten physischen und psychischen Grenzen geführt. Dem Menschen bleibt nur die Annahme seines Schicksals. Selbst die Frage danach wäre bereits Hybris. „Erflehe nichts: Aus vorbestimmtem Los / Vermag kein Sterblicher sich zu befrein." (V. 1337 f.) weist der Chor Kreon in Sophokles' *Antigone* zurecht. Ungefragt das Leid zu akzeptieren, ist letzte Bestimmung des Menschen. Leid beinhaltet das Erleben einer Situationsverschlechterung und den Glauben oder das Wissen von einem besseren Zustand. Beide fordern Veränderung oder Annahme des Gegebenen. Das Spektrum reicht von Befreiung über Flucht und Gleichmut bis zu Gleichgültigkeit und nihilistischer Weltsicht.

Figurenkonstellation: Die Figuren im Beziehungsgeflecht

Man beachtet die Anzahl der vorkommenden Figuren, beschreibt deren Position und Funktion im Beziehungsgeflecht und geht auf Beziehungsentwicklungen ein.

Anzahl der vorkommenden Figuren

Dabei definiert man „die Summe der auftretenden Figuren" als **„Dramatis Personae"** oder als **„Personal"** (Pfister, S. 225). Dieses umfasst alle auftretenden Figuren, also neben den Protagonisten auch Nebenfiguren und Statisten. Die Zahl der Schauspieler hängt u. a. von der Intention des Autors ab. Sie kann vom Einpersonenstück bis zum vielfigurigen Stück variieren. So zeigt das Monodrama eine handelnde Figur (vgl. das griechische Drama vor Aischylos, in dem ein sprechender Schauspieler dem Chor gegenübersteht; vgl. auch Goethes *Proserpina*), während in Hauptmanns *Die Weber* das gesamte Kollektiv der

Weber in den Vordergrund des Geschehens tritt. Grundsätzlich gilt, dass im geschlossenen Drama wenige (vgl. Goethes *Iphigenie auf Tauris*), im offenen Drama in der Regel mehr Figuren auftreten.

Position und Funktion der Figuren im Beziehungsgeflecht

Dramen mit **dominierenden Figuren** zeigen dies häufig im Titel an (vgl. *Nathan der Weise*, *Iphigenie auf Tauris*). **Kontrastfiguren** erhöhen die Spannung und führen zu dramatischen Konflikten. Die Gegensätze können unterschiedlich konzipiert sein (vgl. das Motiv der feindlichen Brüder in Schillers *Die Räuber*; die Vatermord-Dramen des Expressionismus; verfeindete Familien, z. B. in Kleists *Die Familie Schroffenstein*; Altersunterschiede, vgl. Carlos und Philipp II. in Schillers *Don Carlos*; Standesgegensätze, vgl. Schillers *Kabale und Liebe*, und unterschiedliche Weltanschauungen, vgl. Marquis Posa und Alba in Schillers *Don Carlos*).

Beziehungsentwicklungen

Die Beziehungen können während der ganzen Handlung unverändert bleiben, sich aber auch entwickeln oder auflösen. Meist handelt es sich jedoch um Konflikte, die die Protagonisten in eine Katastrophe treiben.

Übersicht: Figurendarstellung

Figurenkonzeption	• Mittel der Darstellung: – Selbstdarstellung durch Sprache und Handlung – Darstellung durch andere Figuren • Position der Figur: Hauptfigur oder Nebenfigur • Grad der Individualisierung: Typ oder Charakter • äußere Merkmale: Name, Lebensdaten, Aussehen, Sprache, Auftreten, Gewohnheiten, körperliche Besonderheiten • Eigenschaften, Wesen: Empfindungen, Gefühle, Verhaltenssteuerung, Wirklichkeitsbezug; Entwicklungsfähigkeit • Die Figur in ihrer Umwelt: – Orte, Zeiten, Einflüsse: Elternhaus, Schule, Beruf, soziales Umfeld – Beziehungen, Freunde, Gegner – Wert- und Weltorientierung • Der tragische Held: – Zwangsläufigkeit des Geschehens – Verfehlung des Helden: Affekt, Irrtum, Leichtsinn, Hybris – Schuld und Leid
Figurenkonstellation	• Anzahl der Figuren • Position und Funktion der Figuren • Beziehungen der Figuren; Beziehungsdichte; Konfliktpotenzial

Raum- und Zeitgestaltung

Der Zuschauer im Theater empfindet Raum und Zeit anders als der Leser eines epischen Werkes. Während im Roman von Figuren in bestimmten Räumen und Zeiten erzählt wird, dienen Schauspieler, Bühne und Spielzeit der Realisierung dichterischer Absichten. Das besondere Verhältnis zwischen Wirklichkeit und Fiktion beim Drama hat die Theoretiker seit der *Poetik* des Aristoteles intensiv beschäftigt.
Kontrovers diskutiert wurde dabei immer wieder die Lehre von den sog. **„drei Einheiten"**. Die Forderung nach der Einheit des Ortes, der Zeit und der Handlung geht auf den Aristoteles-Kommentar von L. Castelvetro (1570) zurück.

Drei Einheiten	Kennzeichen
Einheit des Ortes	gleichbleibender Schauplatz
Einheit der Zeit	• Übereinstimmung von Spielzeit und gespielter Zeit • maximaler Zeitraum: 24 Stunden
Einheit der Handlung	• alle Handlungsteile im Dienst des Ganzen • strenge Verbindung der Nebenhandlungen mit der Haupthandlung • Vermeiden von Nebenfiguren • Ziel: Geschlossenheit des Werkes

Castelvetro hatte Aristoteles missverstanden. Dieser verlangte nur die Einheit der Handlung. Doch im Anschluss an Castelvetro bekennen sich die Poetiken der Renaissance und des französischen Klassizismus zu den drei Einheiten.
In Deutschland tritt Gottsched in seiner *Critischen Dichtkunst* (1730) für die Einhaltung der drei Einheiten ein. Lessing steht ihnen kritisch

B

Drei Einheiten: Goethe, *Iphigenie auf Tauris*

Einheit der Handlung:
- linear
- einsträngig
- folgerichtig

Einheit des Ortes: ein einzelner Schauplatz („Hain vor Dianens Tempel")

Einheit der Zeit:
- geringer zeitlicher Umfang
- Zeitverlauf kaum spürbar (Monologe; sentenzenhafte Sprache)
- Relativierung der szenischen Gegenwart durch Vergangenheits- und Zukunftsbezüge

gegenüber, die Vertreter des Sturm und Drang lehnen sie als unnatürlich ab. Wenn sie Autoren später wieder aufgreifen, so geschieht dies aus dramaturgischen Gründen: Konzentration und Geschlossenheit sollen erreicht werden (vgl. geschlossenes Drama; Goethe: *Iphigenie*, *Torquato Tasso*, Hebbel: *Maria Magdalena*).

Konzeptionen und Funktionen des Raumes

Die **Raumkonzeption** ergibt sich aus den Absichten von Autor und Regisseur. Je nach Intention kann sich der fiktive Raum dem realen Raum annähern oder von ihm stark entfernt sein. Entscheidend ist die Gestaltung des Bühnenbildes, das mithilfe von Malerei, Architektur, Technik und Requisiten eine fiktive Wirklichkeit schafft. So besitzt das naturalistische Drama realistisch-konkrete Schauplätze (vgl. die detaillierten Regieanweisungen bei G. Hauptmann), während der Expressionismus durch Abstraktion versucht, die Bühne in einen Raum von symbolischer Bedeutung zu verwandeln. E. Piscator strebt nach einem Theater, das den Zuschauer ins Spielgeschehen einbezieht und die Grenze zwischen Publikum und Bühne aufhebt. Das epische Theater setzt verfremdende Mittel ein, um die illusionierende Kraft der Bühne zu brechen. Aus solchen Konzeptionen lassen sich die **Funktionen** des Raumes ableiten: Zunächst ist er der Bereich, in dem sich Handlung realisiert. Er besitzt kompositorische Funktion, wo der Ortswechsel den Handlungsablauf gliedert. Darüber hinaus kann er als Stimmungsträger die Ereignisse intensivieren (vgl. den Eingang von Schillers *Wilhelm Tell*). Die Gegenstandsfülle im naturalistischen Drama erstrebt nicht nur Realitätsnähe, sondern charakterisiert auch die Figuren als milieuabhängig. Dagegen symbolisieren Stilisierung und Abstraktion im expressionistischen Verkündigungsdrama Visionäres, die Raumleere im absurden Theater (vgl. z. B. Beckett: *Warten auf Godot*) den Bewusstseinszustand und den Orientierungsverlust des modernen Menschen.

In Heinrich von Kleists Lustspiel *Der zerbrochne Krug* bestimmt eine Gerichtsverhandlung die Handlung, Ort ist der Gerichtssaal (Foto: Aufführung am Badischen Staatstheater Karlsruhe von 2003)

Gestaltung der Zeit

Die Untersuchung beginnt mit Fragen nach der Zeit, in der das Werk geschrieben worden ist, in der die fiktive Geschichte spielt und in der das Werk aufgeführt wird. Darüber hinaus sind **Spielzeit** (Dauer der Aufführung ohne Pausen) und **fiktiv gespielte Zeit** zu unterscheiden. M. Pfister (S. 369 f.) differenziert die fiktiv gespielte Zeit weiter in:

- „die fiktive Zeitdauer, die unmittelbar szenisch repräsentiert wird“ (primär gespielte Zeit),
- die Zeit vom „Einsatzpunkt der szenisch repräsentierten Handlung bis zum Zeitpunkt des Textendes“ (sekundär gespielte Zeit) und
- „die fiktive Zeitdauer der Geschichte vom Beginn der nur verbal vermittelten Vorgeschichte bis zum Zeitpunkt des Textendes, bzw. bis zum spätesten Zeitpunkt, der in zukunftsgewissem Ausblick am Textende noch verbal thematisiert wird“.

Die Ereignisse auf der Bühne laufen in zeitlicher Abfolge ab. Zugleich können aber verschiedene Ereignisse nebeneinander gezeigt werden **(Simultaneität)**.

Der Einsatz künstlerischer Mittel strukturiert den Ablauf der Handlung: Sie lässt sich in einem strengen chronologischen Nacheinander darstellen, es können aber auch unterschiedlich große Zeitsprünge vorkommen. Weiterhin besteht die Möglichkeit, den Ablauf durch Rückblenden, Einbau eines Erzählers oder Verwendung von Songs zu durchbrechen.

Von **Zeitraffung** spricht man, wenn einzelne Handlungselemente ausgelassen oder verkürzt dargestellt werden. Das dramatische Tempo ist von den Situationsveränderungen abhängig. Im Allgemeinen wechselt das Tempo im Handlungsverlauf. Es korrespondiert mit der Spannung und der zeitlichen Konzentration. Pausen und Reflexionen wirken tempoverzögernd (mitunter auch spannungssteigernd), die rasche Wechselrede der Stichomythie zeigt gesteigertes Tempo.

Das Fortschreiten der Zeit kann an Situationsveränderungen sichtbar werden. Im modernen Drama finden sich zuweilen handlungsarme, nahezu gleichbleibende Situationen (vgl. besonders Beckett: *Warten auf Godot*), in denen Zeit nicht mehr erfahrbar wird.

Übersicht: Raum- und Zeitgestaltung

Raumgestaltung	• Verhältnis von Realität und Bühnenfiktion • Raumdarstellung: Bühnenbild auf Illusion bedacht oder bewusst desillusionierend • Raumfunktionen: Handlungsraum, kompositorische Funktion, Stimmungsträger, Figurencharakteristik, Symbolfunktion
Zeitgestaltung	• Verhältnis Spielzeit – gespielte Zeit • Ablauf: Chronologie, Simultaneität, Unterbrechungen, Zeitraffung • Tempo: Pausen, Reflexionen • Stichomythie; Situationsveränderungen

Formen und Funktionen der dramatischen Sprache

Formen der dramatischen Sprache

Der Monolog

Im Allgemeinen versteht man unter dem dramatischen Monolog eine geschlossene Einzelrede von längerem Umfang, die nicht an einen Adressaten auf der Bühne gerichtet ist.
Der Monolog ist oft als realitätsfern kritisiert worden. Aus diesem Grund hat das naturalistische Drama weitgehend auf seinen Einsatz verzichtet. Dennoch hat dieses „laute Denken“ im dramatischen Raum seine **Funktion:** Der Monolog eröffnet der Figur die Möglichkeit, ihre Gefühle (Affektmonolog), Gedanken (Reflexionsmonolog), seelischen Konflikte (Konfliktmonolog) und Entschlüsse (Entschlussmonolog) zum Ausdruck zu bringen und sich so selbst zu charakterisieren.
Der Monolog kann den Zuschauer über das Geschehene informieren (Expositionsmonolog), Auftritte miteinander verbinden (Brückenmonolog), Handlungen vorbereiten (Auftrittsmonolog), verzögern (retardierender Monolog) oder zusammenfassen (Abgesangmonolog) und die Aufgabe eines Erzählers übernehmen (epischer Monolog). Er hat eine dramaturgische Funktion, wenn er der Zeitüberbrückung beim Umkleiden dient.
In den einzelnen Epochen wird der Monolog unterschiedlich gewürdigt:

Epoche	Funktionen
Barock	• Mittel der Entscheidungsfindung: Konflikt-, Entschlussmonolog • rhetorische Ausschmückung
Aufklärung	gedankliches Erfassen von Situationen: Reflexionsmonolog
Sturm und Drang	Offenlegen der Gefühle: Affektmonolog
Klassik	Reflexionsmonolog an dramatischen Höhepunkten
Realismus, Naturalismus	Bedeutungsverlust und Zurückdrängen des Monologs, da nicht realen Gegebenheiten entsprechend (mitunter: Gebärdenmonolog)
Expressionismus	Monolog als Stimmungs- und Affektträger
Moderne	• Darstellung der Kommunikationsproblematik • Möglichkeit des Aneinandervorbeiredens • Hinweis auf menschliche Isoliertheit

Das „Beiseitesprechen“

Das sog. „Beiseitesprechen“ ist mit dem Monolog verwandt, denn es richtet sich nicht an einen Adressaten auf der Bühne. Allerdings ist sich der Sprecher der Anwesenheit anderer Figuren bewusst.

Beim Beiseitesprechen „ad spectatores“ wendet sich der Redner an die Zuschauer und unterbricht so die Bühnenhandlung.

Der Dialog

Ismene (Barbara Schedivy) im erhitzten Dialog mit Kreon (Stefan Gad) in Christian von Treskows Inszenierung der *Antigone* am Theater Regensburg von 2007

Das dramatische Sprechen wird am stärksten vom Dialog beherrscht. Darunter versteht man die abwechselnde Rede zwischen zwei (Zwiegespräch) oder mehreren (Mehrgespräch) Figuren auf der Bühne.
Dabei können die einzelnen Äußerungen (Repliken), die, für sich genommen, Sinneinheiten bilden, von unterschiedlichem Umfang sein. Ein schneller Wechsel kurzer Repliken (Rede und Antwort folgen Zeile auf Zeile: Stichomythie; vgl. Goethes *Torquato Tasso* II,3) erhöht Tempo und Spannung und drückt eine starke Figuren- und Situationsbindung aus. Lange Repliken verzögern dagegen das Tempo, lassen Abstand zu Situation und Partner erkennen und nähern sich dem monologischen Sprechen.
Wenn die Dialogpartner sich im Gespräch zu den Handlungsvoraussetzungen äußern, spricht man von einem Expositionsdialog, stimmen sie in ihren Bemerkungen überein, handelt es sich um einen Konsensdialog. Wenn andererseits die Figuren in Konfrontation stehen, dient der Dialog zur sprachlichen Entladung von Konflikten. Will eine Figur in einem Gespräch etwas klären oder aufdecken, die andere dieses jedoch verheimlichen, entsteht ein Enthüllungsdialog. Schließlich gibt es die Möglichkeit, dass die Figuren aneinander vorbeireden. Ihre Kommunikation ist gestört, sodass es zu keiner Beziehung zwischen den Inhalten der aufeinanderfolgenden Repliken kommt. Im Epochenverlauf hatte der Dialog verschiedene **Funktionen:**

Epoche	Funktionen
Antike	• Mittel der Erkenntnisgewinnung (Platon: Sokratische Dialoge) • Aufeinandertreffen unterschiedlicher Denkpositionen (Cicero)
Mittelalter, Renaissance	• Streitgespräch: Darstellung unterschiedlicher Positionen (Johannes von Tepl: *Der Ackermann aus Böhmen*) • Infragestellen bisher gültiger Vorstellungen
Aufklärung	Mittel der rationalen Auseinandersetzung (Lessing)
Sturm und Drang	Mittel, Gefühle emphatisch auszutauschen
Klassik	• Erhellen von Beweggründen, Zielen und Reaktionen der Figuren • Ausgewogenheit zwischen längeren Repliken und Stichomythie
Realismus, Naturalismus	• Verdeutlichen der psychischen Verfassung der Figuren • unterschiedliche Sprachebenen; Verstummen
Moderne	Mittel zur Darstellung wachsender Kommunikationsprobleme (Hofmannsthal), Aneinandervorbeireden (Kroetz), Gesprächsverlust (absurdes Theater; Gemeinplätze)

Mischformen

Neben Monolog und Dialog kennt die Literaturwissenschaft auch sog. Mischformen:

Dialoghafter Monolog: Der Monolog nimmt dialoghafte Züge an, wenn der Sprecher sich in zwei in Opposition stehende Subjekte spaltet (Anrede in zweiter Person) oder sich in einer Anrede an eine Gottheit (Apostrophe) oder an das Publikum wendet.

Monologhafter Dialog: Dieser Fall liegt vor, wenn die Dialogpartner einander nicht beachten und die Kommunikation misslingt oder wenn zwischen den Dialogpartnern völlige Übereinstimmung herrscht und es den Anschein hat, als würde ein Monolog „mit verteilten Rollen" (Pfister, S. 183) gesprochen werden.

Funktionen der dramatischen Sprache

Die dramatische Sprache hat mehrere Aufgaben:

- Der **Bericht** wird eingesetzt, wenn die Darstellung eines Geschehens auf der Bühne nicht sinnvoll erscheint (z. B. bei der Exposition, der Teichoskopie, dem Botenbericht oder der Selbst- und Fremdbeschreibung).
- Die **expressive Funktion** findet sich besonders bei emotionaler Ergriffenheit im Dialog, Affektmonolog oder beim Entscheidungsringen im Reflexionsmonolog (Mittel: Parataxen, Ellipsen, Satzbrüche, Ausrufe, Wiederholungen; Unterstützung durch Gesten).
- Die **appellative Funktion** erscheint bevorzugt im Dialog. Sie zielt auf Beeinflussung und Überredung des Gesprächspartners (Mittel: Anreden, Bitten, Befehle, Wiederholungen, rhetorische Fragen, wertende Formulierungen, Argumentationsketten, Zurückweisen von Gegenargumenten).
- Die **kommunikative (phatische) Funktion** dient der Verstärkung und Verdichtung des Partnerbezugs. Die Sprache hilft, aus einer Isolation herauszutreten, Kontakt herzustellen und fortzusetzen (Mittel: Anrede, Eingehen auf Äußerungen des Partners, positive Bewertung seiner Meinung; mitunter können auch Provokationen zu Kontakten führen).
- Die **poetische Funktion** verweist in erster Linie auf den Autor und dessen Absichten (Mittel: Wechsel in der syntaktischen Struktur, Bildhaftigkeit, metrische Gebundenheit der Sprache, Klang, Rhythmus).

Übersicht: Formen und Funktionen der dramatischen Sprache

Formen	• Monolog: Affekt-, Reflexions-, Konflikt-, Entschlussmonolog u. a. • Beiseitesprechen • Dialog: – Expositions-, Konsens-, Konflikt-, Enthüllungsdialog, Aneinandervorbeireden – Bedeutung der Replikenlänge und des Replikenwechsels (Stichomythie!) • Mischformen: – dialoghafter Monolog – monologhafter Dialog
Funktionen	• Bericht • Expression • Appell • Kommunikation • poetische Funktion

Geschichtliche Entwicklung und Formen des Dramas

Hinweise zur Gattungsgeschichte

Das **antike Drama** hat seinen Ursprung im griechischen Dionysoskult. Dem Chor werden mehrere Schauspieler hinzugefügt. So können sich Spannung und Handlung als Grundlagen des Dramas entwickeln. Bald bilden sich die beiden Grundformen Tragödie und Komödie heraus: Bei der Tragödie gerät der Held durch eigenes Handeln und die Konfrontation mit einer mächtigen Instanz in Konflikt. Er wird einem leidvollen Geschehen ausgesetzt, das ihn unausweichlich in den Untergang (die Katastrophe) führt. Die Komödie zeigt den Menschen in seiner Beschränktheit und Unzulänglichkeit und löst die Konflikte in heiterer Form. Sie verspottet und kritisiert soziale Gruppen, Typen und menschliche Eigenschaften, endet aber in der Regel in einem versöhnlichen Ton. Hauptvertreter der griechischen Tragödie sind Aischylos, Sophokles (*Antigone*) und Euripides. In der römischen Antike wirkt das griechische Vorbild weiter (Tragödie: Seneca; Komödie: Plautus, Terenz); rhetorische Mittel gewinnen an Bedeutung.

Das geistliche Drama des **Mittelalters** entsteht aus dem Tropus (ausschmückende Texterweiterung zum gregorianischen Kirchengesang) durch Hinzufügen von Handlungselementen (wichtige Formen: Weihnachts-, Passions- und Osterspiel). Mit der Zeit kommt es zur Profanisierung: Laien verdrängen die klerikalen Schauspieler, die Aufführungen werden aus der Kirche auf den Marktplatz verlagert.
Das **Drama der Renaissance** (Italien: Commedia dell'Arte: Stegreifkomödie mit typisierten Figuren; England: Shakespeare) wird vom humanistischen Schuldrama und Fastnachtsspiel bestimmt. Das Schuldrama löst das geistliche Drama ab und dient an den Humanistenschulen pädagogischen Zielen (Ausbildung der Rhetorik und der lateinischen Sprache). Das Fastnachtsspiel entwickelt sich aus germanischen Frühlingsriten (Winteraustreibung) zu einem volkstümlich-derben Kleindrama mit satirisch-kritischer Akzentuierung (Hauptvertreter: Hans Sachs in Nürnberg).
Im **Barockzeitalter** dominieren Jesuitendrama und Trauerspiel. Das technisch aufwändige und figurenreiche Jesuitendrama steht im Dienste der Gegenreformation. Seine Themen kreisen um die Unbeständigkeit des Glücks und die Vergänglichkeit (Hauptvertreter: Bidermann). Bevorzugtes Thema des barocken Trauerspiels (Märtyrertragödie) ist der Mensch in der Bewährung zwischen Moral und Unmoral (Hauptvertreter: Gryphius). Im Barock entsteht nach italienischem Vorbild die erste deutsche Oper (M. Opitz, H. Schütz). Ende des 16. Jahrhunderts kommen englische Komödiantentruppen nach Deutschland. Zu ihrem Repertoire gehört auch die komische Figur. In seiner Poetik fordert Opitz die Einhaltung der drei Einheiten und die Beachtung der Ständeklausel (Tragödie: Personen höheren Standes; Komödie: Personen niederen Standes).
Die herausragende Figur der **Aufklärung** ist Lessing. Er fordert realistische Charaktere. Dem Formalismus der französischen Klassizisten hält er Shakespeare entgegen. Lessing interpretiert Aristoteles neu. Er spricht von „Mitleid" mit dem Helden und „Furcht" vor einem ähnlichen Schicksal. Diese Erfahrungen sollen den Zuschauer im sittlich-moralischen Sinn verändern. Er verfasst mit *Minna von Barnhelm* die erste deutsche Charakterkomödie. Die von Lessing begründete Gattung des bürgerlichen Trauerspiels stellt den Bürger in den Mittelpunkt des tragischen Geschehens. Bei Lessing (*Miß Sara Sampson*, *Emilia Galotti*) und Schiller (*Kabale und Liebe*) entzündet sich der Konflikt am Standesgegensatz zwischen Adel und Bürgertum, bei Hebbel (*Maria Magdalena*, 1844) liegt er im Bürgertum selbst begründet.

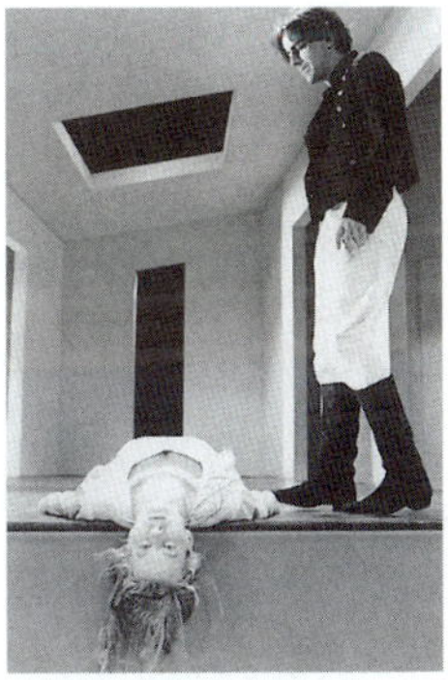

Standesunterschiede als Konfliktauslöser: die bürgerliche Emilia und der adelige Prinz Hettore in Lessings *Emilia Galotti* (Inszenierung am Theater der Freien Hansestadt Bremen 1990)

Raimund Harmstorf als Götz von Berlichingen in der Verfilmung von Wolfgang Liebeneiner, 1979

Mit der Auflösung der gesellschaftlichen Ständeordnung verliert auch die Ständeklausel ihre Bedeutung für die dramatischen Gattungen. Aus anfänglichem Nebeneinander hoher und niederer Personen, ernster und burlesker Teile (Komisches meist nur als Kontrastmittel), entsteht die moderne Tragikomödie, in der sich wechselseitig tragische und komische Elemente im gleichen Stoff durchdringen.

Kennzeichen des **Sturm-und-Drang-Dramas** sind: Vermischung tragischer und komischer Elemente, häufiger Schauplatzwechsel, Einbeziehung des einfachen Volkes und eine emotional aufgeladene, z. T. derbe Sprache. Der französische Klassizismus wird abgelehnt, Shakespeare als Vorbild gesehen. Hauptvertreter: Goethe (*Götz von Berlichingen*), Schiller (*Die Räuber, Kabale und Liebe*), Lenz (*Der Hofmeister, Die Soldaten*) und Klinger (*Sturm und Drang*).

Die Vertreter der **Weimarer Klassik** gestalten antike und historische Stoffe und geben ihnen eine allgemeingültige Bedeutung (Ideendrama): Während Goethe in *Iphigenie auf Tauris* die Idee der Humanität in den Mittelpunkt stellt, geht es Schiller um die Freiheit (*Don Carlos*) und die ästhetische Erziehung des Menschen, die das Schöne mit dem Moralischen harmonisch vereint.

Die Dramatik des **19. Jahrhunderts** sprengt z. T. die Epochengrenzen. So weist Goethe mit *Faust* über die Klassik hinaus, und Büchners Dramen tragen bereits die Züge der Moderne. Bedeutendster Dramatiker des Realismus ist Hebbel, dessen Werke den Einfluss von Hegel (Dialektik), Schopenhauer (Pessimismus) und Feuerbach (Materialismus) zeigen. In der Isoliertheit und Gottferne seiner Figuren lassen sich ebenfalls moderne Elemente erkennen.

Merkmale des **naturalistischen Dramas** sind: ausführliche Regieanweisungen, wenige Figuren, analytischer Handlungsaufbau. Aus Realitätsgründen bleiben die Einheiten von Ort und Zeit meist gewahrt. Thematisiert werden menschliche Determiniertheit und soziale Probleme (Hauptmann: *Vor Sonnenaufgang, Die Weber*).

Das Drama der **Jahrhundertwende** drückt die Fin-de-Siècle-Stimmung aus und bevorzugt Einakter und Einakterzyklen (Schnitzler: *Anatol*). Hofmannsthal greift Elemente des mittelalterlichen Mysterienspiels (*Jedermann*) und des spanischen Barockdramas (*Der Turm*) auf und arbeitet als Librettist mit Richard Strauss zusammen.

Realitätsdarstellung und psychologische Studien sind für den **Expressionismus** bedeutungslos. Seine Vertreter glauben an die Wandlungsfähigkeit des Menschen und bringen dies in ihren Erlösungsdramen zum

Ausdruck. Der Chor gewinnt wieder an Bedeutung, man spart mit Requisiten und verwendet eine intensivierte Sprache.
Die **folgende Zeit** wird vom epischen Theater Brechts geprägt, das gesellschaftsverändernd wirken soll. Dazu müssen die Zuschauer desillusioniert und zur rationalen Kritik geführt werden. Frisch greift zwar die Parabelform Brechts auf, strebt aber keine gesellschaftliche Veränderung an (vgl. *Biedermann und die Brandstifter*: ein *Lehrstück ohne Lehre*). Auch Dürrenmatt steht Brecht skeptisch gegenüber. Er sieht die Welt als widersinnig an und glaubt, ihr nur mit grotesken Komödien begegnen zu können (*Die Physiker*, *Der Besuch der alten Dame*).
Die **jüngere Moderne** ist weiter gekennzeichnet durch das dokumentarische Theater, das keine fiktive Wirklichkeit, sondern nur formal bearbeitetes, authentisches Material auf die Bühne bringt (Weiss: *Die Ermittlung*), das experimentelle Theater Handkes (*Publikumsbeschimpfung*) und das kritische Volksstück mit seiner Darstellung kleinbürgerlichen Lebens (Kroetz: *Wildwechsel*; Sperr: *Jagdszenen aus Niederbayern*).
Eine öffentlich sehr kontrovers geführte Diskussion („Nestbeschmutzer"-Vorwürfe) lösen die Werke von zwei **österreichischen Autoren** aus, die ein pessimistisch verfinstertes Weltbild mit beißender Gesellschaftskritik verbinden: Th. Bernhard (Spießertum und Verarbeitung der Nazi-Vergangenheit: *Vor dem Ruhestand*; *Heldenplatz*) und E. Jelinek (Irak-Krieg und dessen Darstellung in den Medien: *Bambiland*; satirisch-provokante Kapitalismuskritik: *Aber sicher*).

Aspekte zur Poetik und Aristoteles-Rezeption

Die bedeutendste Poetik der Antike verfasste Aristoteles. Er bestimmte die Tragödie als **Nachahmung (mimesis)** einer ernsten und in sich abgeschlossenen Handlung in kunstvoller Sprache. Dabei werden Jammer/Rührung und Schauder/Entsetzen beim Zuschauer hervorgerufen. Gleichzeitig kommt es aber auch zu einer Befreiung (katharsis) von solchen inneren Erregungen, sodass sich die Zuschauer angenehm erleichtert fühlen. Aristoteles kennt nur die Einheit der Handlung. Strukturelemente sind Exposition (Einführung in Grundstimmung, Situation und Figuren), Peripetie (Wende, Umschwung im Schicksal des Helden) und Katastrophe (negativer Ausgang des Konflikts; meist Abschluss der Handlung).
Die Begriffe „Jammer" und „Schauder" sind bei Aristoteles wohl als körperliche Reaktionen seelischer Erregungszustände zu verstehen.

Aristoteles (384–322 v. Chr.), bedeutender Philosoph der griechischen Antike; wesentliche Aussagen zur Dichtungstheorie

„**Katharsis**" meint dann einen Zustand der inneren Befreiung und des damit verbundenen Lustgefühls nach einer erfolgten Affektentladung. Der Tragödie kommt somit psychotherapeutische Wirkung zu. Der Zuschauer empfindet Freude und Lust, weil er sich von Affekten entlastet; ein Hinweis auf moralische Besserung schwingt nicht mit.
Seit der erneuten Beschäftigung mit der Poetik des Aristoteles in der Renaissance ist der Katharsis-Begriff immer wieder unterschiedlich interpretiert worden. Zunächst verstand man Katharsis unter dem Einfluss der stoischen Philosophie als eine Möglichkeit, sich gegen jegliche Affekte gelassen behaupten zu können. Diese Auslegung kommt der barocken Märtyrertragödie besonders entgegen. In der Renaissance bildet sich aber auch die Vorstellung von der moralischen Aufgabe der Tragödie: Mitleid mit dem Helden und Furcht vor einem ähnlichen Schicksal sollen eine **Haltungsänderung** beim Zuschauer bewirken, ihn sittlich läutern. Während die französischen Klassizisten, besonders Corneille, dieser Vorstellung folgen und den Zuschauer bewegen wollen, sich mit Abscheu und Schrecken vom Lasterhaften abzuwenden, stellt Lessing den **Mitleids-Begriff** in den Vordergrund. Durch das Mit-Leiden mit dem Helden, also einer Art illusionärer Identifikation, werden die in der Tragödie ausgelösten Affekte beim Zuschauer in „tugendhafte Fertigkeiten" verwandelt (Lessing, *Hamburgische Dramaturgie*, 73.–78. Stück). Die Franzosen hätten Aristoteles nur äußerlich entsprochen, Shakespeare sei dagegen Aristoteles im Wesentlichen näher gekommen. Für Goethe bietet die Katharsis die Chance, Leidenschaften auszugleichen und zu versöhnen. Brecht fordert eine Abkehr von der emotionale Bereiche berührenden Katharsis. Seine Absicht zielt auf das kritische Bewusstsein der Zuschauer. Nur mit diesem sei eine Veränderung der Gesellschaft möglich.

Wichtige Formen des Dramas

Die breit gestreute Gattung Drama lässt sich in verschiedene Unterarten gliedern:

Kennzeichen	Beispiele
Absurdes Theater • Form des modernen Dramas; Abkehr vom bürgerlichen Theater • Grundlage: Vorstellung einer sinnentleerten Welt und damit auch absurden menschlichen Existenz • keine überschaubare Handlung • marionettenhafte Figuren • banale Sprache, die keine tiefere Kommunikation zulässt	Beckett: *Warten auf Godot* Hildesheimer: *Die Uhren* Ionesco: *Die Nashörner*

Kennzeichen	Beispiele
Bürgerliches Trauerspiel • Grundlagen: – gesteigertes Selbstgefühl des Bürgertums (Aufklärung) – kritisches Hinterfragen der Ständegesellschaft – Ablehnung der Ständeklausel, nach der Tragisches höheren Standespersonen vorbehalten ist • Konflikt aufgrund von Standesgegensätzen zwischen Adel und Bürgertum, später begründet in der Enge der bürgerlichen Welt • Orientierung an den ethischen Werten des Bürgertums (Humanität, Tugend, Sittlichkeit) • im Naturalismus vom sozialen Drama abgelöst	Lessing: *Miß Sara Sampson, Emilia Galotti* Schiller: *Kabale und Liebe* Hebbel: *Maria Magdalena*
Dokumentartheater • Grundlage: historisches Geschehen • Rolle des Autors: zurückgedrängt, distanziert • verwendetes Material: Akten, Protokolle, Statistiken • häufige Formen: Bericht (Vermischung von Fakt und Fiktion), Prozess (scharfe Gegenüberstellung von Aussagen) • Intention: historisches Geschehen als Modell aktueller Vorgänge • Problem: Anteil des Poetischen, Künstlerischen	Hochhuth: *Der Stellvertreter* Kipphardt: *In der Sache J. Robert Oppenheimer* Weiss: *Die Ermittlung*
Episches Theater • Form des modernen Dramas; von Bertolt Brecht eingeführt • Ziel: Änderung der Gesellschaft im marxistischen Sinne • Voraussetzungen: – Brechen der illusionierenden Kraft der Bühne – Zuschauer als distanzierter, kritischer, urteilsfähiger Beobachter (Gegensatz zum neuzeitl. Theater, das durch „Furcht und Mitleid“ moralische Besserung erstrebt) • Mittel: Verfremdung der Handlung (V-Effekt) und Montage einzelner Szenen durch: – Einführung eines kommentierenden Erzählers – Prolog, Vorspiel, Epilog – lockere Szenenfolge, Parabelstruktur, Einbau von Spiel im Spiel – Selbsteinführung der Schauspieler – Wechsel zwischen Prosa und Vers; Einbau von Liedern, Songs und des geschriebenen Wortes (Szenentitel) – Verwendung von projizierten Bildern, Schriften und Filmstreifen – unterschiedliche Sprachebenen – Veränderung bekannter Zitate – sprachliche Mittel, die auf Spannung, Komik, Karikatur zielen	Brecht: *Mutter Courage und ihre Kinder, Leben des Galilei, Der gute Mensch von Sezuan*
Geschichtsdrama • Intention: künstlerische Darstellung von historischen Stoffen, Themen, Ereignissen und Figuren auf der Bühne • Grundlage: Entwicklung eines individuellen, historischen Bewusstseins seit der Renaissance • Themen: – Spannung zwischen Einzel- und Gesamtwillen – der Einzelne im Konflikt mit geschichtlichen Kausalitäten in Vergangenheit und Gegenwart	Goethe: *Götz von Berlichingen* Schiller: *Wallenstein, Maria Stuart* Hebbel: *Agnes Bernauer*

Kennzeichen	Beispiele
Groteske Komödie (Dürrenmatt) • Grundlage: Verlust einer überschaubaren Welt; Welt als Rätsel, vor dem man nicht aufgeben darf • Komödie als einzig mögliche Antwort auf eine widersprüchliche Welt • Einbau des Unglaubhaften, Paradoxen: Verfremdung, Erschwerung einer Identifikation, Distanz zur kritischen Urteilsbildung • Einbau des Grotesken: Erkennen des Wirklichen durch Überzeichnung, Stilisierung • Erfassen des Chaotischen als Chance, die Welt zu bestehen, zu formen	Dürrenmatt: *Der Besuch der alten Dame, Die Physiker*
Ideendrama • Voraussetzungen: – geschlossenes Weltbild – Reaktion auf Subjektivität des Sturm und Drang und Auswirkungen der Französischen Revolution – Philosophie des deutschen Idealismus: Glauben an die positiven Möglichkeiten des Menschen, Vorstellung von einem großen Sinnzusammenhang im Kosmos • Stoffquellen: Mythologie, Geschichte • Thema: zentrale Bedeutung einer Grundidee, der Stoff, Handlung und Figuren untergeordnet werden • Aufbau: geschlossen, Einzelteile untergeordnet • Handlung: klar konzipiert, entstofflicht • Sprache: hochstilisierte, gedämpfte Kunstsprache; klare Semantik und Syntax • Blütezeit: Französischer Klassizismus, Weimarer Klassik	Goethe: *Iphigenie auf Tauris*
Komödie • Ursprung im antiken Griechenland; neben der Tragödie Hauptgattung des traditionellen Dramas • Voraussetzung: an klaren Normen orientierte (meist urbane) Gesellschaft; Fähigkeit zur intellektuellen Distanzierung • Formenvielfalt, z. B. Typen-, Charakter-, Intrigen- und Situationskomödie • Kennzeichen: – Kontrast zwischen Schein und Sein, Einsatz und Ertrag, Erhofftem und Erreichtem – Funktionen: Unterhaltung, Verspottung menschlicher Schwächen und fragwürdiger Ideale, Aufbrechen festgefahrener Denk- und Verhaltensweisen, Aufdecken sozialer Missstände – Lösung durch Heiterkeit bewirkendes Lachen (mit befreiendem bis aggressivem Charakter) – Mittel: Übertreibung, Untertreibung, Ironie, Witz, Wortspiel, Satire (Spektrum: fein bis derb-komisch) – Wirkung: Erkennen der Unzulänglichkeiten ermöglicht Distanzierung, Befreiung und Veränderung • in der Moderne zunehmend in Verbindung mit grotesken, absurden und ernsten Zügen	Lessing: *Minna von Barnhelm* Kleist: *Der zerbrochne Krug* Hauptmann: *Der Biberpelz*

Kennzeichen	Beispiele
Tragikomödie • Grundlage: – Aufweichen des starren Regelsystems der aristotelischen Poetik; Abkehr von der klaren Trennung in edle (sozial hohe) und gemeine (sozial niedere) Personen – Bedeutungsverlust der Ständeklausel parallel zur Auflösung der gesellschaftlichen Ständeordnung – zunehmendes Erfahren einer komplexen Welt, in der ambivalente Charaktere agieren • Kennzeichen: Tragische und komische Elemente durchdringen sich wechselseitig im gleichen Stoff. • Wirkung: Tragisches wird durch humoristische Brechung erträglicher, Komisches gewinnt durch das Gewicht des Tragischen an Tiefe.	J. M. R. Lenz: *Der Hofmeister oder Vorteile der Privaterziehung* Hauptmann: *Die Ratten*
Tragödie • Ursprung im antiken Griechenland; neben der Komödie Hauptgattung des traditionellen Dramas • Voraussetzung: an festen Normen orientiertes, dualistisches Weltbild; Fähigkeit zur emotionalen Anteilnahme • Kennzeichen: – Konflikt gegensätzlicher Werthaltungen und Kräfte, z. B. zwischen Held und sittlicher Weltordnung, Held und unentrinnbarem Schicksal, Held und Gesellschaft. – Schuld als moralische Schuld aufgrund eines willkürlichen, bewussten Verfehlens durch die Maßlosigkeit (Hybris) des Helden; oder: Schuld als unverdientes Leid aufgrund eines unbewussten Verfehlens – Katastrophe: entscheidender Wendepunkt der Tragödie, an dem der Konflikt gelöst und die Schuld gesühnt wird; entwickelt sich aus den unvermeidbaren Handlungen der Figuren, dem zwingenden Ablauf äußerer Ereignisse oder dem Eingriff höherer Mächte (deus ex machina); beim analytischen Drama ist die Katastrophe Ergebnis bereits vor der Bühnenhandlung liegender Ereignisse. • In der widersprüchlichen modernen Welt erscheint die Tragödie nicht mehr möglich. An ihre Stellen treten episches Theater, Tragikomödie und Groteske.	Schiller: *Die Braut von Messina* Kleist: *Penthesilea* Hebbel: *Agnes Bernauer*
Volksstück • triviales Volksstück: – klischeehafte Gestaltung von Figuren und Problemen; Bestätigung gängiger Werthaltungen – verwickelte Handlung mit komischen Effekten und glücklichem Ausgang – auf Unterhaltung zielend – „bereinigter“ Dialekt • kritisches Volksstück: – Figuren aus dem „Volk“; Aufzeigen alltäglicher Probleme, Missstände und deren Ursachen – einfacher Aufbau, realistische Darstellung – oft keine oder ungünstige Konfliktlösung – Zerstörung der Illusion von der „heilen Welt“ – distanzierte Sicht, erschwerte Identifikationsmöglichkeit – Dialekt als eingeschränkte Sprachmöglichkeit	Stücke von Ferdinand Raimund, Johann Nestroy, Ludwig Anzengruber, Ludwig Thoma, Carl Zuckmayer, Marieluise Fleißer, Ödön von Horváth, Bertolt Brecht, Martin Sperr, Franz Xaver Kroetz

Aufgaben- und Gliederungsbeispiel

So könnte die Aufgabe lauten: „Beschreiben Sie den Gesprächsverlauf."

Solche Arbeitsanweisungen beziehen sich häufig auf Dialoge, in denen eine Figur ein bestimmtes Ziel verfolgt. Um die erwünschte Verhaltensänderung des Gegenübers zu erreichen, wird eine Gesprächsstrategie eingesetzt. Am einfachsten gestaltet sich die Untersuchung, wenn man im Hauptteil dem Gesprächsverlauf folgt und dabei jeweils die Elemente der Strategieführung beachtet.

Gliederungsbeispiel:

A Überblicksinformation zum Werk (Autor, Titel, Gattung, Thema) und zum Auszug (Position des Gesprächs im Gesamttext, beteiligte Figuren, Thema; ggf. Art des Dialogs)

B Beschreibung des Gesprächsverlaufs
- I. Inhalt und Ziel des Gesprächs; örtliche und zeitliche Situation
- II. Gesprächsaufbau und Strategiestruktur
  1. Gesprächsaufbau
     (Ausgangssituation; Verlauf in Sinnabschnitten; Ergebnis)
  2. Strategiestruktur
     (Ziel, Argumente, Beispiele, Folgerungen, Appelle)
- III. Strategieführung
  1. Taktisches Vorgehen
     (sachliche Information, Belehrung, Überredung, Manipulation)
  2. Aktion und Reaktion
     (Wirkung der eingesetzten Mittel; Partnerreaktionen; Flexibilität der Antworten; Verwendung der Partneraussagen; Gesprächstempo: Beschleunigen, Verlangsamen, Unterbrechen, Replikenlänge)
  3. Eingesetzte strategische Mittel
     (Argumentationstechniken: Aufwerten, Bestätigen, Abwerten, Beschwichtigen, Verschweigen, Verzerren, Provozieren, Beleidigen; sprachl. Mittel: kommunikative, appellative, expressive Funktion, Mittel der Verdeutlichung und Verschleierung, der Spannungssteigerung und -entlastung; nonverbales Verhalten: Signalisieren von Empfindungen, Unterstützen des Gesagten; vgl. dramaturgische Mittel, Regieanweisungen)

C Ergebnis (im Hinblick auf das angestrebte Ziel)

Untersuchungsbereiche lyrischer Texte

schweigen schweigen schweigen
schweigen schweigen schweigen
schweigen schweigen
schweigen schweigen schweigen
schweigen schweigen schweigen

(Egon Gomringer)

Lyraspielerin

Die Lyrik ist neben Epik und Dramatik eine Hauptgattung der Dichtung. Der Begriff stammt aus dem Griechischen und leitet sich von „Lyra“, dem ältesten Saiteninstrument, ab. Damit wird bereits die Verbindung der Lyrik mit der Musik deutlich. Klang, Rhythmus, Metrik, Komposition, aber auch Unmittelbarkeit und verdichtete, subjektive Gefühlsintensität zeigen bis heute die grundsätzliche Verwandtschaft beider Kunstformen an, auch wenn sich im Verlauf der Gattungsgeschichte lyrische Formen entwickelt haben, die die Hinwendung zum Epischen, Gedanklichen und Abstrakten erkennen lassen.

Einteilungsmöglichkeiten

Man kann lyrische Texte nach verschiedenen Aspekten zusammenfassen:

- **Formale Ordnungsprinzipien** führen zu Gedichten fester Bauart. Zu ihnen gehören als antike Formen die Elegie, die Hymne und die Ode, als bekannteste romanische Formen die Ballade und das Sonett sowie als germanisch-deutsche Formen das Lied und die germanisch-deutsche Entwicklung der Ballade.
- Die Konzentration auf **thematische und inhaltliche Merkmale** lässt Formenvielfalt erkennen: Liebeslyrik, Naturlyrik, politische Lyrik, religiöse Lyrik.
- Bei der Einteilung nach der **Darstellungsweise** berücksichtigt man die **Haltung des lyrischen Ich**. Versucht dieses seine Erlebnisse, Gefühle und Beziehungen zur Natur in einfacher Sprache und schlichter, aber regelmäßiger Form darzustellen, spricht man von einer liedhaften Gestaltung. Eine hymnische Gestaltung wird erkennbar, wenn das lyrische Ich seinen gesteigerten Gefühlen, seiner Sehnsucht, seinem Glück, seiner Begeisterung Ausdruck verleihen möchte. Dabei kann es die Natur, die Schöpfung oder Gott preisen oder Ideelles verkünden, sowohl in strophisch gebundener Form als auch in freier Rhythmik. Sollen Wissen und Kenntnisse (z. B. philosophische Weisheiten) vermittelt werden, geschieht dies in lehrhafter Gestaltung. Kommen Handlungen und Geschehensabläufe zur Sprache, vermischen sich lyrische, epische und dramatische Elemente, so haben wir es mit einer erzählerischen Gestaltung zu tun. Es gibt Gedichte, in denen sich diese verschiedenen Gestaltungsmöglichkeiten vermengen.

Das lyrische Ich

„Lyrisches Ich“ nennt man den **Sprecher** in einem Gedicht. Dieser teilt dem Leser subjektiv empfundene Erlebnisse mit, die mit Gefühlen verbunden sein können und die momentane Befindlichkeit des Sprechers erkennen lassen (z. B. den Zustand der Freude, der Trauer, der Angst, der Einsamkeit).

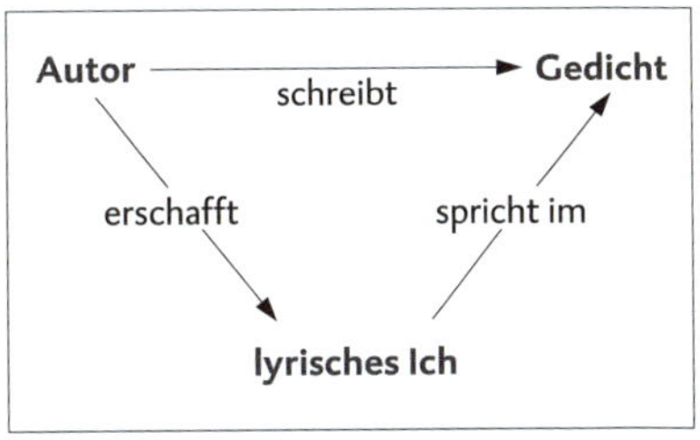

Verhältnis Autor – lyrisches Ich

Das lyrische Ich steht in einem bestimmten **Verhältnis zum Verfasser** und dessen eigener Wirklichkeit. So kann dem lyrischen Ich ein Erlebnis, eine Empfindung des Autors zugrunde liegen. Bei der künstlerischen Umsetzung vollzieht sich jedoch ein Prozess, der die Beziehung zwischen Autor-Ich und lyrischem Ich unterschiedlich gestaltet. Während es manchmal kaum gelingt, zwischen lyrischem Ich und Autor-Ich zu unterscheiden, ist es andererseits möglich, im lyrischen Ich einem Aussagesubjekt zu begegnen, das in seiner Wirklichkeitserfahrung und -darstellung weitgehende Eigenständigkeit besitzt und dessen Erlebnisse über die des Autors hinausgehen. In Rollengedichten, z. B. Brentanos *Der Spinnerin Lied*, ist das lyrische Ich deutlich vom Autor zu trennen.

K. Pestalozzi unterscheidet in seiner Arbeit *Die Entstehung des lyrischen Ich* zwischen dem individuellen, **empirischen Ich** und dem Wesenskern des Menschen, dem **Selbst**. Nach christlich-mittelalterlichem Weltverständnis ist dieses Selbst im Religiösen, in Gott gebunden. Wo sich das individuelle Ich intensiv diesem Göttlichen zuwendet, wird die Lyrik zum religiösen Ausdruck (z. B. bei Goethe). Schiller sieht nun das Selbst nicht in Einheit mit Gott, vielmehr ist das Selbst die im Menschen angelegte Freiheit, die in der ästhetischen Reflexion spürbar wird. Damit wird eine Vorstellung deutlich, die sich seit der Renaissance verbreitet: die Vorstellung von der Existenz eines autonomen menschlichen Selbst, das den Tod Gottes, wie ihn Nietzsche später proklamiert, voraussetzt. Das lyrische Ich vertritt dieses profanisierte Selbst, das zum empirischen Ich keinen Bezug hat. Kunst und Realität klaffen auseinander. Die alte religiöse Komponente wird noch durch die Nähe der Lyrik zur Musik deutlich: Takt und Rhythmus lassen im Element der permanenten Wiederholung etwas von der verlorenen Beziehung zur Zeitlosigkeit erahnen. Problematisch wird die Situation für das empirische Ich des Autors (und Lesers) dort, wo das Selbst infrage gestellt ist, wo es also keinen Weg und keine Hoffnung mehr für das lyrische Ich gibt, die Brücke zu letzten Wahrheiten zu sein. So bleibt in der modernen Lyrik nur die Frage, das offene Ende, das Fragment.

Bauelemente lyrischer Texte

Der Vers

Allgemeine Bestimmungsfaktoren

Als Vers (lat. *versus:* Wendung) bezeichnet man die Einzelzeile eines Gedichts. Er ist eine **durch Metrik und Rhythmus bestimmte Ordnungseinheit**, die eine mehr oder minder ausgeprägte Binnenstruktur besitzt. In der Regel folgt eine Pause am Versende. Das Versinnere kann von stärkeren Einschnitten gekennzeichnet sein (Kola; Zäsur). Endreim, Assonanz und Kadenz verleihen dem Versschluss durch ihre Klangzeichen ein besonderes Gewicht, relativieren aber gleichzeitig seine Eigenständigkeit, indem sie Klangbrücken zu anderen Versen schaffen. Parallelität zwischen den einzelnen Versen kommt auch durch metrische und syntaktische Entsprechungen zustande.
Fallen Satz- und Versende zusammen, spricht man von **Zeilenstil**. Überschreitet die syntaktische Struktur das Versende, handelt es sich um ein **Enjambement**. Den Versschluss in akzentuierenden Versen nennt man **Kadenz**. Ist die Endsilbe betont, spricht man von einer männlichen (oder stumpfen) Kadenz (Beispiel: „Haus – Maus"). Endet der Vers unbetont, handelt es sich um eine weibliche (oder klingende) Kadenz (Beispiel: „gehen – sehen").

Takt

Kennzeichnend für die Binnenstruktur des Verses ist neben lautlich-sprachlichen Faktoren die Silbenbetonung. Die Zeitspanne von Hebung zu Hebung nennt man Takt. Er besteht aus Hebung (Zeichen: x́) und Senkung(en) (Zeichen: x).

Taktart	Betonung	Figur	Beispiel
Jambus	Eine betonte Silbe folgt auf eine unbetonte.	xx́	Geduld
Trochäus	Eine unbetonte Silbe folgt auf eine betonte.	x́x	gehen
Anapäst	Eine betonte Silbe folgt auf zwei unbetonte.	xxx́	Anapäst
Daktylus	Zwei unbetonte Silben folgen auf eine betonte.	x́xx	Daktylus

Taktreihen

Man unterscheidet jambische und trochäische Taktreihen sowie antike Formen.

Jambische Verse

Taktart	Figur	Beispiel
steigender Zweitakter (zweifüßiger Jambus)	xx́ /xx́	Der Mai beginnt. (Hölty)
steigender Dreitakter (dreifüßiger Jambus)	xx́ /xx́ /xx́	Dort unten in der Mühle Saß ich in süßer Ruh' (Kerner)
steigender Viertakter (vierfüßiger Jambus)	xx́ /xx́ /xx́ /xx́	O lieb, solang du lieben kannst. (Freiligrath)
steigender Fünftakter* (fünffüßiger Jambus)	xx́ /xx́ /xx́ /xx́ /xx́	Es eifre jeder seiner unbestochnen, Von Vorurteilen freien Liebe nach! (Lessing: *Nathan der Weise*)
steigender Sechstakter** (sechsfüßiger Jambus)	xx́ /xx́ /xx́ /xx́ /xx́ /xx́	Unangeklopft ein Herr tritt abends bei mir ein (Mörike: *Abschied*)

* Dieser sog. **Blankvers** wurde von der englischen Dichtung in die deutsche übernommen (J. E. Schlegel). Lessing verwendet ihn im *Nathan*. Später wird der Blankvers zum Idealvers des deutschen klassischen Dramas.

** Eine Sonderform ist der barocke **Alexandriner** mit Zäsur in der Mitte: xx́ /xx́ /xx́ //xx́ /xx́ /xx́:
„Der schnelle Tag ist hin, die Nacht schwingt ihre Fahn"
(Gryphius: *Abend*)

Trochäische Verse

Auch hier gibt es zwei- und mehrfüßige Reihen.
Beispiel für einen zweifüßigen Trochäus (Schema: x́x /x́x):
„Schwebet wieder / Auf und nieder." (Goethe: *Faust I*)

Antike Formen

Am bekanntesten sind **Hexameter** (Schema: x́xx/x́xx/x́xx/x́xx/x́xx/x́x):
„Pfingsten, das liebliche Fest war gekommen; es grünten und blühten"
(Goethe: *Reineke Fuchs*)

und **Pentameter** (Schema: x́xx /x́xx /x́ //x́xx /x́xx /x́):
„Aber der große Moment findet ein kleines Geschlecht" (Goethe: *Xenien*)

Rhythmus

Der Rhythmus ist ein viel diskutierter Begriff der Verstheorie. So hat man ihn mit natürlichen Zeiterfahrungen in Verbindung gebracht (Pulsschlag, Ebbe und Flut, Tag und Nacht, Geburt und Tod) und auf den Zusammenhang zwischen Sprache und Tätigkeit verwiesen (Arbeitslied, Wiegenlied, Marschlied). Keinesfalls darf man den Versrhythmus mithilfe des Taktes erklären.

Zur Gliederung einer gesprochenen Lautmasse (Rhythmus) dienen verschiedene rhythmische **Mittel:**

- der Akzent (umfasst als Mittel der Betonung Tonhöhe, -stärke und -länge),
- die Pause (ein durch Sinneinheiten bedingter Verseinschnitt),
- das Tempo (von der Gesamtgestimmtheit des Textes abhängig) und
- die Klangfarbe einzelner Laute im Lautzusammenhang (z. B. Häufung dunkler oder heller Laute).

Beim Redefluss erkennt man die kleinste rhythmische Grundeinheit, das **Kolon**. Kola bestehen aus Wortgruppen, die syntaktisch und inhaltlich zusammengehören und durch Pausen (Atempause, Satzzeichen) voneinander getrennt werden. Das Kolon kann mit dem Versende zusammenfallen oder in den nächsten Vers hineinreichen.

W. Kayser hat den Rhythmus nach bestimmten **Typen** zu gliedern versucht. Er unterschied:

- fließenden Rhythmus (Lied): Weiterdrängen der Bewegung, relativ schwache Hebungen, leichte gleichmäßige Pausen, Bedeutung der einzelnen Zeilen,
- strömenden Rhythmus (Texte mit feierlichem Inhalt): große, weiterdrängende Bewegung, größere Spannung, Spannungsgipfel, differenzierte Pausen,
- bauenden Rhythmus (Stanze): fortwährend neu einsetzende Bewegung, stärkere Eigenständigkeit der einzelnen Einheiten, nachdrücklich beherrschte Sprache,
- spröden Rhythmus (häufig in moderner Lyrik): unterschiedlich lange rhythmische Einheiten, häufige und lange Pausen, kräftige Hebungen, und
- tänzerischen Rhythmus: größere Straffheit des Sprechens als beim fließenden Rhythmus, Bedeutung der Pausen, stärkere Akzentuierung der Hebungen.

Kaysers Einteilung wird heute skeptisch beurteilt. Bei der Darstellung des Rhythmus spricht man auch von verschiedenen **Versprinzipien** (vgl. Metzler-Literatur-Lexikon, S. 391 f.):

- dem quantitierenden Versprinzip (griechische und lateinische Dichtung): geregelte Abfolge langer und kurzer Silben,
- dem akzentuierenden Versprinzip (neuzeitlich germanische Sprachen): geregelte Abfolge druckstarker und druckschwacher Silben,
- dem akzentzählenden Versprinzip (Stabreimvers, Knittelvers): feste Anzahl stark akzentuierter Silben,
- dem akzentuierend-alternierenden Versprinzip (häufig bei engl. und dt. Versen): druckstarke und druckschwache Silben wechseln regelmäßig, und
- dem silbenzählenden Versprinzip (romanische Sprachen): feste Anzahl von Silben pro Vers, Druckakzente bei Versschluss und Zäsur.

Bei metrisch freien, reimlosen Versen von beliebiger Zeilenlänge und meist fehlender Strophengliederung (Strukturierung in unterschiedlich lange Versgruppen) spricht man von **freien Rhythmen** (Unterschied zur Prosa: Wiederkehr der Hebungen in gleichen Abständen). Man findet sie bereits bei Klopstock (*Frühlingsfeier*), dann bei Goethe (*Prometheus, Ganymed*), Novalis (*Hymnen an die Nacht*), Hölderlin (*Patmos*), in der Moderne bei Nietzsche, Rilke u. a.

Strophe, Strophenformen

Eine Strophe ist die **metrische und inhaltliche Einheit mehrerer Verse**.

Es gibt verschiedene Strophenformen. Die wichtigsten sind:

- die **Liedstrophe:** vier bis neun Zeilen; z. B. Claudius: *Der Mond ist aufgegangen*: sechszeilige Volksliedstrophe; dreifüßiger Jambus,
- die im Italienischen entstandene **Terzine:** dreizeilige Strophe; fünffüßiger Jambus; Reimschema: aba / bcb / cdc / . . .,
- die aus dem Romanischen stammende **Kanzonenstrophe:** dreiteiliger Aufbau: zwei gleiche Versgruppen (Aufgesang) und ein oft längerer dritter Teil (Abgesang); Bedeutung für den deutschen Minnesang; vgl. Walther von der Vogelweide: *Under der linden,* und

- die **Stanze:** achtzeilige Strophe; fünffüßiger Jambus; Reimschema: abababcc; vgl. Goethe: *Zueignung*.
- Antike Strophenformen sind das **Distichon** (Verbindung von Hexameter und Pentameter; Verwendung bei Epigrammen und Elegien) und die vierzeiligen Formen der **Odenstrophe**.

Übersicht: Bauelemente lyrischer Texte

Vers	metrisch gegliederte, vom Rhythmus bestimmte Zeile der gebundenen Rede **Takt, Taktarten:** • Jambus (xx́) • Trochäus (x́x) • Anapäst (xxx́) • Daktylus (x́xx) • antike Formen: Hexameter, Pentameter Rhythmus: • Kolon: rhythmische Grundeinheit • rhythmische Mittel: Betonung, Pause, Tempo • Rhythmustypen: spröde, bauend, fließend, strömend, tänzerisch • Versprinzipien: akzentuierend, akzentuierend-alternierend
Strophe	metrische und inhaltliche Einheit mehrerer Verse **Strophenformen:** • Liedstrophe: vier bis neun Verse; Volkslied: Regelmäßigkeit in Strophenbau, Metrik (Reim) und Rhythmus (Sprachmelodie) • Terzine: dreiversige Strophe; fünffüßiger Jambus; Reimstellung: aba / bcb / cdc … • Kanzonenstrophe: zwei gleiche Versgruppen (Aufgesang) und ein dritter Teil (Abgesang) • Stanze: achtzeilige Strophe; fünffüßiger Jambus; Reimstellung: abababcc

Gedichte fester Bauart

Ballade

Die Ballade war ursprünglich ein Tanzlied im italienisch-provenzalischen Raum. Im 14./15. Jahrhundert entwickelte sich in Frankreich eine strenge lyrische Form. Die in England verbreitete volkstümlich-epische Liedform („ballad") wurde im letzten Viertel des 18. Jahrhunderts in Deutschland übernommen.

Inhalt der Ballade ist meist ein ungewöhnliches, geheimnisvolles, oft tragisches Geschehen aus Geschichte, Sage und Mythos, das, häufig durch Rede und Gegenrede verschärft, neben dem episch erzählenden Anteil und der lyrischen Gestimmtheit auch dramatische Elemente enthält. Strophenform und Versmaß wechseln. Berühmte Balladen schrieben Schiller (*Der Handschuh*) und Goethe (*Erlkönig*, *Der Zauberlehrling*, *Der König in Thule*). Bekannt geworden ist das sog. Balladenjahr 1797, in dem Goethe und Schiller die klassische Ideenballade entwickelten. Als bedeutender Balladenautor der Moderne gilt Brecht.

Goethes *Erlkönig* (1782) gehört zu den bekanntesten deutschen Balladen. Sie enthält lyrische (Strophenform; metrische und rhythmische Gestaltungsmittel), dramatische (Dialoge, Aufbau) und epische (Erzähler, Rahmen, Bericht) Elemente

Elegie

Die Elegie war in der Antike ein in Distichen verfasstes Gedicht. Später wurde der Inhalt bestimmendes Merkmal. Wehmütige Erinnerung, Liebesklage, Vergänglichkeit des Schönen, Sehnsucht nach dem Ideal sind wesentliche Themenbereiche. Als deutsche Vertreter gelten Fleming, Schiller, Goethe (*Römische Elegien*, *Marienbader Elegie*), Hölderlin, Lenau, Platen, in der Moderne Rilke (*Duineser Elegien*), Trakl.

Epigramm

Als Epigramm bezeichnete man in der Antike zunächst eine Inschrift auf Gebäuden, Denkmälern und Grabsteinen. Später (Ende 6. Jh. v. Chr.) wurde daraus eine selbstständige Gattung, ein Sinnspruch, der häufig satirisch gefasst war und eine Pointe enthielt. Damit gehört das Epigramm zur Gedankenlyrik. Ein bedeutendes Beispiel sind Goethes *Venezianische Epigramme*.

Hymne

Die Hymne hat ihren Ursprung ebenfalls in der Antike und stellte hier einen Preisgesang zu Ehren eines Gottes oder eines Helden dar. In der Renaissance, im Barock und der Aufklärung hat die Hymne bevorzugt religiösen Inhalt, zuweilen auch mit lehrhaftem Charakter, wobei sie die strophische Form der Ode annimmt. Seit Klopstock bekommt die Hymne eine neue Bedeutung. In freien Rhythmen wird sie zum Ausdruck leidenschaftlicher Begeisterung und religiösen Gefühls. Klopstock, Hölderlin, Goethe (*Wandrers Sturmlied*, *Ganymed*, *Das Göttliche*), Novalis (*Hymnen an die Nacht*) sind bekannte Vertreter.

Lied

Das Lied steht für schlichten, aber unmittelbarsten lyrischen Ausdruck. Es hat seine Wurzeln im christlichen-mittelalterlichen Hymnus und der Marienlyrik und erfasst religiöse (Kirchenlied) und profane Bereiche (Alltagswelt, Volkslied, Kinderlieder, Liebeslieder, Wanderlieder, Marschlieder). Reim und Parallelismus binden die Versgruppen zusammen. In der Moderne findet es sich auch in den Formen von Chanson und Schlager. Liedermacher wie Degenhardt, Biermann u. a. greifen aktuelle, meist gesellschaftskritische Themen auf.

Ode

Die Ode hat Feierliches und Erhabenes zum Thema. Oft richtet sie sich an ein Gegenüber („Du") und fasst Ergriffenheit in strenge, strophisch gegliederte Form (antike Versmaße). Berühmt sind die Oden Klopstocks und Hölderlins. In der Moderne hat sich Weinheber als Odendichter ausgewiesen.

Sonett

Das Sonett (lat. *sonare:* klingen, tönen) ist vermutlich um 1230 in der sizilianischen Umgebung Friedrichs II. entstanden.

Mit seiner Gedichtsammlung *Canzoniere* machte Francesco Petrarca im 14. Jahrhundert die Sonettform bekannt

Äußere Form

Die äußere Form zeigt ein streng gebautes Reimgedicht aus 14 Versen, die strophisch in zwei Quartette (je vier Verse) und zwei Terzette (je drei Verse) gegliedert sind. Mitunter spricht man auch von einer Einteilung in Oktave und Sextett und verweist auf die formale Nähe zum goldenen Schnitt in der Kunst. Das englische oder Shakespearesonett ist dagegen in drei Quartette und ein abschließendes Reimpaar (Couplet) strukturiert. Das deutsche Sonett (17. Jh.) folgt dem französischen. Am häufigsten findet sich die Reimordnung abab abab ccd eed. Es dominiert der Alexandriner nach französischem und niederländischem Vorbild. Seit der Mitte des 20. Jahrhunderts lässt sich eine deutliche Auflösung der Vers- und Reimbindung nachweisen. Damit verändern sich auch Maß, Rhythmus und Bau.

Innere Struktur

Im Hinblick auf die innere Struktur verweist die Wissenschaft auf zwei Modelle: die dualistische Konzeption mit der Zweiteiligkeit der Oktave und dem Sextett (Spannung–Entspannung; Voraussetzung–Folgerung) und die dialektische Konzeption mit einer Dreiteilung (These – Antithese – Synthese). Die besondere Bevorzugung des Sonetts in verworrenen Zeiten (vgl. Barock) verdeutlicht das Bemühen, Chaotisches durch klare künstlerische Form zu bannen.

Geschichtliche Entwicklung

Die frühesten deutschen Sonette sind seit dem 16. Jahrhundert bezeugt. Zunächst versuchen sich die deutschen Autoren als Übersetzer niederländischer und französischer Vorlagen.

Das Barock gilt als die fruchtbarste Zeit für die Sonettdichtung. Im *Buch von der Deutschen Poeterey* gibt Opitz vier Beispiele und weist auf den Alexandriner und den *vers commun* hin. Bei den Quartetten tritt er für den umarmenden Reim ein und schlägt für die Terzette die Reimordnung ccd eed vor. Unter den zahlreichen Barockautoren, die Sonette schreiben, nimmt Gryphius die bedeutendste Position ein. Die Inhalte seiner Sonette kreisen häufig um das Vanitas-Motiv.

Später verliert das Sonett an Bedeutung. Eine Erneuerung erfolgt erst wieder in der Romantik (A.W. Schlegel, Tieck, Brentano, Novalis, Eichendorff). Von den Romantikern wird Goethe zu Sonetten angeregt.

Im 19. Jahrhundert sind vor allem Rückert als Sonettdichter der Freiheitskriege, Platen mit seinem Zyklus *Sonette aus Venedig* (1825), die wehmutsvollen Sonette Lenaus und die wenigen, aber gehaltvollen Sonette Mörikes bekannt geworden.

Der Naturalismus empfindet kein großes Interesse für diese Gedichtform. Dafür kommt es in der ersten Hälfte des 20. Jahrhunderts zu einer erneuten Blüte. Hofmannsthal, der schon als Jugendlicher Sonette verfasst hat, leitet eine neue Phase ein, denn hier beginnt sich „die Unruhe in der Formbehandlung“ (Schlüter, S. 120) bereits abzuzeichnen, die für die Moderne charakteristisch wird. Sie zeigt sich bei Rilke, dessen Sonette einen Höhepunkt darstellen: Traditionelles und Spontanes vermischen sich. So finden sich Sonette aus einem Satz und wieder andere, die von Kurzsätzen bestimmt werden. Bedeutung kommt dem Enjambement zu. Das Thema der 55 *Sonette an Orpheus* (1922) ist das

Rühmen des Seins. Das Metrum ändert sich im Verlauf der Gedichte: Der fünffüßige Jambus wird vom vierfüßigen Daktylus abgelöst.
Die Vertreter des Expressionismus ziehen für ihre Aussagen das Sonett verstärkt heran. Zu nennen sind besonders Heym und Zech.
Während des Dritten Reiches erlangen die von Mahnung und christlichem Trost erfüllten Sonette Reinhold Schneiders Bedeutung. Die *Moabiter Sonette* von Haushofer, im Gefängnis verfasst, sind Zeugnisse des inneren Widerstands. Becher und Brecht haben im Exil Sonette verfasst.
Das Sonett hat sich nicht überlebt. Auch in jüngerer Vergangenheit bemühten sich Autoren um diese Gedichtform (Benn, Bachmann). Seine klassische Form, die sich trotz aller Experimente bewahrt hat, dient den Autoren als ein Zeichen der Stabilität, vor allem in Zeiten der Unruhe, der inneren Gefährdung.

Übersicht: Gedichte fester Bauart

Ballade	• Verbindung von lyrischer Form und Gestimmtheit, epischer Erzählweise und dramatischen Elementen (Dialog) • Inhalt: ungewöhnliche Ereignisse aus Mythos und Geschichte • Wechsel von Strophenform und Versmaß • Vertreter: Schiller, Goethe, Brecht
Elegie	• häufig in Distichen verfasstes Gedicht • Inhalt: Klage über Verlust/Trennung; wehmütige Erinnerung • Vertreter: Schiller, Goethe, Hölderlin, Rilke
Epigramm	Form der Gedankenlyrik; Sinnspruch; Pointe
Hymne	• Preisgesang feierlich-religiösen Inhalts • Vertreter: Klopstock, Hölderlin, Goethe, Novalis
Lied	• Ausdruck unmittelbarer lyrischer Empfindung; der Musik nahe stehend; in der Moderne: aktuelle, gesellschaftskritische Töne, aber auch seichte, triviale Unterhaltung • Spektrum: religiöses Lied, Volkslied, Marschlied, Chanson, Song, Schlager • Höhepunkt: Romantik
Ode	• Stilisierung eines Themas ins Erhabene • strenge strophische Gliederung; antike Versmaße • Vertreter: Klopstock, Hölderlin
Sonett	• Form: zwei Quartette, zwei Terzette; verschiedene Reimordnungen; deutsches Barocksonett nach französischem Vorbild: Alexandriner • innere Struktur: oft dualistische oder dialektische Konzeption • Vertreter: Gryphius, Rilke, Haushofer

Lyrische Sprache

Klang

Der Klang spielt bei der Lyrik als einer der Musik nahe stehenden Kunst eine bedeutende Rolle. Mit ihm können Stimmungen beschworen und die Aussagekraft erhöht werden. Die Klangfarbe lässt mitunter sogar auf die seelische Gestimmtheit des lyrischen Ich schließen. Immer wieder hat man versucht, den Klängen symbolische Bedeutung zuzuweisen (vgl. in der Antike: Platon, in der Moderne: A. Rimbaud).

Klangfiguren, Klanggestalt

Unter den rhetorischen Figuren gibt es die Gruppe der Klangfiguren. Zu ihnen gehören:

Formen der Wortwiederholung

Dazu zählen einfache Wiederholung, Anapher (zu den hier nicht näher bezeichneten Figuren vgl. S. 23 ff.), Epipher, Epanalepse, Kyklos (Wiederholung des Anfangswortes am Ende; Goethe, *Faust I:* „Entbehren sollst du! sollst entbehren!"), Polyptoton (Wiederholung desselben Wortes in unterschiedlicher Beugung: „Besser als gerührt sein, ist sich rühren", Brecht), Tautologie (inhaltliche Wiederholung mittels eines sinnverwandten Wortes: „voll und ganz"), Synonym (sinnverwandtes Wort: „sagen" – „reden" – „äußern") und Pleonasmus (Ergänzen eines Wortes, dessen Bedeutung bereits im Substantiv enthalten ist: „weißer Schimmel").

Formen des Wortspiels (Paronomasie)

Die bekanntesten Formen sind Homonym (gleichlautende Wörter unterschiedlicher Bedeutung: „Waise"–„Weise", „Lied"–„Lid") und Figura etymologica („Spiele spielen").

Lautmalerei

Sie versucht mit akustischen Reizen Wirkung zu erzielen. So werden Klänge zur Realitätsabbildung eingesetzt („Kuckuck"). Von Klangsymbolik spricht man bei der Verbindung von Laut und Bedeutung, besonders wenn durch eine Folge von Vokalen und Konsonanten Stimmung geschaffen wird. Beispielsweise verbindet man helle Vokale mit Freude, Höhe, positiver Gestimmtheit, dunkle Vokale mit Trauer, Tiefe, Deprimiertheit (vgl. die vierte Strophe von Eichendorffs Gedicht *Die zwei Gesellen*).

Der Reim

Zur Klanggestalt zählt auch der Reim. Reim bedeutet **Gleichklang bei Wörtern vom letzten betonten Vokal an**. Es gibt verschiedene Einteilungsmöglichkeiten:

Reimqualität

- reine Reime: Gleichklang in Vokal und Schlusskonsonant vom letzten betonten Vokal an (Haus – Maus; gehen – drehen)
- unreine Reime: ungenauer Gleichklang (Gemüt – Lied)
- dialektale Reime: nur im Dialekt möglich (schön [sprich: schee] – See)
- rührende Reime: phonetischer Gleichklang bei Bedeutungsverschiedenheit (Waise – Weise) und Reim gleicher Wörter (identischer Reim: geht – geht)
- Assonanz: nur Vokalgleichklang (geben – drehen)
- Alliteration: Gleichklang im Anlaut betonter Stammsilben (Kind und Kegel, Stock und Stein)

Reimquantität

- einsilbige Reime (‚männlich'; ‚stumpf'): Haus – Maus
- zweisilbige Reime (‚weiblich'; ‚klingend'): sehen – gehen
- dreisilbige Reime (‚gleitend'): Greifender – Durchschweifender
- Schüttelreim: Mehrere Wörter reimen bei vertauschten Anfangskonsonanten: „Das ganze Käsegebäck isst der Bäsecke weg."

Reimstellung

- Anfangsreim: erste Wörter aufeinanderfolgender Zeilen reimen („Krieg ist das Losungswort. / Sieg! und so klingt es fort", Goethe)
- Binnenreim: Reim innerhalb des Verses („Er geht und steht doch auch!")
- Schlagreim: Sonderform des Binnenreims; Gleichklang unmittelbar aufeinanderfolgender Wörter („quellende, schwellende Nacht", Hebbel)
- Endreim: Reimklang am Versende
- Kehrreim (Refrain): Wiederholung des letzten Verses einer Strophe (vgl. Goethes *Heidenröslein*)

Auch die moderne Werbeindustrie macht sich die Auffälligkeit und leichte Merkbarkeit des Reims zunutze

Als auffälligster Versschmuck gilt der **Endreim**. Die wichtigsten Reimfolgen nach der Stellung am Ende des Verses sind:

Paarreim

Zwei aufeinanderfolgende Verse reimen miteinander. Diese einfachste und älteste Form kommt häufig in der Volksliedstrophe vor. Reimschema: aabbcc

Paarreim

> Fliegt der erste Morgenstrahl
> Durch das stille Nebeltal,
> Rauscht erwachend Wald und Hügel:
> Wer da fliegen kann, nimmt Flügel!
> (J. v. Eichendorff)

Kreuzreim

Der Wechselreim ist eine der häufigsten Reimfolgen. Reimschema: abab

Kreuzreim

> Astern –, schwälende Tage,
> alte Beschwörung, Bann,
> die Götter halten die Waage
> eine zögernde Stunde an.
> (G. Benn)

Umarmender Reim

Er bildet eine Gruppe von vier Versen, bei denen ein Reimpaar von einem anderen umschlossen wird. Reimschema: abba

Umarmender Reim

> Du siehst, wohin du siehst, nur Eitelkeit auf Erden!
> Was dieser heute baut, reißt jener morgen ein;
> wo jetzund Städte stehn, wird eine Wiese sein,
> auf der ein Schäferskind wird spielen mit den Herden. […]
> (Andreas Gryphius: *Es ist alles eitel*)

Schweifreim

Eine Gruppe von sechs Versen ist zweigliedrig strukturiert, wobei sich zwischen zwei Reimpaare ein dritter Reim schiebt. Diese Form findet sich häufig in Volksliedern. Reimschema: aabccb

Schweifreim

> Der Mond ist aufgegangen,
> Die goldnen Sternlein prangen
> Am Himmel hell und klar;
> Der Wald steht schwarz und schweiget,
> Und aus den Wiesen steiget
> Der weiße Nebel wunderbar. (M. Claudius)

Klangfunktionen und -wirkungen

Klänge können in Gedichten verschiedene Funktionen erfüllen; sie

- heben wesentliche Wörter hervor,
- kennzeichnen Versenden,
- bilden Klangbrücken bei Enjambements,
- verbinden als Leitklänge Wörter, Verse und Strophen (Leitklangfunktion) und
- gliedern den Text.
- Sie versuchen Realitäten abzubilden (Nachahmung von Geräuschen; vgl. Britting: *Fröhlicher Regen*),
- erzeugen suggestive Stimmung (Auslösen emotionaler Assoziationen, vgl. Reihung heller und dunkler Vokale in Eichendorffs *Die zwei Gesellen*) und
- wirken durch Wiederholung zeitaufhebend.

Bildlichkeit

„Die Poesie spricht in Bildern." Walther Killys einleitender Satz zu seinem Werk *Wandlungen des lyrischen Bildes* soll verdeutlichen, dass die Bildhaftigkeit als wesentliches Element der Dichtung zu verstehen ist. Ihre Bedeutung bewegt die Literaturwissenschaft deshalb seit geraumer Zeit und hat zu unterschiedlichen Forschungsergebnissen geführt. Am einfachsten ist es, die Bildlichkeit vom rhetorischen System der Tropen her zu erfassen.

Unter **Tropen** versteht man Wörter oder sprachliche Wendungen, die im übertragenen, bildlichen Sinne gebraucht werden. Bereits in der Antike (z. B. Quintilian) hat man zwischen dem begrifflichen Sprechen (dem eigentlichen Sprechen) und dem bildhaften Sprechen (dem uneigentlichen Sprechen) unterschieden. Im Tropus wird also ein Unterschied zwischen dem Gesagten und Gemeinten deutlich. Dabei kann es sich um einen bloßen Austausch eines Begriffes (vgl. Antonomasie, Metonymie, Periphrase, Synekdoche) oder eine Übertragung von einem Vorstellungsbereich in einen anderen (vgl. Allegorie, Ironie, Metapher) handeln.

Folgende **Metaphern** werden im Alltag häufig benutzt: jemandem das Herz brechen; eine Mauer des Schweigens errichten; einen zweiten Frühling erleben; jemandem das Wasser reichen können; das Recht mit Füßen treten usw.

Wichtigste rhetorische Figur ist in diesem Zusammenhang die **Metapher**. Sie ersetzt den eigentlich gemeinten Begriff (z. B. „Ausgangspunkt", „Ursache") durch einen anderen sprachlichen Ausdruck (z. B. „Quelle") und bietet eine bildhafte Wendung für einen Gegenstand, eine Eigenschaft oder ein Geschehen. Sie springt gleichsam von einem Vorstellungsbereich in einen anderen und gehört deshalb zu den sog.

„Sprungtropen". Der Leser, der mit dem Begriff eine bestimmte Bedeutung verbindet („Quelle": natürlicher Austritt von Grundwasser an die Erdoberfläche), wird überrascht, in seiner Erwartung durch den Kontext enttäuscht („als Quelle für sein Werk benutzte der Autor ...") und unter Spannung gesetzt, denn er erkennt einen Widerspruch zwischen der ursprünglichen Bedeutung und dem eigentlich Gemeinten, dem er erst in einem Verstehensvorgang eine neue spezifische Wirklichkeit zuweisen muss.

Diese Widersprüche zwischen den Metapherngliedern können unterschiedlich empfunden werden. Bei den verblassten Metaphern der Alltagssprache ist die Grundbedeutung oft nicht mehr gegenwärtig, die Bildhaftigkeit reduziert und der Übergang zu einem festen Begriff spürbar: „Redefluss", „Flussbett", „Motorhaube", „Satzglied", „Quellenforschung". Andererseits gibt es „kühne" Metaphern, bei denen der Überraschungseffekt besonders groß ist (vgl. den Beginn von Celans *Todesfuge*: „Schwarze Milch der Frühe").

Quintilian hat die Metapher als verkürzten Vergleich bezeichnet (Wegfall der Vergleichspartikel: Ihr Haar ist wie Gold – das Gold ihrer Haare). Diese Definition scheint, besonders für die moderne Lyrik, wo die Beziehungen ihre Eindeutigkeit oft verloren haben, nicht mehr auszureichen. Außerdem steht der metaphorische Ausdruck als eine eigene Wirklichkeit, die als solche auf Gefühl und Fantasie wirkt und damit das bewusste Vergleichen ausklammert. Entscheidend ist, dass es mit der metaphorischen Sprache gelingt, in einem dynamischen und schöpferischen Sprachprozess immer wieder aus den alltäglichen Realitäten auszubrechen und neue Wirklichkeiten zu erschließen.

Als Sonderform der Metapher gilt die **Synästhesie**. Sie verbindet unterschiedliche Sinne miteinander, z. B. Töne und Farben: „Golden wehn die Töne nieder" (Brentano: *Abendständchen*).

In der **Allegorie** wird etwas Abstraktes bildlich ausgedrückt („Justitia" mit Waage und verbundenen Augen als Bild für Gerechtigkeit).

Allegorische Darstellung der Justitia mit verbundenen Augen und Waage

Die **Personifikation** belebt ein Ding oder etwas Gedachtes (Brentano: *Abendständchen*: „Hör, es klagt die Flöte wieder"; Trakl: *Musik im Mirabell*: „Ein Brunnen singt.", „Der Ahnen Marmor ist ergraut"; Rilke: *Der Abend*: „Der Abend wechselt langsam die Gewänder"). Sie verringert die Distanz zum Leser und hat so eine intensivierende Funktion.

Die **Metonymie** ersetzt ein Wort durch ein anderes, semantisch nahe stehendes („Ich trinke ein Glas."), während die **Synekdoche** einen engeren Begriff für einen umfassenderen gebraucht („Traube" für „Wein").

Vergleiche setzen zwei Bereiche miteinander in Beziehung und erhöhen durch Analogie die Anschaulichkeit. Das kann durch Vergleichs-

partikel („wie"; Rilke: *Das Karussell*: „Sogar ein Hirsch ist da, ganz wie im Wald") oder verkürzt (Lasker-Schüler: *Der Letzte*: „Weißgelbenjung hing sein Schein/ Schaumleicht an der Nacht") geschehen.
Kommt bei verkürzten Vergleichen die Vergleichsvorstellung nicht mehr zustande, handelt es sich um eine Metapher. Eine breitere Ausgestaltung des Vergleichs nennt man **Gleichnis**. Besitzt dieses eine eigene Handlung, liegt eine **Parabel** vor.

Die Taube als Symbol für den Frieden

Das **Symbol** ist ein bildhaftes Zeichen, ein Sinn-Bild, das über sich hinaus auf einen ideellen Bereich verweist, mit dem es in einer bestimmten Beziehung steht. Dieser Zusammenhang liegt in den sprachlichen und kulturellen Traditionen menschlicher Geschichte begründet. Das Symbol kann schwer zugängliche Bewusstseinsschichten berühren und die Fantasie für deren Inhalte stimulieren.
In der Literatur verdeutlicht sich Existenzielles im Symbol; mit ihm vermittelt der Dichter dem Leser verborgene Sinnzusammenhänge der Welt. So versuchten die Vertreter des Symbolismus, mit ihrer Kunst auf tiefste seelische Gesetze und auf ein rätselhaftes, hinter den sichtbaren Dingen liegendes Sein aufmerksam zu machen (vgl. Baudelaire, Mallarmé, George, Trakl, Benn).
Statt des Symbols verwendet der moderne Lyriker häufig die **Chiffre**. In einem knappen Wort, einer konzentrierten Wendung, versucht er dem Wirklichkeitsverlust zu begegnen, denn die Wörter haben ihren überkommenen, selbstverständlichen Sinn verloren; Sprache und Wirklichkeit korrespondieren nicht mehr miteinander. So setzt der Autor Geheimzeichen (frz. *chiffre*: Geheimschrift), um mit ihnen eine neue Wirklichkeit zu konstituieren, gleichzeitig aber auch, um zu zeigen, dass diese Welt nicht leicht zu verstehen ist. Der Leser ist deshalb gefordert, er muss durch einen kreativen Nachvollzug die Chiffren enträtseln. Wie schwierig dieser Prozess sein kann, zeigen die Gedichte von Trakl, Benn (vgl. *Ein Wort*) und Celan.
Der Autor, der seine Aussagen als Chiffren anbietet, wendet sich auch gegen eine billige Schreibweise, die, wie die Trivialliteratur, unbedacht verbrauchte Bilder verwendet. Solche platten Nachahmungen bezeichnet man als **Klischees**.
Feste Klischees sind **Topoi** (Sg. Topos), literarische Formeln und Gemeinplätze. Ihr Einsatz hängt von der Absicht des Autors ab, die Gefahr einer Schablonisierung und Entleerung ist aber stets gegeben.

Syntaktische Besonderheiten

Bei der gebundenen Rede im Gedicht greifen metrische und rhythmische Gestaltungsmittel in den Sprachfluss ein und wirken sich auch auf die syntaktische Struktur aus. Recht häufig findet man folgende Figuren:
Der **Parallelismus** zeigt eine symmetrische Anordnung der Wörter in aufeinanderfolgenden Satzteilen und Sätzen bzw. Versen. Er ist oft mit einer **Anapher** verbunden und steigert die Ausdruckswirkung (Goethe: *Mailied*: „Wie glänzt die Sonne! / Wie lacht die Flur!"). Häufig wird er in Volksliedern verwendet.
Beim **Asyndeton** erhöht das Fehlen der verknüpfenden Konjunktionen die Eindringlichkeit der Aussage; der Sprachfluss wirkt schnell und abgehackt (Gryphius: *An einen unschuldig Leidenden*: „Ein Brandpfahl und ein Rad, Pech, Folter, Blei und Zangen / Strick, Messer, Hacken, Beil, ein Holzstoß und ein Schwert").
Das **Polysyndeton** intensiviert durch die Häufung der Bindewörter die Bewegung: „Und es wallet und siedet und brauset und zischt" (Schiller: *Der Taucher*).
Die **Inversion** verändert die natürliche Satzstellung und hebt damit betonende Teile hervor: „Am Fenster stand die Mutter, / Im Bette lag der Sohn." (Heine: *Die Wallfahrt nach Kevlaar*).
Zur Betonung und Spannungserzeugung dienen **Parenthesen**, die den Redefluss durch eingeschobene Satzglieder sprengen: „Bedecke deinen Himmel, Zeus, / Mit Wolkendunst / Und übe, dem Knaben gleich, / Der Disteln köpft, / An Eichen dich und Bergeshöhn" (Goethe: *Prometheus*).
Besonders in modernen Gedichten findet man syntaktische Reduktionen in Form von Ellipsen und Aposiopesen.
Auf gesteigerte Expression zielt die **Ellipse**, bei der Satzglieder ausgespart werden: „Genazzano am Abend / Winterlich / Gläsernes Klappern / Der Eselshufe / Steilauf die Bergstadt" (Kaschnitz: *Genazzano*).
Die **Aposiopese** bricht den Redefluss unvermittelt ab: „Den Teufel nicht an die Wand / Weil ich nicht an ihn glaube / Gott nicht gelobt / Aber wer bin ich daß" (Kaschnitz: *Nicht gesagt*). Hier muss der Leser das Verschwiegene erschließen und wird dadurch zum Mitschöpfer der Aussage.

Syntax: von altgr. *syntaksis* = zusammen, Ordnung, Reihenfolge; Syntax = Teilgebiet der Sprachwissenschaft, das sich mit dem Aufbau von Sätzen aus Wörtern und Wortgruppen beschäftigt; zu Deutsch: Satzlehre

Übersicht: Lyrische Sprache

Klang	Aussageintensivierung, Ausdruck von Stimmungen **Klangfiguren, Klanggestalt:** Formen • der Wiederholung • des Wortspiels • der Lautmalerei • des Reims **Reim:** Einteilung nach • Qualität: reine, unreine, dialektische, rührende Reime, Assonanz, Alliteration • Quantität: ein-, zwei-, dreisilbige Reime • Stellung: Anfangs-, Binnen-, End-, Kehrreim **Reimfolgen** nach der Stellung am Ende des Verses: • Paarreim (aabb) • Kreuzreim (abab) • umarmender Reim (abba) • Schweifreim (aabccb) **Klangfunktionen:** • Betonung • Verbindung • Gliederung • Stimmungserzeugung
Bildlichkeit	Formen der Umschreibung, des Vergleichs und der Übertragung sowie der symbolischen Vergegenwärtigung • Metapher • Synästhesie • Allegorie • Personifikation • Metonymie • Synekdoche • Vergleich • Symbol • Chiffre • Klischee
Syntaktische Besonderheiten	Metrische und rhythmische Gestaltungsmittel in ihrer Wirkung • Parallelismus • Anapher • Asyndeton • Polysyndeton • Inversion • Parenthese • Ellipse • Aposiopese

Aufgaben- und Gliederungsbeispiel

So könnte die Aufgabe lauten: „Interpretieren Sie das folgende Gedicht."

Gliederungsbeispiel:

A Überblicksinformation
(Angaben zu: Autor, Titel, Bauform, Thema, Epoche)

B Interpretation

I. Beschreibung von Inhalt und Aufbau

II. Untersuchung der formalen und sprachlich-stilistischen Gestaltung

1. Formale Gestaltung
(Gedicht-, Strophenform; Vers: Metrik, Rhythmus, Versende)

2. Sprache und Stil
(Reim: Reimart, -stellung, -folgen;
Klangfiguren und -funktionen;
Bildlichkeit, Wortwahl und syntaktische Besonderheiten)

III. Deutung

1. Position des lyrischen Ich

2. Motivik
(Untersuchung der im Text realisierten Motivaspekte;
Gliederung nach deren Bedeutung)

3. Epochenzuordnung
(Bezug von Thema, Motivik, Weltbild zum kulturellen Umfeld)

C Zusammenfassung; Thema / Motiv im vergleichenden Zusammenhang

Untersuchungsbereiche von Sachtexten und Essays

Als Beispiele für nichtpoetische Textsorten werden hier die kommentierenden Formen und die Rede genauer untersucht.
Aufgrund seines ästhetisch-literarischen Anteils kommt dem Essay eine Sonderstellung zu.

Kommentierende Formen

Kommentierende Texte, zu denen Kommentar, Leitartikel, Glosse und Rezension gehören, nehmen zu aktuellen Themen subjektiv und meinungsbildend Stellung.

Kommentar, Leitartikel

Diese journalistischen Formen helfen dem Leser bei der **Meinungsbildung**, indem sie ihn zum Nachdenken anregen, Diskussionsargumente anbieten und den Standpunkt des Verfassers aufzeigen. Sie enthalten neben gesicherten Fakten auch Erläuterungen und Auslegungen. Ein meist aktuelles Geschehen wird vorgestellt, erklärt, problematisiert und beurteilt. Entsprechend fragt die Untersuchung nach

- der Zuverlässigkeit, Vollständigkeit und Bedeutung der angebotenen Fakten,
- ihrer Bewertung,
- Schlussfolgerungen und
- Appellen.

Beurteilungskriterien sind Übersichtlichkeit des Aufbaus sowie Logik, Sachlichkeit und Treffsicherheit der Argumentation.

In der Regel besteht ein Kommentar aus vier Teilen:

- Er beginnt meist mit einem **einleitenden Satz**, dessen ungewöhnlicher, zugespitzter oder provokativer Inhalt zum Weiterlesen auffordert und bereits den Leitgedanken enthält, der sich wie ein roter Faden durch den gesamten Text zieht. Es folgt
- der **erste Abschnitt des Hauptteils** mit der Beschreibung des Themas.
- Der **zweite Abschnitt** bietet die Argumentationsreihe:
  Das Thema ist in Einzelbereiche segmentiert, die steigernd der Argumentationsstruktur (These, Beleg, Beispiel) folgen. Dabei werden einzelne Aspekte erläutert, unterschiedliche Standpunkte auf Stärken

und Schwächen untersucht, das Pro und Kontra wird abgewogen und die eigene Meinung stichhaltig und prägnant angeboten (vgl. zur Argumentation S. 157 f.).

- Der **Schlussteil** bringt die eigene Meinung noch einmal dezidiert zum Ausdruck. Folgerungen werden aufgelistet und Handlungsmöglichkeiten angeboten. Gestattet eine komplexe Sachlage noch kein abschließendes Urteil, verweist der Kommentar auf kommende Entwicklungen und facht die Neugier des Rezipienten an. Der Schlusssatz kann pointiert auf den Einleitungsgedanken zurückgreifen.

Der Leitartikel, in dem sich die Redaktion an exponierter Stelle einer Zeitung oder Zeitschrift präsentiert, folgt den gleichen Aufbaukriterien.

Glosse

Sie liefert eine **pointierte Kommentierung**. Folgende Merkmale bestimmen diese Textsorte und sollten bei der Untersuchung beachtet werden:
- geringer Umfang,
- Konzentration auf einen Aspekt des Tagesgeschehens,
- wirkungsbedachte, zugespitzte, bewusst einseitige Argumentation (emotionale Wertung und angreifende Subjektivität statt Sachlichkeit, Logik und kritischer Distanz),
- Schlusspointe und
- geistreich gewitzter, zwischen Spott, Ironie und Polemik angesiedelter Stil.

Die Glosse *Das Streiflicht* – seit 1946 täglich oben links auf der ersten Seite der *Süddeutschen Zeitung*

Rezension

Buch-, Film- und Theaterrezensionen bieten im Massenangebot des literarischen Marktes die **Möglichkeit rascher Orientierung**. Die Untersuchungs- und Beurteilungskriterien ergeben sich aus den Erwartungen der Öffentlichkeit.

Aufgaben einer literarischen Kritik

Rezensionen erfüllen verschiedene Aufgaben; z. B.:

Beschreibung des Gegenstandes: Wichtig erscheinende Informationen
- bei einer Buchrezension: Autor, Titel, Verlag, Erscheinungsort und -jahr, Preis und Inhalt;

Gerade bei kontroversen Veröffentlichungen wie Th. Sarrazins *Deutschland schafft sich ab* spielt der Kritiker eine wichtige meinungsbildende Rolle

- bei einer Filmkritik: Titel, Regisseur, Schauspieler, ggf. literarische Vorlage, Produzent, Produktionskosten, Inhalt;
- bei einer Theaterrezension: Autor, Titel, Regisseur, Schauspieler, Ort und Zeit der Aufführung, Requisiten, ggf. Resonanz des Publikums.

Herstellung von Zusammenhängen; Vergleiche: Der Rezensent soll bzw. kann

- autobiografische Bezüge aufzeigen,
- Hinweise geben über die Stellung des Werks innerhalb des Gesamtwerks von Autor oder Regisseur und der zeitgenössischen Produktion und
- unterrichten über andere Bearbeitungen des gleichen Stoffs bzw. Themas.

Meinungsäußerung: Der Rezensent hat eine vermittelnde Funktion. Er muss über Sachwissen verfügen und die Interessen der Rezipienten kennen. Damit ist er in der Lage, die gegebenen Fakten

- im Hinblick auf künstlerische Qualität und gesellschaftliche Relevanz zu überprüfen, zu bewerten und zu beurteilen, und zwar
- in einer sachgemäßen, klaren, anschaulichen und nachvollziehbaren Argumentation, die
- positive wie negative Gesichtspunkte herausstellt und ggf. mit Verbesserungsvorschlägen verbindet.

Orientierungshilfe: Das Urteil des Rezensenten soll,

- ggf. verstärkt durch eine ausgesprochene Empfehlung, die Entscheidungsfindung der Rezipienten erleichtern.
- Keineswegs darf der Kritiker das in ihn gesetzte Vertrauen dadurch missbrauchen, dass er in manipulativer Absicht der Öffentlichkeit die eigene Meinung aufzuzwingen versucht.

Förderung: Der Rezensent beeinflusst den Kulturbetrieb der Gegenwart.

- Das positive Urteil renommierter Kritiker kann junge Talente in der Öffentlichkeit bekannt machen und sie zu weiterer Produktion ermutigen.
- Die Stimmen bedeutender Kritiker haben Gewicht. Besonders in der urteilsunsicheren Zeit der Gegenwart kommt ihnen bei der Entwicklung des kulturellen Lebens entscheidende Verantwortung zu.

Schwierigkeiten

Die zeitgenössische Kritik hat sich verschiedenen Problemen zu stellen. Diese liegen im sogenannten „Zeitgeist“, in den Arbeitsbedingungen des Kritikers, in der Komplexität moderner Kunst und beim verunsicherten Rezipienten.

Der **„Zeitgeist“** spiegelt sich wider

- im Fehlen verbindlicher Normen, im Wertepluralismus und -verfall,
- in einer schnelllebigen Zeit, in der der Einzelne nur schwer zur notwendigen Stille und Muße findet,
- in einer Reizüberflutung, die geistige Abstumpfung bewirkt und die notwendige Sensibilität und Fantasie einschränkt,
- in einer nutzen- und technikorientierten geistigen Einstellung, die der Kunst nur ein Schattendasein gestattet,
- in der Diktatur kurzlebiger Moden und
- einer ökonomisch bedingten Massenproduktion (Buch als Ware).

Zeitgeist: bestimmende Denkweisen, Ideen und Lebenseinstellungen einer Epoche

Die Aussagen und Urteile des **Kritikers** können belastet sein von

- der verfügbaren Arbeitszeit,
- dem bereitgestellten Raum in Zeitungen, der zugewiesenen Sendezeit,
- der Meinung des Arbeitgebers,
- finanziellen Erwägungen (flüchtiges Arbeiten durch Zwang zur Quantität),
- subjektiven Wertungskriterien (vgl. „Lieblingsautoren“), die sich bis zur Verabsolutierung der eigenen Meinung steigern können,
- falschem Ehrgeiz (Verkennen der Aufgabe, Vertrauensmissbrauch der Rezipienten, Konkurrenzverhalten gegenüber Kollegen, Profilierungssucht).

Zeitgenössische Kunst kann verwirren durch

- die schwierige Einordnung des Neuen in einen historischen Zusammenhang,
- ihre Vieldeutigkeit und Komplexität und
- ihren fragmentarischen Charakter.

Zeitgenössische Kunst: bezeichnet bedeutende, meist bildende Kunst von Zeitgenossen = Gegenwartskunst, *contemporary art*

Der **Rezipient** kann

- durch Massenangebot und Wertekrise verunsichert sein,
- dadurch anfällig für Sensationen, Moden und Manipulation werden,
- aufgrund der Abhängigkeit vom „Zeitgeist“ die Bedeutung der Kunst verkennen.

Rede

Die Rede ist ein zum mündlichen Gebrauch bestimmter Text. Während beim wissenschaftlichen Vortrag Information und Sachargumente im Vordergrund stehen, will die Rede **Zuhörerverhalten beeinflussen, Einstellungen bestätigen oder verändern**. Von der Antike überlieferte Redeformen sind die Gerichtsrede, die politische Rede, die Preisrede und die religiöse Rede.

Aufbau einer Rede

Martin Luther King während einer Rede (um 1966)

In der Regel ist eine Rede gegliedert in

- Begrüßung und Anrede der Zuhörer,
- Überleitung (Nennen des Themas),
- Einleitung (Hinführung zum Thema, Motivieren der Zuhörer),
- Hauptteil (argumentative Darstellung vergangener oder gegenwärtiger Ereignisse bzw. Situationen; Sicherung der eigenen Behauptungen, Verwerfen von Gegenmeinungen),
- Schluss (Zusammenfassung, Appell) und
- Dank für die Aufmerksamkeit der Zuhörer.

Analyse einer Rede

Die Redeanalyse nennt **einleitend** den Redner, den Redeanlass, das Thema, den Ort und die Zuhörer.
Der **Hauptteil** beantwortet die Frage, wie der Redner seine Absicht zu überzeugen bzw. zu überreden durchsetzt. Dazu können bereits im Vorfeld die Position des Redners (gesellschaftliche Stellung, Gruppenzugehörigkeit) und die Situation der Zuhörer (Aufnahmebereitschaft, Redner- und Themabezug, situative Gegebenheiten) überprüft werden.
Untersuchungskriterien bei Aufbau, Inhalt und Argumentationsgang sind gedankliche Schlüssigkeit, Übersichtlichkeit und Anschaulichkeit.
Die Argumentationsweise verrät die Art und die Schwerpunkte des taktischen Vorgehens: die Anteile an Information, Belehrung, Überzeugung, Überredung, Manipulation. Diese Strategie, die mit Mitteln wie Aufwertung der eigenen Seite, Abwertung des Gegners, Beschwichtigen, Trivialisieren, Emotionalisieren, Verschweigen, Verzerren, Provozieren und Diffamieren arbeitet, lässt sich besonders aus den eingesetz-

ten rhetorischen Mitteln erschließen. Der Sprachuntersuchung muss deshalb erhöhte Aufmerksamkeit gewidmet werden.
Der **Schluss** kann auf die mögliche Wirkung der Rede eingehen.

Beginn einer Redeanalyse (Überblicksinformation, Aufbau)

Aus Anlass des [**Redeanlass**, Ereignis] hielt [**Name** des Redners] am [**Datum**] in [**Ort**] eine Rede vor [**Zuhörer**], die [**Thema**] zum Thema hatte. Die gesellschaftliche Position des [Berufsbezeichnung des Redners], der historische Ort und eine aufmerksame Zuhörerschaft, die vorwiegend aus [Angabe der Zugehörigkeit] bestand, gaben der Feier einen würdigen Rahmen.
[Name des Redners] **baut** seine Rede im Wesentlichen übersichtlich und folgerichtig **auf**. **Einleitend** nimmt er Ort und Datum zum Anlass, seinen Vortrag zu begründen. Er motiviert seine Zuhörer mit dem Hinweis auf ihre besondere Situation und ihre Verantwortung als [Berufsbezeichnung] sowie einem Dank für ihr bisheriges Engagement.
Im **Hauptteil** beschreibt er **zunächst** die aktuelle Lage unter beständigem Vergleich mit der historischen Situation (Z. ...). **Im zweiten Abschnitt** untersucht er die Leistungen der gegenwärtigen Machtträger (Z. ...). **Es folgt** der Entwurf einer Zukunftsperspektive (Z. ...). Dieser Entwicklung hält er **anschließend** die Möglichkeiten eines Führungswechsels entgegen (Z. ...).
[Name] **beendet** seine Ausführungen mit einem Aufruf zur Solidarität und einem Schlussappell.
Der **Argumentationsgang** wird bestimmt durch [...]

Essay

Der Essay nimmt als ein kurzer, aus persönlicher Sicht verfasster Prosatext eine Sonderstellung zwischen journalistischen und literarischen Darstellungsformen ein. In ihm wendet sich der Autor gleichsam an einen fiktiven Partner und betrachtet dabei ein bestimmtes Thema von verschiedenen Seiten in assoziativer, oft unsystematischer Gedankenführung.
Häufige Gestaltungsmittel sind: Perspektivenwechsel, Abschweifungen, variationsreiches Umkreisen, Widersprüchliches und Provokatives. Neben der **Subjektivität** ist das **geistig und stilistisch anspruchsvolle Niveau** für die Gattung kennzeichnend. Die Schlussfolgerung aus den angebotenen unterschiedlichen Denkvarianten wird dem Leser überlassen. Er soll zum Weiterdenken angeregt werden.

Analyse eines Essays

Bei der Untersuchung ist der Blick vor allem auf drei Bereiche zu richten. Sie hängen mit der besonderen Form dieser Textart zusammen:

- Zunächst wird man nach dem **Thema**, dem subjektiven **Blickwinkel des Autors** und der angestrebten **Absicht** fragen. Da es sich oft um einen anspruchsvollen, komplexen Gegenstand handelt, interessiert es, von welchen Seiten dieser dem Leser nahegebracht wird.
- Der Essay gehört zu den meinungsbetonten Formen. Deshalb wird man zweitens die Aufmerksamkeit auf die **Argumentationsstruktur** (Thesen, Argumente, Beispiele, Folgerungen) lenken und festhalten, wo die Assoziationen des Verfassers zu Gedankensprüngen, Widersprüchen und persönlichen Wertungen geführt haben.
- Schließlich verlangt der ästhetisch-literarische Anteil dieser Stilform eine präzise **Sprachanalyse:** Wo finden sich sachlich-argumentative, rhetorisch-appellative, ironisch-pointierte, poetische oder gar abgehoben unverständliche Stellen?

Vergleichende Analyse von Sachtexten

Grundlage dieser Aufgabenformen bilden zwei Texte, in denen die Autoren mitunter ähnliche, meist aber unterschiedliche Positionen vertreten. Die Untersuchung zielt in der Regel auf spezifische Vergleichsobjekte, die in der Arbeitsanweisung genannt werden. Oft handelt es sich dabei um die Argumentationsstruktur und die sprachliche Gestaltung der Texte sowie die Position der Autoren. Damit sind die Gliederungsschwerpunkte vorgegeben, die sich weiter spezifizieren und nach Einzelbereichen auffächern lassen. Entscheidend ist nicht die Aufzählung von Details, sondern die Konzentration auf wichtige **Vergleichsaspekte**.

Geht es um die **Argumentationsstruktur**, so untersucht man den Aufbau (linear oder dialektisch) und die Art der Argumentation (deduktiv oder induktiv; vgl. S. 159).

Bei der **sprachlichen Gestaltung** richtet man den Blick zunächst auf die Textsorte (z. B. Bericht, Glosse) und den Fundort des Textes (Tageszeitung, wissenschaftliche Zeitschrift, Fachbuch). Beide geben Auskunft über Gestaltungsweise, Zielrichtung, Intention und Adressaten des Textes. Sie beeinflussen zudem den Stil (Stilebenen) und den Ein-

satz sprachlicher Mittel. Von ihren Funktionen lässt sich auf die Wirkungsabsicht schließen.
Eine tabellarische Übersicht, die Entsprechungen und Unterschiede in beiden Texten festhält, kann die Arbeit erleichtern.
Der dritte Abschnitt fasst die Gemeinsamkeiten und Unterschiede der zu einem Thema eingenommenen **Positionen** zusammen. Falls nicht in einem eigenen Aufgabenteil verlangt, kann ergänzend eine kritische **Stellungnahme** erfolgen, bei der auf eigenes Wissen zurückgegriffen wird.
Im Schlussteil rundet man das Thema ab oder skizziert weitere Zugangsperspektiven.

Damit ergibt sich als mögliche Gliederung:

A Überblicksinformation (Hinweis auf Autoren, Titel, Textsorten, Quellen, ggf. Aktualitäts- und Leserbezug)

B Vergleich der Positionen zu einem bestimmten Thema

- I. Das Thema in seiner Relevanz (situativer bzw. historischer Kontext; Adressatenbezug)
  1. Text A
  2. Text B
  3. Vergleich
- II. Vergleich der Argumentationsstruktur (Argumentationsverlauf, Argumentationsart)
  1. Text A
  2. Text B
  3. Vergleich
- III. Sprachliche Gestaltung im Vergleich (Stilebenen, Syntax, Wortwahl, rhetorische Figuren in ihren Funktionen)
  1. Text A
  2. Text B
  3. Vergleich
- IV. Vergleich der Verfasserpositionen
  1. Text A
  2. Text B
  3. Vergleich
- V. Zusammenfassendes Fazit und persönliche Stellungnahme

C Bedeutung des Themas; Ausblick

Natürlich besteht auch die Möglichkeit, die Texte nacheinander zu analysieren und in einer Synthese den Vergleich anzubieten.

Übersicht: Kommentierende Formen, Rede und Essay

Kommentar, Leitartikel	• Orientierungshilfe; subjektive und meinungsbildende Stellungnahme • Analyse: – Einleitung: Leserbezogenheit; Leitgedanke – Hauptteil: Darstellung des Themas (Vollständigkeit der Information); Argumentationsreihe (Schlüssigkeit, Art der Bewertung) – Schluss: Folgerungen, Appell
Glosse	• Pointierte Kommentierung eines aktuellen Themas • Analyse: entsprechend einer Argumentation unter besonderer Berücksichtigung der Sprache
Rezension	• Orientierungshilfe im Massenangebot des literarischen Marktes • Bei der Analyse der Argumentation helfen folgende Fragen: – Welche Informationen werden zum Gegenstand geliefert? – Wird der Gegenstand in übergeordnete Zusammenhänge gebracht (Biografie, Gesamtwerk, Stofftradition und -bearbeitung)? – Werden klare Standpunkte vertreten, positive und negative Aspekte gegenübergestellt und so Orientierungshilfen angeboten? – Will der Autor überzeugen oder manipulieren, der Sache gerecht werden oder sich selbst profilieren? • Probleme haben ihre Ursachen im Zeitgeist (Wertepluralismus, Schnelllebigkeit), beim Kritiker (Abhängigkeiten, Ehrgeiz), in der zeitgenössischen Kunst (Vieldeutigkeit) und beim Rezipienten (Sensationsanfälligkeit).
Rede	• Gebrauchstext zur Beeinflussung von Zuhörern • Analyse: – Einleitung: Überblicksinformation (Redner, Anlass, Ort, Zeit, Zuhörer) – Hauptteil: Aufbau, Inhalt und Argumentationsgang mit Folgerungen und Appellen, Argumentationsweise, Funktion der rhetorischen Mittel (Aufwertung, Abwertung, Vereinfachen, Emotionalisieren, Verschweigen, Verzerren, Provozieren, Diffamieren) – Schluss: Zusammenfassung, Wirkung der Rede
Essay	• Kurzer, subjektiv gestalteter Prosatext, in dem in geschliffener sprachlicher Form ein Thema von verschiedenen Seiten kritisch betrachtet wird • Analyse: – Thema, Perspektive, Intention, Betrachtungsansätze – Argumentation, Assoziationen, Gedankensprünge, Widersprüche – Niveau der sprachlich-stilistischen Gestaltung
Textvergleich	Schwerpunkte: • Relevanz des Themas • Vergleich der Argumentationsstruktur • Vergleich der sprachlichen Gestaltung • Vergleich der Verfasserposition • Fazit; Stellungnahme

Erörtern

Erörtern heißt, sich schriftlich mit einem Thema, einem Sachverhalt, einer Fragestellung oder einem Problem in klarer gedanklicher Struktur sowie in überzeugender und einsichtiger Weise auseinanderzusetzen. Aus den Ergebnissen werden Folgerungen abgeleitet, eine eigene Stellungnahme entwickelt und eine sachgerechte Lösung gesucht.
Prüfungsrelevant sind die **textgebundene Erörterung** und die **materialgestützte Erörterung**. Im ersten Fall liefert ein literarischer oder pragmatischer Text die Grundlage, im zweiten bieten verschiedene Materialien, zu denen auch Tabellen und Grafiken gehören können, notwendige Informationen für eine argumentative Auseinandersetzung.

Arbeitsschritte

Der eigentlichen Erörterung geht also stets die Untersuchung eines Textes oder die Auswertung gegebener Quellen voraus. In jedem Fall müssen ergänzend auch eigene Kenntnisse eingebracht werden. So ergeben sich drei Arbeitsschritte:

1. Klären der Aufgabenstellung,
2. Analysieren eines vorgegebenen Textes bzw. Auswerten bereitgestellter Materialien,
3. Verfassen einer Erörterung.

1. Schritt Klären der Aufgabenstellung

Dieser Arbeitsschritt wird durch einige Zugangsfragen erleichtert. Sie richten sich nach

- dem **Gegenstand der Erörterung:** Was, mit welchem Ziel und in welcher Form soll erörtert werden? Beispielsweise kann eine Stellungnahme zur Position des Autors, die Beurteilung oder Bewertung eines Sachverhalts oder die Diskussion einer möglichen Entwicklung verlangt werden;
- den **Anforderungen**, die mit der Aufgabe sowie dem methodischen Vorgehen beim Analysieren, Materialauswerten und Erörtern verbunden sind;
- der **zeitlichen Planung**, die für die Lösung der Aufgabenteile zu berücksichtigen ist. Der Schwerpunkt liegt in der Regel beim zweiten Aufgabenteil (Gewichtung: Textanalyse etwa 40 %, Erörterung etwa 60 %).

Analysieren eines vorgegebenen Textes; Auswerten von Materialien

2. Schritt

Textanalyse

Die textgebundene Erörterung (erörterndes Erschließen eines Textes) besteht aus zwei Aufgabenbereichen:

- der Analyse des vorgegebenen Textes und
- der eigentlichen Erörterung.

Beide sind durch ein bestimmtes Thema miteinander verbunden. Deshalb ist die Arbeit auch als Ganzes zu verstehen.

Textarten

Die moderne, pluralistisch-komplexe Informationsgesellschaft fordert von ihren Mitgliedern in zunehmender Weise die Beherrschung geeigneter Argumentationstechniken und -strategien. Mit dem **erörternden Erschließen pragmatischer Texte** sollen diese Fähigkeiten geschult und Urteilsfähigkeit und Standpunktbildung gefördert werden.
Die Textinhalte beziehen sich in der Regel auf aktuelle Fragestellungen und die Lebenswelt junger Menschen. Schwerpunkte bilden Medien, Sprache sowie Lesen und Literatur.
Eine andere Akzentuierung setzt die **literarische Erörterung**. Hier gilt es, sich mit der spezifischen Wirklichkeit der literarischen Kunst zu beschäftigen. Die Leistung des Schülers besteht darin, ihre Eigengesetzlichkeit zu erkennen, diese in umfassendere Zusammenhänge zu stellen (z. B. zur Biografie des Autors, zu epochalen Bestimmungsfaktoren wie sozialen, wirtschaftlichen und politischen Gegebenheiten, weltanschaulich-philosophischen Strömungen und ästhetisch-poetologischen Vorstellungen) und sich kritisch mit den dargestellten Werten und Lebensmodellen auseinanderzusetzen.
Die Stoffgrundlage zeigt die Verwandtschaft der literarischen Erörterung mit der Interpretation. Während die literarische Erörterung stärker auf die Auseinandersetzung mit einem thematischen Teilbereich zielt, tendiert die Interpretation mehr zu einer stimmigen Gesamtdeutung des Textes.

1. Analysieren Sie, wie der Autor seine Meinung zum [...] argumentativ entwickelt. Berücksichtigen Sie dabei auch die sprachliche Gestaltung.
2. Erörtern Sie ausgehend von Ihren Analyseergebnissen und unter Berücksichtigung eigener Kenntnisse die Position des Autors.

B

Erörterung im Anschluss an einen pragmatischen Text

Erörterung im Anschluss an einen literarischen Text

1. Analysieren Sie den folgenden Text. Arbeiten Sie dabei besonders das Verhalten von [...] heraus, und zeigen Sie, wie dessen Gesprächsstrategie durch den Einsatz sprachlicher Mittel gestützt wird.
2. Erörtern Sie [...] Verhalten und berücksichtigen Sie dabei dessen persönliche Situation und berufliche Position.

---

1. Erschließen Sie den Text. Arbeiten Sie dabei besonders die Einstellung des Protagonisten gegenüber Technik und Natur heraus.
2. Setzen Sie sich mit dieser Einstellung auseinander.

Das methodische Vorgehen folgt dem üblichen Weg einer Texterschließung:

- Erkennen wichtiger textrelevanter Aussagen,
- Sammeln, Sichten und Ordnen des Materials,
- Ausführen der Analyse.

Man beginnt mit der Beachtung der Überschrift und dem sorgfältigen Lesen des Textes im Hinblick auf die Aufgabenstellung. Dann werden Sinneinheiten sowie Elemente des Gedankengangs/der Argumentationsstruktur markiert, auffällige sprachliche Mittel unterstrichen, benannt und ihre Funktionen am Rand notiert.
Es ist sinnvoll, bereits in dieser frühen Arbeitsphase eigene Gedanken für die spätere Erörterung festzuhalten (bei einem argumentativen Text: erkannte Schwachstellen in der Argumentation, mögliche Gegenpositionen, Ergänzungen u. a.).
Die gefundenen Ergebnisse werden nach Sachgesichtspunkten geordnet. Mitunter (Aufgabenstellung beachten!) erweist es sich allerdings als geschickter, dem Textverlauf zu folgen. Am Ende der Textuntersuchung pragmatisch-argumentativer Texte sollten Sachverhalt, Autor-Position und -Intention ermittelt sowie Argumentationsstruktur, wesentliche Begründungen und sprachliche Mittel erschlossen sein.

Bei **literarischen Texten** sind Inhalt, Aufbau und sprachliche Gestaltung grundlegende Untersuchungskriterien. Ansonsten richten sich die Analyseschwerpunkte nach der Aufgabenstellung. Das können beispielsweise soziale Verhaltensweisen von Figuren, existenzielle Problemstellungen, Gattungsbestimmungen, epochenspezifische Merkmale oder Fragen der Rezeption sein. Dem poetischen Text kann auch ein Sachtext, beispielsweise ein Interpretationsansatz, zugeordnet sein, dessen Thesen zunächst herausgearbeitet werden sollen. Anschließend ist in einer Interpretation des poetischen Textes zu überprüfen, inwieweit die Thesen des Sachtextes zutreffen.

So bietet sich folgende **Gliederung** an: Eine Überblicksinformation (Autor, Titel, Textart, Quelle, Adressat, Thema, Erscheinungsort und -jahr) leitet die Analyse ein. Die Überleitung hält den Aussageschwerpunkt fest. Im Hauptteil werden die entscheidenden Aussagen knapp wiedergegeben, Gedankengang bzw. Argumentationsstruktur dargestellt, die sprachliche Gestaltung bestimmt (welche Mittel, welche Wirkung, welche Absicht?). Im Mittelpunkt steht stets das für die Erörterung ausschlaggebende Thema.

Auswerten vorgegebener Materialien

Bei der materialgestützten Erörterung müssen die beigefügten Materialien im Hinblick auf das Thema kritisch ausgewertet werden. Eine umfassende Analyse dieser Unterlagen ist nicht erforderlich.

> Erörtern Sie, ob der Dialekt noch eine Zukunft hat. Berücksichtigen Sie in Ihren Aussagen die beigefügten Materialien.

B **Materialgestützte Erörterung**

Auch hier geht man von der Aufgabenstellung aus und markiert wichtige Textaussagen. Bei den weiteren Materialien fragt man nach themenrelevanten Informationen, notiert Kernaussagen (besonders Definitionen, Erläuterungen, Argumente, Entwicklungen), sucht nach thematischen Zusammenhängen und skizziert mögliche Auswirkungen.

Erörterung

3. Schritt

Erschließen des Themas

Aufgabenstellung und Thema geben die Richtung für die Gliederung vor. Die Komplexität mancher Sachbereiche und Problemstellungen verlangt mitunter eine **Aufschlüsselung zentraler Begriffe**. Dazu fragt man nach

- kennzeichnenden Merkmalen,
- Ursachen, Erscheinungsformen, Entwicklungen,
- Bezügen zu verwandten Themen und Kontexten.

Zum Auffinden von Schlüsselbegriffen erweist sich häufig eine Mindmap als hilfreich.
Angesprochene **Probleme** lassen sich auf die gleiche Weise erörternd bewältigen: Man beschreibt ihre Erscheinungsform(en), analysiert ihre Ursachen, schätzt ihre Wirkungen ab und bietet Lösungsmöglichkeiten an.

Schlüsselbegriff: zentraler Begriff in einem Text, der zumindest einen Teil der Textaussage enthält und meist nicht durch ein anderes Wort ersetzbar ist

Folgt die Erörterung der Analyse eines **pragmatischen Textes**, so zielt die Aufgabenstellung oft auf eine **Auseinandersetzung** mit den im Text vertretenen Thesen und Meinungen. Damit ist das methodische Vorgehen vorgegeben:

a) Feststellen von Thesen und Argumenten
b) Überprüfen ihrer thematischen Relevanz, Folgerichtigkeit und Stichhaltigkeit
c) Befragen der eigenen Erfahrungs- und Wissensbereiche
d) Klären der eigenen Position gegenüber der Verfassermeinung
e) Eigene Stellungnahme mit argumentativer Absicherung

Themen, die eine Auseinandersetzung fordern, sind dialektischer Natur und zielen nach der Darstellung von Pro und Kontra auf eine Entscheidung und Wertung. Mitunter helfen hier Fragen nach Gegensätzen weiter: Vorteile – Nachteile; Nutzen – Schaden.

Auch bei **textgebundenen literarischen Erörterungen** (vgl. S. 151 f.) bildet die Argumentation einen Schwerpunkt, der, wie bei Sachtexten, informierende und erläuternde Anteile enthält. Grundlage der eigenen Arbeit sind die Analyse- und Interpretations-Befunde des vorgegebenen Textes sowie erworbene Unterrichtskenntnisse.

Die einfachste Methode, um ein Thema zu erschließen, bilden die sogenannten **W-Fragen:** was, wer, wo, wann, warum, wie? Diese Fragen lassen sich auch bei argumentierenden Texten stellen: Wer stellt welche Behauptungen auf? Warum tut er dies? Wie begründet er seine Meinung, und welche Absichten verfolgt er?

Die W-Fragen sind grundlegend für jede wissenschaftliche Forschung, denn sie zielen in ihrer Gesamtheit auf Geschlossenheit und besitzen letztlich auch eine existenzielle Dimension. Etwas überspitzt lässt sich behaupten, dass sie geradezu die Kernfragen menschlichen Denkens darstellen. Freilich wird man nicht immer treffende Antworten finden. Aber der Mut, zu fragen und Antworten zu suchen, liegt im Wesen des Menschen begründet.

Am Ende der Erschließung wird die eigene Position formuliert.

Stoffsammlung

In der Textanalyse wurden die Aufgabenschwerpunkte im Hinblick auf ein bestimmtes Erörterungsthema herausgearbeitet. Diese und die eigenen bereits im Vorfeld notierten Überlegungen und kommentierenden Bemerkungen bilden die Grundlage für die folgende Stoffsammlung und -ordnung, die in drei Schritten erfolgt:

1. Schritt

Das gefundene Material wird nun durch weitere Fakten aus dem eigenen Erfahrungs- und Wissensbereich ergänzt, die die eigene Position untermauern und die Gegenmeinung infrage stellen. Man kann mit einer Tabelle arbeiten, in der die Pro- und Kontra-**Argumente** nebeneinander **in fortlaufender Nummerierung aufgelistet** werden.
Bei einer materialgestützten Erörterung geht man in ähnlicher Weise vor. Auch hier sind die Aussagen zu überprüfen, Fakten von Behauptungen zu trennen. Man überlegt, welche Informationen zur eigenen Beweisführung übernommen werden können, welche Argumente verwertbar, welche fragwürdig sind, und wo eine gegenteilige Meinung vertreten wird.

2. Schritt

Sowohl für die Pro- als auch für die Kontra-Seite erfolgt eine **Zusammenfassung nach sachlichen Entsprechungen**. Dabei ist es sinnvoll, auf ein in etwa ausgewogenes Verhältnis der einzelnen Sachgruppen zu achten.

3. Schritt

Die zusammengestellten Stichpunkte erhalten **Oberpunkte**. Diese werden anschließend **steigernd gegliedert**. Dabei helfen folgende Fragen:
- Welches Ziel soll angestrebt werden?
- Wie kann der Leser unter Spannung gehalten werden?
- Entwickelt sich der Gedankengang in logischer Folge?
- Sind bei der Segmentierung des Weges bereits bekannte Steigerungsmöglichkeiten anwendbar (vom Allgemeinen zum Besonderen, vom Einfachen zum Schwierigen, vom Bekannten zum Unbekannten, vom Äußeren zum Inneren)?

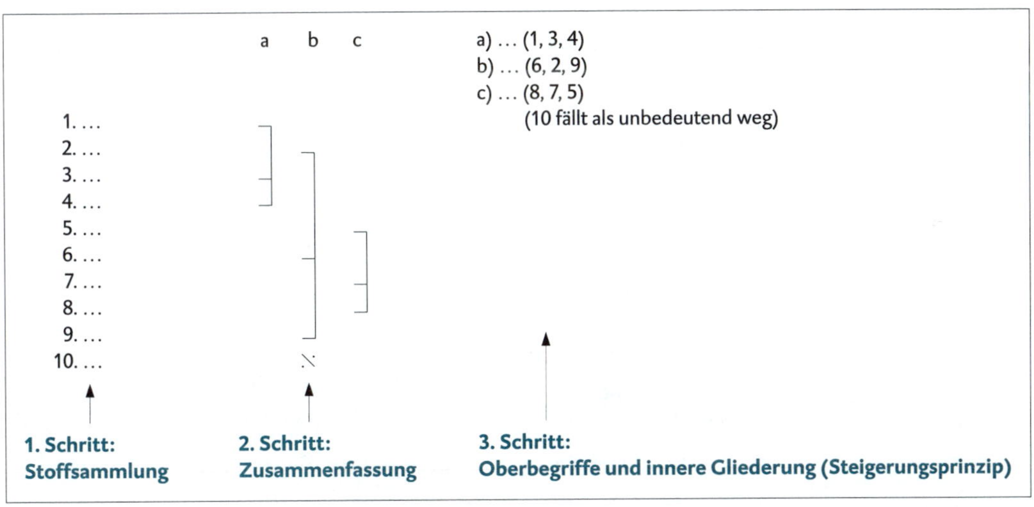

Lassen sich Stichpunkte nicht einordnen, so kann dies an ihrer Themenfremdheit oder der Enge der Oberpunkte liegen.

Gliederung

Aus den geordneten Stoffteilen ergibt sich die Gliederung. Sie bietet einen ersten, übersichtlichen Einblick in die Bewältigung des Themas und erleichtert später dem Leser die Orientierung. Zwei Gliederungssysteme sind möglich:

Buchstaben-Ziffern-Gliederung	*Dezimalgliederung*
A [Einleitung]	1 [Einleitung]
B [Hauptteil]	2 [Hauptteil]
I.	2.1
1.	2.1.1
a)	2.1.1.1
b)	2.1.1.2
2.	2.1.2
a)	2.1.2.1
b)	2.1.2.2
II.	2.2
⋮	⋮
C [Schluss]	3 [Schluss]

Die Buchstaben-Ziffern-Gliederung ist in der Regel übersichtlicher.

Bei der **dialektischen Erörterung** sind zwei Formen möglich:

Aufbau nach Pro und Kontra	*Aufbau nach Sachgesichtspunkten*
A [Einleitung]	A [Einleitung]
B [Hauptteil]	B [Hauptteil]
I. [These]	I. [Sachgesichtspunkt 1]
1. [Argument]	1. [Pro]
2. [Argument]	2. [Kontra]
II. [Antithese]	II. [Sachgesichtspunkt 2]
1. [Argument]	1. [Pro]
2. [Argument]	2. [Kontra]
III. [Wertung, Urteil bzw. Lösung]	III. [Wertung, Urteil bzw. Lösung]
C [Schluss]	C [Schluss]

Der Aufbau nach Sachgesichtspunkten ist eleganter, aber schwieriger.

Ausarbeitung

Die Einleitung

Die Einleitung verfolgt zwei Ziele: zum einen die **Hinführung zum Thema**, dessen Bearbeitung dem Hauptteil vorbehalten bleibt, und zum anderen die **Motivation des Lesers**. Dies lässt sich mit verschiedenen Möglichkeiten erreichen. Geeignet erscheinen:

- eine Überblicksinformation zum vorgegebenen Text (Titel, Textart, Autor, Quelle mit Erscheinungsort und -zeit, Thema, ggf. Anlass, Zielgruppe),
- Hinweise zur Bedeutung des Themas (persönliche Erfahrungen, aktuelle Bezüge),
- das Ausgehen vom Gegenteil,
- die Darstellung und Rechtfertigung des methodischen Vorgehens (falls nicht in der Aufgabenstellung bereits vorgegeben) und
- bei literarischen Themen die Begründung des ausgewählten Materials,
- die Einordnung von Texten, Stoffen, Themen, Motiven in größere Zusammenhänge.

Abschluss und Überleitung bildet die zentrale Textaussage oder der für die Erörterung entscheidende Themenaspekt.

Der Hauptteil

Wird eine **Textanalyse** gefordert, bildet diese den ersten Abschnitt des **Hauptteils**. Sie liefert eine Gesamtaussage zum Ausgangstext und gliedert sich nach den in der Aufgabe genannten Untersuchungskriterien. In der Regel bilden die Zusammenfassung des Inhalts, Gedankengang, Argumentationsstruktur und sprachliche Gestaltung die Schwerpunkte. Bei pragmatischen Texten kommt als weiterer Aspekt die Position und Intention des Autors hinzu.

Der zweite Abschnitt, die **Erörterung**, bietet eine Auseinandersetzung mit den in den Quellenvorgaben erfassten Aussagen. Sie führt sachlich und schlüssig zu einem überzeugenden Urteil.

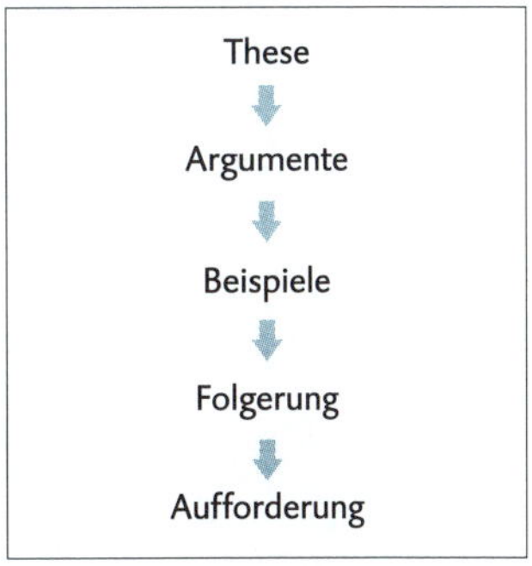

Aufbau einer Argumentation

Hinweise zur Argumentation

Bei einer Argumentation gilt es, folgende Aspekte zu beachten: Eine **These** ist eine strittige Behauptung. Sie bedarf einer Begründung, d. h., sie kann erst akzeptiert werden, wenn sie von einer Reihe folgerichtiger Aussagen gestützt wird. Solche Aussagen nennt man Argumente.

Argumente sind wichtigster Bestandteil der Logik als der Lehre vom folgerichtigen und überprüfbaren Argumentieren. Ein Argument besteht aus einer Reihe miteinander verbundener Aussagen. Diese gliedern sich in **Prämissen**, die Tatbestände nennen und Gründe für die Schlussfolgerung **(Konklusion)** angeben (eine Schlussform der klassischen Logik ist der Syllogismus, bei dem die Schlussfolgerung auf zwei Prämissen folgt). Ziel ist die Bestätigung der These. Um den theoretisch-abstrakten Ausführungen eine größere Wirkung zu verleihen, müssen konkretisierende Beispiele angeboten werden.

B

Gliederung des Hauptteils

Hauptthese: Die Sprache ist eine „Quelle von Missverständnissen".
Unterthese: Die sprachliche Entwicklung ist eine Ursache von Missverständnissen.

1. Prämisse: Die Sprache spiegelt die Gegebenheiten der jeweiligen Zeit.
2. Prämisse: Die Gegebenheiten verändern sich im historischen Prozess.
1. Schlussfolgerung (Konklusion): Die Sprache verändert sich im historischen Prozess.
2. Schlussfolgerung: Da sich Sprache im historischen Prozess verändert, führt eine Nichtbeachtung des Sprachwandels bei älteren Texten zu Missverständnissen. Konkretisierendes Beispiel: Mhd. *arebeit* bedeutete in der Zeit des höfischen Mittelalters ‚Mühsal', ‚Not', und unter *hohgezît* verstand man ‚Fest', ‚Festlichkeit'.

1. Möglichkeit

Ausführung
Die Sprache spiegelt die Gegebenheiten der jeweiligen Zeit. So wie sich diese im historischen Prozess verändern, wandelt sich auch die Sprache. Deshalb löst eine Nichtbeachtung der jeweiligen Epoche Missverständnisse aus. Übersetzt man z. B. das mhd. *arebeit* mit ‚Arbeit' und *hochgezîten* mit ‚Hochzeiten', ergibt dies einen völlig falschen Sinn.

2. Möglichkeit

Bei der Bearbeitung des Themas wurde folgender Text angeboten
Der fortwährende Sprachwandel, ein Echo auf die soziokulturellen Veränderungen der Zeit, schlägt sich nicht nur im Wortschatz, der Aussprache, der Schreibweise und der Grammatik nieder, sondern auch in der Bedeutung. Wenn im Nibelungenlied von *arebeit* und *hohgezîten* die Rede ist, dürfen wir dies nicht mit ‚Arbeit' und ‚Hochzeiten' übertragen, [wir müssen dies] vielmehr mit ‚Mühsal' und ‚Festen' übersetzen, andernfalls würde der Text einen völlig falschen Sinn ergeben.

Diesem Argumentationsmuster liegt folgende, einfache Struktur zugrunde: These: „So ist etwas" (strittig).
Argumentation: „Etwas ist *so*" (Prämissen; Tatsachen); *weil* das so ist, *folgt* … (Konklusion); *wie* sich … zeigt (Beispiel).

Ein bekanntes Argumentationsmuster, das vor allem in der Rede verwendet wird, ist der sog. „**Fünfsatz**“. Seine Leistung besteht in der klaren Gliederung und der Konzentration auf wenige Sätze.

> Die allgemeine Erfahrung lehrt [...] (1) Dagegen kann man erstens einwenden [...] (2) Zweitens spricht dagegen [...] (3) Damit wird klar [...] (4) Folglich [...] (5)

B **Fünfsatz**

Bei der Argumentation gibt es zwei grundlegende Darstellungstypen: das induktive und das deduktive Argumentieren.
Beim **deduktiven Argumentieren** kommt man vom Allgemeinen zum Besonderen, von einer generellen Aussage zum Einzelfall.

> Grundsätzlich wird die Meinung vertreten [...] Dies lässt sich in der Praxis bestätigen. So zeigt der Fall des [...: 1. Beispiel] und auch das besondere Schicksal des [...: 2. Beispiel] bestätigt [...]

B **Deduktive Argumentation**

Die **induktive Argumentation** führt umgekehrt von der Beobachtung der Einzelfälle zum Allgemeinen, aus vielen besonderen Beobachtungen wird auf Gesetzmäßigkeiten geschlossen.

> In mhd. Texten begegnen wir Wörtern wie *arebeit* [konkretes Beispiel]. Im Nibelungenlied hat es die Bedeutung ‚schwere körperliche und mühselige Tätigkeit‘. Bereits in der spätmittelalterlichen Mystik, dann durch die Vorstellungen Luthers und vor allem durch die pragmatischen Ansichten Calvins verlor der Begriff seine negative Konnotation. Die heutige Bedeutung ‚zweckmäßige Tätigkeit‘, ‚berufliches Beschäftigtsein‘ korrespondiert nicht mehr mit den mittelalterlichen Vorstellungen. Diesen Bedeutungswandel kann man mit vielen Beispielen belegen. Sie zeigen, dass Sprache von den jeweiligen soziokulturellen Gegebenheiten der Zeit abhängig ist. Deshalb kann das Nichtbeachten solcher sprachlicher Entwicklungen Ursache von Missverständnissen werden [Konklusion].

B **Induktive Argumentation**

Steinstatue des Platon (geb. 428/427 v. Chr., gest. 348/347 v. Chr.)

Diese beiden Formen haben eine lange historische Tradition. Geradezu personifiziert erscheinen sie in Platon und Aristoteles. Platon ging von der Idee (also dem Allgemeinen, Abstrakten: deduktive Methode) aus; Aristoteles begründete seine Vorstellungen in umgekehrter Weise: Er beobachtete die Einzelphänomene, bemerkte Entsprechungen und leitete daraus Gesetze ab (Methode: Schlussfolgerung von übereinstimmenden Einzelphänomenen zum allgemeinen Gesetz. Dies ist eigentlich das normale wissenschaftliche Vorgehen. Man untersucht eine Menge natürlicher Vorgänge, stellt Gemeinsamkeiten fest und leitet daraus Gesetzmäßigkeiten ab. Deshalb bezeichnet man Aristoteles auch als den ersten Wissenschaftler.).

Die Beweiskraft der Argumente wird häufig verstärkt mit
- Fakten, Statistiken und Zahlen,
- dem Hinweis auf Traditionen,
- festen Normen (z. B. Grundrechten),
- der Berufung auf Autoritäten (Fachleute; Sekundärliteratur) und
- Analogieschlüssen.

Bei Erörterungen, die sich an Textvorlagen anschließen (nichtpoetische Texte, poetische Texte), liefern Beleghinweise auf **Kernstellen und Zitate** die notwendigen Stützen für die Argumentation. Dennoch ist es manchmal bedenklich, diesen Beweismitteln unreflektiert zu folgen. Beim **Autoritätsbeweis** ist man leicht geneigt, die Person oder Sekundärliteratur zu zitieren, die man für die Konklusion benötigt (mitunter werden Aussagen gebeugt, falsch übernommen oder der notwendige Kontext wird unterschlagen). Aus Gründen der Ehrlichkeit müssten aber auch, falls vorhanden, Gegenmeinungen zu Wort kommen. Auf jeden Fall sollten die übernommenen Aussagen vorher überdacht sein. Nur wenn man selbst überzeugt ist, kann man andere überzeugen. Ebenso sollte man gegenüber **überkommenen Denkmustern** (Topoi) skeptisch sein. Ihnen kommt zwar aufgrund allgemeiner Erfahrung Beweiskraft zu, sie finden aber nicht selten als billige Ausflüchte und Leerformeln Verwendung (markantes Beispiel: „Kunst ist bekanntlich Geschmacksache“). Bei einem **Analogieschluss** vergleicht man Teile von zwei unterschiedlichen Bereichen. Da die Teile sich in bestimmter Hinsicht gleichen, schließt man, dass dies auch in anderer Hinsicht gilt.

B
Analogieschluss

In der mittelalterlich-höfischen Zeit gibt es die Begriffe *arebeit* und *hohgezît*. Beide Begriffe haben im historischen Prozess einen Bedeutungswandel erfahren. Im Mittelhochdeutschen gibt es den Begriff *milte*. Man kommt zu dem Schluss, dass aufgrund der Analogie sich auch dieser Begriff in seiner Bedeutung verändert haben muss (mhd. milte = ‚Freigebigkeit‘).

Zu Recht kann man hier einwenden, dass solche Analogieschlüsse nicht immer zutreffend sind. So gibt es viele Wörter, die sich über die Zeiten hinweg nicht verändert haben. Dies ist aber im Hinblick auf die These nicht von Bedeutung. Es soll ja nicht nachgewiesen werden, dass sich

alle Wörter verändert haben, sondern dass der Sprachwandel zu Missverständnissen führen kann.
Erörterungen sollen nicht nur durch gedankliche Logik, sondern auch durch die **sprachliche Darbietung** überzeugen. Deshalb ist auf eine klare, überschaubare syntaktische Struktur zu achten, bei der dem Hauptsatz Priorität gebührt. Neben dem Bemühen um exakte Begrifflichkeit fördert ein anschaulicher Stil die Verständlichkeit. Verschiedene sprachliche Wendungen können die Argumentation präzisieren (vor einem stereotypen Einsatz ist jedoch zu warnen):

- **Begründungen:** „Die Erfahrung beweist, dass …"; „Es ist allgemein bekannt, dass …"; „Die Begründung liefert N.N. …"; „Dies wird durch Untersuchungen bestätigt …"
- **Einschränkungen; Entgegensetzung:** „Zwar (sicherlich, gewiss) besitzt diese Behauptung Gültigkeit, aber (gleichwohl, dennoch, trotzdem) …"; „Diesen Vorstellungen kann man … entgegenhalten"; „Allerdings gilt es zu bedenken, dass …"; „Eine Einschränkung erscheint allerdings angebracht: …"; „Freilich muss man einräumen, dass …"; „Man darf aber nicht vergessen …"; „Dagegen spricht …"
- **Folgerungen:** „Daraus ergibt sich, dass …"; „Damit wird offenkundig, dass …"; „Folglich (demnach, daher, deshalb, infolgedessen) ergibt sich …"
- **Weiterführung:** „Außerdem (ferner, des Weiteren, zusätzlich, schließlich) ist zu erwähnen, dass …"

Der Schluss

Meist ist es sinnvoll, einen Schlussteil anzufügen. Er kann
- eine Zusammenfassung bieten,
- auf den Einleitungsgedanken zurückgreifen und somit das Thema abrunden,
- einen Ausblick auf weitere Perspektiven eröffnen (z. B. bei Problemen) und
- der Ort für eine persönliche Aussage sein.

Häufige Fehler

Einleitung

- Sie führt nicht zum Thema hin.
- Sie ist zu abstrakt gefasst und kann deshalb den Leser nicht motivieren.
- Sie ist zu umfangreich und allgemein formuliert.

Hauptteil

- Es fehlen wesentliche, thematisch relevante Teile.
- Die Gedankenführung ist unlogisch (Gedankensprünge, Widersprüche, Abschweifungen).
- Der Aufbau folgt nicht steigernd dem Gewicht der Argumente.
- Den Begründungen mangelt es an Relevanz, d. h., die Beziehung zwischen Behauptung und Argument ist nicht transparent genug.
- Die Begründungen überzeugen nicht, weil sie nicht stichhaltig sind und so möglichen Einwänden nicht standhalten.
- Die Argumentation beschränkt sich auf Gemeinplätze.
- Konkretisierende Beispiele fehlen.
- Die sprachliche Darstellung lässt sachliche Distanziertheit vermissen.

Schluss

- Er rundet nicht ab bzw. bietet keinen themabezogenen Ausblick.
- Er ufert zu stark aus und führt vom eigentlichen Thema weg.

Übersicht: Erörtern

Formen	textgebundene Erörterung (im Anschluss an einen Sach- oder literarischen Text); materialgestützte Erörterung
Arbeitsschritte	• Klären der Aufgabenstellung: – Gegenstand (Was?), Ziel, Form der Erörterung – Erfassen der Anforderungen – Beachten der Aufgabengewichtung • Textanalyse – Festhalten formaler, inhaltlicher, argumentativer und sprachlicher Auffälligkeiten – bei pragmatischen Texten: Feststellen der Autorposition und -intention – bei literarischen Texten: z. B. kritische Überprüfung bestimmter vorgegebener und erkannter Kriterien • Erschließen des Themas (W-Fragen) • Stoffsammlung: Befragen eigener Erfahrungs- und Wissensbereiche, Auseinandersetzung mit den Inhalten der Ausgangstexte • Gliedern des geordneten Materials nach Sachgesichtspunkten • Ausführung: – Einleitung: Hinführen zum Thema und Lesermotivation – Hauptteil (bei textgebundener Erörterung): I Textanalyse, II Erörterung; klare Strukturierung der Argumentation (These, Argumente, Beispiele, Folgen; Urteil); Berücksichtigung von Einwänden und Gegenargumenten; Eindeutigkeit von Definitionen, Erklärungen, Erläuterungen; angemessener Aufbau: steigernd bzw. dialektisch – Schluss: Zusammenfassung, Abrundung, Ausblick, persönliche Stellungnahme • Gestaltung: – vollständig – sachgemäß (Themabezogenheit, Objektivität, Fachwortschatz) – übersichtlich (sinnvolle Gliederung, Absätze, Überleitungen) – logisch (folgerichtige, stichhaltige Argumentation, Eindeutigkeit) – anschaulich (Beispiele, Vergleiche) – nachvollziehbar (Aufbau und Inhalt dem Leser einsichtig) • Reinschrift der Gliederung; Beachten der formalen Einheitlichkeit • Überprüfung: abschließendes Lesen; Durchsicht auf sprachliche Korrektheit

Materialgestütztes Schreiben

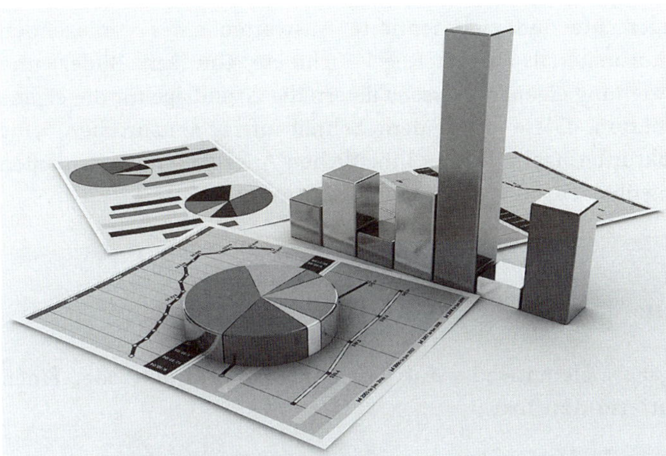

Neben dem Analysieren, Interpretieren und Erörtern von Textvorlagen (Textbezogenes Schreiben) bildet das materialgestützte Verfassen von Texten eine wichtige abiturrelevante Aufgabenart.
Sie soll ein aktuelles Schreiben realisieren, das notwendige Fertigkeiten für ein wissenschaftliches Studium einübt und sich verstärkt an kommunikativen gesellschaftlichen Anforderungen ausrichtet.
Das sachgerechte und zielorientierte Auswerten eines vorliegenden Informationsmaterials (in der Regel Sachtexte, Grafiken, Bilder) und die Einbeziehung eigenen Wissens liefern die Grundlage für die eigene Textproduktion. Diese muss dem Schreibauftrag entsprechen, eine klare Struktur besitzen, in ihrer inhaltlichen Aussage und sprachlichen Gestaltung überzeugen und adressatenbezogen sein.

Formen

Die Aufgabe zielt entweder auf einen **informierenden** oder einen **argumentierenden** Text.

Informierende Texte geben in zusammenhängender, zielorientierter, und adressatenbezogener Weise Auskunft über mehr oder weniger komplexe Sachverhalte. Beispielsweise können sie als Lexikonartikel literarische Fachbegriffe klären.

Argumentierende Texte setzen sich mit strittigen Fragen auseinander, klären Sachverhalte und nehmen Stellung. Das kann in verschiedenen Textarten geschehen. Häufig werden Erörterungen, Kommentare, Reden oder Essays verlangt.
Beide Textformate lassen sich auch verbinden, z. B. wenn einem Textmaterial Informationen über das epische Theater entnommen werden sollen (1. Aufgabenteil) und anschließend ein Brecht-Text auf diese hin zu überprüfen ist (2. Aufgabenteil).

	Textbezogenes Schreiben				Materialgestütztes Schreiben	
Aufgabenart	Interpretation literarischer Texte	Analyse pragmatischer Texte	Erörterung literarischer Texte	Erörterung pragmatischer Texte	Materialgestütztes Verfassen informierender Texte	Materialgestütztes Verfassen argumentierender Texte

In unterschiedlichen Aufgabenarten schreiben

So könnten mögliche Aufgaben lauten:
- „Verfassen Sie einen Artikel für ein Schülerlexikon zum Thema ‚Das epische Theater'. Verwenden Sie dazu Informationen aus den beigefügten Materialien und beziehen Sie Ihre literaturgeschichtlichen Kenntnisse mit ein. Der Umfang Ihres Textes soll etwa [...] Wörter umfassen."
- „Setzen Sie sich in einem Leserbrief an die Schülerzeitung mit dem Thema [...] auseinander. Ziehen Sie zu Ihrer Argumentation auch relevante Aussagen der Materialien heran."

Arbeitsschritte

Folgendes methodische Vorgehen bietet sich an:

Klären der Aufgabenstellung

1. Schritt

Die Zugangsfragen richten sich nach:
- dem Thema,
- dem Ziel,
- den Informationsquellen (Materialien; eigene Kenntnisse),
- dem Schwerpunkt des eigenen Textes (Information oder Argumentation),
- dem Adressaten.

Der Arbeitsanweisung sind **Thema, Form, Textart** und direkt oder indirekt der **Adressat** zu entnehmen. Damit ist auch die Richtung der Quellenarbeit vorgegeben. Einen weiteren Orientierungspunkt bildet die Angabe des erwarteten **Textumfangs**.

Informationssammlung, -auswahl und -aufbereitung; Einbringen eigener Kenntnisse

2. Schritt

Die Durchsicht der Materialien nach geeigneten Informationen richtet sich nach Thema und Zielsetzung. Das bedeutet, dass keine ausführliche Analyse erwartet wird; es genügt ein zielfokussiertes Recherchieren der Quellen und Festhalten relevanter Fakten.

Abstract, der oder das: von engl. *abstract* bzw. lat. *abstrahere* = aus dem Besonderen (den Einzelheiten) das Allgemeine, Wesentliche ableiten; kurze Zusammenfassung

Dem materialgestützten Verfassen von Texten kann ein Aufgabenteil vorausgehen, der eine (strukturierte) Inhaltszusammenfassung (**Abstract**), eine Beschreibung der Argumentationsstruktur oder Gedankenführung verlangt. Ihre Bearbeitung bildet eine wesentliche Quelle für die eigene Textproduktion.

Das Zusammenstellen der notwendigen Informationen beginnt mit einem gründlichen **Lesen**. Es folgen **das Markieren und Notieren relevanter Stellen** in den zur Verfügung gestellten Materialien. Bereits in dieser Arbeitsphase sollte man erste eigene Gedanken am Rand notieren.

Textmaterialien enthalten oft einen **Informationsüberschuss**. Hier gilt es, nur die für die eigene Arbeit wichtigen Aussagen im umfangreichen Angebot zu erkennen und festzuhalten. Diese Tätigkeit verlangt fortlaufende, konzentrierte Themenbezogenheit. Mitunter lassen sich die notwendigen Informationen nur indirekt aus dem verfügbaren Material erschließen. In solchen Fällen sind schlussfolgerndes Denken und Abstraktionsfähigkeit gefragt.

Der Arbeitsschritt erfolgt unter genauer Beachtung des Aufgabenziels in drei Stufen:

- Feststellen der Quellen
- Exzerpieren und Sammeln der Informationen
- Vergleich und Aufbereitung der Ergebnisse

Diskontinuierliche Texte (auch: nichtlineare Texte): Kombination aus bildlichen, grafischen und/oder tabellarischen mit sprachlichen Elementen; kein lückenloses Aufeinanderfolgen von Sätzen (*diskontinuierlich* = unterbrochen, stückweise)

Zu den angebotenen Materialien gehören häufig **diskontinuierliche Texte** wie Schaubilder, Tabellen oder Diagramme. Sie vermitteln in unterschiedlichen Formen (z. B. Linien-, Kreis-, Säulendiagramm) grafisch gestaltete Daten und Werte. Einen ersten Überblick liefern Titel und Legende sowie die Zugangsfragen: Wer? (→ Herausgeber), wo, wann? (→ Quellenangabe mit Ort und Datum), wie? (→ Darstellungsform, Art des Diagramms), was? (→ Thema, Titel).

Anschließend werden die themenrelevanten **Aussagen** des Schaubilds/der Tabelle/des Diagramms **erfasst:**

- Welche Veränderungen, Entwicklungen und Auffälligkeiten sind festzustellen?
- Was sind die Kernaussagen?

Nun erfolgt der **Vergleich** der dem Material entnommenen Informationen mit den Aussagen der anderen Materialien, bei denen in ähnlicher Weise verfahren wurde. Man fragt nach Übereinstimmungen, Gegensätzen, Zusammenhängen, Ursachen und Folgen.

Bei diesem Vergleich lässt sich mitunter auch der Informationswert eines Materials (aber auch der anderer Quellen) **kritisch** auf seine Stichhaltigkeit **überprüfen** (markante Abweichungen, Ungenauigkeiten, fehlende Angaben).
An dieser Stelle erfolgt der ausführliche Rückgriff auf **eigene Kenntnisse**. Ergänzende Fakten, Erklärungen, Verweise, Beispiele werden notiert und Teilbereichen zugeordnet. Sie sollen bei der Ausführung die eigene Meinung stützen und die Gegenmeinung schwächen. Je nach zu erstellender Textart wird nun eine Gliederung angefertigt.

B Zusammenfassende Darstellung eines diskontinuierlichen Textes

Quelle: BDZV: Bund deutscher Zeitungsverleger, IVW: Informationsgemeinschaft zur Feststellung der Verbreitung von Werbeträgern e.V.

Das Schaubild (Quelle: BDZV, IVW) thematisiert das Zeitungssterben in Deutschland. Es zeigt, dass die Anzahl der Tageszeitungen in den letzten zwanzig Jahren erkennbar abgenommen hat. Während es im Jahr 1992 426 verschiedene Tageszeitungen gab, waren es im Jahr 2002 nur noch 385, also 41 weniger, und im Jahr 2012 nur noch 333, d. h. 52 weniger. Das Zeitungssterben hat sich folglich in den letzten zehn Jahren verstärkt.

Sichten und Ordnen

3. Schritt

Der gesammelte Stoff wird nochmals themabezogen geprüft und nach Sachkriterien geordnet. Dabei kontrolliert man die festgehaltenen Textaussagen auf ihre Verwendbarkeit (Welche Thesen bleiben fragwürdig? Handelt es sich um bloße Vermutungen oder um gesicherte Fakten? Überzeugen Argumente und Illustrationen?).

Soll ein **informierender Text** verfasst werden, ist oft strenge inhaltliche, formale und sprachliche Konzentration gefordert. Die Darstellung eines Begriffes beginnt häufig mit einer Definition, dann wird man auf historische Hintergründe eingehen, kennzeichnende Merkmale festhalten, diese mit entsprechenden Aspekten vernetzen und an Beispielen konkretisieren. Ursachen, Erscheinungsformen, Entwicklungen und mögliche Folgen können angesprochen werden. Informierende Texte enthalten damit auch umfangreiche erklärende Abschnitte.

Soll ein **argumentativer Text** verfasst werden, so wird man zunächst die Thesen und Argumente der Materialien auf ihre Korrektheit überprüfen. (Handelt es sich um überzeugende Fakten oder nur um bloße Thesen und Vermutungen? Welche Textelemente lassen sich für die eigene Argumentation nutzen? Welche Aussagen halten einer kritischen Überprüfung nicht stand?) Auch hier gilt es, vorhandene Kenntnisse einzubringen, die sowohl formales als auch fachliches Wissen betreffen. Grundsätzlich ist beim Aufbau bzw. der Gliederung auf einen interessanten, adressatenbezogenen Einstieg zu achten. Ein solcher kann bereits den Leitgedanken (roter Faden!) enthalten. Der Hauptteil kann sich mitunter an einen vorgegebenen Text anlehnen, aber auch nach dem Gewicht der Argumente steigernd strukturiert sein. Der Schlussteil fasst zusammen, trägt dezidiert noch einmal die eigene Meinung vor, bietet einen Ausblick oder greift abrundend auf die Einleitung zurück.

4. Schritt Ausarbeitung (Textproduktion)

Bereits in der Gliederung sollte die eigenständige Leistung erkennbar sein, die Fähigkeit nämlich, aus angebotenen Quellen und Unterrichtskenntnissen neue Gedanken, Sichtweisen und Lösungswege zu entwickeln. Das Textangebot hat die Erwartungen der Leser zu erfüllen: Es muss daher **adressatenbezogen** erfolgen, die Aussagen klar strukturiert (übersichtlich) anbieten, auf die Materialien sachlich eingehen, ihre Aufnahme begründen, korrekt zitieren, eigenes Wissen den Sachverhalten entsprechend geordnet einbinden und das angestrebte Ziel (roten Faden) nicht aus den Augen verlieren.

5. Schritt Überprüfung

Am Ende wird das Ergebnis im Hinblick auf seine formale, sprachliche und inhaltliche Korrektheit überprüft und gegebenenfalls werden Ergänzungen bzw. Änderungen angebracht.

Häufige Fehler

- Unvollständige oder falsche Quellenauswertung,
- unscharfe Trennung wichtiger von weniger wichtigen Aussagen,
- unkritische Informationsübernahme,
- falsche Zuordnung der Informationen zu den Teilthemen,
- bloßes Paraphrasieren der Inhalte, keine eigenständige Textproduktion; Defizite bei der Entwicklung eigenständiger Denkprozesse.

Übersicht: Materialgestütztes Schreiben

Formen	• informierender Text • argumentierender Text
Arbeitsschritte	**Klären der Aufgabenstellung** • Thema, Textformat, Textart • Adressat • Textumfang **Stoffsammlung (Informationserkennung, Auswahl und Zuordnung)** • Feststellen der Quellen • Exzerpieren und Sammeln der Informationen • Vergleich und Aufbereitung der Ergebnisse • Einbringen eigener Kenntnisse **Sichten und Ordnen des Materials (Gliederung)** • Einleitung: adressatenbezogen, aktuell • Hauptteil: klare argumentative Struktur unter Verwendung des Quellenmaterials • Schluss: Zusammenfassung, Ausblick, Bewertung **Überprüfung** Form, Inhalt, Sprache

Literaturgeschichte

Barock (1600–1720)

Hintergrund

Die kennzeichnenden Merkmale der Epoche sind:

- **Dreißigjähriger Krieg** (1618–1648),
- **Gegenreformation** (Einsatz der katholischen Kirche gegen den Protestantismus; ca. 1555–1648; von Bayern ausgehend unter besonderer Beteiligung des Jesuitenordens),
- **Türkenabwehr** vor Wien (1683),
- **Absolutismus** (Staatsform, in der der Fürst unbeschränkte Herrschaftsgewalt besitzt; daher keine Gewaltenteilung; völlige Abhängigkeit der Beamten vom Fürsten; Untertanen ohne politische Rechte; Höhepunkt in Frankreich unter Ludwig XIV.),
- **Kleinstaaterei**, die in Deutschland zu zahlreichen kulturellen Zentren führt.
- An den Fürstenhöfen und in den Residenzstädten arbeiten die **Künstler im Dienst fürstlicher Repräsentation**.
- Der Krieg schafft ein **antithetisches Weltbild:** Lebensverneinung und Lebensgier stehen sich gegenüber („memento mori" – „carpe diem").
- Krieg und Gegenreformation rücken **existenzielle und religiöse Themen** ins Blickfeld.
- Schließlich stellt das **Bekenntnis zu Form, Ordnung und Vernunft**, wie es bei Philosophen und Wissenschaftlern deutlich wird, eine Möglichkeit gegen Angst und Chaos dar.

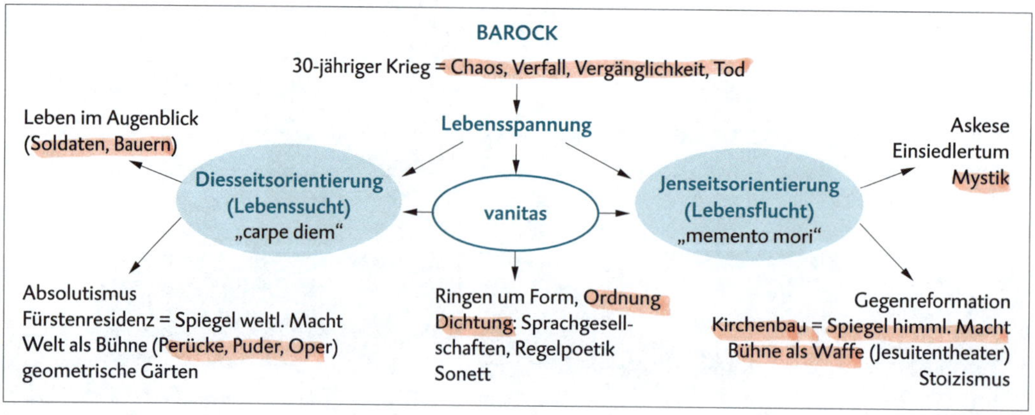

Literarisches Leben

Zahlreiche **Autoren** stammen **aus dem Bürgertum**. Sie sind gebildet und haben auf Reisen im europäischen Ausland Erfahrungen gesammelt, ihre Sprachkenntnisse vertieft und sich mit maßgeblichen Werken der englischen, französischen, spanischen und italienischen Literatur vertraut gemacht. Viele von ihnen sind Beamte, Ärzte oder im Kirchendienst tätig.

Ihre Werke zielen auf ein **gebildetes, humanistisch geschultes Publikum**, das aus einem beschränkten Kreis von Adligen und höheren Beamten bürgerlicher Herkunft besteht. Breite Bevölkerungsschichten besitzen keine Schulbildung oder können den literarischen Anforderungen nicht genügen.

Zentren des literarischen Lebens sind **Fürstenhöfe**, aber bereits auch große **Handelsstädte** wie Hamburg, Nürnberg, Breslau und Leipzig. **Schlesien** ist die ertragreichste literarische Landschaft. **Sprachgesellschaften** bemühen sich, die durch Kriegseinflüsse verwilderte deutsche Sprache von Vulgärausdrücken und Fremdwörtern zu reinigen. **Englische Komödianten**, die als Wandertruppen nach Deutschland kommen, bereichern das Barocktheater durch Aufführungen von Shakespeare- und Marlowe-Stücken sowie durch die Betonung des Komischen.

Autoren und Werke

Jakob Bidermann (1578–1639) gilt als bedeutendster Vertreter des Jesuitendramas. Sein *Cenodoxus* (1602) zeigt, wie menschliche Überheblichkeit bestraft wird.

Die Schriften von **Jakob Böhme** (1575–1624) und **Angelus Silesius** (Johannes Scheffler; 1624–1677) stehen in der Tradition der mittelalterlichen **Mystik** und beeinflussen mit ihrer bildhaften und zugleich dunklen Sprache die Romantik. **Paul Gerhardts** (1607–1676) schlichte, innige Lieder bilden den Höhepunkt des protestantischen Kirchenlieds.

Der autodidaktisch gebildete **Hans Jakob Christoffel von Grimmelshausen** (1622–1676) erfuhr persönlich die Schrecken des Dreißigjährigen Krieges. Mit *Der abenteuerliche Simplicissimus Teutsch* (1669) schrieb er den bedeutendsten Barockroman. In lebendiger Sprache (zahlreiche Sprachschichten: Rhön- und Spessartdialekt, Soldatenjargon, Fach- und Berufsausdrücke, Predigerton und Gaunerrotwelsch) zeigt er den Weg seines Helden von kindlicher Naivität durch die Welt des Krieges bis zum frommen Einsiedlerleben. Unbeständigkeit des irdischen Glücks und Weltabkehr sind die entscheidenden Motive.

Mystik: Form religiösen Verhaltens; ihre Vertreter suchen durch Askese und Meditation eine persönliche Vereinigung mit der Gottheit, die „unio mystica". Hauptvertreter im Mittelalter: Meister Eckhart, Johannes Tauler, Hildegard von Bingen. Wirkung der Mystik auf: Pietismus, Empfindsamkeit, Romantik; in der Moderne besonders auf Rilke, Lasker-Schüler, Langgässer

Andreas Gryphius (eigentlich Greif): geb. am 2.10.1616 in Glogau (Schlesien), gest. am 16.7.1664 ebenda

Andreas Gryphius (1616–1664) verbrachte eine vom Krieg beeinträchtigte Jugend in Schlesien. Später führten ihn Bildungsreisen nach Den Haag, Paris und Rom. Schließlich ließ er sich als Rechtsberater in seiner Heimatstadt Glogau nieder. Der Hauptvertreter des barocken Trauerspiels schöpfte aus holländischen (Vondel), französischen (Corneille) und italienischen Quellen (Jesuitendrama).
In seinen Werken (z. B. *Leo Armenius; Catharina von Georgien*) thematisiert er Märtyrertum und standhafte Haltung. Gryphius ist auch der überragende Lyriker der Epoche. Seine Sonette kreisen um irdische Vergänglichkeit und Kriegselend (*Lissaer Sonette; Sonn- und Feiertagssonette*). In seinen Oden ringt er um Erlösungsgewissheit.

B **Sonett**

Du siehst, wohin du siehst, nur Eitelkeit auf Erden!
Was dieser heute baut, reißt jener morgen ein;
wo jetzund Städte stehn, wird eine Wiese sein,
auf der ein Schäferskind wird spielen mit den Herden. […]

(Andreas Gryphius, *Es ist alles eitel*)

Martin Opitz (1597–1639) stammte aus Schlesien, studierte in Heidelberg und bereiste Holland und Dänemark. Später stand er im diplomatischen Dienst der schlesischen Herzöge. Mit seinem *Buch von der Deutschen Poeterey* (1624) leitet er die **normativen deutschen Poetiken** ein. Daneben gilt er als Mitbegründer der deutschen Oper (*Daphne*, 1626; Text nach O. Rinuccini, vertont von Heinrich Schütz). Seine Übersetzung von Barclays *Argenis* (1626) leistet einen Beitrag zum Staatsroman; mit seiner *Schäfferey von der Nimfen Hercinie* (1630) beginnt die deutsche Schäferdichtung (vgl. auch seine Übersetzung von Sidneys *Arcadia*, 1636). Die Übersetzungen von Senecas *Troerinnen* (1625) und Sophokles' *Antigone* (1636) förderten den Einfluss antiker Tragödien auf die deutsche Literatur.

Normative Poetik: Regelpoetik; Festlegung der Dichtkunst auf feste, lehr- und lernbare Regeln

B **Auszug aus Martin Opitz' *Buch von der Deutschen Poeterey***

[…] Die Comedie bestehet in schlechtem wesen vnnd personen; redet von hochzeiten, gastgeboten, spielen, betrug vnd schalckheit der knechte, ruhmrätigen Landtsknechten, buhlersachen, leichtfertigkeit der jugend, geitze des alters, kupplerey vnd solchen sachen, die täglich vnter gemeinen Leuten vorlauffen. Haben derowegen die, welche heutiges tages Comedien geschrieben, weit geirret, die Keyser vnd Potentaten eingeführet; weil solches regeln der Comedien schnurstracks zuewieder läufft. […]

(Martin Opitz, aus: *Buch von der Deutschen Poeterey*, 1624)

Themen und Motive

Der **Dreißigjährige Krieg** bildet den thematischen Schwerpunkt. Vor seinen Schrecken erscheint alles Leben vergänglich, nichtig und eitel (**Vanitas-Motiv**). Dem Gefühl, bloßer Spielball eines launischen Schicksals zu sein (**Fortuna-Motiv**), begegnet man dabei auf unterschiedliche Weise: In der fürstlichen Welt versucht man das schmerzliche Erlebnis verrinnender Zeit hinter einer Scheinwelt aus Puder, Maske, Kostüm, ritualisierter Handlung und schäferlich-**arkadischer** Idylle zu verbergen. Dagegen beschwören die Vertreter der Gegenreformation eindringlich die Hinfälligkeit des Irdischen, indem sie das sinnlich Schöne in harten Kontrast zum Grausigen setzen. Bilder des Todes, der Verwesung, des jüngsten Gerichts und der Hölle intensivieren das Zeitbewusstsein (**Zeit-Motiv**), fördern die Askese, letztlich aber auch den Hunger nach Leben. Wo nichts Bestand hat, bietet der christliche **Stoizismus** eine Möglichkeit, das Leid als tugendfördernd zu erkennen und so der spannungsvollen Antithetik zwischen Weltbejahung und -verneinung zu entkommen. Dies gelingt durch charakterliche Beständigkeit und Zügelung der Leidenschaften. Weltabkehr äußert sich nicht nur im zurückgezogenen Einsiedlerdasein (**Einsiedler-Motiv**), sondern auch in der religiösen Haltung des Mystikers.

Unter den Grausamkeiten des Dreißigjährigen Krieges hatte die Landbevölkerung immer wieder zu leiden. (Ausschnitt aus dem Gemälde *Der Überfall* von Jan Brueghel d. Ä. und Sebastian Vrancx aus dem Jahr 1620)

Der Dichter beschreibt in der Regel kein Einzelschicksal. Das vom Schicksal gepeinigte Ich hat lediglich exemplarischen Charakter. Sein Leid steht für das Leid aller. Barocke Dichtung ist somit eine **Absage an Individualismus und Subjektivismus**. Ebenso kommt dem gesamten irdischen Dasein kein Eigenwert zu. Es wird als flüchtiger Traum erkannt, als Zeichen, das auf eine höhere Ordnung, auf ein zeitloses Sein verweist. Illusion und Realität verbinden sich im **Bühnen- und Masken-Motiv.** Auch hier erkennt man die Wirklichkeitsproblematik der Zeit. Persönliche Töne finden sich bei Paul Fleming (1609–1640) und dem sehr viel späteren Christian Günther (1695–1723).

Arkadien: griech. Bergland der Peloponnes; in der Literatur Hirtenland der Glückseligkeit

Stoizismus: geistige Haltung im Sinne der Stoa, einer griech. Philosophenschule, um 300 v. Chr. begründet; Lehre: Der Kosmos ist vernunftbeseelt und von einer sinnvollen göttlichen Ordnung. Das Leben soll mit der Natur übereinstimmen, frei von Affekten, auf Tugend ausgerichtet und von Unerschütterlichkeit geprägt sein. Bedeutende Stoiker: Seneca, Kaiser Marc Aurel

Theorie, Formen und Sprache

Theorie

Poetik: griech. „Dichtkunst“; seit Aristoteles die Lehre von der Dichtkunst

Das Bemühen um Form äußert sich in zahlreichen **Barockpoetiken**, die mit **Martin Opitz**’ *Buch von der Deutschen Poeterey* (1624) eingeleitet werden. In diesem Werk, das in der Tradition der Antike (Aristoteles, Horaz) und der Renaissance (Scaliger, Ronsard, Heinsius) steht, werden Thesen und Forderungen aufgestellt, die für das Literaturverständnis der Epoche von Bedeutung sind. Die wichtigsten lauten:

- Dichtung ist lehrbar; sie vermittelt Weisheit.
- Drama: Die Tragödie handelt von Personen höheren, die Komödie von Personen niederen Standes (Ständeklausel).
- Lyrik: Sonette werden empfohlen. Als bevorzugte Metren gelten Jamben und Trochäen. Auf die Reinheit des Reims ist zu achten. Der natürliche Sprechakzent muss mit dem Versakzent übereinstimmen.

Formen

Die Lyrik teilt sich in eine profan-gesellschaftliche und eine religiöse Richtung. Die **weltliche deutsche Lyrik** nimmt sich italienische, französische und niederländische Dichtungen zum Vorbild. Die Gedichte sind nicht Ausdruck persönlichen Erlebens. Viele thematisieren eine Lehre, ein Lob oder eine Behauptung und beinhalten eine überraschende Wendung (Pointe). Oft verfasst man auch Gedichte zu besonderen Ereignissen des Lebens (Taufe, Hochzeit, Begräbnis).

Die Liebesdichtung wird vom **Petrarkismus** bestimmt, einem formelhaften und metaphernreichen Frauenpreis. In der Schäferdichtung stellt man der friedlosen Zeit eine naturnahe Idylle gegenüber.

Die **religiöse Lyrik** ist stark von der Mystik geprägt, die neue Wege der Gotteserfahrung sucht und zu einer Wurzel des Pietismus wird. Zu den beliebten Formen gehören das Epigramm (nach Opitz eine kurze Satire, die sich durch „Spitzfindigkeit“ auszeichnet und eine Pointe enthält), die Pindarische Ode (dreigliedriger Bau) und das Alexandriner-Sonett. Bedeutung erlangt das Kirchenlied.

MARTINI
OPITII
Buch von der Deutschen
Poeterey.
In welchem alle jhre eigenschafft vnd zugehör gründtlich erzehlet/vnd mit exempeln außgeführet wird.
Gedruckt in der Fürstlichen
Stadt Brieg/bey Augustino
Gründern.
In Verlegung David Müllers Buchhändlers in Breßlaw. 1624.

Opitz’ *Buch von der Deutschen Poeterey* gilt als richtungsweisende Poetik des deutschen Barock

Im 17. Jahrhundert erleben **Drama und Theater** einen Höhepunkt. So entsteht neben dem überkommenen Laienspiel ein professionelles Theater. Die verbreitetsten Dramentypen sind: Ordensdrama, Trauerspiel, Komödie und Oper. Die englischen Komödianten bieten vor allem Aktionstheater.

- Das **jesuitische Ordensdrama**, das sich aus dem lateinischen Schuldrama entwickelt hat, steht ganz im Dienste der Gegenreformation. Mit großem bühnentechnischen Aufwand gestaltet man die Flüchtigkeit des irdischen Glücks und feiert die triumphierende Kirche. Die Bekehrungsabsicht wird besonders in den Märtyrerhelden deutlich. Tugend und Laster treten als allegorische Figuren auf.
- Das **barocke Trauerspiel** steht unter dem Einfluss Senecas, des klassizistischen französischen Dramas und des Ordensdramas. Seine Themen kreisen um das unberechenbare Schicksal des Menschen und die Vergänglichkeit irdischen Glücks. Im Mittelpunkt steht ein Held, der sich in der Auseinandersetzung zwischen Moral und Unmoral heroisch bewährt. Dabei vollziehen sich die von außen herangetragenen Konflikte nicht im seelischen Bereich. Während Andreas Gryphius immer wieder die stoische Haltung des Märtyrerhelden zeigt, wirken die Werke des spätbarocken Daniel Caspar von Lohenstein (1635–1683) übersteigert und manieriert. Hier wird mit Vorliebe Entartetes und extrem Böses dargestellt.
- Andreas Gryphius gilt auch als bedeutendster barocker **Komödiendichter**. In *Absurda Comica oder Herr Peter Squentz* (1658) verspottet er Handwerker, die ohne tieferes Verständnis die Geschichte von Pyramus und Thisbe aufführen wollen, wobei sie Sein und Schein verwechseln und Missverständnisse auslösen.
- Die nach italienischem Vorbild von Opitz begründete **Oper** eignet sich besonders durch das Zusammenspiel von Dichtung, Musik, Tanz und Pantomime zur prachtvollen Repräsentation.
- Aktionismus, einfache, mitunter derbe Sprache und wiederholte Handlungsunterbrechung durch die Possen einer lustigen Figur bestimmen das **Theater der englischen Komödianten**.

Die drei Hauptgattungen des **Barockromans** sind: der heroisch-galante Roman, der Schäfer- und der Schelmenroman; Ende des 17. Jahrhunderts kommt der politische Staatsroman hinzu.

- Im **Schelmenroman** finden sich Mitglieder niederer Stände: Soldaten, Bettler, Räuber, Dirnen. Der Held, der ebenfalls aus der niederen Schicht stammt, erzählt aus seinem unsteten Wanderleben, in dem er die Unbeständigkeit der Fortuna erlebt hat. Am Ende kommt er zur Einsicht und zieht sich aus der Welt zurück. Hans Jakob Christoffel von Grimmelshausen übertrifft mit *Der abenteuerliche Simplicissimus Teutsch* (1669) den aus Spanien stammenden Schelmenroman.

Der abenteuerliche Simplicissimus Teutsch gilt als wichtigstes Prosawerk des Barocks in deutscher Sprache

- Im **heroisch-galanten (höfischen) Roman** wird ein hochadeliges Liebespaar einer Vielzahl von Prüfungen ausgesetzt, die es standhaft besteht.
- Der **Schäferroman** ist stärker im Bürgertum angesiedelt. Seine Helden sind Angehörige des niederen Adels, Bürgermädchen und Studenten. In idyllischer Landschaft treten sie in der Maske von Schäfern und Schäferinnen auf. Sie verlieben sich, trennen sich in der Regel aber wieder. Tugend bezwingt die Neigung. Bekannte Beispiele sind Martin Opitz' *Schäfferey von der Nimfen Hercinie* und Philipp Zesens *Adriatische Rosemund*.

Manierismus: von ital. *maniera* „Art und Weise, Manier" bzw. *manierato* „gekünstelt"; Stilrichtung in der Übergangsphase von der Spätrenaissance zum Barock („Schwulst-Stil")

Emblem: dreiteiliges, aus Bild und Text bestehendes Sinnbild: Überschrift *(inscriptio)*, Bild *(pictura)* und Erklärung *(subscriptio)* können sich wechselseitig kommentieren und immer wieder neu kombiniert werden.

Sprache

In der Dichtersprache spiegeln sich die Erfahrungen der Zeit. Zur Darstellung spannungsgeladener Antithetik benutzt man Antithese, Oxymoron und Pointe. Der Hang zur Übersteigerung und zum **Manierismus** drückt sich zusätzlich in Akkumulationen, Apostrophen, Hyperbeln, Metaphern, Vergleichen und Formen der Wiederholung aus. Die Verwendung von Allegorien und **Emblemen** setzt Wissen und die Fähigkeit zur Abstraktion, Reflexion und Kombination voraus, denn Begriffe und abstrakte Begriffkomplexe werden durch rational fassbare Bilder ausgedrückt. Die Bildlichkeit der Barockdichtung wird von der **Emblematik** besonders angeregt. Die mystische Sprache ist oft affekthaft bewegt, sie verwendet Antithesen, Ellipsen, Hyperbeln, Oxymora, Parallelismen, Steigerungen, Wiederholungen.

B

Barockes Emblem

EX MAXIMO MINIMUM

Hae Sunt Reliquiae Sacrarii, in quo
Fertur viva Dei fuisse imago.
Haec est illius, et domus ruina,
In qua olim Ratio tenebat arcem.
At nunc horribilis figura Mortis.
Ventosum caput, haud habens cerebrum.

Typisch barockes Emblem mit

inscriptio: Ex maximo minimum = Aus dem Größten (wird) das Kleinste

pictura: Bild

subscriptio: Dies sind die Überreste des Heiligtums, in dem das lebendige Abbild Gottes gewesen sein soll. Dies ist die Ruine davon und auch die des Hauses, in dem einst die Vernunft residierte. Doch nun ist es ein schreckliches Bild des Todes, ein winddurchwehtes Haupt ohne Hirn.

Übersicht: Barock

Hintergrund	**Politik:** Dreißigjähriger Krieg, Absolutismus, Kleinstaaterei **Gesellschaft:** • soziales Gefälle zwischen Hof und Provinz • Leiden der Bevölkerung unter den Kriegseinwirkungen **Kultur:** • Fürstenhöfe als kulturelle Mittelpunkte • Künstler im Dienst fürstlicher Repräsentation • Bedeutung der Kirche: Gegenreformation **Weltbild:** antithetisch; religiös; Bekenntnis zu Form und Ordnung
Literarisches Leben	**Autoren und Publikum:** zunehmend aus dem gebildeten Bürgertum **Zentren:** Schlesien; Fürstenhöfe, Handelsstädte **Sprachgesellschaften:** Eintreten für die Reinheit der deutschen Sprache **Englische Komödianten:** Vermittlung von Shakespeare, Marlowe; Betonen des Komischen
Autoren und Werke	Bidermann: *Cenodoxus* Böhme, Angelus Silesius: Mystiker Gerhardt: Kirchenlieder Grimmelshausen: *Der abenteuerliche Simplicissimus Teutsch* Gryphius: Trauerspiele, Sonette, Oden Opitz: Poetik, Lyrik, Übersetzungen, Schäferdichtung, Oper
Themen und Motive	Krieg, Vanitas, Fortuna, Zeit; Stoizismus, Weltabkehr, unio mystica, Absage an Individualismus und Subjektivismus, Maske, Scheinwelt, Wirklichkeitsproblematik
Theorie, Formen und Sprache	**Theorie:** Opitz (*Buch von der Deutschen Poeterey*): Lehrbarkeit der Dichtung, Ständeklausel im Drama, Übereinstimmung von Sprech- und Versakzent in der Lyrik **Formen:** • Lyrik: weltliche (z. B. Petrarkismus) und religiöse (Mystik, Kirchenlied); Epigramme, Sonette und Oden • Drama: Ordensdrama, Trauerspiel, Komödie, Oper; englische Komödianten • Epik: heroisch-galanter Roman, Schäferroman, Schelmenroman **Sprache:** Antithetik, Übersteigerung, Manierismus

Aufklärung und Empfindsamkeit (1720–1785)

Hintergrund

Im territorial zersplitterten Deutschland treiben **absolutistische Fürsten** nach eigenen Interessen Politik, führen Kriege oder gehen Bündnisse ein. Nur einzelne Herrschaftsträger kommen den Bedürfnissen der Bürger entgegen und verbessern das Rechts-, Finanz- und Bildungswesen (aufgeklärter Absolutismus).
Das **Bürgertum** bleibt vielfach unterwürfig, spießig, intrigant und vom Wohlwollen des Fürsten abhängig. Eine freiere Gesinnung findet man dagegen in den großen Handelsstädten Frankfurt a. M., Straßburg, Leipzig, Berlin, Zürich und Hamburg. Hier entwickelt sich ein Bildungsbürgertum, das die politischen und sozialen Verhältnisse zu hinterfragen beginnt, nach Aufklärung verlangt und an die Erziehbarkeit des Menschen glaubt.

Grundlegenden Einfluss übt die **Philosophie** aus:

- Der **Rationalismus** sieht in der **kritischen Vernunft** die eigentliche Erkenntnisquelle (vgl. R. Descartes: „Cogito, ergo sum": „Ich denke, also bin ich").
- Auch **Baruch de Spinoza** (1632–1677), ein holländisch-jüdischer Philosoph, ist Rationalist. Er glaubt, dass nur die mathematisch-vernünftige Denkweise zur Wahrheit führe, und dass **Gott und die Natur eins** seien (Pantheismus: Gott verwirkliche sich in den Dingen; Einfluss auf den deutschen Idealismus, Goethe).
- Der **Empirismus** (Francis Bacon, David Hume) leitet alle **Erkenntnis** (auch wissenschaftlicher Art) **aus der Sinneserfahrung** ab.

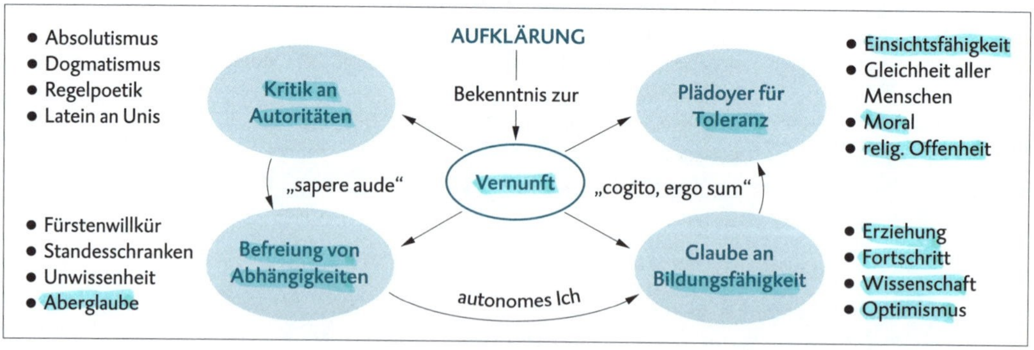

- Gottfried Wilhelm **Leibniz** (1646–1716) sieht die Welt als von Gott harmonisch geordnet und als beste aller Welten; jedes Lebewesen ist mit dem Willen zur Vervollkommnung ausgestattet (**Monaden-Lehre**; vgl. **Optimismus** der Epoche).
- Immanuel **Kant** definiert 1784 Aufklärung als „Ausgang des Menschen aus seiner selbstverschuldeten Unmündigkeit“. Gleichzeitig ruft er auf, sich mutig seines eigenen Verstandes zu bedienen („sapere aude“): Kritisches Fragen, Überprüfen, Urteilen und Handeln gehören zum menschlichen Wesen. Der Verstand befreit vom blinden Autoritätsglauben. Der selbstbewusste Einsatz der Vernunft führt zur Entwicklung der Naturrechtslehre, der Idee von der Volkssouveränität und der Vorstellung von der Erziehungs- und Bildungsfähigkeit des Menschen. Andererseits macht die Vernunft die eigenen Grenzen erkennbar, sowohl im Erkenntnisprozess als auch im sozialen Gefüge. Vernünftige Einsicht ist deshalb an Toleranz und humanes Verhalten gegenüber Andersdenkenden geknüpft.

Immanuel Kant: geb. 22. 4. 1724 in Königsberg (Preußen), gest. 12. 2. 1804 ebenda

- Große Wirkung übt Jean-Jacques **Rousseau** (1712–1778) mit seiner **Zivilisationskritik** und seinem Eintreten für Gefühl und Natürlichkeit auf Empfindsamkeit und Sturm und Drang aus.

Literarisches Leben

Das **Bildungsbürgertum** dominiert allmählich den Kulturbetrieb. Viele Autoren stammen aus protestantischen Pfarrhäusern. Ihre finanzielle Situation ist schwierig. Mancher hat als Hauslehrer nur karge Einkünfte. Allein von der Schriftstellerei zu leben ist nahezu unmöglich, zumal ein Urheberrecht noch nicht existiert. Als Publikum wird bevorzugt das Bürgertum der Handels- und Universitätsstädte gesucht, das sich jedoch nur langsam der Literatur und dem Theater aufschließt.

Steigender Beliebtheit erfreuen sich die aufkommenden **Leihbibliotheken**. Eine breite Leserschaft finden **moralische Wochenschriften**, die nach englischem Vorbild Ratschläge zur praktischen Lebensgestaltung geben.

Die Epoche wird durch zahlreiche unterschiedliche **literarische Strömungen** bestimmt. Sie reichen von der heiteren Rokoko-Dichtung über Formen der kritischen, belehrenden, unterhaltenden und erbauenden Literatur bis zu Werken, die religiösen und empfindsamen Gemütern Ausdruck verleihen.

Toleranz und Weltoffenheit fördern **Übersetzungen**, von denen die Shakespeare-Übersetzung Wielands am bedeutendsten ist.

Autoren und Werke

Der Leipziger Professor für Philosophie und Dichtkunst **Johann Christoph Gottsched** (1700–1766) machte sich vor allem durch seine Poetik *Versuch einer critischen Dichtkunst vor die Deutschen* (1730) einen Namen. Er verstand Poesie als eine Kunst des Verstandes, Scharfsinns und Witzes und trat für Reformen in Sprache, Literatur und Theater ein. Widerstand erfuhr Gottsched durch zwei Schweizer: **Johann Jakob Bodmer** (1698–1783) und **Johann Jakob Breitinger** (1701–1776). Beide betonten die Bedeutung von Fantasie und Gefühl für die Dichtung.

Gotthold Ephraim Lessing (1729–1781) stammte aus dem sächsischen Kamenz. Nach medizinischen und theologischen Studien in Leipzig entschloss er sich als freier Schriftsteller zu arbeiten. Er war mit der Theatergruppe der Caroline Neuber bekannt und mit den Berliner Aufklärern Moses Mendelssohn und Friedrich Nicolai befreundet. 1760 bis 1765 arbeitete er als Sekretär des Generals von Tauentzien in Breslau, 1767 bis 1770 als Dramaturg am Hamburger Nationaltheater, ab 1770 als Bibliothekar in Wolfenbüttel. Mit *Miss Sara Sampson* (1755) begründete er das bürgerliche Trauerspiel in Deutschland, das er dann mit *Emilia Galotti* (1772) fortsetzte. Hier zeigt er, wie bürgerliche Tugend und Liebe an höfischer Intrige und Eigensucht scheitern. In seinem dramatischen Gedicht *Nathan der Weise* (1779) gestaltet Lessing das Ideal der Humanität. Den Kern des Werkes bildet die Ringparabel, die er Boccaccios *Decamerone* entnommen hat. Gleichzeitig werden eigene Schicksalsschläge und Anfechtungen verarbeitet (Tod von Frau und Kind; Streit mit dem orthodoxen Hamburger Hauptpastor Goeze). Mit der Ringparabel antwortet Nathan auf die Frage Saladins nach der Wahrheit der geschichtlichen Religionen. So entsprechen die drei Ringe den drei monotheistischen Religionen: Judentum, Christentum und Islam. Alle drei gehen auf einen Gott zurück. Ihre Kraft offenbart sich aber nur in dem Menschen, der in seinem Streben das Werk Gottes verwirklicht. Damit beschwört Lessing den Traum von einer edleren und gütigeren Menschheit. Das Stück ist in reimlosen fünffüßigen Jamben geschrieben. Dieser so genannte Blankvers wurde zum Vers der deutschen Klassik. In seiner Komödie *Minna von Barnhelm* (1767) ironisiert Lessing übertriebenes Ehrgefühl.

Nathan der Weise: Inszenierung des Berliner Ensembles 2002 mit Peter Fitz als Nathan und Markus Meyer als Tempelritter

Friedrich Gottlieb Klopstock (1724–1803) sah den Dichter als prophetischen Sänger in elitärer, priesterlicher Funktion. Seine Vorliebe für das Große und Erhabene zeigt sich in seiner Lyrik (*Der Zürchersee*, *Frühlingsfeier*,

Mein Vaterland) und in dem Versepos *Der Messias* (1748–1773). Hier entspricht der feierlich-erhabene Ausdruck dem optimistischen Zug des Inhalts: Christi Tod bedeutet die Befreiung des Menschen. Klopstocks Oden und freie Rhythmen beeinflussen Goethe, Hölderlin, Rilke und die Lyrik des Expressionismus.
Die Arbeit von **Christoph Martin Wieland** (1733–1813), dem bekanntesten und meistgelesenen Autor der Zeit, bildet den Höhepunkt der Empfindsamkeit. Mit der *Geschichte des Agathon* (1766) verfasste er den ersten deutschen Bildungsroman. Wegen seines Staatsromans *Der goldene Spiegel* berief ihn die Herzogin Anna Amalia als Prinzenerzieher 1772 nach Weimar. Er übersetzte Shakespeare und der von ihm herausgegebene *Teutsche Merkur* wurde die führende Zeitschrift der Klassik.

Richtungen, Themen und Motive

Das leichte, verspielte literarische **Rokoko** antwortet auf die prunkvolle Schwere des Barock mit Lebensfreude, verfeinerter Sinnlichkeit und der harmonischen Verbindung von Geist und Anmut. Liebe, Wein, Natur und Geselligkeit werden in espritvoller Weise thematisiert (Friedrich von Hagedorn, Christian Fürchtegott Gellert, Ewald von Kleist, Christoph Martin Wieland, Johann Wolfgang Goethe).
Die kritische Vernunft der **Aufklärung** kann keine Standesunterschiede akzeptieren. So werden das Verhältnis zwischen Adel und Bürgertum (Lessing: *Emilia Galotti*), religiöse Toleranz und Humanität (Lessing: *Nathan der Weise*) angesprochen. Themen wie Erziehung und Bildung (Wieland: *Geschichte des Agathon*), irdisches Glück, sittliches Verhalten, Optimismus ergeben sich aus dem Glauben an die Einsichtsfähigkeit des Menschen (vgl. Gellert: Fabeln).
Schon seit Ende des 17. Jahrhunderts verbreitet sich der **Pietismus**, eine von Philipp Jakob Spener (1635–1705) begründete religiöse Richtung innerhalb des Protestantismus, die sich in einer verinnerlichten Frömmigkeit äußert und der Literatur neue Gefühlsbereiche erschließt. In Tagebüchern, Briefen, emotionalen Liedern und Gedichten sowie Autobiografien kommt in einer gefühlsbetonten Sprache seelische Ergriffenheit zum Ausdruck. Das individuell erfahrene religiöse Erlebnis steht im Mittelpunkt der pietistischen Literatur. Das Gespür für seelische Empfindungen und ein Hang zur psychologischen Selbstbeobachtung wirken säkularisiert im Sturm und Drang (Goethe: *Werther*), in der Klassik (Goethe: *Wilhelm Meisters Lehrjahre, 6. Buch*: *Bekenntnisse einer schönen Seele*), bei Hölderlin, in der Romantik, im Symbolismus und Expressionismus weiter.

Rokoko: allg. eine Stilrichtung der europäischen Kunst, angeregt aus Frankreich (zu frz. *rocaille* „Muschelwerk“, nach einem häufigen Ornamentmotiv, vgl. Abb.); charakteristisch: leichte, luftige und asymmetrische Formen

Die literarische Richtung der **Empfindsamkeit** beginnt um 1730 und nimmt wesentliche Impulse des Pietismus auf, sodass man sie früher als verweltlichten Pietismus bezeichnet hat. Verfeinerte Gefühlskultur, Offenheit für idyllische und düstere Naturstimmungen, Neigung zur Selbstanalyse und Streben nach moralischer Zufriedenheit sind ihre Kennzeichen. Auch sie stehen für ein selbstbewusst werdendes und sich emanzipierendes Bürgertum. Die Vertreter der Empfindsamkeit wollen Tugend und Glück aus dem Gefühl heraus begründen. Oft schwanken sie zwischen den Extremen Melancholie und Wonne (vgl. Sophie von La Roche: *Geschichte des Fräuleins von Sternheim*).

Theorie, Formen und Sprache

Theorie

Johann Christoph Gottsched: geb. 2. 2. 1700 in Juditten (Preußen), gest. 12. 12. 1766 in Leipzig

Führender Theoretiker ist zunächst **Gottsched**, der in seinem *Versuch einer critischen Dichtkunst vor die Deutschen* (1730) Dichtung als Belehrung und Erziehung zu gutem Geschmack begreift. Für das Drama fordert er:

- Einhaltung der drei Einheiten,
- Beachtung der Ständeklausel,
- Ablehnung von Harlekin und Oper (zugelassen: Situationskomik).

Als Vorbilder preist er die französischen Klassizisten. In seiner *Grundlegung einer deutschen Sprachkunst* (1748) plädiert er für einen einfachen, klaren Stil (Gegner des barocken Schwulstes) und die sächsische Sprache als Hochsprache.

Als Verfechter einer das Wunderbare erfassenden Fantasie widersprachen Bodmer und Breitinger der einseitigen Betonung des Verstandes durch Gottsched.

Gotthold Ephraim Lessing: geb. am 22. 1. 1729 in Kamenz (Sachsen), gest. am 15. 2. 1781 in Braunschweig

In mehreren Schriften beschäftigt sich **Lessing** mit poetologischen Fragen:

- In seinem 17. Literaturbrief verweist er auf Shakespeare. Dieser habe den Vorstellungen des Aristoteles mehr entsprochen als die französischen Klassizisten. Damit stellt sich Lessing gegen die Forderungen Gottscheds.
- Angeregt von den Schriften Winckelmanns tritt er in *Laokoon oder Über die Grenzen der Malerei und Poesie* (1766) für eine klare Trennung der bildenden Kunst von der Dichtung ein (die Malerei bietet ein räumliches Nebeneinander, die Poesie ein zeitliches Nacheinander).
- Ausführlich bestimmt er das Wesen des Dramas in der *Hamburgischen Dramaturgie* (1767–1769): Die Tragödie erregt Furcht und

Mitleid und bewirkt eine Katharsis, eine innere Reinigung (Verwandlung der Affekte in Tugenden). Der Tragödie kommt daher eine moralische Funktion zu.

Friedrich v. Blanckenburg bietet in seinem *Versuch über den Roman* (1774) die erste bedeutende Gattungstheorie: Der Roman hat bildende Funktion, er soll die Empfindungen des Menschen zum Ausdruck bringen.

Formen

In der **Lyrik** äußern sich unterschiedliche Einstellungen: Rokoko-Geist, Didaktisches und Empfindsames.

- In der Rokoko-Lyrik, auch anakreontische Lyrik, wird der Einfluss der antiken Mythologie, der lateinischen Dichtung (Horaz) und der Schäferdichtung spürbar. Hier drückt sich verfeinerter Lebensgenuss aus.
- Die Gedankenlyrik (didaktische Oden, Lehrgedichte, Epigramme) entspricht dem philosophisch-pädagogischen Zeitgeist. Barthold Hinrich Brockes (1680–1747), Albrecht von Haller (1708–1777) und Ewald von Kleist (1715–1759) kreisen in ihrer Reflexionspoesie um die Schönheit und Zweckmäßigkeit der Natur. Der rationale Geist der Epoche zeigt sich auch in Verssatiren gegen spätbarocke Hofkultur und überzogenen Stil. Mit Witz und Ironie werden menschliche Schwächen verspottet.
- Innige Frömmigkeit drücken die gefühlsbetonten pietistischen Kirchenlieder aus. Ergriffenheit spricht aus den frühen Oden und Elegien Klopstocks, in denen er sich mit erhabenen Gegenständen wie Freiheit, Vaterland und Gott beschäftigt. Ausdruck der Empfindsamkeit sind auch die Idyllen des Zürchers Salomon Geßner (1730–1788) und die volkstümlichen Gedichte von Matthias Claudius (1740–1815).

Anakreontische Lyrik: lyrische Schule, die versucht, dem Vorbild des historischen Anakreon (griech. Dichter, 6. Jh. v. Chr., vgl. Abb.) nachzueifern; typische Motive: Wein, Liebe, Gesang, Natur, Freunde

Die **Epik** der Aufklärung hat meist belehrenden und unterhaltenden Charakter.

- Dies zeigt sich in Kleinformen wie der Fabel, deren Hauptvertreter Christian Fürchtegott Gellert (1715–1769), Friedrich v. Hagedorn (1708–1754), Gottlieb Konrad Pfeffel (1736–1809) und Gotthold Ephraim Lessing sind.
- Georg Christoph Lichtenberg (1742–1799) nimmt in seinen Aphorismen politische, moralische und pädagogische Unzulänglichkeiten in humorvoller Weise aufs Korn.
- Der Roman gewinnt zunehmend an Beliebtheit und Bedeutung. In ihm kann man philosophische, didaktische und moralische Vorstel-

lungen ansprechen und persönlichen Empfindungen Ausdruck verleihen. Daniel Defoes Roman *Robinson Crusoe* findet zahlreiche Nachahmer, zeigt er doch den siegreichen menschlichen Überlebenswillen. Aus England, wo die bürgerliche Kultur am weitesten entwickelt ist, wirkt auch der empfindsame Brief- und Familienroman Samuel Richardsons und der humoristische Sittenroman Henry Fieldings. Jean-Jacques Rousseaus *Émile* beeinflusst den deutschen Erziehungsroman. Sein Briefroman *Julie ou la Nouvelle Héloïse* bildet eine Vorlage für Sophie von La Roches *Geschichte des Fräuleins von Sternheim* und Goethes *Werther*. Mit der *Geschichte des Agathon* schreibt Christoph Martin Wieland den ersten deutschen Bildungsroman. Begeisterte Aufnahme findet Klopstocks großes biblisches Versepos *Der Messias*, das durch seine freien Rhythmen und die gesteigerte Bildlichkeit die deutsche Sprache erweitert.

Im **Drama** kommen die gegensätzlichen Auffassungen von Gottsched und Lessing besonders zum Ausdruck.

- Gottsched orientiert das Drama an den französischen Klassizisten. Er kritisiert das Überzogene und Possenhafte auf der Bühne. Seine Absicht ist es, das Theater zu einem Forum der aufgeklärt-vernünftigen bürgerlichen Welt zu machen.
- Dagegen verweist Lessing auf Shakespeare. Mit *Miss Sara Sampson* leitet er das bürgerliche Trauerspiel in Deutschland ein. Sein *Nathan der Weise* führt durch Thema und Form (Humanität; Blankvers) an die Klassik heran.

Sprache

Pathos und Figurenreichtum des Barock werden abgelehnt, klare Syntax und sachlicher Stil bevorzugt. Gottsched tritt für eine deutsche Hochsprache ein. Das Gelehrtenlatein und das Hoffranzösisch werden kritisiert, ebenso die Vielzahl der Mundarten, weil sie regionale Schranken errichten. Pietismus und Empfindsamkeit verwenden eine nuancenreiche Gefühlssprache („Seelensprache"), bei Klopstock findet sich ein erhabener Stil.

B
Sprache der Aufklärung

Willkommen, o silberner Mond,
Schöner, stiller Gefährt' der Nacht!
Du entfliehst? Eile nicht, bleib, Gedankenfreund!
Sehet, er bleibt, das Gewölk wallte nur hin. […]

(Klopstock: *Die frühen Gräber*, 1764)

Übersicht: Aufklärung und Empfindsamkeit

Hintergrund	**Politik:** Kleinstaaterei, (aufgeklärter) Absolutismus **Gesellschaft:** Untertanengeist; Bildungsbürgertum in den größeren Städten **Philosophie:** • Descartes: Rationalismus („Cogito, ergo sum") • Spinoza: Rationalismus, Pantheismus • Bacon, Hume: Empirismus • Leibniz: Rationalismus, Monaden-Lehre, Optimismus • Kant: „sapere aude" (→ Naturrechtslehre, Volkssouveränität) • Rousseau: Zivilisationskritik; Natürlichkeit, Gefühl **Leitbegriffe des Weltbilds:** Vernunft, Bildung, Toleranz, Humanität, Moral, Glück
Literarisches Leben	**Autoren und Publikum:** Autoren oft aus protestantischen Pfarrhäusern; Publikum: gebildetes Bürgertum der Handels- und Universitätsstädte **Entstehen eines literarischen Marktes:** • Aufkommen von Leihbibliotheken und Lesesalons • steigende Beliebtheit moralischer Wochenschriften • Vielfalt der literarischen Richtungen; Übersetzungen
Autoren und Werke	• Lessing: *Minna von Barnhelm, Emilia Galotti, Nathan der Weise* • Klopstock: *Der Messias*, Oden • Wieland: *Geschichte des Agathon*
Richtungen, Themen und Motive	• Rokoko: Liebe, Wein, Natur, Geselligkeit • Aufklärung: Ständekritik, religiöse Toleranz, Humanität, pädagogische und moralische Themen • Pietismus: religiöse Thematik • Empfindsamkeit: Natur, Gefühl, Seelisches
Theorie, Formen und Sprache	**Theorie:** • Gottsched: Lehrbarkeit der Dichtung; Forderung für das Drama: Ständeklausel, drei Einheiten; Ablehnung: Harlekin, Oper, Sprachverwilderung; Vorbild: französischer Klassizismus • Lessing: Gegner Gottscheds; Unterschied zwischen Malerei und Poesie; Katharsislehre (Drama); Vorbild: Shakespeare **Formen:** • Lyrik: Anakreontik, Gedankenlyrik, Kirchenlieder, Volkslyrik • Drama: bürgerliches Trauerspiel • Epik: Fabel, Aphorismus, Roman (steigende Bedeutung), Versepos **Sprache:** • Aufklärung: klare Syntax, sachlicher Stil • Pietismus, Empfindsamkeit: emotionalisierter Stil („Seelensprache")

Sturm und Drang (1765–1785)

Hintergrund

Die Kritik der Aufklärung an Fürstenwillkür, Standesschranken, Untertanenmentalität, religiösem Dogmatismus und weltanschaulicher Engstirnigkeit wird von der jungen Generation der um 1750 Geborenen erneut aufgegriffen und mit den Anregungen von Rousseau, Spinoza, Young, Wood und Macpherson verbunden.

- Für Jean-Jacques Rousseau ist der Mensch von Natur aus gut, aber durch die Zivilisation verdorben. So wendet er sich im *Contrat social* gegen die gesellschaftlichen Zustände, fordert in seinem Erziehungsroman *Émile ou de l'Éducation* eine natürliche Pädagogik und bekennt sich mit *Julie ou la Nouvelle Héloïse* zu einer natürlichen Liebesbeziehung. Während die vernunftbestimmte Zivilisation menschliche Gemeinschaft zerstöre, führten Natur und Gefühl zum Glück: „Le sentiment est plus que la raison."
- Vertieft wird die Naturvorstellung durch den Pantheismus Baruch de Spinozas, nach dem sich Gott in allen Gegenständen der Natur manifestiert.

LEITBEGRIFFE DES STURM UND DRANG

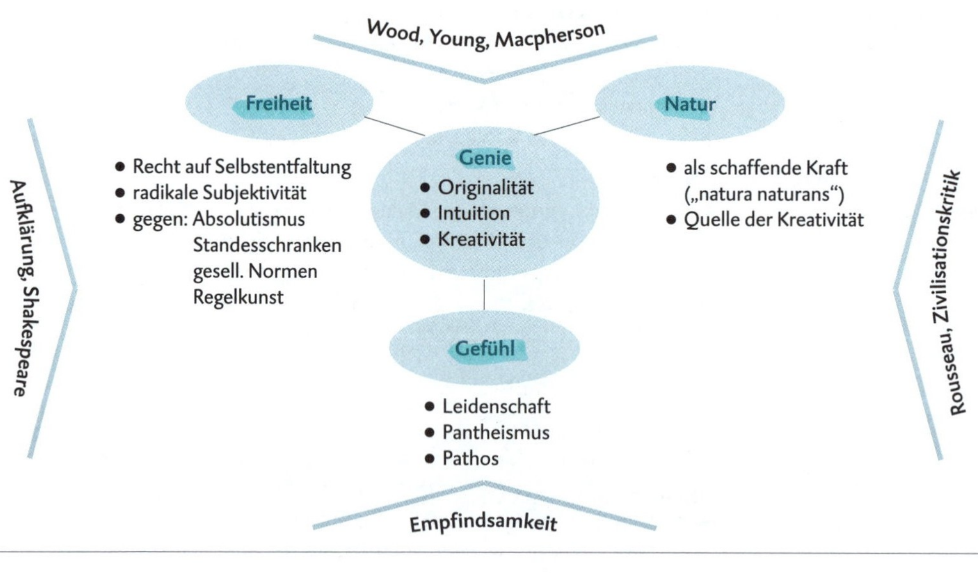

- Die Engländer Edward Young und Robert Wood warnen vor einer zu geistiger Erstarrung führenden Bindung an tradierte Kunstgesetze und verweisen auf die intuitiven und spontanen Kräfte des Genies.
- Der schottische Theologe James Macpherson veröffentlicht die *Fragments of Ancient Poetry, collected in the Highlands*, die Stücke aus dem irisch-schottischen Sagenkreis um die Helden Fingal und Ossian enthalten. Die hier dargestellten düsteren Naturstimmungen, Liebesklagen und Kämpfe zeigen eine bisher in der Literatur unbekannte Empfindungswelt.

Die Stürmer und Dränger lassen sich von der Aufklärung zwar anregen, aber sie lehnen auch vieles ab, so Rationalismus, Fortschrittsoptimismus und enge Moralvorstellungen. Die Aufbruchstimmung der jungen Generation spiegeln die Leitbegriffe **Natur**, **Gefühl**, **Freiheit** und **Genie**. So ist der Sturm und Drang zunächst jugendlicher Protest gegen alle Formen der Autorität. Von ihr versucht sich die Jugend mit dem Hinweis auf die **Einzigartigkeit der Individualität** zu befreien. Statt zur Vernunft bekennt man sich jetzt verstärkt zum Gefühl und sieht in der ursprünglichen, beseelten Natur den Quell menschlicher Schöpferkraft. Natur bedeutet nicht nur Landschaft, sondern auch Körperlichkeit, Sinnlichkeit. Die Verbindung des Individuellen mit dem Naturhaften führt in verdichteter Steigerung zum Genie, das seine Kunst ganz aus der Fülle seines eigenen Inneren erschafft. Die emanzipierten Nachkommen pietistischer Empfindsamkeit schreiben aus fühlendem Herzen, dessen Stimmungen zu einer psychologisierenden Selbstanalyse führen (Tagebücher, Briefe). Freiheit meint leidenschaftliche und radikale Subjektivität, die allerdings auch Konfliktpotenzial (Formauflösung) birgt.

Genie: von Kant definiert als „ingenium, durch das die Natur der Kunst die Regel gibt"; schafft unbewusst und ohne Rücksicht auf Konventionen seine Kunst ursprünglich und aus sich selbst heraus; Vorbild: Shakespeare

Literarisches Leben

Der Sturm und Drang ist eine **Jugendbewegung**. Die Autoren stammen fast alle aus ärmeren bürgerlichen Verhältnissen (Ausnahme: Goethe). Sie protestieren nicht nur mit ihren Werken, sondern auch durch eine unkonventionelle Lebensweise.
Das bürgerliche Publikum empfindet die Anschauungen der Stürmer und Dränger zunächst als übertrieben und steht ihnen reserviert gegenüber. Bedeutende Werke wie Goethes *Die Leiden des jungen Werther* und Schillers *Die Räuber* können sich leichter durchsetzen.
Manche der jungen Autoren schließen sich zu lockeren Gruppen zusammen. So bildet sich ein Freundschaftskreis in Straßburg und Frankfurt

um den jungen Goethe. Zu einer jüngeren schwäbischen Gruppe zählt auch Friedrich Schiller. Die studentischen Mitglieder des Göttinger Hainbunds verehren Klopstock. Ihr bekanntester Vertreter ist der Lyriker Ludwig Christoph Heinrich Hölty (1748–1776).

Autoren und Werke

Johann Wolfgang Goethe wurde am 28. August 1749 in Frankfurt am Main geboren. Der Privatunterricht seines Vaters sowie der Besuch von Theateraufführungen und Puppenspielen regten sein Sprach- und Kunstverständnis an. Seine Studien- und Ausbildungszeit (1765–1772) führte ihn vom Rokoko zum Sturm und Drang. Der Jura-Student stand in Leipzig unter dem Einfluss der Rokoko-Literatur. Schwer erkrankt nach Frankfurt zurückgekehrt, beschäftigte er sich mit Pietismus und Naturphilosophie. In Straßburg (1770–1771), wo er sein Studium abschloss, kam es zur entscheidenden Begegnung mit Herder, der ihm Rousseau, Ossian, Volkspoesie und vor allem Shakespeare vermittelte. Eine kurze, leidenschaftliche Liebe zur Sesenheimer Pfarrerstochter Friederike Brion fand dichterischen Ausdruck in der Sesenheimer Lyrik (Erlebnislyrik: *Mailied*, *Willkommen und Abschied*). Zurück in Frankfurt verarbeitete Goethe die Straßburger Eindrücke. Es entstanden die Aufsätze *Von deutscher Baukunst* und *Zum Schäkespears Tag*, das Drama *Götz von Berlichingen* und Sturm-und-Drang-Lyrik (*Wandrers Sturmlied*). Auf Wunsch des Vaters arbeitete er kurze Zeit am Reichskammergericht in Wetzlar. Die Liebe zu der bereits verlobten Charlotte Buff blieb unerfüllt. Die folgenden Jahre in Frankfurt (1772–1775) zeigen ihn auf dem Weg zur Klassik. Goethe entfaltete eine reiche schriftstellerische Tätigkeit: *Die Leiden des jungen Werther* (1774, Briefroman; Verarbeitung der Wetzlarer Erlebnisse; Einfluss von Rousseau; eminente Wirkung: erste deutsche Dichtung von Weltrang); *Clavigo* (1774, Tragödie in Prosa); Sturm-und-Drang-Lyrik (*Mahomets Gesang*, *Prometheus*, *Ganymed*, *An Schwager Kronos*, *Der König in Thule*); Arbeit am *Urfaust* und *Egmont*.

Eine der ersten Illustrationen zu Goethes *Werther* im Hamburgischen Nachdruck von 1775

Der Königsberger **Johann Georg Hamann** (1730–1788) lehnte den Rationalismus der Aufklärung ab. In den *Sokratischen Denkwürdigkeiten* (1759) pries er das Genie Sokrates. Natur und Kosmos, Mensch und Gott bilden für ihn eine große Einheit. Sprache ist göttlichen Ursprungs und Poesie Religion.

Der Ostpreuße **Johann Gottfried Herder** (1744–1803) studierte in Königsberg Theologie, er wurde dort Schüler Kants und Freund Hamanns. Nach einer Lehrer- und Predigertätigkeit in Riga unternahm er eine Frankreichreise und traf 1770 in Straßburg mit Goethe zusammen, den er zur vertieften Reflexion über Sprache und Poesie sowie zur Beschäftigung mit dem Volkslied, der Ballade und dem Werk Shakespeares anregte. 1776 kam er als Generalsuperintendent und Hofprediger nach Weimar. Als Geschichtsphilosoph und Ästhetiker wurde Herder zu einem der führenden Denker der Geniebewegung.

Nach **Maximilian Klingers** (1752–1831) Drama *Sturm und Drang* (1776) erhielt die Epoche ihren Namen. In *Die Zwillinge* (1776) gestaltete er das Motiv der rivalisierenden Brüder.

Der Livländer Pfarrerssohn **Jakob Michael Reinhold Lenz** (1751–1792) begegnete Goethe in Straßburg. Aus Weimar wurde er später ausgewiesen. Zeitweise litt er unter geistigen Störungen. Verarmt starb er in Moskau. Lenz' Lyrik steht Goethes Sesenheimer Liedern nahe. Mit seinen Dramen (*Der Hofmeister, Die Soldaten*) begründete er die offene Dramenform, der Büchner im *Woyzeck* folgt.

Friedrich Schiller wurde am 10. November 1759 in Marbach am Neckar geboren. Die Erfahrung absolutistischer Willkür prägte seine Kindheit und Jugend. So musste er gegen seinen Willen auf Befehl des Herzogs Karl Eugen die Militärschule in Stuttgart besuchen, wo er zunächst Jura, dann Medizin studierte, bis er 1780 zum Regimentsmedikus bestellt wurde. Das Leiden unter dem Kasernendrill und die innere Opposition gegen den gesellschaftlichen Zwang führten zu dem Proteststück *Die Räuber* (1782). Das Schreibverbot des Herzogs zwang ihn zur Flucht auf das Gut Bauerbach bei Meiningen (Thüringen). Entsagungsvolle Jahre (1782–1791), in denen literarische und historische Arbeiten entstanden, folgten. Wegen Krankheit und Intrigen musste er eine Anstellung als Theaterdirektor am Mannheimer Nationaltheater aufgeben. 1783 erschien *Die Verschwörung des Fiesko zu Genua*, im folgenden Jahr *Kabale und Liebe* (*Luise Millerin*). In großer finanzieller Not begab er sich nach Leipzig und Dresden, wo ihn Freunde unterstützten (Christian G. Körner). Hier vollendete er das dramatische Gedicht *Don Carlos*, das bereits seinen Übergang zur Klassik zeigt. In Weimar lernte er Herder und Wieland kennen. Mit Eifer trieb er historische Forschungen. Seine *Geschichte des Abfalls der vereinigten Niederlande* brachte ihm mit Goethes Hilfe eine unbezahlte Geschichtsprofessur in Jena ein (Antrittsvorlesung: *Was ist und zu welchem Ende studiert man Universalgeschichte?*). 1790 heiratete er Charlotte von Lengefeld.

Friedrich Schiller: geb. am 10. 11. 1759 in Marbach/Neckar, gest. am 9. 5. 1805 in Weimar

Themen und Motive

Denis Petković als Faust. *Urfaust* am Wiener Volkstheater, 2012

Das in verschiedenen Variationen zum Ausdruck kommende Grundthema ist der Konflikt zwischen den subjektiven Ansprüchen eines Ich und den behindernden Kräften der Zeit (exemplarisch bei Goethe: *Prometheus*, *Götz*). Es äußert sich im politischen Kampf (Schiller: *Die Verschwörung des Fiesko zu Genua*), in Gesellschaftskritik (Lenz: *Die Soldaten*; Schiller: *Kabale und Liebe*), im Aufbegehren gegen gesellschaftliche Moralvorstellungen und im Bekenntnis zur Leidenschaft, gespiegelt in der Natur (Goethe: *Die Leiden des jungen Werther*), im Kindsmörderin-Motiv (Wagner: *Die Kindsmörderin*), im Motiv der feindlichen Brüder (Schiller: *Die Räuber*) und im sog. Faustischen Gefühl (Goethe: *Urfaust*).

Theorie, Formen und Sprache

Theorie

Heinrich Wilhelm v. Gerstenberg, Johann Gottfried Herder, der junge Goethe und Jakob Michael Reinhold Lenz repräsentieren die Sturm-und-Drang-Poetik.

- Gerstenberg betont in seinen *Briefen über Merkwürdigkeiten der Literatur* (1766/67) das schöpferische Original-Genie, Vorbild ist Shakespeare. Die Gattungen werden als willkürliche Erfindungen der Kunstrichter gesehen.
- Für Herder ist die Sprache Ergebnis einer historischen Entwicklung, also nicht göttlichen Ursprungs. Da sich jegliches Denken in der Sprache vollzieht, ist sie Grundlage für Volk, Wissenschaft und Literatur. Menschliche Entwicklung läuft zur Sprachentwicklung parallel. Da die ursprünglichste Sprache Gesang war, kommt dem Volkslied besondere Bedeutung zu. Kunst ist naturgebunden, daher muss die Dichtung einen Bezug zur Natur haben.
- Goethe erkennt in seiner Rede *Zum Schäkespears Tag* (1771), was den englischen Dramatiker für den Sturm und Drang so bedeutend macht: „Seine Stücke drehen sich alle um den geheimen Punkt, in dem das eigentümliche unsres Ichs, die prätendierte Freiheit unsres Wollens mit dem notwendigen Gang des Ganzen zusammenstößt."
- In den *Anmerkungen übers Theater* (1774) formuliert Lenz seine poetologischen Grundgedanken. Die Kernidee lautet: Das dichterische Genie darf an keinen von außen herangetragenen Regelzwang gebunden werden. Die Vorstellungen des französischen Klassizismus sind abzulehnen.

Formen

Die wichtigste Gattung, das **Drama**, verleiht dem forcierten Lebensgefühl und dem Willen zur Änderung der Verhältnisse deutlichen Ausdruck. Radikal brechen die Autoren mit den überkommenen Regeln. Ihr Vorbild wird Shakespeare mit seiner offenen Dramenform. Figuren aus unterschiedlichen Schichten bevölkern die Bühne, große Kerls und Außenseiter, die aufbegehren. Volksnähe, häufige Orts- und damit Szenenwechsel zeigen die Abkehr vom normativen Drama.

Nach ersten Ansätzen im Spätbarock und in der Empfindsamkeit setzt sich in der **Lyrik** die Gefühls- und Erlebnisdichtung durch, wobei die Liedform besonders beliebt ist (vgl. Goethes Sesenheimer Lieder). Einfluss übt auch das historische Volkslied aus. Die Ballade wird neu entdeckt, Oden und Hymnen verlieren ihren rationalen und moralisierenden Gehalt und öffnen sich dem Gefühl (Goethe: *Wandrers Sturmlied, Ganymed, Prometheus*).

Den Höhepunkt des **epischen Schrifttums** bildet Goethes Briefroman *Die Leiden des jungen Werther* (1774). Ein zur Leidenschaft gesteigertes Gefühl, Natursehnsucht und Sozialkritik treffen den Nerv der Zeit und lösen ein Werther-Fieber aus, das ganz Europa ergreift.

Die sogenannte Werther-Tracht, bestehend aus blauem Frack mit Messingknöpfen, gelber Weste, Kniehosen aus gelbem Leder, Stulpenstiefeln und grauem Filzhut. Das Bild zeigt Prinz Ernst Ludwig von Sachsen-Gotha-Altenburg, porträtiert von Johann Georg Ziesensis, 1776

Sprache

Dem Weltbild entsprechend ist die Sprache **ekstatisch, emotional**. Die Syntax wird aufgelöst, es finden sich grammatisch nicht folgerichtige Konstruktionen (Anakoluth). Häufige verwendete Mittel sind: Ausruf, Anrede, Elision, Hyperbel, Lautmalerei, Metapher (vgl. S. 23 ff.), Stammeln, Verkleinerungsformen und derbe, aber auch schlichte, volkstümliche Ausdrücke (Volkslied).

B

Sprache des Sturm und Drang

> Wie froh bin ich, daß ich weg bin! Bester Freund, was ist das Herz des Menschen! Dich zu verlassen, den ich so liebe, von dem ich unzertrennlich war, und froh zu sein! Ich weiß, du verzeihst mir's. Waren nicht meine übrigen Verbindungen recht ausgesucht vom Schicksal, um ein Herz wie das meine zu ängstigen? Die arme Leonore! Und doch war ich unschuldig. Konnt' ich dafür, daß, während die eigensinnigen Reize ihrer Schwester mir eine angenehme Unterhaltung verschafften, daß eine Leidenschaft in dem armen Herzen sich bildete? Und doch – bin ich ganz unschuldig? Hab' ich nicht ihre Empfindungen genährt? Hab' ich mich nicht an den ganz wahren Ausdrücken der Natur, die uns so oft zu lachen machten, so wenig lächerlich sie waren, selbst ergetzt? Hab' ich nicht – o was ist der Mensch, daß er über sich klagen darf! […]
> (Goethe: *Die Leiden des jungen Werther*)

Übersicht: Sturm und Drang

Hintergrund	**Politik:** Absolutismus, Fürstenwillkür **Gesellschaft:** Aufbegehren der jungen Generation gegen Fürstenwillkür, Standesschranken, Untertanenmentalität und religiösen Dogmatismus **Anregungen:** • Rousseau: Kulturpessimismus; Natur, Gefühl • Spinoza: Pantheismus • Young, Wood: Intuition, Spontaneität, Genie • Macpherson: Ossian; Natur und Empfindung **Ablehnung:** Rationalismus, Fortschrittsoptimismus, enge Moralvorstellungen, Formen überkommener Autorität **Leitbegriffe des Weltbilds:** Natur, Gefühl, Freiheit, Genie
Literarisches Leben	**Autoren und Publikum:** • junge Autoren, meist aus unteren bürgerlichen Schichten • zunächst reservierte Haltung des bürgerlichen Publikums **Lockere Gruppenbildungen:** in Straßburg und Frankfurt um Goethe; schwäbische Gruppe um Schiller; Göttinger Hain: Verehrung Klopstocks
Autoren und Werke	• Goethe: Sesenheimer Lyrik, *Zum Schäkespears Tag*, *Die Leiden des jungen Werther*, Sturm-und-Drang-Lyrik • Herder: Organismusgedanke, Volkslied, Humanitätsideal • Klinger: *Sturm und Drang*, *Die Zwillinge* • Lenz: *Der Hofmeister*, *Die Soldaten* • Schiller: *Die Räuber*, *Kabale und Liebe*, *Don Carlos*
Themen und Motive	Das subjektive Ich in Konfrontation mit den Kräften der Zeit: Protest gegen Autoritäten, Gesellschaftskritik, Bekenntnis zu Leidenschaft; Motive: Kindsmörderin, feindliche Brüder, Faust
Theorie, Formen und Sprache	**Theorie:** • Ablehnung tradierter Literatur- und Kunstregeln • Betonung des schöpferischen Original-Genies • Herstellen eines Bezuges zwischen Kunst und Natur • Vorbild: Shakespeare **Formen:** • Drama: wichtigste Gattung, offene Form • Lyrik: Erlebnislyrik, Ballade • Epik: Briefroman **Sprache:** affektgeladen, Syntaxauflösung, Ausrufe, Hyperbeln

Klassik (1786–1805)

Hintergrund

Die **Französische Revolution** ist das zentrale politisch-gesellschaftliche Ereignis der Zeit. Ihr Ruf nach Freiheit, Gleichheit und Brüderlichkeit löst anfängliche Begeisterung aus, doch führen wachsendes Chaos und fortschreitender Terror (Jakobinerherrschaft) bald zu kritischer Sicht und Ablehnung. In Intellektuellenkreisen wird man sich zugleich der Krisensituation bewusst, in der sich alte Ordnungen aufzulösen beginnen. Während in manchem deutschen Kleinstaat die Bürger noch unter einem absolutistischen Fürsten leiden, entfaltet sich in der aufgeklärten, aristokratischen Atmosphäre der Residenzstadt Weimar die Klassik.

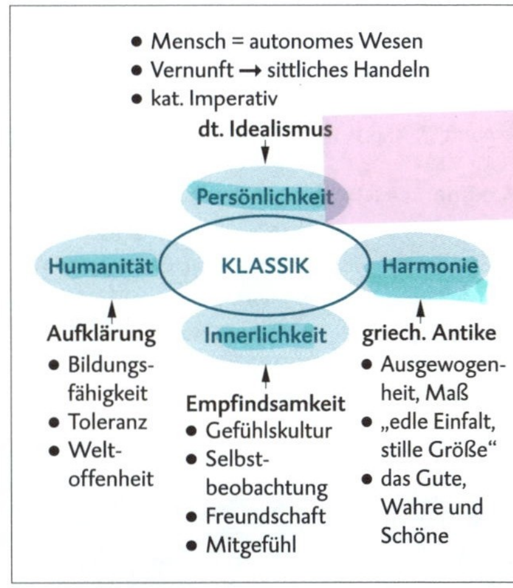

Die kulturell aufgeschlossene Klassik empfängt wesentliche Anregungen in Auseinandersetzung mit anderen Epochen und philosophischen Anschauungen:

- Der Archäologe Johann Joachim Winckelmann (1717–1768) sah in der **griechischen Antike** das Schönheitsideal „edle Einfalt und stille Größe" verwirklicht: Hinter allen Werken, auch wenn sie einen leidenschaftlich bewegten Ausdruck darstellen, sei eine ruhige und große Seele zu spüren.
- Die Leitbegriffe der **Aufklärung** (Toleranz, Humanität, Weltbürgertum, Entwicklungsfähigkeit des Menschen) werden übernommen.
- Die **Empfindsamkeit** wirkt auf Gefühlskultur und Innerlichkeit.
- Der **Sturm und Drang** regt zur Auseinandersetzung mit kreativen Möglichkeiten und Grenzen der Individualität an.
- Eine erhebliche Wirkung geht von der Philosophie des deutschen **Idealismus** aus, besonders von den Vorstellungen Immanuel Kants (1724–1804):
  - *Kritik der reinen Vernunft* (1781): Kant stellt fest, dass eine absolute Erkenntnis nicht möglich sei. Keineswegs entspreche das, was wir als wirklich wahrzunehmen glauben, der tatsächlichen Wirklichkeit, denn der Erkenntnisprozess sei stets belastet von subjektiven Zutaten.
  - *Kritik der praktischen Vernunft* (1788): Die Vernunft könne zwar nicht Absolutes erkennen, aber sie besitze die Fähigkeit, Recht von Unrecht zu unterscheiden.

An der sog. Laokoon-Gruppe (Vatikanische Museen) entwickelte Winckelmann seine Formel der „edlen Einfalt, stillen Größe", mit der er die antike Geisteshaltung idealisierte

Kategorischer Imperativ: „Handle so, dass die Maxime deines Willens jederzeit zugleich als Prinzip einer allgemeinen Gesetzgebung gelten könne." (Kant: *Kritik der praktischen Vernunft*, 7. Kap.)

Maxime: Leitsatz

Wenn der Mensch in seinem freien Willen sich den Einflüssen der Außenwelt beuge, sei er unfrei. Frei sei er nur dort, wo er dem Sittengesetz folge. Dieses formuliert Kant als **kategorischen Imperativ**, einen für alle Situationen geltenden unbedingten Befehl. Er besagt, dass der Grundsatz des eigenen Handelns für alle Menschen gelten muss.

- *Kritik der Urteilskraft* (1790): Kant befreit die Kunst von allen moralischen, gesellschaftlichen und weltanschaulichen Absichten. Das Schöne besitze Eigenwert, symbolisiere eine überbegriffliche Idee und gehorche nur seiner eigenen Zweckmäßigkeit (interesseloses Wohlgefallen am Schönen).

Literarisches Leben

Blick auf Weimar. Aquarell von Georg Melchior Kraus (1737–1806)

Entscheidend für das literarische Leben wird **Weimar**, das beim Eintreffen Goethes, 1775, etwa 6 000 Einwohner zählt, von denen ein Großteil für den Hof arbeitet. Über den sog. Weimarer Musenhof, begründet von der Herzogsmutter Anna Amalia, findet Goethe eine Reihe von Personen, die ihn nachhaltig beeinflussen sollten, so Wieland und Charlotte von Stein, seit 1776 Herder, seit 1799 Schiller. Doch trotz der Entfaltungsmöglichkeiten, die Weimar Goethe bietet, spürt er auch die provinzielle Enge des kleinen Herzogtums.

Die Wirkung der beiden großen Klassiker Goethe und Schiller, die sich zwischen 1794 und 1805 durch ihre Freundschaft gegenseitig anregen, bleibt auf ein **elitäres Publikum** beschränkt. Die breite Gesellschaft findet eher Interesse an einfacherer Literatur (z. B. bürgerliche Rührstücke von Iffland und Kotzebue). Auch der Erfolg der Zeitschriften, die Goethe und Schiller herausgeben, ist eher bescheiden (Schiller: *Thalia*, *Die Horen*; Goethe: *Die Propyläen*, *Über Kunst und Altertum*).

Autoren und Werke

Goethe und Schiller sind die Leitfiguren der Epoche. Beide finden über den Sturm und Drang zur Klassik.

1775 folgte **Goethe** einer Einladung des Herzogs Karl August nach Weimar, wo er Hof- und Staatsaufgaben übernahm. Zum Schicksal wurde ihm die Freundschaft mit der unglücklich verheirateten **Char-**

lotte von Stein. Sie führte sein ungestümes Temperament zur Mäßigung, aber auch zur leidvollen Entsagung. Neben botanischen und geologischen Studien arbeitete Goethe an *Iphigenie auf Tauris* und *Torquato Tasso* (Lyrik: *Grenzen der Menschheit, Der Erlkönig, Das Göttliche*).

Goethe in der Campagna (Gemälde von J. H. W. Tischbein, 1787)

Mit Goethes **Italienreise** (1786) begann die eigentliche klassische Zeit. Sie endete mit Schillers Tod (1805). Die Heiterkeit und Sinnenfreude Italiens und die Begegnung mit den klaren und harmonischen Formen der antiken Kunst wirkten als innere Befreiung. Goethe gestaltet die *Iphigenie* in Jambenverse um, er vollendet den *Egmont* und arbeitet an *Faust, Tasso* und *Wilhelm Meister* (Nachwirkungen in Weimar: *Römische Elegien*). *Iphigenie*, das Schlüsselwerk der Klassik, enthält alle wesentlichen Kennzeichen der Epoche: Der Inhalt spielt in der Antike und konzentriert sich auf allgemeingültige Aussagen, jenseits des vergänglichen Zeitgeschehens. In der Figur der Iphigenie wird deutlich, dass reine Menschlichkeit keineswegs selbstverständlich ist, sondern errungen werden muss. Dazu ist, wie Thoas erfährt, Entsagung notwendig. Auch der Glaube an das letztlich Gute des Seins stellt ein Kernthema dar. Nicht die mythische Abhängigkeit von teilnahmslosen Göttern leitet den Glauben Iphigenies, sondern das Bewusstsein, dass dort, wo sich der Mensch radikal und aus freier Entscheidung zu Wahrheit und Menschlichkeit durchringt, die Götter ihn retten müssen. Orest findet seine psychische Ruhe wieder, das Harmonie-Ideal zwischen Menschen sowie zwischen Menschen und Göttern wird im Drama verdeutlicht. In *Torquato Tasso* stehen sich Künstler (Tasso) und höfische Politiker (Antonio) gegenüber.

Zurückgekehrt nach Weimar, gibt Goethe seine Amtsgeschäfte auf. Er lernt die 23-jährige **Christiane Vulpius** kennen (1789: Geburt des Sohns August) und entfaltet eine rege literarische und wissenschaftliche Tätigkeit. In verschiedenen Werken verarbeitet er die Französische Revolution (*Der Bürgergeneral, Hermann und Dorothea*; 1792 nimmt er als Begleiter des Herzogs am 1. Koalitionskrieg teil: *Die Campagne in Frankreich, Die Belagerung von Mainz*). Er beschäftigt sich mit morphologischen und optischen Studien (*Über die Metamorphose der Pflanzen*, 1790) sowie mit der Farbenlehre.

1794 kommt es zur entscheidenden **Begegnung mit Schiller** in Jena. Es beginnt eine Zeit reicher, gegenseitiger Anregung. Goethe beendet seinen Bildungsroman *Wilhelm Meisters Lehrjahre* (1796), er setzt die Arbeit am Faust-Thema fort, arbeitet für Schillers *Horen* und den *Musenalmanach*. 1796 gibt er mit Schiller *Die Xenien* heraus (satirische

Angriffe auf die zeitgenössische Literatur). 1797 gilt als das „Balladenjahr“ der deutschen Literatur (Goethe: *Der Zauberlehrling*; Schiller: *Die Kraniche des Ibykus, Der Ring des Polykrates*).

Nach Schillers Tod steht Goethe im Mittelpunkt des geistigen Deutschlands. In dieser sog. **„Altersepoche“** (1805–1832) vollendet er wichtige Werke. Er schließt *Faust I* ab. Der Einfluss des persischen Dichters Hafis und die Liebe zu Marianne von Willemer führen zu der Gedichtsammlung *West-östlicher Divan* (1819). Der Untertitel von *Wilhelm Meisters Wanderjahre* (1821, 1829) lautet *Die Entsagenden*. Damit wird noch einmal deutlich gemacht, dass der Mensch, um in eine Gemeinschaft integriert werden zu können, Selbstlosigkeit lernen müsse. Den zweiten Teil des *Faust* beendet er ebenso wie sein autobiografisches Werk *Dichtung und Wahrheit* (1831) kurz vor seinem Tod. 60 Jahre hat Goethe am *Faust* geschrieben. Durch Bearbeitungen des *Faustbuchs* von 1587 und durch Puppenbühnen lernte er den Stoff kennen. Vier Phasen lassen sich unterscheiden: die Sturm-und-Drang-Zeit (*Urfaust*, 1775), Italien (*Faust, ein Fragment*, 1790), die Anregung durch Schiller (*Faust. Der Tragödie erster Teil*, 1808) und das Ergebnis seiner Altersphase (*Faust. Der Tragödie zweiter Teil*, 1832). Im ersten Teil scheitert der nach Totalität strebende, stets unzufriedene Faust als Gelehrter und als Liebender: Der Wissenschaftler verschreibt sich der Magie und der Liebende vernichtet die Geliebte. Er ist der Einsame, Irrende und Schuldige zwischen Macht und Ohnmacht, Schein und Sein, Wissen und Schönheit, nordischer und südlicher Welt. Letztlich nur die Liebe und sein stetes Bemühen schaffen die Chance der Erlösung. Goethes letzte Jahre waren von Einsamkeit überschattet: Bereits 1816 starb seine Frau Christiane, 1827 Charlotte von Stein, 1828 Herzog Karl August, 1830 sein Sohn August in Rom. Goethe starb am 22. März 1832 in Weimar.

Goethe und Schiller: Denkmal vor dem Weimarer Nationaltheater

Eine finanzielle Unterstützung durch Prinz Friedrich Christian von Augustenburg und den dänischen Grafen Schimmelmann ermöglicht **Schiller**, sich philosophischen und ästhetischen Studien zu widmen. Damit beginnt seine klassische Zeit: Er beschäftigt sich mit Kant und verfasst theoretische Schriften: *Über Anmut und Würde* (1793); *Über die ästhetische Erziehung des Menschen* (1795); *Über naive und sentimentalische Dichtung* (1795/96).

Die **Freundschaft mit Goethe** (1794–1805) ist von nachhaltiger Bedeutung. 1795 beginnen die *Horen* zu erscheinen (bis 1797); 1796 erfolgt die Herausgabe des *Musenalmanach* (*Xenien*; 1797: *Musenalmanach* mit Balladen). 1798 wird zur Eröffnung des umgebauten Weimarer Theaters *Wallensteins Lager* uraufgeführt. 1799 folgen *Die Piccolomini* und *Wallensteins Tod* als weitere Teile der großen geschichtlichen Trilogie, in deren Mittelpunkt Freundschaft und Verrat, Intrige und Ideal, vor allem aber Macht und Schicksal stehen. Im Dezember 1799 zieht Schiller nach Weimar. Wiederholt wird er von Krankheiten geplagt, doch sein Arbeitswille ist ungebrochen: In dem Läuterungsdrama *Maria Stuart* (1800) greift er auf die englische Geschichte, in *Die Jungfrau von Orleans* (1801) auf die französische zurück. *Die Braut von Messina* (1803) lehnt sich durch die Bedeutung des Schicksals und des Chores an das antike Vorbild an. *Wilhelm Tell* (1804), sein letztes vollendetes Drama, thematisiert eine historische Sage der Schweiz. Schiller zeigt, wie sich eine naturgemäße Ordnung gegen den Übergriff absolutistischer Gewalt zu wehren versteht. Am 9. Mai 1805 starb Schiller in Weimar.

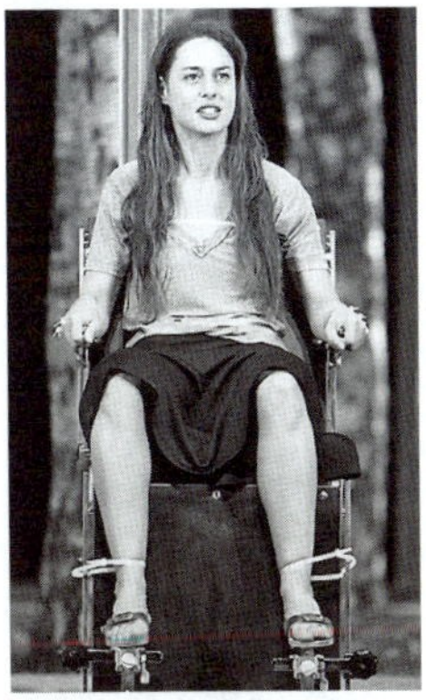
Die gefesselte Maria (Susanne Wolff) erwartet die Vollstreckung des Todesurteils. Aufführung von *Maria Stuart* am Thalia Theater in Hamburg 2007

Autoren zwischen Klassik und Romantik

Friedrich Hölderlin (1770–1843) studierte zusammen mit Schelling und Hegel am Tübinger Stift. Während einer Hauslehrerstelle beim Frankfurter Bankier Gontard verliebte er sich in dessen Frau Susette, der er in seinem Roman *Hyperion* ein literarisches Denkmal setzte. Nach der Aufgabe der Stelle führte er ein unstetes Leben. 1802 traten Anzeichen von Schwermut auf. Von 1807 bis zu seinem Tod lebte er zurückgezogen in Tübingen bei einem Tischler. Hölderlin war von der Antike, von Rousseau, Klopstock und Schiller, aber auch von der schwäbisch-pietistischen Frömmigkeit des Elternhauses beeinflusst. Schon früh spürte er die Spannung zwischen einem irrational-visionären Gottesbild und der rationalen Eingeschränktheit des Menschen. So galt seine Suche der Harmonie zwischen Gott und Mensch, Antike und Gegenwart, Mythos und Christentum. In seiner künstlerischen Entwicklung befreite er sich von den Vorbildern und den klassischen Zeitgenossen. Die Aussagen in der Lyrik (Hymnen, Oden, Elegien) verdichteten sich zu schwierig zu deutenden Chiffren (*Brot und Wein*, *Patmos*). Immer wieder thematisierte er das Wesen und die Aufgabe der Dichtung. Im Briefroman *Hyperion oder Der Eremit in Griechenland* (1797–1799) zeigt er das Scheitern eines Idealisten. In den *Empedokles*-Fragmenten (1798–1800) geht es um die Frage von Schuld und Sühne eines Dichter-Sehers und sein Verhältnis zu Volk und Natur.

Friedrich Hölderlin: geb. am 30. 3. 1770 in Lauffen am Neckar; gest. am 17. 6. 1843 in Tübingen

Der aus Wunsiedel stammende arme Predigersohn **Jean Paul** (eigentlich Johann Paul Friedrich Richter; 1763–1825) verbindet in seinen Werken Aufklärung und Empfindsamkeit, Klassik und Romantik, Alltagstrivialität und Idealität, die enge Welt seiner ländlichen Heimat und die Weite der Fantasie, Idylle und skurrile Komik. In seinen Romanen *Die unsichtbare Loge* (1790), *Hesperus* (1795) und *Titan* (1800/04) entlarvt er mit Witz und Satire überzogenes Machtstreben und tritt für Menschlichkeit ein.

Heinrich von Kleist: geb. am 18. 10. 1777 in Frankfurt/Oder, gest. am 21. 11. 1811 am Wannsee

Heinrich von Kleist (1777–1811) erfuhr eine entscheidende seelische Erschütterung durch das Studium der Philosophie Kants. Kern dieser „Kantkrise" waren die Erkenntnis von der Relativität der sinnlichen Wahrnehmung und das daraus resultierende Kommunikationsproblem. Pessimismus und menschliche Verwirrung („Versehen") werden im Erstlingsdrama *Die Familie Schroffenstein* (1803) und, zugespitzt, in *Penthesilea* (1808) deutlich. Die Erkenntnisproblematik und Fragen der Schuld greift er auch in seinen Novellen auf (*Das Erdbeben in Chili*, 1807; *Die Marquise von O.*, 1808; *Michael Kohlhaas*, 1810; *Das Bettelweib von Locarno*, 1811). Dagegen steht die Kraft der intuitiven Erkenntnis, wie sie im historischen Schauspiel *Das Käthchen von Heilbronn* (1808) und in *Prinz Friedrich von Homburg* (1821) zum Ausdruck kommt. In seinem Aufsatz *Über das Marionettentheater* (1810) beschäftigt er sich mit kunsttheoretischen Themen. Ein vehementes Engagement gegen Napoleon kommt in seinem Drama *Die Hermannschlacht* (1821) zum Ausdruck. Menschliche Unzulänglichkeiten werden in der Komödie *Der zerbrochne Krug* (1808) angesprochen. 1811 nahm sich Kleist am Wannsee bei Berlin das Leben.

Frühere klassische Epochen (Auswahl):
- Staufische Klassik (ca. 1180–1220), Blütezeit dt. Dichtung: Hartmann v. Aue, Wolfram v. Eschenbach, Walther v. d. Vogelweide, Gottfried v. Straßburg
- Ital. Renaissance (14.–16. Jh.), Wiederentdeckung der Antike: Petrarca, Tasso, Boccaccio, Leonardo, Michelangelo, Raffael
- Elisabethanisches Zeitalter in England (2. Hälfte 16. Jh.): Shakespeare
- Goldenes Zeitalter in Spanien, „Siglo de Oro" (16., 17. Jh.): Cervantes, Calderón, Lope de Vega
- Französischer Klassizismus (17. Jh.): Corneille, Racine, Molière

Kennzeichen, Themen und Motive

Klassische Epochen (vgl. Zeit des Perikles in Griechenland, Zeit des Augustus in Rom, Staufische Klassik, Elisabethanische Zeit in England, Siglo de Oro in Spanien, Weimarer Klassik) setzen eine hohe Kulturstufe voraus. Die Gesellschaft zeichnet sich durch Bildung, Wissen um die eigene Geschichtlichkeit, ein geschlossenes Weltbild mit klarem Wertekanon und differenzierter Sprache aus.
Unter klassischer Dichtung versteht man eine Literatur, die sich an antiken Themen und Formen orientiert und diese schöpferisch in zeitlosen, mustergültigen und einzigartigen Werken verarbeitet (Ausgewogenheit von Form und Inhalt, formale Geschlossenheit).

Kennzeichnende Merkmale und Themen der Weimarer Klassik sind:

- Glaube an die Bildungsfähigkeit des Menschen (damit an seine Freiheit und Verantwortlichkeit; Bildung zur Gemeinschaft: *Wilhelm Meister*; Bildungsfähigkeit auch im künstlerischen Sinne; vgl. Schillers ästhetische Schriften),

- Suche nach Ausgleich (Verstand und Gefühl, Individuum und Gesellschaft, Besonderes und Allgemeines; Bezähmung der Leidenschaften und Absage an überzogene Subjektivität: Goethe, *Torquato Tasso*; Notwendigkeit von Entsagung, Begrenzung, Maß: Goethe, *Die Wahlverwandtschaften*; Scheitern von Machtstreben und maßlosem Ehrgeiz: Schiller, *Wallenstein*; Wandlungsfähigkeit und Überwindung der Schuld: Schiller, *Maria Stuart*; Sieg des Ideellen und der Gemeinschaft über die Willkür: Schiller, *Wilhelm Tell*),
- Orientierung am Schönheitsideal der Antike,
- Streben nach Humanität und Toleranz (vgl. *Iphigenie*),
- Bekenntnis zum Weltbürgertum (Desinteresse an der Tagespolitik).

Iphigenie auf Tauris: Iphigenie (Elisabeth Trissenaar) gerät in Konflikt mit ihrer Rolle als Priesterin (Aufführung des Schiller-Theaters Berlin, 1981)

Theorie, Formen und Sprache

Theorie

Schiller hat wiederholt zu Kunst und Ästhetik Stellung genommen und sich dabei vor allem mit den Vorstellungen Kants auseinandergesetzt. Dieser hatte in der *Kritik der praktischen Vernunft* erklärt, dass das sittlich Gute ohne Rücksicht auf Nutzen, Erfolg oder Daseinsglück geschehen müsse. Ziel sei die Übereinstimmung des Menschen mit der im Gewissen erfahrbaren übersinnlich-göttlichen Vernunft. Dies entsprach auch Schillers Vorstellungen. Doch lehnte er Kants rigorose Trennung von Natur und sittlicher Vernunft ab.

Ästhetik: Wissenschaft vom Schönen, Lehre von der Gesetzmäßigkeit und Harmonie in Natur und Kunst.
Der **Ästhetizismus**, eine besonders ausgeprägte Lebenshaltung und Kunstanschauung zwischen 1880 und 1910, weist dem Ästhetischen (dem Schönen) absoluten Vorrang zu (vgl. S. 232 ff.)

- *Über Anmut und Würde* (1793): Hier beschreibt Schiller das Ideal einer „schönen Seele". Darunter versteht er einen Menschen, der das Gute und Pflichtgemäße aus Neigung tut und dadurch zur inneren Harmonie findet. Äußerlich drückt sich dies in der Anmut aus. Ist diese Einheit jedoch gestört, hat im Sinne Kants das Sittliche den Vorrang. Wenn der Mensch dieser Pflicht gehorcht und sich selbst überwindet, zeigt er sich erhaben und besitzt Würde. Der Tragödienheld kann durch sein Ja zur Pflicht seinen äußeren Untergang zwar nicht vermeiden, aber Freiheit erreichen.

- *Über naive und sentimentalische Dichtung* (1795): Während der naive Mensch in instinktiver, harmonischer Naturverbundenheit seine Werke schafft (Beispiele: Antike, Goethe), treten beim sentimentalischen Dichter Geist und Sinnliches in Widerspruch. Die verlorene Harmonie muss erst errungen werden. Das Ausschalten des sinnlichen Begehrens geschieht durch interesselose ästhetische Kontemplation und ist Aufgabe der Bildung.

- *Briefe über die ästhetische Erziehung des Menschen* (1791–1794): Kunst dient dazu, den Menschen zur inneren Freiheit und Harmonie und damit zu seiner eigentlichen Bestimmung zu führen (Ausgleich Vernunft–Sinnlichkeit).

Neuplatonismus: philosophische Richtung (3.–6. Jh. n. Chr.), die an die Lehre Platons anknüpft; Vertreter: Plotin (gest. 270)

Goethes Interesse an der Natur prägt auch seine Kunstvorstellung. Die Natur wird im Sinne des Neuplatonismus, Spinozas und Shaftesburys Pantheismus als fruchtbares, ewiges Lebensprinzip betrachtet.

Formen

Das **Drama** behandelt als Ideendrama Stoffe und Themen, die einem übergeordneten Leitgedanken folgen und Allgemeingültigkeit beanspruchen: Humanität, Verhältnis von Genie und Gesellschaft, Freiheit, Charakter- und Willensfreiheit, Schuld und Läuterung. Bei Schiller überschneidet sich das Ideendrama mit dem Geschichtsdrama. Das klassische Drama folgt der geschlossenen Form (pyramidaler Aufbau, verinnerlichte Handlung: „Seelendrama“, geringe Figurenzahl, kunstvoll stilisierte Sprache: Blankvers, Sentenzcharakter).
Der **Roman** thematisiert Erziehung und Bildung. Mit *Wilhelm Meister* bietet Goethe den Prototyp des Entwicklungs- und Bildungsromans.
Auch die **Lyrik** zeigt Grundsätzliches. Die Ballade enthält allgemein gültige Lehren. Philosophisches und Lehrreiches wird in Epigrammen, Hymnen und Oden angeboten. Aber auch was in schlichter liedhafter Form und Sprache erscheint, drückt neben Persönlichem Allgemein-Symbolisches aus.

Sprache

Die Sprache der Weimarer Klassik ist eine **stilisierte Kunstsprache**, d.h., sie entwickelt sich nicht aus der Gesellschaft, sondern wird vom Autor geschaffen. Mundart und Umgangsidiom sind ihr fremd. Am deutlichsten zeigt sich das im Drama, wo individuelle Gefühle nur gedämpft erscheinen, Extremes ausgeklammert bleibt und die Diktion sentenzhaft und rhythmisiert wirkt.

B **Sprache der Klassik**

Heraus in eure Schatten, rege Wipfel
Des alten, heil'gen, dicht belaubten Haines,
Wie in der Göttin stilles Heiligtum,
Tret ich noch jetzt mit schauderndem Gefühl,
Als wenn ich sie zum ersten Mal beträte,
Und es gewöhnt sich nicht mein Geist hierher. […].

(Goethe: *Iphigenie auf Tauris*)

Übersicht: Klassik

Hintergrund	**Politik:** Französische Revolution, Napoleon, Kleinstaaterei **Anregungen:** • Antike: Schönheitsideal, Maß • Aufklärung: Toleranz, Vernunft, Humanität, Weltbürgertum • Empfindsamkeit: Gefühlskultur, Innerlichkeit • Sturm und Drang: Möglichkeiten und Grenzen des Individuums • Idealismus: Erkenntnisthematik; Mensch = autonom; sittliche Ordnung
Literarisches Leben	**Autoren:** • Weimar als kulturell-literarischer Mittelpunkt (Musenhof!) • motivierendes Element: Freundschaft zw. Goethe und Schiller **Publikum:** gebildet, elitär; geringes Interesse der breiteren Öffentlichkeit
Autoren und Werke	**Klassik:** • Goethe: *Iphigenie auf Tauris, Torquato Tasso, Egmont, Grenzen der Menschheit,* Balladen, *Faust I, West-östlicher Divan, Wilhelm Meister, Dichtung und Wahrheit, Faust II* • Schiller: ästhetische und philosophische Schriften; *Musenalmanach; Wallenstein*-Trilogie, *Maria Stuart, Die Jungfrau von Orleans, Die Braut von Messina, Wilhelm Tell* **Autoren zwischen Klassik und Romantik:** • Hölderlin: Gedichte; *Hyperion, Empedokles*-Fragmente • Jean Paul: *Die unsichtbare Loge, Hesperus, Titan* • Kleist: *Penthesilea, Das Käthchen von Heilbronn, Prinz Friedrich von Homburg, Das Erdbeben in Chili, Michael Kohlhaas*
Kennzeichen, Themen und Motive	• Glaube an die Bildungsfähigkeit des Menschen (Autonomie) • Suche nach Ausgleich zw. Extremen (Entsagung, Begrenzung) • Orientierung am Schönheitsideal der Antike (Maß, Harmonie) • Streben nach Humanität (Toleranz, Wahrhaftigkeit) • Bekenntnis zum Weltbürgertum (Absage an Tagespolitik)
Theorie, Formen und Sprache	**Theorie: Schiller** • *Über Anmut und Würde*: Harmonie zw. Pflicht und Neigung • *Über naive und sentimentalische Dichtung*: Gegensatz zw. instinktiver Naturverbundenheit und der Suche nach verlorener Harmonie • *Briefe über die ästhetische Erziehung des Menschen*: Kunst als Befreiungsmöglichkeit **Formen:** • Drama: Ideendrama • Epik: Bildungsroman • Lyrik: Ballade, Gedankenlyrik **Sprache:** stilisierte Kunstsprache; sentenzhaft, rhythmisiert

Romantik (1795–1830)

Hintergrund

Caspar David Friedrichs Gemälde *Der Wanderer über dem Nebelmeer* (1818) gilt als Identifikationsbild der deutschen Romantik

Napoleons Hegemoniestreben, das Ende des Deutschen Reiches (1806), Befreiungskriege, Wiener Kongress und Restaurationszeit prägen die Politik der Zeit. Die Gesellschaft zeigt ein differenziertes Bild: In liberalen Kreisen herrscht nach dem Wiener Kongress bittere Enttäuschung. Zukunftsorientierte Schichten des Bürgertums setzen bereits auf die beginnende Industrialisierung und erkennen im Kapital ein entscheidendes Machtmittel. In breiten Bevölkerungsteilen existiert die vorrevolutionäre Untertanenmentalität weiter.

Die Kultur wird von verschiedenen Richtungen beeinflusst (Pietismus, Empfindsamkeit: individuelle Gefühlskultur; Sturm und Drang: Freiheits- und Geniebegriff, Naturmotivik, Literatur der Volkstümlichkeit, Herders Organismusgedanke; Klassik: Harmoniestreben). Im Mittelpunkt der Philosophie stehen Fichtes radikaler Subjektivismus (menschliches Bewusstsein als Schöpfer der Welt), Schellings Vorstellung vom beseelten Universum (Identität zwischen Natur und Geist) und Schleiermachers religiöser Individualismus (nicht ein Dogma entscheidet, sondern das „Gefühl“ vom Unendlichen).

Literarisches Leben

Um 1800 bilden sich in Universitätsstädten nach französischem Vorbild kleine intellektuelle Gruppen. Im Mittelpunkt dieser **Salonkultur** stehen geistreiche **Frauen**, wie Caroline Schlegel in Jena, Rahel Varnhagen und Henriette Herz in Berlin. Viele dieser Frauen sind dichterisch tätig (besonders: Dorothea Schlegel, Karoline von Günderode, Bettina von Arnim). In solchen Kreisen entfaltet sich in zwanglosen Gesprächen eine verfeinerte gesellschaftliche Kultur.

Im Epochenverlauf bilden sich vier Phasen der Romantik:

- Die ältere oder **Frühromantik** zeigt eine philosophisch-spekulative Ausrichtung. Zu ihr gehören die Brüder Schlegel mit ihren Frauen Caroline und Dorothea, Novalis, Wackenroder, Tieck, Schelling und Schleiermacher. Zentren sind Berlin, Halle und Jena (Jenaer Romantik). Die programmatischen Ideen erscheinen in den Zeitschriften *Athenäum* und *Europa*.

- Die Mitglieder der **Hochromantik** treffen sich vorwiegend in Heidelberg (Heidelberger Romantik). Zu ihnen gehören: Arnim, Brentano, Görres, Eichendorff. Sie verfolgen historische und politische Interessen. Ihre Bindung an Volk, Tradition und Kirche führt zum Sammeln von Liedern, Märchen und Sagen und zur wissenschaftlichen Beschäftigung mit der Sprache. An Arnims *Zeitung für Einsiedler* arbeiten auch die Brüder Grimm mit.
- Ein wichtiges Zentrum der **Spätromantik** ist wieder Berlin (Berliner Romantik), wo Arnim, Brentano, Kleist, Fouqué, Chamisso und Adam Müller zusammenkommen, sich politisch-patriotisch orientieren und wissenschaftlich arbeiten. Die *Berliner Abendblätter* sind ihre Zeitschrift.
- Die **Schwäbische Romantik** hat ihren Mittelpunkt in Stuttgart. Ihre Vertreter Uhland, Schwab, Justinus Kerner, später Hauff und Mörike zeigen Interesse am Historischen.

Die ausländische Literatur wird in zahlreichen **Übersetzungen** zugänglich gemacht. Berühmtheit erlangt die Shakespeare-Übersetzung durch August Wilhelm Schlegel. Daneben gibt es Übersetzungen aus dem Italienischen (Dante, Ariost), Spanischen (Calderón), Persischen (Hafis) und anderen Sprachen.

Die **Beschäftigung mit der Vergangenheit** („Volkspoesie") ist ein Erbe des Sturm und Drang. Sie lässt sich auch an der Sammler-, Forscher- und Herausgebertätigkeit der Romantiker erkennen. 1778 hatte Herder eine Sammlung von Volksliedern herausgegeben. Sie wird 1807 unter dem Titel *Stimmen der Völker in Liedern* neu ediert und übt eine große Wirkung auf die Romantiker aus. 1805/1808 erscheint in zwei Bänden *Des Knaben Wunderhorn*, eine von Arnim und Brentano herausgegebene Sammlung alter Volkslieder. Die bedeutendste Märchensammlung stammt von den Brüdern Grimm. 1812 erscheint der erste Band der *Kinder- und Hausmärchen*.

Mit den Brüdern Jacob und Wilhelm Grimm kommt es zur **Begründung der Germanistik**, der wissenschaftlichen Erforschung der deutschen Sprache und Literatur (1810: erster Lehrstuhl für Germanistik in Berlin). Bedeutende Arbeiten zur Sprache entstehen. Den Germanisten am Beginn des 19. Jahrhunderts geht es vor allem um das Aufzeigen einer kulturellen deutschen Volkstradition als Ausgang für eine kommende nationale Einigung.

Titelblatt des ersten Bandes der Erstausgabe der Liedersammlung *Des Knaben Wunderhorn* von Achim von Arnim und Clemens Brentano

Autoren und Werke

Achim von Arnim (1781–1831) gab zusammen mit Brentano eine Sammlung lyrischer Volksdichtung heraus: *Des Knaben Wunderhorn* (1805/1808). Als sein Hauptwerk gilt der historische Roman *Die Kronenwächter* (1817).

Clemens Brentano (1778–1842) trat in Halle und Jena mit den Frühromantikern in Verbindung. 1804 wirkte er bei den Heidelberger Romantikern mit. Seit 1817 wandte er sich dem Katholizismus zu. Später führte er ein unstetes Wanderleben. Sein Bildungsroman *Godwi oder Das steinerne Bild der Mutter* (1801) steht in der Nachfolge von Goethes *Wilhelm Meister*. Bekannt geworden sind die Novelle *Geschichte vom braven Kasperl und dem schönen Annerl* (1817) und das Lustspiel *Ponce de Leon* (1804). Mit Achim von Arnim edierte er die lyrische Sammlung *Des Knaben Wunderhorn* (1805/1808).

Adelbert von Chamisso (1781–1838) verfasste die Novelle *Peter Schlemihls wundersame Geschichte* (1814). Sie zeigt einen Helden, der dem Bösen seinen Schatten verkauft. Trotz des Reichtums vereinsamt er, weil er als Schattenloser von den Menschen gemieden wird. Erst in der Natur findet er Ruhe.

Joseph Freiherr von Eichendorff: geb. am 10. 3. 1788 auf Schloss Lubowitz (Oberschlesien), gest. am 26. 11. 1857 in Neiße (Oberschlesien)

Der in Oberschlesien geborene **Joseph Freiherr von Eichendorff** (1788–1857) ist der bekannteste Romantiker. In seinem Roman *Ahnung und Gegenwart* (1815) zeigt er einen Helden, der in die Abgeschiedenheit eines Klosters flieht. Eichendorff verwendet die offene Romanform und streut zahlreiche Gedichte ein. Die Erzählung *Dichter und ihre Gesellen* (1834) verdeutlicht den Gegensatz zwischen Philister- und Dichterwelt. In seiner Novelle *Aus dem Leben eines Taugenichts* (1826) verlässt ein Müllersohn im kindlichen Vertrauen auf Gottes Führung die Heimat, um in der weiten Welt sein Glück zu finden.

Ernst Theodor Amadeus Hoffmann: geb. am 24. 1. 1776 in Königsberg, gest. am 25. 6. 1822 in Berlin

Ernst Theodor Amadeus Hoffmann (1776–1822) war Dichter, Musiker und Maler. Er arbeitete als Beamter, Theaterdirektor und Kapellmeister. Im Roman *Die Elixiere des Teufels* (1815/1816) thematisiert Hoffmann mit der Figur des gefallenen Mönchs Medardus das psychisch Kranke und Anormale, die Nachtseite der Romantik. Mit *Das Fräulein von Scuderi* (1819/21) schreibt Hoffmann die erste deutsche Kriminalnovelle, in der der Goldschmied Cardillac alle Käufer seiner Schmuckstücke ermordet. Als sein Hauptwerk gelten die *Lebensansichten des Katers Murr nebst fragmentarischer Biographie des Kapellmeisters Johannes Kreisler in zufälligen Makulaturblättern* (1820/22) – ein unvollendeter Roman, der den Bildungsroman parodiert. Dem heuchlerischen Philister Murr steht der Kapellmeister Kreisler gegenüber, der die Unvereinbarkeit von Ideal und Realität ständig neu erfahren und erleiden muss.

Friedrich von Hardenberg, der sich **Novalis** (1772–1801) nannte, interessierte sich für die Philosophie Plotins, Spinozas, Fichtes und Schellings. Die *Hymnen an die Nacht* (1800) drücken die tiefe Erschütterung des Dichters nach dem Tod seiner jungen Verlobten aus. In seinem fragmentarischen Entwicklungsroman *Heinrich von Ofterdingen* (1802) zeigt der Autor eine Lebensphase des sagenhaften mittelalterlichen Dichters, der im Traum das Symbol romantischer Sehnsucht, die blaue Blume, gesehen hat und sich auf die Suche nach ihr macht. Sie steht für romantisches Lebensgefühl, das nur der Dichter ganz erspüren kann, denn er vermag die großen kosmischen Zusammenhänge auf mystisch-magische Art zu durchschauen. Der Aufsatz *Die Christenheit oder Europa* (1799) beschwört die religiöse Einheit des christlichen Mittelalters, die nach einer Phase des Unglaubens erneuert entstehen soll.

Novalis: geb. am 2. 5. 1772 in Oberwiederstedt (Harz), gest. am 25. 3. 1801 in Weißenfels (Thüringen)

Friedrich Schlegel (1772–1829) gilt als d e r Theoretiker der Romantik. Er veröffentlichte im *Athenäum* (1798–1800), der Programmzeitschrift der Frühromantik.

August Wilhelm Schlegel (1767–1845), der ältere Bruder Friedrich Schlegels, hatte sich durch seine *Vorlesungen über dramatische Kunst und Literatur* (1809–1811) und als Übersetzer einen Namen gemacht. Die Werke Dantes, Petrarcas, Ariosts und Calderóns wurden so einem breiteren Publikum zugänglich. Als Meisterleistung gilt seine Übersetzung von 17 Shakespeare-Dramen.

Ludwig Tieck (1773–1853) war befreundet mit **Wilhelm Heinrich Wackenroder** (1773–1798; *Herzensergießungen eines kunstliebenden Klosterbruders*, 1797 herausgegeben von Tieck). Tieck schrieb Märchen (*Der blonde Eckbert*), Erzählungen, Novellen, Schauspiele (*Der gestiefelte Kater*) und Romane. In dem Briefroman *Geschichte des Herrn William Lovell* (1795/ 96) zeigt er, wie ein talentierter, aber gelangweilter junger Mann zum Verbrecher herabsinkt. Der unvollendete Künstlerroman *Franz Sternbalds Wanderungen* (1798) steht in der Nachfolge von Goethes *Wilhelm Meister*. Besondere Bedeutung erlangte Tieck auch als Übersetzer von Cervantes und Shakespeare.

Themen und Motive

Die Lebenseinstellung der Romantiker zielt auf **Schlichtheit und Harmonie**, schon deshalb, weil die politische Stagnation und das beginnende „Maschinenzeitalter“ mit seinen gesellschaftlichen Spannungen und Werteverlusten tief verunsichern. So lenken eine sich zunehmend verfremdende Außenwelt, die Neigung zur psychologischen Selbstanalyse und zum Subjektiven den Blick auf die Innenwelt, deren fantastische Bilder bald als die eigentliche Wirklichkeit empfunden werden. Die **Welt des Seelischen und Unbewussten** kann sich aber auch als ein Bereich des Bedrohlichen, Triebhaften und Dämonischen offenbaren. Der Ruinen- und Friedhofskult, das Interesse am Gespenstischen und Krankhaften beschwören eine Welt des Irren, der Verbrechen und der Ängste, abseits der behüteten bürgerlichen Welt (**„Nachtseite der Romantik“**).

Viele Romantiker verfolgen zunächst mit Interesse die politischen Ereignisse der Zeit. Sie setzen sich mit der Französischen Revolution auseinander und beleben mit zahlreichen Schriften den nationalen Widerstand in Deutschland gegen die napoleonische Hegemonie. Nach dem Wiener Kongress empören sie sich mit der studentischen Jugend über die Unterdrückung der liberal-demokratischen Hoffnungen durch die Restauration, der sie sich aber andererseits mit ihrem Interesse für Geschichte, konservative Werte und Religion als dienlich erweisen.

Zum Weltbild der Romantik gehört die **Rückbesinnung auf die Vergangenheit** (vgl. Herder; Mittelalter als utopische Gegenwelt in einer Zeit politischer Ohnmacht; historische Quellen als Grundlage staatlicher Identität und nationaler Besinnung; Flucht in eine überschaubare Welt vor beginnendem Maschinenzeitalter; historische Perspektive als Regulans für gegenwärtiges und zukünftiges Handeln).

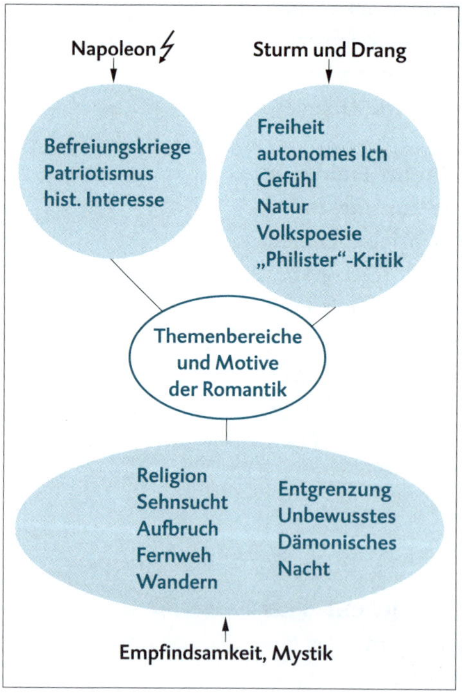

Ein breites Spektrum bietet die **Märchenmotivik**. Beispielhaft dafür kann Eichendorffs *Aus dem Leben eines Taugenichts* stehen. Wie ein Märchenheld muss der Müllerbursch Elternhaus und Heimat verlassen (Aufbruchsmotiv; Entsprechungen sind das Frühlings-, das Fenster- und das Jugendmotiv). Verbunden damit ist das Sehnsuchtsmotiv, das Eichendorff immer wieder verwendet. Das Schlagen der Nachtigallen, ferner Hörnerklang, vorüberziehende Wandergesellen, Wolken am weiten Himmel sind auslösende Faktoren für ein Gefühl, das den Einzelnen nötigt, ohne weitere Vorbereitungen die Heimat zu verlassen und sich unbekümmert einem Schicksal auszuliefern. Dieser Ruf trifft nicht alle, besonders nicht die engstirnigen, spießigen, dem Gelderwerb verschriebenen „Philister“. Deren leistungs-, erfolgs- und zukunftsorientiertes Verhalten steht im Gegensatz zur Naivität des Taugenichts. Dessen reines Gemüt entspricht dem des Märchenhelden, der sich ohne rationale Überlegung eingebunden weiß in ein größeres Ganzes, das ihn behütet und dessen Gnade ihm zufließt. Wer den Ruf hört, bricht zur Wanderung auf, die meist durch eine idyllische Natur führt. Bei christlich orientierten Dichtern wie Eichendorff ist das Ziel des Wanderns (Wandermotiv verbunden mit Abschied, Aufbruch, Heimatlosigkeit, Ungesichertheit) nicht im Irdischen zu suchen. Der Wandernde in der Dichtung, aber auch der Dichter selbst, sind Personen, die hier keine Bleibe haben. Ihr Dasein ist Unterwegssein (Wegmotivik), Pilgerschaft in eine bleibende Heimat.

Theorie, Formen und Sprache

Theorie

Die wichtigste Aussage zur romantischen Theorie liefert Friedrich Schlegel im 116. Athenäumsfragment, in dem er die romantische Poesie als eine **„progressive Universalpoesie“** beschreibt. „Romantisch“ meint bei Schlegel „romanhaft“, also auf den Roman bezogen, den er als die wichtigste Gattung sieht.

Dem Roman kommt ein umfassender Anspruch zu: „Universal“ integriert er alle Arten der Dichtung und öffnet sich auch der Philosophie und Rhetorik. „Progressiv“ bedeutet, dass ein beständiges Werden diese Dichtung bestimmt. Sie ist niemals abgeschlossen und lässt sich daher in einer endgültigen Theorie nicht fassen. Dichtung vereinigt Geist und Natur, Endliches und Unendliches, Vergangenes und Gegenwärtiges. Das Ziel der romantischen Poesie liegt in der Poetisierung der Gesellschaft.

Nach Schlegel soll der Roman „Erzählung, Gesang und andere Formen“ enthalten. So brechen Tieck, Novalis, Arnim und Eichendorff die Gattung auf, vermischen literarische Formen und montieren Erzählungen, Märchen, Gedichte und Lieder in die Handlung, ohne dabei den Romanverlauf zu stören, vielmehr um der Perspektivenfülle und Vielschichtigkeit des romantischen Geistes zu entsprechen. Diese Offenheit des Stils korrespondiert mit der Vorstellung der Grenzüberschreitung, um in Bewusstseins- und Wirklichkeitsbereiche vorzudringen, die im Unendlichen einen Zusammenfall aller Gegensätze ergeben.

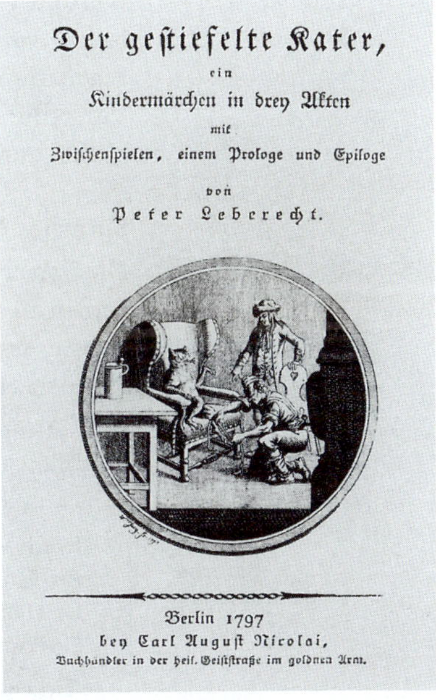

Titelblatt der Erstausgabe von Tiecks *Der gestiefelte Kater, ein Kindermärchen in drey Akten*

Romantische Ironie: weicht verkrustete und erstarrte Formen auf und hinterfragt sie; ermöglicht dem im überschwänglichen Gefühl befangenen Dichter Distanz; macht den unlösbaren Gegensatz zwischen Realität und Ideal erkennbar. Romantische Ironie findet sich besonders in den Werken von Tieck, Brentano und E. T. A. Hoffmann und wirkt später bei Heine, Busch, Ringelnatz und Erich Kästner nach

Doch dieses Unendliche kann aus der menschlichen Begrenztheit heraus nie völlig erkannt werden. Jede Annäherung muss unerfüllt bleiben. Menschliches Tun, wie es in den Romanen zum Ausdruck kommt, bleibt Fragment und verdeutlicht so den Unterschied von Gegebenem und Erwünschtem.

Nach Friedrich Schlegel birgt die Begeisterung des Künstlers die Gefahr der Verblendung. Eine kritische Reflexion, die Distanz und Freiheit schafft, ist daher notwendig. Dies leistet die **romantische Ironie**.

Formen

Unter den **epischen Formen** werden besonders der Roman, die Novelle und das Kunstmärchen gepflegt. Der Roman ist die dominierende Gattung; beliebt ist die Form des Fragments. Die Aufweichung der Gattung geschieht durch den Einbau von Märchen, Liedern, Briefen und Episoden.

Das **Drama** tritt an Bedeutung hinter den Roman zurück. Oft wird Tragisches mit Komischem vermischt, wie bei den Dramen von Tieck.

Die **Lyrik** zeichnet sich durch sprachliche Musikalität, Liedhaftigkeit, Volkstümlichkeit und Schlichtheit aus. Häufig werden religiöse und historische Themen angesprochen. Wesentliches Gewicht kommt den persönlichen Stimmungen zu. Besonders die Gedichte Eichendorffs (vertont von Robert Schumann) haben bis heute nichts von ihrer Popularität verloren. Herder glaubte im Volkslied die zeitüberdauernden Eigenarten eines Volkes zu erkennen. Die Romantiker nehmen diese Vorstellung auf und sehen im Volkslied den Nationalcharakter eines Volkes zum Ausdruck gebracht.

Sprache

Die Sprache der Romantiker ist Magie, Wortmusik, die mit Klängen und Farben arbeitet (Synästhesie). So entstehen nuancenreiche Stimmungen, feinste Assoziationen, schwebende Ahnungen. Immer wieder sind es die gleichen einfachen, volkstümlichen Bilder, die den Leser verzaubern: das Rauschen der Wälder, die Waldeinsamkeit, die Mühle im kühlen Grund, wandernde Gesellen.

B

Sprache der Romantik

Es schienen so golden die Sterne,
Am Fenster ich einsam stand
Und hörte aus weiter Ferne
Ein Posthorn im stillen Land.

Das Herz mir im Leib entbrennte,
Da hab ich mir heimlich gedacht:
Ach, wer da mitreisen könnte
In der prächtigen Sommernacht! […]

(Eichendorff: *Sehnsucht*)

Übersicht: Romantik

Hintergrund	**Politik:** Napoleons Hegemoniestreben, Ende des Deutschen Reiches, Befreiungskriege, Restaurationszeit **Gesellschaft, Wirtschaft:** Enttäuschung liberal gesinnter Kreise nach dem Wiener Kongress, beginnende Industrialisierung, wachsendes Kapitalbewusstsein, bleibende Untertanenmentalität **Kultur:** Weiterwirken früherer Epochen; in der Philosophie: • Fichte: radikaler Subjektivismus • Schelling: beseeltes Universum • Schleiermacher: religiöser Individualismus
Literarisches Leben	• Salonkultur • Phasen der Romantik: Frühromantik, Hochromantik, Spätromantik, Schwäbische Romantik • Übersetzungen, Sammlertätigkeit, Begründung der Germanistik
Autoren und Werke	• Arnim: *Des Knaben Wunderhorn* • Brentano: *Godwi, Geschichte vom braven Kasperl und dem schönen Annerl, Des Knaben Wunderhorn* • Chamisso: *Peter Schlemihls wundersame Geschichte* • Eichendorff: *Ahnung und Gegenwart, Dichter und ihre Gesellen, Aus dem Leben eines Taugenichts;* Gedichte • Hoffmann: *Die Elixiere des Teufels, Das Fräulein von Scuderi, Lebensansichten des Katers Murr* • Novalis: *Hymnen an die Nacht, Heinrich von Ofterdingen* • Tieck: *Der blonde Eckbert, Der gestiefelte Kater, Geschichte des Herrn William Lovell*
Themen und Motive	Seelisches, Unbewusstes, Irrationales, Dämonisches, Triebhaftes; Widerstand gegen Napoleon; Mittelalter, Märchen, Natur, Kind, Heimat, Aufbruch, Wanderer, Sehnsucht, Nacht
Theorie, Formen und Sprache	**Theorie:** • Dichtung als progressive Universalpoesie • Vermischung literarischer Formen • Vorliebe für das Fragmentarische; romantische Ironie **Formen:** • Epik: Roman, Kunstmärchen, Novelle • Drama: von geringerer Bedeutung • Lyrik: Stimmungslyrik; religiöse, seelische, historische Themen; Volkslied **Sprache:** Sprachmagie, Wortmusik, Synästhesie, einfache Bilder

Biedermeier, Junges Deutschland, Vormärz (1820–1850)

Hintergrund

Damenmode des Biedermeier: betonte Taille, voluminöse Ärmel, Hut und Sonnenschirm

Der Sieg über Napoleon bringt nicht das von einer breiten Bevölkerungsschicht erhoffte Recht auf politische Mitsprache. Nach dem Wiener Kongress (1814/1815) erneuern konservative Kreise die absolutistischen Verhältnisse der vorrevolutionären Zeit. Im Zuge einer **Restauration** geht der Staat mit Pressezensur, Einschränkung der Lehrfreiheit an den Universitäten, Hausdurchsuchungen, Verbot von Studentenverbindungen und Haftstrafen gegen liberal und demokratisch Gesinnte vor.

Infolge der **einsetzenden industriellen Revolution** bildet sich ein neues Besitzbürgertum, das nach gesellschaftlichem Einfluss strebt und sich von den verarmenden Handwerkern und Arbeitern distanziert. Industriestädte wachsen durch arbeitssuchende Landflüchtige zu Großstädten heran.

Politische Hoffnungslosigkeit, gesellschaftliche Spaltung, wirtschaftliche Verarmung und weltanschauliche Unsicherheit lösen gegensätzliche Reaktionen aus:

- Einmal führt die nationale Enttäuschung zu Resignation. Handlungsbereitschaft erlahmt. Dafür zeigen sich Tendenzen zur Unterordnung und Entsagung. Mit Wehmut wird eine idealisierte Vergangenheit beschworen, das Überkommene gepflegt und der Rückzug ins Private, Häusliche, Kleine gesucht. Freilich bleibt dieses Glück immer gefährdet: durch Irritationen in der eigenen Innenwelt, etwa durch plötzlich aufflammende Leidenschaften, aber auch durch Einbrüche einer chaotischen Außenwelt. Die so zum Ausdruck kommenden Einstellungen bezeichnet man als **Biedermeier**.
- Auf die politischen Schikanen antworten einige junge Schriftsteller und Journalisten aggressiv. Zu ihnen, die sich als **Junges Deutschland** bezeichnen, gehören Karl Gutzkow, Ludolf Wienbarg, Heinrich Laube und Theodor Mundt. 1835 verbietet der Frankfurter Bundestag ihre Werke. Nach 1840 verschärft sich die Opposition unter Ferdinand Freiligrath, Georg Herwegh und Georg Weerth. Karl Marx und Friedrich Engels beginnen ihre Anklage.

Literarisches Leben

Mit dem Bildungsstand des Bürgertums wächst sein Verlangen nach Unterhaltung und Information. Die Auflagen der Zeitungen und Zeitschriften nehmen zu. Der journalistische Stil des Jungen Deutschland zeichnet sich durch Witz, Satire und Pointenreichtum aus. Allerdings zwingt die Zensur zur Vorsicht. Neben unbedeutender Trivialliteratur erscheinen im Kulturteil der Zeitschriften (Feuilleton) verhüllte kritische Äußerungen des Jungen Deutschland.

Autoren und Werke

Georg Büchner: geb. am 17. 10. 1813 in Goddelau (bei Darmstadt), gest. am 19. 2. 1837 in Zürich

Der Arztsohn **Georg Büchner** (1813–1837) studierte in Straßburg und Gießen Medizin. In Gießen trat er mit Oppositionellen in Kontakt, er gründete eine Geheimgesellschaft und verfasste die Flugschrift *Der Hessische Landbote* (1834). Um einer drohenden Verhaftung zu entgehen, floh er nach Straßburg. Er starb als Dozent der Universität Zürich.
Die Ereignisse von 1830 und der folgenden Zeit leiteten Büchner zur politischen Stellungnahme bei gleichzeitiger Distanz zu den Vertretern des Jungen Deutschland. Die Enttäuschung durch die politischen Realitäten und die Unfähigkeit, an Gott zu glauben, prägen den Pessimismus seines Werkes. Büchner sah die Menschen als Marionetten, die von einem blinden Schicksal bewegt werden. Auch wenn er sich durch seine realistisch-sezierende Darstellung der schwächsten Kreaturen (passive Helden) eine Veränderung der als brutal empfundenen Wirklichkeit erhoffen mochte, blieb er allen Vorstellungen des deutschen Idealismus fern. Sein Werk beeinflusste Naturalismus (Hauptmann) und Expressionismus (Wedekind).
Sein Drama *Dantons Tod* (1835) spielt in der Endphase der Französischen Revolution. In Dantons Untergang werden Einsamkeit und Ausgeliefertheit eines Menschen deutlich, der im Dasein keinen Sinn mehr erkennen kann. Handlung, Figurendarstellung und Sprache zeigen einen Bruch mit der klassischen Dramentradition.
1835 verfasste Büchner auch seine Erzählung *Lenz*. Im knappen Text von 20 Seiten beschreibt er die fortschreitende Geisteskrankheit des Sturm-und-Drang-Dichters Jakob Michael Reinhold Lenz. Der Text lässt Merkmale des modernen Erzählens erkennen: Die innere Handlung tritt gegenüber der äußeren in den Vordergrund. Büchner hält sich an realistische Vorlagen. Die Hauptfigur ist eine historische Person, die nicht idealisiert wird. Raum und Zeit verdeutlichen sich als subjektive Kriterien. Der Abstand des Erzählers zum Geschehen verringert sich (perso-

nales Erzählen). Einsamkeit, Identitätskrise und psychische Störungen sind Themen, die in der Literatur vermehrt erst seit der Wende zum 20. Jahrhundert aufgegriffen werden.

Aufführung von Büchners *Woyzeck* in Berlin, 1964

Die Vorlage für das Fragment *Woyzeck* (1836) bildete ein Eifersuchtsmord im Jahr 1821. Erneut wird das Thema menschlicher Determiniertheit, Undurchschaubarkeit und Verzweiflung angesprochen: „Jeder Mensch is ein Abgrund; es schwindelt einem, wenn man hinabsieht."

Annette von Droste-Hülshoff (1797–1848) stammte aus altwestfälischem Adelsgeschlecht. Seit 1841 lebte sie bei ihrem Schwager auf Schloss Meersburg am Bodensee. Ihre Lyrik beschreibt die schöne und dämonische Natur. Sensibel-impressionistisch werden Naturdetails erfasst und oft mit melancholischer Stimmung unterlegt. In ihrem Hauptwerk, der Kriminalnovelle *Die Judenbuche* (1842), zeigt sie, wie Anlage und Umwelt Friedrich Mergel zum Mörder an einem Juden werden lassen. Nach Jahren zum Tatort zurückgekehrt, erhängt sich Mergel an einer Buche. An diesem Dingsymbol wird die besondere Verflechtung der Natur mit dem menschlichen Schicksal deutlich.

Die Dramen von **Christian Dietrich Grabbe** (1801–1836) sind ein Spiegel des eigenen unausgewogenen und selbstzerstörerischen Lebens. Sie zeigen scheiternde Kraftfiguren, die ihre Verwandtschaft zu den Helden Shakespeares und des Sturm und Drang nicht verleugnen können (*Napoleon oder Die hundert Tage*, 1831; *Don Juan und Faust*, 1828).

Der Österreicher **Franz Grillparzer** (1791–1872) nahm vielfältige Einflüsse auf: antikes Drama, spanisches Barockdrama, Werke der Weimarer Klassik und österreichisches Volkstheater. Seine Tätigkeit wurde durch die staatliche Zensur behindert. Nach dem Misserfolg von *Weh dem, der lügt* zog er sich aus der Öffentlichkeit zurück. Grillparzer war vor allem Dramatiker. *Die Ahnfrau* (1817) steht noch in der Tradition der romantischen Schicksalstragödie. In *Sappho* (1818) thematisiert er die unerwiderte Liebe der griechischen Dichterin Sappho zu Phaon: Kunst und Liebe lassen sich nicht vereinbaren. Grillparzers Grundthema: Menschliches Handeln darf sich nicht nach persönlichen Wünschen richten, sondern hat uneigennützig höheren Ordnungen zu entsprechen. Die Trilogie *Das goldene Vlies* (1821) behandelt die Geschichte der Argonauten. Verschiedene Dramen greifen historische Themen auf, haben aber durchaus Zeitbezug: *König Ottokars Glück und Ende* (1825), *Ein treuer Diener seines Herrn* (1828), *Die Jüdin von Toledo* (1872). Das Märchenspiel *Der Traum ein Leben* (1834) greift die schon im spanischen Barocktheater von Calderón beliebte Wirklichkeitsproblematik auf. In der Novelle *Der arme Spielmann* (1848) finden sich autobiografische Züge.

Heinrich Heine: geb. am 13. 12. 1797 in Düsseldorf, gest. am 17. 2. 1856 in Paris

Heinrich Heine (1797–1856) stammte aus einer weltoffenen jüdischen Kaufmannsfamilie in Düsseldorf. Sein Interesse galt der Philosophie und Literatur. 1831 siedelte er nach Paris über, wo er als freier Schriftsteller arbeitete und unter dem Einfluss der sozialistischen Gedanken Saint-Simons stand. Er pflegte den Kontakt mit deutschen Emigranten, so besonders mit Karl Marx. Seit 1848 fesselte ihn ein Rückenmarksleiden an die „Matratzengruft“.

Heines Werk lebt vom Gegensatz. Gefühl steht hart neben Intellekt, stimmungsvolle Bilder werden durch eine überraschende Schlusspointe gebrochen, Illusionen durch den Einsatz satirischer Mittel zerstört. Heine steht in der Tradition der Romantik, weiß aber um die Gefährdung, die von einem Verlieren im Gefühl ausgeht. Er möchte sich durch den Einsatz des Intellekts seine Freiheit bewahren, wobei freilich der Verlust der Illusion leidvoll erfahren werden muss. Immer wieder lässt sein Werk ein Schwanken zwischen romantischer Sehnsucht und distanzierender Ratio, Bekenntnis und Verleugnung, Tradition und Revolte erkennen.

Heine begründet die Gattung des Reisebildes. Seine spannend, leicht und geistreich verfassten Reportagen und Kritiken bereiten das moderne Feuilleton vor. Die Balladen greifen soziale Themen auf. Heines Lyrik zeichnet sich durch sprachliche Virtuosität und Musikalität aus. Voller Stimmung und Wehmut reicht sie vom Volkslied zu mythisch empfundenen Themen. Heines Werk beeinflusst Baudelaire, Rimbaud, Apollinaire, Arno Holz, Georg Heym, Friedrich Nietzsche, Gottfried Benn, Kurt Tucholsky und Erich Kästner.

In *Die Harzreise* (1826; Reiseschilderung; Bd. 1 der 1826 bis 1831 in vier Bänden erschienenen *Reisebilder*) liefert Heine Impressionen einer Fußwanderung durch den Harz. Eingestreut sind satirisch-kritische Äußerungen über die akademischen Missstände der Zeit. 1827 erschien die Gedichtsammlung *Das Buch der Lieder*. Wehmütige Liebeslieder, Traumbilder, Stimmung und Stimmungsbrechung sowie das Gefühl für Musikalität und Rhythmus haben dieses Werk zur erfolgreichsten deutschen Gedichtsammlung gemacht. Mit dem Bären *Atta Troll* (1843, Epos) parodiert er die zeitgenössische Literatur. *Deutschland. Ein Wintermärchen* ist ein satirisches Versepos.

Eduard Mörike: geb. am 8. 9. 1804 in Ludwigsburg, gest. am 4. 6. 1875 in Stuttgart

Äußerlich verlief **Eduard Mörikes** (1804–1875) Leben ereignislos: Theologiestudium im Tübinger Stift, Vikariatsdienst, Pfarrertätigkeit, Lehrer am Katharinenstift in Stuttgart. Doch eingebunden in die Welt des württembergischen Protestantismus, kennt dieses Leben dunkle Seiten (Leidenschaft zur Landfahrerin Maria Meyer: „Peregrina“) und Selbstbescheidung, Spannung zwischen Kunst und Leben. In der

Nachfolge von Goethes *Wilhelm Meister* steht der Künstlerroman *Maler Nolten* (1832). Der Einbau von Mythen, Märchen, Liedern und Gedichten zeigt aber auch ein romantisches Erbe. Seine Novelle *Mozart auf der Reise nach Prag* (1855) hält einen Tag im Leben des Meisters fest. In seiner Lyrik begründet er das deutsche Dinggedicht (*Auf eine Lampe*).

Die Zauberpossen des Österreichers **Ferdinand Raimund** (1790–1836) stehen in der Tradition des Barocktheaters und der italienischen **Commedia dell'Arte** (vgl. S. 109).

Adalbert Stifter: geb. am 23. 10. 1805 in Oberplan (Böhmen), gest. am 28. 1. 1868 in Linz

Adalbert Stifter (1805–1868) studierte in Wien Jura, Mathematik und Naturwissenschaften, gab bald jedoch seiner Neigung zur Malerei und Literatur nach. Zeitweise war er Lehrer im Hause Metternichs. 1850 wurde er zum Schulrat in Linz ernannt. Die Auswirkungen von Klassik und Romantik zeigen sich in Stifters Bekenntnis zu Maß, Ordnung und Humanität und in seiner Hinwendung zur Natur. Im Sinne der Epoche stellt er immer wieder die Bedeutung des Kleinen, Leisen, der Entsagung und der Innerlichkeit heraus. Die genauen Detailschilderungen weisen bereits auf den Realismus hin. Viele Erzählungen (*Studien*, 1844/50; *Bunte Steine*, 1853, darin: *Bergkristall*) kreisen um das in die Natur eingebettete Leben. Leidenschaft gefährdet als extremes Verhalten, sie muss gebändigt werden. *Der Nachsommer* (1857) ist ein Bildungsroman in der Nachfolge von Goethes *Wilhelm Meister*. Treue, Sittlichkeit, Humanität und die Freude am Einfachen sind die Werte, die Stifter verkündet. Die Verbindung von Natur und geistig-künstlerischen Interessen ist die Grundlage einer Bildung, die das wahre Glück des Menschen bedeutet.

Themen und Motive

Das Augenmerk der Biedermeier-Autoren gilt dem kleinen, beschränkten Glück, von dem man sich inneren Frieden verspricht. So greifen die Dichter Familien- und Heimatmotive auf, thematisierten das genügsame und einfache Leben und sagen dem Lauten, Großen und Heldenhaften ab. Selbstgenügsamkeit, Innerlichkeit, Zähmung der Leidenschaften, Maß, Glaube an die Harmonie in der Natur deuten auf eine heile Welt. Der seelische Frieden aber muss errungen werden. Bei vielen Dichtern spürt man einen Hang zur Vereinsamung, zu Schwermut, Verzweiflung und Hypochondrie.

Dagegen ziehen sich die Vertreter des Jungen Deutschland und des Vormärz nicht ins Private zurück, sondern fordern engagiert eine Änderung der Missstände. Die kritische Auseinandersetzung mit der Aktualität wird bevorzugter Gegenstand ihrer literarischen Tätigkeit. Sie lehnen jeglichen Dogmatismus (politisch, religiös, moralisch) ab und treten für verfassungsmäßig gesicherte politische Mitsprache, Presse- und Meinungsfreiheit, Frauenemanzipation und Sozialismus ein.

Theorie, Formen und Sprache

Theorie

Die Zeit kennt keine verbindlichen Aussagen zur poetischen Theorie. Immer deutlicher wird die Abkehr von der reglementierenden Doktrin der normativen Poetik. **Individuell-subjektive Vorstellungen** setzen sich durch.

Biedermeierliches Kleinbürgertum: Carl Spitzweg, *Im Dachstübchen* (1849)

- Für Franz Grillparzer darf Kunst nicht geregelt werden. Das Schöne besteht in der Harmonie zwischen Sinnlichem und Geistigem. Tragisches erwächst beim Drama aus dem Missverhältnis von Leidenschaft und Ordnung.
- In der Vorrede zu *Bunte Steine* vertritt Adalbert Stifter das „sanfte Gesetz", nach dem auch im Kleinen und Unbedeutenden die gleiche Ordnung waltet, die große Ereignisse bestimmt. Größe äußert sich im Bekenntnis zu Gerechtigkeit, Einfachheit, Selbstbezwingung.
- Für Georg Büchner ist die wirklichkeitsgetreue Darstellung der Geschichte das Ziel des Dichters. Mit seinen Möglichkeiten schafft er die Geschichte ein zweites Mal. Keineswegs darf er aber „ein Lehrer der Moral sein".
- Heinrich Heine betont, dass jeder Autor seinen eigenen Weg zur Kunst hat, die sich nicht festlegen lässt. Nur eine autonome Kunst könne sich frei entfalten.

Formen

In der **Epik** dominieren kleinere Formen: Erzählung, Stimmungsbild, Märchen, Skizze und Novelle (Stifter: *Bergkristall*; Heine: *Deutschland. Ein Wintermärchen*; Droste-Hülshoff: *Die Judenbuche*; Mörike: *Mozart auf der Reise nach Prag*). Mit den Reisebildern wird eine neue Gattung in die Literatur eingeführt. Als Romantypen begegnen der Bildungsroman (Stifter: *Der Nachsommer*; Mörike: *Maler Nolten*), der historische Roman (Stifter: *Witiko*) und der Zeit- und Frauenroman (Gutzkow: *Wally, die Zweiflerin*).

Das **Drama** thematisiert historisches Geschehen (Grillparzer: *König Ottokars Glück und Ende*; Büchner: *Dantons Tod*). Die Tendenz zum Kleinen zeigt sich ebenso beim Drama. Lokalpossen und Volksstücke treffen den Publikumsgeschmack in Wien. Aber auch hier entfaltet sich heitere Illusion auf dem Boden von Schwermut (Raimund: *Der Diamant des Geisterkönigs*; Nestroy: *Die Launen des Glücks*).

In der **Lyrik** versucht man, idyllische Stimmung wiederzugeben, Naturbilder einzufangen oder eine allgemeine Lebensweisheit auszudrücken (Droste, Mörike). Heines Gedichte schaffen romantische Stimmung und zerstören diese wieder. Politische Aktualität kommt besonders in den Gedichten von Anastasius Grün (1806–1876) und Ferdinand Freiligrath (1810–1876) zum Ausdruck.

Sprache

Die Sprache des Biedermeier zielt auf Bildlichkeit (Metaphern, Vergleiche) und Detailerfassung. Wiederholungen und Zustandsverben wirken beruhigend, signalisieren Kontinuität, Ordnung, Vertrautheit. Die Natur wird personifiziert.

Büchner legt in seiner Sprache Bewusstseinsschichten der Sprechenden frei. Mittel sind Wortwiederholung, Satzbrüche, Ausrufe, Interjektionen.

In Heines lyrischer Sprache klingen Formen der Romantik und des Volkslieds an, die durch Ironie bewusst gebrochen werden.

B **Parodie der Romantik**

Das Fräulein stand am Meere
Und seufzte lang und bang,
Es rührte sie so sehre
Der Sonnenuntergang.

„Mein Fräulein! sein Sie munter,
Das ist ein altes Stück;
Hier vorne geht sie unter
Und kehrt von hinten zurück."

(Heine: *Das Fräulein stand am Meere*, 1834)

Übersicht: Biedermeier, Junges Deutschland, Vormärz

Hintergrund	**Politik:** Restauration, staatliches Vorgehen gegen Liberale und Demokraten **Gesellschaft:** Entstehen eines Besitzbürgertums, Landflucht, Anwachsen der Großstädte, Enttäuschung und Hoffnungslosigkeit in breiten Bevölkerungsschichten aufgrund der politischen Situation **Kultur, Weltbild:** unterschiedliche Reaktionen auf die Zeit: • Resignation, Rückzug ins Private, Kleine; Tendenz zu Unterordnung und Entsagung (Biedermeier) • politisches Engagement der jungen Autoren; soziale Anklage (Junges Deutschland, Vormärz)
Literarisches Leben	• gesteigertes Verlangen nach Unterhaltung und Information, wachsende Nachfrage nach Zeitungen und Zeitschriften • Bedeutung des Feuilletons; Probleme mit der Zensur
Autoren und Werke	• Büchner: *Der Hessische Landbote, Dantons Tod, Lenz, Woyzeck* • Droste-Hülshoff: Naturlyrik; *Die Judenbuche* • Grabbe: *Don Juan und Faust* • Grillparzer: *Sappho, Das goldene Vlies, König Ottokars Glück und Ende, Der Traum ein Leben, Der arme Spielmann* • Heine: *Die Harzreise, Buch der Lieder, Atta Troll, Deutschland. Ein Wintermärchen* • Mörike: *Maler Nolten, Mozart auf der Reise nach Prag*; Lyrik • Stifter: *Bunte Steine, Der Nachsommer*
Themen und Motive	**Biedermeier:** Familie, Heimat, einfaches Leben, Selbstgenügsamkeit **Junges Deutschland, Vormärz:** politische Themen, Frauenemanzipation, Sozialismus
Theorie, Formen und Sprache	**Theorie:** • Grillparzer: Missverhältnis zw. Leidenschaft und Ordnung (Tragik) • Stifter: das „sanfte Gesetz" • Büchner: Betonung der wirklichkeitsgetreuen Darstellung • Heine: Autonomie der Kunst **Formen:** • Epik: Kleinformen, Reisebilder, Bildungs- und historischer Roman • Drama: historische Themen, Possen, Volksstücke • Lyrik: Idyllisch-Melancholisches, politische Lyrik **Sprache:** • Biedermeier: Vertrautheit und Ordnung vermittelnde Bildlichkeit • Büchner: Wiedergabe von seelischen Haltungen • Heine: durch Ironie gebrochene Gefühlssprache

Realismus (1850–1890) und Naturalismus (1880–1900)

Hintergrund

Otto von Bismarck: von 1871–1890 erster Reichskanzler des Deutschen Reiches

Die zweite Hälfte des 19. Jahrhunderts ist die Ära **Bismarcks**. Mit seinem Namen sind die entscheidenden politischen Ereignisse verbunden: Deutscher Krieg, deutsch-französischer Krieg, Gründung des zweiten Kaiserreiches (1871), Kulturkampf, Sozialistengesetze und Sozialgesetzgebung. Nach Bismarcks Ausscheiden (1890) beginnt unter Wilhelm II. eine antidemokratische, national-imperialistische Politik, die in den Ersten Weltkrieg führen wird.
Es ist die Epoche des **Bürgertums**, des **Arbeiterstandes** (Industrialisierung) und **sozialer Spannungen**. Während in gebildeten Schichten das zunehmende Nützlichkeitsdenken kritisiert wird, verlieren überkommene Ideale beim neuen, erfolgsorientierten Besitzbürgertum an Bedeutung. Im Streben nach sozialem Prestige versucht es, Lebensweise und Wertbegriffe des Adels zu kopieren. Hier findet sich eine Welt des Scheins und der ausgehöhlten Moral.
Landflucht und Verstädterung lassen städtische Elendssiedlungen entstehen. Von nachhaltiger Wirkung sind der Zusammenschluss von Arbeitern in Arbeitervereinen und das Streben nach Wissen und Bildung in den unteren Kreisen.

Das **Weltbild** wird von verschiedenen geistigen Richtungen beeinflusst:

- Philosophie: Der Positivismus Auguste Comtes betont, dass man in Erkenntnisfragen nur vom Tatsächlichen und Erfahrbaren ausgehen dürfe. Der Relativismus stellt absolute Werte infrage. Menschliche Erkenntnis sei von einer unbestimmbaren Vielzahl von Faktoren abhängig. Arthur Schopenhauer sieht pessimistisch die Welt als Manifestation der Unvernunft. Alles Leben werde vom Leiden bestimmt.
- Religion: Ludwig Feuerbach verwirft Religion als Illusion und David Friedrich Strauß erklärt Teile der Evangelien als Mythen.
- Soziologie: Die Vertreter des Sozialdarwinismus betonen den Kampf ums menschliche Dasein. Nach der Milieutheorie von Hippolyte Taine erfährt der Mensch seine entscheidende Prägung durch die Umwelt.
- Ideologie: Saint-Simon erstrebt einen Staatssozialismus. Marx ruft zusammen mit Friedrich Engels im Kommunistischen Manifest (1848) die Proletarier zum Zusammenschluss gegen den Kapitalismus auf.

So bestimmen Diesseitsausrichtung (Abkehr vom Idealismus der Klassik und Irrationalismus der Romantik), wirtschaftlicher Überlebenskampf, Determiniertheitsglaube und Pessimismus das Weltbild. Andererseits führen wirtschaftliche Erfolge und technischer Fortschritt zum Glauben an die Machbarkeit der Welt.

Literarisches Leben

Erstausgabe von Karl Mays *Der Schatz im Silbersee* (1894)

Das Publikum besteht vor allem aus der Oberschicht und dem sich formierenden Mittelstand. Ausbildung und finanzielle Situation behindern in der Unterschicht (Arbeiter, Arbeitslose, ärmere Handwerker, Bauern, Bedienstete) den Zugang zur Literatur. Die Vermittlung in den höheren Schulen beschränkt sich auf klassizistische und historische Werke. Die zeitgenössische realistische und naturalistische Literatur wird kaum gelesen. Die Leser bevorzugen Unterhaltungsliteratur. Sie wird in Familienzeitschriften (z. B. *Die Gartenlaube*), in Leihbibliotheken (bevorzugt: Romane) und von Hausierern an der Haustür angeboten. Oft handelt es sich um anspruchslose Trivialliteratur mit Themen zwischen Idylle, Abenteuer und Exotik. Zu den bekannten Unterhaltungsschriftstellern zählt **Karl May** (1842–1912) mit Indianerromanen. Autoren, die von ihrer Arbeit leben wollen, müssen sich dem Publikumsgeschmack beugen. Einige Außenseiter verweigern sich dem Zeitgeist und resignieren.

In Berlin sammelt sich eine Gruppe von jungen naturalistischen Autoren um die Brüder Heinrich und Julius Hart. 1889 wird hier der Theaterverein „Freie Bühne“ gegründet, deren geschlossene Vorstellungen der Zensur nicht unterliegen. Hier können Werke von Ibsen (*Gespenster*) und Hauptmann (*Vor Sonnenaufgang*) aufgeführt werden. In München verlangt Michael Georg Conrad (1846–1927) eine Neuorientierung der Literatur im Sinne des Naturalismus. In seiner Zeitschrift *Die Gesellschaft* schreiben u. a. Johannes Schlaf und Gerhart Hauptmann.

Autoren und Werke

Theodor Fontane: geb. am 30. 12. 1819 in Neuruppin (Brandenburg), gest. am 20. 9. 1898 in Berlin

Der in Neuruppin geborene **Theodor Fontane** (1819–1898) arbeitete zunächst als Apotheker, dann als Redakteur, Korrespondent in England, Kriegsberichterstatter und Theaterkritiker bei verschiedenen Zeitungen. Seine literarische Tätigkeit begann mit Balladen, erst im Alter entstanden seine großen Gesellschaftsromane, mit denen er den deutschen Realismus vollendete: *Irrungen, Wirrungen* (1887), *Frau Jenny Treibel*

(1892), *Effi Briest* (1894/95), *Der Stechlin* (1897). Fontane war ein scharfer Beobachter seiner Zeit. Unpathetisch, mit leisem, distanzierendem Humor, zugleich aber mit humanem Verständnis zeigt er soziale Konflikte auf, die vor allem der Spannung zwischen einer konservativen Haltung und notwendigem Fortschritt erwachsen. Von ihm führt ein Weg zur Romankunst Thomas Manns.

Maria Magdalena: Judith Bohle als Klara und Martin Herrmann als ihr Vater Meister Anton. Inszenierung unter Regie von Anne Lenk am Theater Ausburg, 2011

Friedrich Hebbel (1813–1863) wuchs in einem ärmlichen Umfeld auf. Finanzielle Unterstützung erhielt er von einer Hamburger Näherin. Im Anschluss an einen Italienaufenthalt ließ er sich in Wien nieder, wo er bis zu seinem Tod in guten Verhältnissen lebte. Hebbels Werk wird von persönlich-leidvollen Erfahrungen und seinem verzweifelten Streben nach Anerkennung und Selbstbehauptung bestimmt. Es zeigt den Einfluss von Hegel (Dialektik), Schopenhauer (Pessimismus), Feuerbach (Diesseitsorientierung) und Schelling (Metaphysik). Mit *Maria Magdalena* (1844) erneuert er das bürgerliche Trauerspiel. Während seine Vorgänger Lessing und Schiller den dramatischen Konflikt im Zusammenstoß der Stände (Adel und Bürgertum) begründet hatten, wollte Hebbel das Tragische ausschließlich aus der engen bürgerlichen Welt ableiten und damit zeigen, dass Tragik auch in einem begrenzten Umfeld möglich sei. Historisches Material bildet die Grundlage für *Agnes Bernauer* (1855). In dieser Tragödie stoßen das subjektive Recht des Individuums und die objektive Notwendigkeit des Staates aufeinander. Das Individuelle, so rein und unschuldig es auch sein mag, muss dem höheren Ganzen geopfert werden.

Gottfried Keller: geb. am 19. 7. 1819 in Zürich, gest. am 15. 7. 1890 in Zürich

Der Zürcher **Gottfried Keller** (1819–1890) wollte zuerst Maler werden. Nach einem Studienaufenthalt in München gab er seinen Plan jedoch auf. Mit einem Stipendium kam er nach Heidelberg. Keller wurde von Jean Paul, Jeremias Gotthelf und Goethe beeinflusst, vor allem aber von der diesseitsorientierten Philosophie Ludwig Feuerbachs. Kellers Hauptwerk, der autobiografische Entwicklungsroman *Der grüne Heinrich* (1854/55; 2. Fassung 1879/ 80), zeigt Heinrich Lee, der die Schule verlassen muss, sich der Malerei zuwendet, aber scheitert. In der zweiten Fassung gelingt es ihm, seine Bilder zu verkaufen, sein Leben damit zu sichern, ein öffentliches Amt zu bekleiden und zufrieden, eingebunden in die Gesellschaft, zu leben. Im Novellenzyklus *Die Leute von Seldwyla* (1856 und 1874) finden sich die berühmten Novellen *Romeo und Julia auf dem Dorfe* und *Kleider machen Leute*.

Der Schlesier **Gerhart Hauptmann** (1862–1946; 1912: Literaturnobelpreis) gilt als Hauptvertreter des deutschen Naturalismus. In seinem Gesamtwerk sprengt er die engen Grenzen der Epoche. Anregungen empfing er von Shakespeare und Büchner, aber auch aus der langen

Die Weber: Plakat von Emil Orlik, 1897

Tradition der schlesischen Mystik, des Pietismus, der griechischen Antike, der Zeit- und Familiengeschichte. Sein Werk bietet ein vielfältiges Spektrum an Themen und Motiven. In der novellistischen Studie *Bahnwärter Thiel* (1888) zerbricht die Hauptfigur zwischen stumpfem Trieb und fast mystischer Sehnsucht. Das soziale Drama *Vor Sonnenaufgang* (1889) spielt im schlesischen Kohlerevier und zeigt eine dem Alkohol und niederen Trieben verfallene Familie. Hauptmanns bekanntestes Schauspiel *Die Weber* (1892) schildert die Not der schlesischen Weber beim Weberaufstand von 1844. Hier ist nicht mehr die traditionelle Einzelperson der Held, sondern das Kollektiv der Weber. Handlungsmotivierend sind die Not und das Verlangen nach einem besseren Leben. *Der Biberpelz* (1893) ist eine Komödie, die neben Lessings *Minna von Barnhelm* und Kleists *Der zerbrochene Krug* steht. Komik wird durch Gegensatz und Übertreibung erreicht. Sie verdeutlicht sich in den Situationen, den Charakteren und der Sprache. Humor, List und Verschlagenheit von Mutter Wolffen geben Antwort auf Schicksal und Armut. Wirklichkeit und Traum vermischen sich im Glashüttenmärchen *Und Pippa tanzt* (1906), dem Roman *Der Narr in Christo Emanuel Quint* (1910) und der Erzählung *Der Ketzer von Soana* (1918).

Arno Holz (1863–1929) und **Johannes Schlaf** (1862–1941) veröffentlichten gemeinsam drei Novellen-Skizzen (1889): *Papa Hamlet* (Untergang einer Schauspielerfamilie), *Der erste Schultag* und *Ein Tod.* Bevorzugt wird die dem naturalistischen Drama nahestehende Dialogform. Der Sekundenstil ist stark ausgebildet. Das gemeinsame Drama *Familie Selicke* (1890) stellt das Milieu einer Kleinbürgerfamilie dar. In *Phantasus* versucht Holz seine neue Lyriktheorie zu verdeutlichen.

Der Zürcher **Conrad Ferdinand Meyer** (1825–1898) stand unter dem Einfluss seiner schwermütigen, streng kalvinistischen Mutter. Jacob Burckhardt (*Die Kultur der Renaissance in Italien*, 1860) und eine Italienreise machten ihn mit der Renaissance vertraut. In seinem Werk wendet er sich bevorzugt historischen Themen zu. Dabei setzt er Pathos neben Verhaltenheit, Sinnliches neben Rationales, und zwar so, dass das leidenschaftliche Element stets durch die abkühlende Distanz der Form gebunden wird. Meyers aristokratisch-ästhetische Antwort auf eine materialistische Welt heißt Entsagung. Dazu dienen ihm Rahmenerzählung und Rückblende. In der Verserzählung *Huttens letzte Tage* (1871) stellt er den Kontrast zwischen Huttens machtvollem Leben und der schon vom Jenseits durchdrungenen Ruhe seines letzten Aufenthalts dar. Die Novelle *Der Heilige* (1879) hat das Leben Thomas

Beckets, des Erzbischofs von Canterbury, zum Thema. In der Renaissance spielen die Novellen: *Die Hochzeit des Mönchs* (1884), *Die Versuchung des Pescara* (1887) und *Angela Borgia* (1891). Der Roman *Jürg Jenatsch* (1876) zeigt eine Hauptfigur, die ihren Glauben für patriotische Ziele opfert. Meyers Lyrik verdeutlicht in besonderer Weise das Bemühen um ästhetische Form.

Der Niedersachse **Wilhelm Raabe** (1831–1910) besaß einen klaren Blick für die Schattenseiten seiner Zeit. Beeinflusst von Thakeray, Dickens, vor allem aber von der pessimistischen Philosophie Schopenhauers, karikiert er die Philisterwelt des Kleinbürgertums. Viele seiner Figuren sind originelle Sonderlinge, die sich im engen und realen Alltag nicht zurechtfinden. Zu seinen Hauptwerken zählen die Romane *Die Chronik der Sperlingsgasse* (1857), *Der Hungerpastor* (1864), *Der Schüdderump* (1870) und die Kriminalgeschichte *Stopfkuchen* (1891).

Theodor Storm: geb. am 14. 9. 1817 in Husum, gest. am 4. 7. 1888 in Hademarschen (Schleswig-Holstein)

Theodor Storm (1817–1888) stammte aus Husum, der „grauen Stadt am Meer" (*Die Stadt*). Die herbe Landschaft Schleswig-Holsteins, die Nordsee, die Einsamkeit der in Mythos und Sage eingebundenen Menschen, die letztlich einem unentrinnbaren Schicksal ausgeliefert sind, bilden die Themen und Grundmotive seiner Novellen. Bekannt geworden sind *Immensee* (1849), *Pole Poppenspäler* (1874) und *Aquis submersus* (1876). Sein Meisterwerk, die Rahmennovelle *Der Schimmelreiter* (1888), erzählt vom großen, einsam kämpfenden Menschen, dem Deichgrafen Hauke Haien, dessen Einsatz gegen Naturgewalten, stumpfsinnige Dorfbewohner und das Schicksal vergeblich bleibt.

Themen und Motive

Die gesellschaftlichen und politischen Spannungen finden im **Realismus** noch kein literarisches Echo. Die Autoren neigen zu Unterhaltung, Idylle, Verherrlichung des Bestehenden und zum Einsatz eines distanzierenden Humors, mit dem man auch der Resignation angesichts der Nichteinlösbarkeit des Ideals zu begegnen versucht. Der von Otto Ludwig formulierte Ausdruck „poetischer Realismus" besagt, dass die Wiedergabe der Realitäten verklärt und subjektiv gefiltert wird. Extremes bleibt ausgespart (z. B. abstoßend Hässliches).

Der **Naturalismus** verengt und verschärft die Perspektive auf das kleinbürgerliche Elend. Obrigkeitsstaat, deutschnationale Gesinnung, Militarismus, Kapitalismus werden kritisiert, die Menschen in ihrer Abhängigkeit von Anlage, Trieb und Umwelt und der daraus resultierenden Handlungsarmut gezeigt. Befreiungsversuche solcher passiven Helden scheitern. Gegen Besitzstreben, Scheinmoral und falsches Heldentum stellt man die Armut städtischer Elendsquartiere, Triebdeterminiertheit und gebrochene Existenzen. Die Kritik am Bürgertum fordert gleichzeitig soziales Mitgefühl heraus.

Theorie, Formen und Sprache

Theorie

- In den dramentheoretischen Schriften **Friedrich Hebbels** wird Hegels Einfluss spürbar. So soll das Drama historisch sein und den dialektisch verlaufenden Lebensprozess zeigen. In der Verwirklichung seiner Individualität verstößt der Einzelne gegen das Ganze. Im Tragischen geschieht Versöhnung, aber auch Vernichtung des Individuums.

Friedrich Hebbel: geb. am 18. 3. 1813 in Wesselburen (Schleswig-Holstein, damals Dänemark), gest. am 13. 12. 1863 in Wien

- **Gustav Freytag** (*Technik des Dramas*) betont die Bedeutung der Komposition beim Drama (Exposition, steigende Handlung, Höhepunkt, fallende Handlung, Katastrophe). Das Ganze hat Vorrang vor dem Teil. Tragisches entspringt dem Helden, von dem der Handlungsimpuls ausgeht.
- **Paul Heyse** verweist darauf, dass eine Novelle einen Konflikt, eine Idee, ein Charakterbild, ein Ereignis darzustellen habe. Das „Spezifische", das die Geschichte von anderen Geschichten unterscheidet, nennt er in Anlehnung an die sog. Falken-Novelle in Boccaccios *Il Decamerone* den „Falken" (Dingsymbol, Leitmotiv).
- Ansätze einer materialistisch-marxistischen Theorie finden sich bei **Ludwig Feuerbach** und **Karl Marx**. Nach Feuerbach sind Kunst und Religion Produkte des menschlichen Geistes. Damit wird der seit Platon behauptete transzendente Charakter der Kunst bestritten. Für Marx, Engels und später Lenin sind Kunst und Literatur nur im Zusammenhang mit den gesellschaftlichen Gegebenheiten zu betrachten.
- **Friedrich Nietzsche** leitet den Ursprung der Kunst aus der Grunderfahrung des Dionysischen und Apollinischen ab. Das Dionysische beantwortet die individuell erlebte Grausamkeit des Daseins mit der Aufhebung der Individualität. Es schafft ein Bewusstsein von der Identität alles Lebenden. Gegenüber diesem Gefühl des Rausches steht das Apollinische als Welt der klaren Schönheit, Ordnung und Ausgewogenheit, in der das Individuum seine Grenzen erkennt.

Die poetologischen Überlegungen der Naturalisten zeigen den naturwissenschaftlichen Einfluss der Zeit. Dies wird besonders bei **Arno Holz** deutlich: „Die Kunst hat die Tendenz, wieder die Natur zu sein.

Sie wird sie nach Maßgabe ihrer jeweiligen Reproduktionsbedingungen und deren Handhabung." Abgekürzt lautet diese Formel: „Kunst = Natur – x" („x" meint die subjektive Handhabung und die eingesetzten Mittel). Danach ist es die Aufgabe des Künstlers, einen bestimmten Wirklichkeitsausschnitt exakt und vollständig sprachlich abzubilden. Diese fotografische Genauigkeit, die den Autor ganz verschwinden lässt und eine Identität von Erzählzeit und erzählter Zeit erreichen will, nennt man „Sekundenstil". Um den Realitäten möglichst gerecht zu werden, sind beim Drama ausführliche Regieanweisungen notwendig. Bei Hauptmann findet sich diese Theorie realisiert: exakte Beschreibung des Milieus mit seinen festgelegten gesellschaftlichen und psychologischen Abläufen, analytische Dramenstruktur, offener Schluss.

Formen

Realismus

Im Bereich des realistischen **Dramas** sind die Tragödien Hebbels von Bedeutung. Ludwig Anzengruber führt in Österreich das Volksstück weiter. Der **Lyrik** kommt wenig Gewicht zu. Höhepunkte bilden Theodor Storm, mit dem die Tradition der Erlebnis- und Stimmungslyrik ausläuft, und C. F. Meyer, der das persönliche Erlebnis zurücktreten lässt (Dinggedicht: *Der römische Brunnen*). Die Ballade bevorzugt historische Stoffe.

Julia Jentsch als Effi und Sebastian Koch als Geert von Innstetten in der Verfilmung von Fontanes *Effi Briest* (2009); Regie: Hermine Huntgeburth

Im Realismus dominiert das **Epische**. Es bietet die Möglichkeit breiter Beschreibung, verbunden mit Detailgenauigkeit und psychologischer Analyse. Die Novelle verwendet man zur Darstellung konzentrierter Milieu- und Identitätskonflikte. Der realistische Roman ist vorwiegend Gesellschafts- (Fontane: *Effi Briest*), Bildungs- (Keller: *Der grüne Heinrich*) und historischer Roman (Fontane: *Schach von Wuthenow*).

Naturalismus

Die Stärke des Naturalismus liegt im **Drama**, das mit Hauptmann europäischen Rang erreicht. Die Autoren wählen einen engen Wirklichkeitsausschnitt. Minutiös wird das Milieu festgehalten (detaillierte Regieanweisungen; Sekundenstil). Um eine konzentrierte Aussage zu erreichen, beschränkt man sich auf wenige Figuren. Einem analytischen Handlungsaufbau entspricht die fortschreitende Aufhellung zurückliegender Ursachen. Aus Gründen der Wahrscheinlichkeit wird die Einheit von Ort und Zeit weitgehend gewahrt.

Großstadt, Technik und soziales Elend werden von der naturalistischen **Lyrik** als zeitgemäße Themen, jedoch zunächst in überkommenen Formen gestaltet. Dagegen verlangt Arno Holz den Sekundenstil auch für die naturalistische Lyrik. Er lehnt sprachliche Musikalität, Reim und Strophe ab und konzentriert sich nur auf den Rhythmus. Seine rhythmisierte Prosalyrik (*Phantasus*, 1898) gibt dem Jugendstil, der Neuromantik, dem Symbolismus und Expressionismus wesentliche Impulse.
Auch im Bereich der **Epik** greifen die naturalistischen Autoren sozialkritische Themen auf, liefern Milieustudien und berücksichtigen psychologische und pathologische Einzelheiten. Der Erzähler vermeidet Kommentierungen. Auch hier wird mit dem Sekundenstil gearbeitet (Holz, Schlaf: *Papa Hamlet*).

Sprache

Absicht des Realismus ist die unparteiische Wiedergabe der Realitäten. Diese geschieht aber aus der subjektiven Sicht des Erzählers und unter Ausklammerung des Extremen (kein Raum für Heroismus und Pathos; vgl. den Widerspruch „poetischer Realismus"). Ein unterschwelliger Humor schafft Distanz.
Der naturalistische Stil erstrebt ein präzises Abbild der Realität. Mithilfe des sog. Sekundenstils sucht man auch kleinste Details festzuhalten. Damit nähert man sich reportagehaften Formen. Sprache ist real gesprochene Sprache, also Umgangssprache, Dialekt. Sie arbeitet mit Satzbrüchen, Satzfragmenten und Pausen.

B
Sprache des Naturalismus

[…] Ein dunkler Punkt am Horizonte, da wo die Geleise sich trafen, vergrößerte sich. Von Sekunde zu Sekunde wachsend, schien er doch auf einer Stelle zu stehen. Plötzlich bekam er Bewegung und näherte sich. Durch die Geleise ging ein Vibrieren und Summen, ein rhythmisches Geklirr, ein dumpfes Getöse, das, lauter und lauter werdend, zuletzt den Hufschlägen eines heranbrausenden Reitergeschwaders nicht unähnlich war. Ein Keuchen und Brausen schwoll stoßweise fernher durch die Luft. Dann plötzlich zerriß die Stille. Ein rasendes Tosen und Toben erfüllte den Raum, die Geleise bogen sich, die Erde zitterte – ein starker Luftdruck – eine Wolke von Staub, Dampf und Qualm, und das schwarze, schnaubende Ungetüm war vorüber. So wie sie anwuchsen, starben nach und nach die Geräusche. Der Dunst verzog sich. Zum Punkte eingeschrumpft, schwand der Zug in der Ferne, und das alte heil'ge Schweigen schlug über dem Waldwinkel zusammen. […]

(Hauptmann: *Bahnwärter Thiel*, 1888)

Übersicht: Realismus und Naturalismus

Hintergrund	**Politik:** Bismarck-Ära, zweites deutsches Kaiserreich **Gesellschaft:** Aufstieg des kapitalorientierten Bürgertums, soziale Spannungen, Arbeiterelend, Verstädterung **Kultur, Weltanschauung:** Positivismus, Relativismus, Pessimismus, Diesseitsorientierung, Sozialdarwinismus, Milieutheorie, Sozialismus
Literarisches Leben	**Publikum:** Oberschicht und neuer Mittelstand: bevorzugtes Interesse für Unterhaltungsliteratur, Kunst als Dekor und Statussymbol **Autoren:** • Außenseiter neben Unterhaltungsschriftstellern • Zentren des Naturalismus: Berlin („Freie Bühne") und München
Autoren und Werke	**Realismus:** • Fontane: *Irrungen, Wirrungen; Frau Jenny Treibel; Effi Briest* • Hebbel: *Maria Magdalena; Agnes Bernauer* • Gottfried Keller: *Der grüne Heinrich; Die Leute von Seldwyla* • Meyer: *Huttens letzte Tage; Der Heilige; Angela Borgia*; Lyrik • Raabe: *Der Hungerpastor; Stopfkuchen* • Storm: *Immensee; Pole Poppenspäler; Der Schimmelreiter*; Lyrik **Naturalismus:** • Hauptmann: *Bahnwärter Thiel; Die Weber; Der Biberpelz* • Holz, Schlaf: *Papa Hamlet; Familie Selicke*
Themen und Motive	**Realismus:** verklärte Sicht des Realen mit distanzierendem Humor und subjektiver Filterung, gedämpfte Sozialkritik, resignative Idylle **Naturalismus:** verschärfte Darstellung des kleinbürgerl. und proletarischen Milieus, Determiniertheit des Menschen (Anlage, Umwelt), Scheitern des passiven Helden, Kritik an Obrigkeitsstaat und Kapitalismus
Theorie, Formen und Sprache	**Theorie:** • Freytag: Bedeutung der Dramenkomposition („Pyramide") • Heyse: Bedeutung des „Falken" für die Novelle • Arno Holz: Sekundenstil; „Kunst = Natur – x" **Formen:** • Realismus: Dominanz der Epik (Erzählung, Novelle, Roman) • Naturalismus: soziales Drama (Milieuschilderung, Sekundenstil) **Sprache:** • Realismus: sachliche, humorvolle Distanziertheit • Naturalismus: Sekundenstil; Umgangssprache, Dialekt

Die Moderne. Die Literatur um die Jahrhundertwende, Gegenströmungen zum Naturalismus (1880–1910)

Hintergrund

Stadtlandschaft: Marienkirche in Bonn mit Häusern und Schornstein (August Macke, 1911)

Militarismus, Nationalismus und Imperialismus prägen das **wilhelminische Zeitalter**. In Österreich wachsen die Schwierigkeiten mit den partikularistischen Bestrebungen der Balkanvölker.
Für das reiche Bürgertum ist weiterhin die adlige Lebensweise Vorbild. Der Prozess der Entidealisierung setzt sich fort. Die Bedeutung der materiellen Werte nimmt zu. Mit der Industrialisierung bildet sich ein neuer Mittelstand (Verwaltungsfachleute), der sich gegen Handwerk und Arbeiterschaft abgrenzt. Die leistungsorientierte Gesellschaft verlangt Mobilität und Wissen. Der Arbeitsplatz ist jetzt von der Wohnung getrennt. Kleinfamilien setzen sich durch. Der schulischen und beruflichen Ausbildung der Kinder gilt großes Interesse.
Doch es gibt Stimmen, die diese Entwicklungen kritisch hinterfragen. Materialismus, Kapitalismus, Untertanenmentalität und Werteverfall werden als Zeichen eines allgemeinen Niedergangs gedeutet. So sehen sich viele Kulturträger durch den Pessimismus Arthur Schopenhauers bestätigt. Er wird verstärkt durch das Werk Friedrich Nietzsches, der bürgerliche Werte und Normen als Schein entlarvt. Albert Einsteins Relativitätstheorie stellt die bislang als fest geglaubten Begriffe von Raum und Zeit infrage. Sigmund Freud liefert mit seinen Forschungen einen ganz neuen Zugang zur menschlichen Psyche. Von Frankreich kommen die Schlagworte **„décadence“** und **„fin de siècle“**.

Frz. **décadence:** „Verfall“; **fin de siècle:** „Ende des Jahrhunderts“

Kennzeichen der Moderne

Die Wende vom 19. zum 20. Jahrhundert bezeichnet man als den Beginn der Moderne und verweist dabei auf die zeitlich besonders einschneidenden Leistungen von Nietzsche, Freud und Einstein. Als wesentliche Kriterien gelten:
- Skepsis gegenüber tradierten Werten,
- Relativierung der Realitäten,
- Infragestellen zeitlos gültiger Wahrheiten,
- Pluralismus und Widersprüchlichkeit rasch wechselnder Werte,
- zunehmende Dominanz des Irrationalen und Unbewussten.

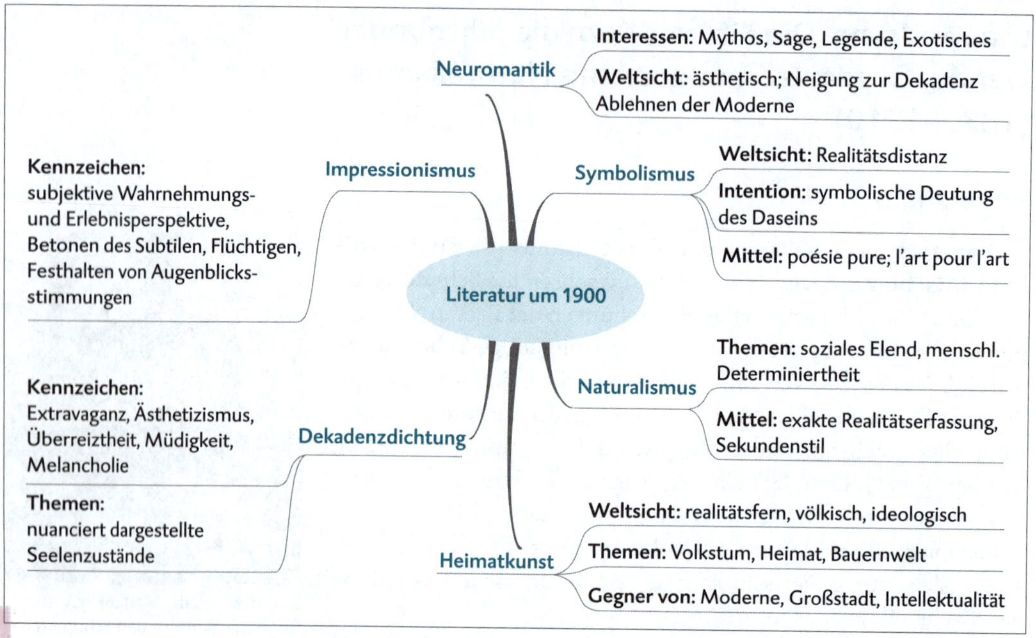

Für die Literatur gilt entsprechend:
- Deskription statt Normierung in der Poetik,
- Pluralität differierender, z. T. widersprüchlicher Strömungen,
- Auflösung von Gattungen und Stilbindungen,
- Experimentierfreudigkeit.

Vor dem 20. Jahrhundert lassen sich bereits andere Ansätze für eine Moderne erkennen: die Renaissance, die Wende zum 19. Jahrhundert und die Mitte des 19. Jahrhunderts, in der in Frankreich der Begriff „la modernité" populär wird. Als Merkmale findet man: das **Ungenügen am Überkommenen, Individualisierung** und **Subjektivierung** (Begründen eigener Wirklichkeiten). Das jeweils Neue beinhaltet ein Infragestellen des bislang Gültigen, Dauerhaften, auch im Hinblick auf zeitlose Werte.
Schon vor der Jahrhundertwende lassen sich in der Literatur Entwicklungen ausmachen, die bis zur unmittelbaren Gegenwart bestimmend bleiben. Sie stehen in deutlichem Gegensatz zu den Kriterien der traditionellen Literatur. Im Hinblick auf verschiedene Untersuchungsbereiche sind folgende widersprüchliche Bestimmungsmittel zu nennen:

Traditionelle Literatur	Moderne Literatur
Weltbild	
geschlossen	offen
einfach	komplex
übersichtlich	labyrinthisch
konkret	abstrakt
harmonisch	dissonant
vertraut	verfremdet
eindeutige Wertmaßstäbe	Unsicherheiten, Relativität
überschaubarer Wertekanon	Wertepluralismus
positive Werte	Einbeziehung des Negativen, Hässlichen, Krankhaften, Perversen
Transzendenz als Gegebenheit	Diesseitsbezogenheit, Empirismus, Einbruch des Irrationalen als bedrohliche Macht
Figurendarstellung	
hoher Individualitätsgrad	entpersönlichter, kollektivierter Held
klar erkennbare Eigenschaften	„ohne Eigenschaften"
innerlich ausgewogen	schizophren, abnorm
an Werte gebunden	orientierungslos
fähig zur Selbstbestimmung und Bildung	fremdbestimmt, ausgeliefert
aktiv, vorwärts strebend	passiv: mit sich und der unbewältigten Vergangenheit beschäftigt
sozial verpflichtet	einsam, isoliert, ausgestoßen
kommunikativ	sprachlos („innerer Monolog")
Raumdarstellung	
weite Lebensräume	enge Räume
übersichtlich, hell	labyrinthisch, dunkel
Sicherheit, Geborgenheit vermittelnd	einschränkend, Gefängnisatmosphäre
Zeitdarstellung	
großer Zeitabschnitt	kleiner Zeitabschnitt
chronologischer Ablauf der Ereignisse	Simultaneität, Montage unterschiedlicher Zeitebenen
Darbietungsform	
klare Gattungsgrenzen (außer: Romantik)	Vermischung, Auflösung der Gattungen
klarer Aufbau	komplexe Gliederung, Montage, Experiment
EPIK • chronologisches Erzählen • abgeschlossenes Geschehen • meist auktorial, „allwissender" Erzähler • innere Handlung neben äußerer Handlung; Außensicht verstärkt • Erzählzeit kleiner als erzählte Zeit	• Montage, Experiment • Fragment • häufig personal, Zurücktreten des Erzählers • Dominanz von innerer Handlung; Innensicht verstärkt (erlebte Rede, innerer Monolog) • Erzählzeit gleich oder größer als erzählte Zeit, Dehnungen

Traditionelle Literatur	Moderne Literatur
Drama	
• geschlossenes Drama • „aristotelisches" Drama	• offenes Drama • episches Theater, absurdes Theater, Dokumentarstück; Verlust des Tragischen
Lyrik	
• meist klare Struktur • Reim; metrisch gebunden • Rhythmus • Klang	• Form- und Strophenauflösung • reimlos, Metrum nicht nachweisbar; pointiert • rhythmisierte Prosa • Lakonismus
Sprache	
„feste" Sprache: Hochsprache, klare Syntax und Semantik	Sprachauflösung, Einbau des Dialekts, des Schweigens; Skepsis gegenüber tradierten Bedeutungen

Literarisches Leben

Viele Autoren stehen den politischen und gesellschaftlichen Entwicklungen distanziert gegenüber. Sie fühlen sich als Außenseiter. Dichterkreise bilden sich, etwa in Wien um Hermann Bahr (verschiedene Bezeichnungen: „Jung Wien", „Wiener Moderne", „Zweite Moderne"). Die Begriffe Avantgarde, Elfenbeinturm und Bohème versuchen diese Künstlerwelt zu kennzeichnen.

„Avantgarde" (frz. „Vorhut") ist eine Sammelbezeichnung für Künstler, die mit ihren Werken formal und inhaltlich in Opposition zum Bestehenden treten. Auslöser ist die Vorstellung von einer eigenständigen Kunst. Zu ihnen gehören Arthur Schnitzler und Hugo v. Hofmannsthal. Auch im Münchner Stadtteil Schwabing entsteht ein berühmtes Künstlerviertel. Hier finden sich ganz unterschiedliche literarische Naturen ein, so Thomas Mann, Frank Wedekind und Stefan George. Das weltoffene Prag ist bis 1939 ein literarisches Zentrum, wo tschechische, jüdische und deutsche Kultur in regem Austausch stehen.

Bohème: aus mittellat. *bohemus* = Einwohner Böhmens. Böhmen galt als Heimat der durch Europa ziehenden Roma, daher frz. *bohèmien* = einer, der ein ungebundenes, unbürgerliches Leben führt; im 19. Jh. auf Studenten und Künstler des Pariser Quartier Latin bezogen; Begriffsverbreitung durch Puccinis Oper *La Bohème* (1896); heute: gesellschaftskritische und -provozierende Randgruppe mit künstlerisch-intellektuellen Interessen

Wie Stefan George ziehen sich viele Autoren in den sog. **„Elfenbeinturm"** zurück. Damit bezeichnet man das Verhalten eines Künstlers, der sich, angewidert von den Gegebenheiten des Alltags, in seine Arbeit, meist eine ästhetisch-ideelle Welt, flüchtet. Die Dichter sehen sich in priesterlicher Funktion und wollen nur eine bestimmte, elitäre Schicht ansprechen.

Die Künstlerwelt, die in Opposition zur Gesellschaft steht, bezeichnet man als **„Bohème"**.

Seit der Mitte des 19. Jahrhunderts lässt sich eine Distanz zwischen Künstler und Bourgeoisie erkennen; die Ursachen liegen sowohl in einer gewollten Abwendung der Künstler als auch in einer mangelnden Akzeptanz durch die Gesellschaft. Kritik des Überkommenen und Betonen eigener Ungebundenheit bis zur Extravaganz sind Kriterien, die sich bei Gautier, Rimbaud und Verlaine finden. Nicht selten korrespondieren sie mit dem Dandytum. Später werden die „lost generation“ um Gertrude Stein und Ernest Hemingway, die „Beat generation“ mit Jack Kerouac und die Hippie-Bewegung als Nachfolger der Bohème des 19. Jahrhunderts betrachtet.

Literarische Richtungen

Noch während des Naturalismus entstehen verschiedene **Gegenbewegungen**, deren Vertreter sich nicht für die politisch-soziale Aktualität interessieren und eine realistisch-naturwissenschaftliche Weltsicht ablehnen. Diese Strömungen sind nicht immer klar voneinander abgrenzbar. Zu den weniger bekannten Strömungen gehören: Neuromantik, Neuklassik und Heimatkunst.

Illustration zum Drama *Die versunkene Glocke*, Hauptmanns erstem neuromantischem Werk

- Der Begriff **Neuromantik** entsteht Ende des 19. Jahrhunderts in Opposition zum Naturalismus. Als Vertreter gelten Ricarda Huch, Hermann Hesse mit verschiedenen Romanen, Gerhart Hauptmann (*Hanneles Himmelfahrt*, *Die versunkene Glocke*) sowie Hofmannsthal und George. Themen aus den Bereichen Mythos, Sage, Märchen, Mittelalter und Romantik werden bevorzugt. Erkennbar ist eine Neigung zu Dekadenz und Ästhetizismus.
- Die Autoren der **Neuklassik** treten den Auflösungserscheinungen der Zeit mit einer Neubesinnung auf die Werte der Klassik entgegen (Formstrenge, Sprachdisziplin, ideelle Thematik). Diese Absicht verbleibt jedoch weitgehend in der poetischen Theorie (Paul Ernst: *Das moderne Drama*).
- Gegen die vom Naturalismus bevorzugte Großstadtthematik, gegen Intellektualisierung und Dekadenz versucht die konservative **Heimatkunst** auf Werte von Volkstum und Stammesart aufmerksam zu machen. Themen der Heimat- und Bauernliteratur des 19. Jahrhunderts werden aufgegriffen (unerreichte Vorbilder: Jeremias Gotthelf, Gottfried Keller, Ludwig Anzengruber) und oft ideologisch verschärft. Die Blut- und Bodendichtung des Nationalsozialismus findet in dieser mitunter trivialen, realitätsfernen und zuweilen auch faschistischen Welt eine ihrer Quellen. Als Vertreter gelten: Gustav Frenssen, Hermann Löns, Heinrich Waggerl und Peter Rosegger.

Bedeutendere Richtungen sind Impressionismus und Symbolismus.

Ausschnitt aus Claude Monets *Impression, Sonnenaufgang* (1872)

Der Begriff **Impressionismus** (lat. *impressio* = Eindruck) geht auf ein Gemälde des französischen Malers Claude Monet (1840–1926) zurück. Von der Malerei wird er auf die Literatur übertragen. Hier steht er für eine europäische Strömung (ca. 1890–1910), die sich um die Wiedergabe rasch wechselnder Wahrnehmungen, Eindrücke und Stimmungen bemüht. Die Autoren wenden sich gegen eine naturalistische Sichtweise und konzentrieren sich auf individuelle und subjektiv erfahrene Erlebnisse, flüchtige Augenblicke und feine seelische Regungen. In der besonderen Betonung des Subtilen und Flüchtigen lässt sich die Auflösung eines ganzheitlichen Weltbildes, der Verlust überkommener Werte, die Abwendung von einem sich aus dem Historischen entwickelnden Erkenntnisprozess und der Ersatz des Rationalen durch die persönliche Empfindung erkennen.
Formal bevorzugt man eine Abfolge an Bildern, wobei die Innenperspektive gegenüber der äußeren Handlung in den Vordergrund tritt, auch dort, wo man sich einer leichten und belanglos scheinenden Konversation hingibt. Häufig arbeitet man mit erlebter Rede und innerem Monolog.
Hauptvertreter des deutschen Impressionismus sind die Lyriker Detlev von Liliencron, Max Dauthendey und Richard Dehmel, der frühe Hugo von Hofmannsthal (auch als Dramatiker), der junge Rainer Maria Rilke, der Erzähler und Dramatiker Arthur Schnitzler und teilweise die Romanautoren Heinrich und Thomas Mann.
Die literarische Bewegung des **Symbolismus** bildet sich in den 80er-Jahren des 19. Jahrhunderts in Frankreich. Anregungen lieferte die deutsche Romantik. Die Vertreter des Symbolismus lehnen die zeitgenössischen politischen, gesellschaftlichen und geistigen Entwicklungen ab. Sie treten für eine reine Dichtung ein („poésie pure“) und lösen die Literatur aus fremder Zweckgebundenheit („l'art pour l'art“). Deshalb werden realistische und naturalistische Beschreibung und belehrende Absichten verworfen. Es kommt darauf an, die großen, geheimnisvollen Zusammenhänge allen Daseins zu erspüren und symbolhaft anzudeuten. Um das Hintergründige erkennbar zu machen, muss die Dichtung eine suggestive Kraft entfalten. Dies geschieht durch kunstvoll verdichtete Form, Musikalität und Sprachmagie.

Autoren und Werke

Stefan George: geb. am 12. 7. 1868 in Büdesheim/Bingen, gest. am 4. 12. 1933 in Minusio/Locarno

Stefan George (1868–1933) stand unter dem Einfluss der französischen Symbolisten. Er sah sich als Dichter in priesterlicher Funktion und suchte in seiner Lyrik das erlesene Wort, das Zusammenspiel der Töne und die vollkommene Form. In den *Algabal*-Gedichten feiert er den elitären Machtmenschen. Berühmtheit erlangt hat sein Gedicht *Nach der Lese* („Komm in den totgesagten park und schau …"). Bedeutsam sind Georges Übersetzungen (Baudelaire, Verlaine, Swinburne, Shakespeare, Dante).

Hugo von Hofmannsthal (1874–1929), Sohn eines jüdischen Bankiers in Wien, verband verschiedene europäische Kulturkreise: Wien und Venedig, österreichisches und spanisches Barock, französische Romantik und französischen Symbolismus, griechische Antike und Orient. Entsprechend breit gestaltete sich sein Schaffen: Lyrik, Drama, Libretto, Essay, Erzählung. Sein Frühwerk zeigt formal eine Mischung von Stilstrenge und Musikalität, inhaltlich findet sich die Ambivalenz von Genuss und Leid, Lebensferne und Hingabe, oft mit Melancholie unterlegt. Mit dem sog. *Chandos-Brief* (1902) endet die lyrische Jugendphase. Es folgt eine Auseinandersetzung mit antiken, mittelalterlichen und barocken Stoffen. Wegweisend für das Musiktheater wurde die Zusammenarbeit mit Richard Strauss. Das lyrische Drama *Der Tor und der Tod* (1893) fängt die Stimmung des Fin de Siècle ein. Mit *Jedermann* (1911) greift er das mittelalterliche Mysterienspiel auf.

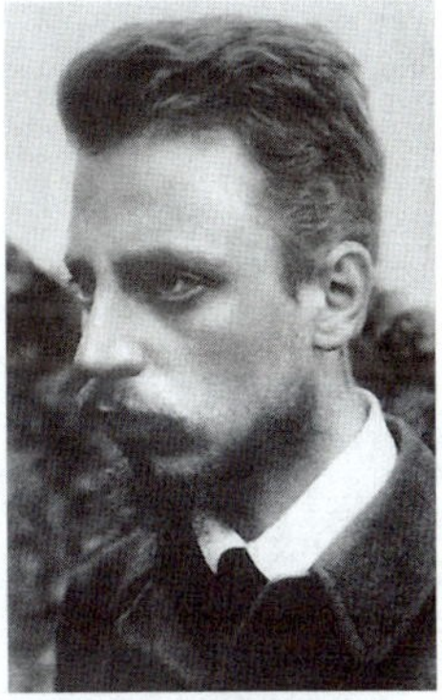

Rainer Maria Rilke: geb. am 4. 12. 1875 in Prag, gest. am 29. 12. 1926 in Val-Mont (Schweiz)

Rainer Maria Rilke (1875–1926) wurde in Prag geboren. Das Bemühen um vollendete Form und ästhetischen Ausdruck prägt seine frühe Lyrik. Zwei Russlandreisen führten zur Auseinandersetzung mit Gott. In *Das Stundenbuch* (1905) drückt er seine Gottessuche in Form von Bekenntnis- und Gebetslyrik aus. Durch den Aufenthalt in der Künstlerkolonie Worpswede, vor allem aber durch die Freundschaft mit dem französischen Bildhauer Auguste Rodin fühlte er sich der Wirklichkeit der Dinge näher (*Buch der Bilder*, *Neue Gedichte*; Tagebuchroman: *Die Aufzeichnungen des Malte Laurids Brigge*). Über Rodin findet er zur Antike. Daneben üben Cézanne, Klopstock, Hölderlin, Goethe und Kierkegaard Einfluss aus. Nach Rilke ist es die Aufgabe des Künstlers, den veruntreuten und leer gewordenen Dingen das ursprünglich Göttliche zurückzugeben. In Orpheus (*Sonette an Orpheus*) sieht er den reinen Künstler, der mit seinem Gesang Dasein und All feiert. Die Erschütterung durch den Ersten Weltkrieg führte zu verschlüsselter, chiffrenhafter Lyrik. Die gefühlte Gottferne der Zeit und die eigene Ungeborgenheit lösten eine heroische Suche nach dem dunklen, verborgenen

Arthur Schnitzler: geb. am 15. 5. 1862 in Wien, gest. am 21. 10. 1931 in Wien

Gott aus. Das Ringen, Ding und Gott zu verbinden, führte zum Begriff „Weltinnenraum“, in dem sich alles mystisch vereint (*Duineser Elegien*).
Der Wiener Arzt **Arthur Schnitzler** (1862–1931) wurde neben Hofmannsthal zum literarischen Chronisten der morbiden Wiener Gesellschaft um die Jahrhundertwende. Lebenshunger und Melancholie, Einsamkeit, innere Leere und die Affinität zwischen Liebe und Tod bestimmen sein episches und dramatisches Werk. Impressionistisch, mit einer Vorliebe für feine Zwischentöne und seelische Stimmungen (Nähe zu den Forschungen Freuds!), skizziert er seine Figuren, die von Augenblick zu Augenblick hetzen und ständig von Reflexionen belastet sind – eine Welt der Aristokraten, Künstler, Offiziere und „süßen Mädls“ (*Anatol*, *Der einsame Weg*, *Liebelei*). Ständig ist das Ich mit sich selbst beschäftigt (vgl. den inneren Monolog in *Leutnant Gustl*).
Frank Wedekind (1864–1918) hielt sich in vielen europäischen Großstädten auf, bevor er sich in München niederließ. Hier arbeitete er an der satirischen Zeitschrift *Simplicissimus* und im 1901 gegründeten Kabarett „Elf Scharfrichter“ mit. In seinem ersten Drama *Frühlings Erwachen* (1891) stellt er jugendliche Sinnlichkeit der heuchlerischen Erwachsenenmoral gegenüber. Neben Theaterstücken (*Lulu*), die auf den Expressionismus verweisen, verfasste er Balladen in der Art des Bänkelsangs.

Themen und Motive

Der **Impressionismus** zielt auf Augenblickserfahrungen. Damit steht Episodisches im Vordergrund. Zeitgegebenheiten werden locker und ohne moralische Wertungen erfasst, mit besonderem Gefühl für seelische Stimmungen, sinnliche Reize und pikante Ereignisse. Thematisiert wird die Wechselhaftigkeit und Scheinhaftigkeit des Lebens (Österreichs barocke Tradition!), das in seiner Flüchtigkeit nicht genossen werden kann, dessen unverarbeitete Augenblicke in belastender, melancholischer Erinnerung wiederkehren. Die Vorliebe für kurze Momente in ihrem permanenten Wechselspiel verführt zur Unverbindlichkeit und drängt den Betrachter in eine passive Haltung.
Der **Symbolismus** verlangt Konzentration und zielt auf Wesentliches, Spirituelles. Da das den Dingen zugrundeliegende Geheimnis nicht erfassbar ist, wird es durch die suggestive Kraft der Sprache beschworen. Symbolhaft soll die rätselhafte, hinter allem Sein liegende Idee erahnt werden. Dies wird an Gedichttiteln Rilkes deutlich: *Der Panther*, *Das Karussell, Herbst*, *Blaue Hortensie*. Schnitzler zeigt in seinen dramatischen Kurzformen und Erzählungen verdichtete Lebensaugenblicke, in denen sich das Unbewusste artikuliert.

Theorie, Formen und Sprache

Theorie

1902 veröffentlicht Hugo v. Hofmannsthal einen fiktiven Brief des Philipp Lord Chandos an den Philosophen Francis Bacon, in dem der Verlust der Fähigkeit beklagt wird, „über irgend etwas zusammenhängend zu denken oder zu sprechen". Das ursprünglich als Einheit gefühlte Dasein löst sich in seine Teile auf. Begriffe zerfallen ihm im Mund „wie modrige Pilze". Der **Chandos-Brief** (vgl. S. 240) dokumentiert damit die **moderne Sprach- und Bewusstseinskrise**: Die Welt ist mit den herkömmlichen Begriffen nicht mehr zu bestimmen.

Hugo von Hofmannsthal: geb. am 1. 2. 1874 in Wien, gest. am 15. 7. 1929 in Rodaun (bei Wien)

Die literarischen Strömungen stehen den historischen Realitäten distanziert gegenüber. Verstädterung, gesellschaftlicher Wandel, Technisierung und Materialismus führten in intellektuellen und künstlerischen Kreisen zur Opposition und zur Vorstellung, einer sterbenden Kultur anzugehören. Ohnmächtig gegenüber den Zeiterscheinungen ziehen sich die Künstler in die Gegenwelt eines übersteigerten Ästhetizismus zurück. Der sog. „Elfenbeinturm" wird zum Symbol für den Zufluchtsort in einer reinen und nur dem Schönen dienenden Künstlersphäre. Die so gewonnene Freiheit des Künstlers verlangt auch die Autonomie der Kunst. Die Formel **„l'art pour l'art"** (Kunst um der Kunst willen) propagiert den Selbstzweck der Kunst, die völlig frei von jeglichen politischen, gesellschaftlichen, weltanschaulichen und moralischen Interessen zu sein hat: reine Poesie („poésie pure"). So zeigt sich auch die Trennung, die sich im 19. Jahrhundert zwischen Kunst und Bürgertum vollzieht. Der Künstler verweigert sich, flüchtet in die Bereiche des Schönen. Damit wird die alte Forderung des Horaz, Dichtung müsse neben dem Vergnügen auch nützlich sein, verworfen. Diese Entwicklung bedeutet ein **Auseinanderfallen von Kunst und Leben**. Die bewusst gewählte Isolierung des Dichters wächst mit seiner Distanz zum Publikum. Er wird zum Außenseiter, Bohèmien und extravaganten Dandy.

Dandy: elegant gekleideter, kultiviert auftretender und sich selbst inszenierender Ästhet im Fin de Siècle; Vertreter: Oscar Wilde

Die **Fin de Siècle-Stimmung** lässt sich in der Motivik und Figurendarstellung erkennen. Während der Held im Naturalismus noch aktiv tätig ist, erscheint er hier passiv. Er hat Kommunikationsprobleme, monologisiert, er fühlt sich müde, isoliert und unverstanden; die Welt wird leidend erfahren. Er spürt die Vergänglichkeit des Lebens, die in ihm ein Gefühl von sanfter Melancholie hinterlässt. So ist er bereit für Illusionen. Deshalb geben sich die Figuren nicht selten kokett, verspielt, frivol und kapriziös. Das Ich wird demontiert. Es ist keine feste Figur mehr, von der aus die Handlung aufgebaut werden kann. Der Held treibt von Augenblick zu Augenblick. Sein Leben besteht aus einer Aneinanderreihung von Episoden, die keine Erfüllung bringen, weil sie stets vom reflektierenden Verstand begleitet werden, der permanent von einer unverarbeiteten Vergangenheit belastet wird. Das Geschehen spielt oft in herbstlicher Landschaft, in schönen Parks mit verschlungenen Wegen.

Formen

Im **Impressionismus** verweigert sich die Darstellung des Augenblicks einer langen, durchkonstruierten Komposition. An ihre Stelle treten kurze Skizzen und Erzählungen, im Drama lyrische Einakter. Lyrik dominiert.

Die *Fontana dei cavalli marini* in Rom (Villa Borghese), die C. F. Meyer in seinem Gedicht *Der römische Brunnen* beschreibt

Auch im **Symbolismus** liegt die Hauptleistung auf lyrischem Gebiet, den streng gefügten Gedichten Georges, der melodischen Lyrik Hofmannsthals und den Dinggedichten Rilkes. (Das Dinggedicht will das Wesen eines Objekts, ob Gegenstand, Pflanze oder Tier, distanziert-sachlich erfassen; vgl. Mörike: *Auf eine Lampe*; Conrad Ferdinand Meyer: *Der römische Brunnen.*) Im Drama werden Einakter bevorzugt. Unter den epischen Formen ragen heraus: Rilkes *Aufzeichnungen des Malte Laurids Brigge* und Schnitzlers psychologische Erzählungen (*Leutnant Gustl*).

Sprache

Die **impressionistische** Sprache zeigt die Weltsicht: Parataxe, Ellipsen, Unter- und Abbrechen der Rede signalisieren Unsicherheit; Zurückhaltung bei Verben, asyndetische Aneinanderreihung von Wortgruppen, beiläufige Einwände und Pointen deuten auf Isolation und zersetztes Weltgefüge. In der Lyrik finden sich Lautmalerei, Synästhesien, Pointen und freie Rhythmen.
Bevorzugte Stilmittel des **Symbolismus** sind Analogien, Assoziationen, Klangkorrespondenzen, Mehrdeutigkeit, Metaphorik, Rhythmik, Synästhesien, Farb- und Lautsymbolik. Kennzeichnend sind der Rückzug der Dichter aus der realistischen Welt, die Betonung literarischer Eigenständigkeit, der Einbau mystischer Elemente, die Technik des Andeutens, die zum Dunklen und Hermetischen neigende Aussage, sprachliche Intensität und Magie.

B

Sprachkrise der Jahrhundertwende

> [...] Es zerfiel mir alles in Teile, die Teile wieder in Teile, und nichts mehr ließ sich mit einem Begriff umspannen. Die einzelnen Worte schwammen um mich; sie gerannen zu Augen die mich anstarrten und in die ich wieder hineinstarren muß: Wirbel sind sie, in die hinabzusehen mich schwindelt, die sich unaufhaltsam drehen und durch die hindurch man ins Leere kommt. [...]
> (Hofmannsthal: *Ein Brief* [sog. *Chandos-Brief*, 1902])

Übersicht: Die Literatur um die Jahrhundertwende, Gegenströmungen zum Naturalismus

Hintergrund	**Politik:** Ära Wilhelm II. (Militarismus, Nationalismus, Imperialismus) **Gesellschaft:** kapitalorientiertes reiches Bürgertum, neuer Mittelstand, zunehmende Mobilität, Kleinfamilie **Kultur, Weltanschauung:** Werteveränderung; materialistische Orientierung neben Untertanenmentalität; Zeitkritik durch Nietzsche; bedeutende wissenschaftliche Leistungen durch Albert Einstein und Sigmund Freud
Literarisches Leben	**Autoren:** • Distanz zur gesellschaftlich-politischen Entwicklung, Außenseiter (Begriffe: Avantgarde, Elfenbeinturm, Bohème) • Dichter- und Künstlerkreise in Wien, München-Schwabing und Prag (vgl. „Kaffeehausliteratur") **Publikum:** elitär, auf kleine Kreise beschränkt
Literarische Richtungen	• Neuromantik: gefühlsbestimmte romantische Themen • Neuklassik: Betonung strenger Formen, ideelle Themen • Heimatkunst: enge provinzielle Themen, Anfälligkeit für faschistische Ideologie • Impressionismus: Festhalten flüchtiger Augenblicke • Symbolismus: Beschwörung und symbolhafte Andeutung des Daseinshintergrunds
Autoren und Werke	• George: Gedichte, Übersetzungen • Hofmannsthal: Gedichte; *Der Tor und der Tod*, *Jedermann*, *Der Schwierige*; Zusammenarbeit mit Richard Strauss • Rilke: *Das Stundenbuch*, *Buch der Bilder*, *Neue Gedichte*, *Die Aufzeichnungen des Malte Laurids Brigge*, *Sonette an Orpheus*, *Duineser Elegien* • Schnitzler: *Anatol*, *Der einsame Weg*, *Liebelei*, *Leutnant Gustl* • Wedekind: *Frühlings Erwachen*, *Lulu*
Theorie, Formen und Sprache	**Theorie:** • Sprachproblematik: Hofmannsthals *Chandos-Brief* • „L'art pour l'art": Autonomie der Kunst, Auseinanderfallen von Kunst und Leben, Dichter als Außenseiter **Formen:** Skizzen, Erzählungen, lyrische Einakter, Dominanz der Lyrik **Sprache:** • Impressionismus: Parataxen, Ellipsen, Sprachauflösung • Symbolismus: Sprachskepsis neben Musikalität, Sprachmagie

Die Literatur in der Zeit des Expressionismus (1910–1925)

Hintergrund

Erster Weltkrieg, das Ende des Kaiserreiches, der Zerfall des österreichischen Vielvölkerstaates, der Versailler Vertrag und die Krisenjahre der Weimarer Republik bilden den politischen Rahmen der Epoche.

Industrialisierung, Bevölkerungswachstum und Verstädterung fördern eine Massengesellschaft, die es dem Einzelnen zunehmend erschwert, seiner Individualität zu entsprechen. Es beschleicht ihn das Gefühl der **Entfremdung**. Schon vor der Jahrhundertwende erkannte man in Künstler- und Intellektuellenkreisen die Brüchigkeit der abendländischen Kultur. Das Bewusstsein, am **Ende des bürgerlichen Zeitalters** zu stehen, hatte bei vielen Müdigkeit, Resignation und Flucht in ästhetische Scheinwelten ausgelöst.

Der Verlust transzendenter Bindungen und tradierter Werte führt zu Verhaltensunsicherheit, verstärkt die Orientierungskrise, beraubt den Einzelnen seiner Kritikfähigkeit und macht ihn für Diktaturen anfällig. Die Ausrichtung auf vergängliche materielle Werte schafft das Verlangen nach immer neuen Reizen und Sensationen. Dies muss sich letztlich in **Passivität** und **Nihilismus** erschöpfen. Andererseits zwingt das Gefühl des Ausgeliefertseins zur radikalen Hinwendung an den eigenen Wesenskern, die **Existenz**. Immer wieder greifen die Autoren die Frage nach einem menschlichen Schicksal auf, das als Last erscheint (vgl. Kafka). Von dieser beengenden Situation wollen die Expressionisten mit einem idealistischen Aufbruch zur Menschlichkeit befreien. Vorbereitet wird die Literatur der Zeit durch die Psychoanalyse Freuds, die Philosophie Nietzsches (vgl. S. 227), Bergsons und Kierkegaards.

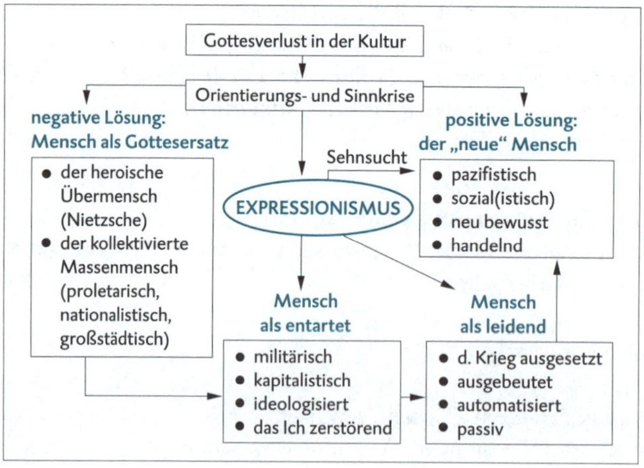

Zentrale Aussagen **Henri Bergsons** (1859–1941, frz. Philosoph):

- Die intellektuelle Erkenntnisfähigkeit ist beschränkt.
- Tiefere Wirklichkeit kann nur durch Intuition erfasst werden.
- Das gesamte Universum lebt aufgrund einer es durchwaltenden Lebensenergie („élan vital“).

Zentrale Aussagen **Sören Kierkegaards** (1813–1855, dänischer Philosoph, Vorläufer der Existenzphilosophie):

- Philosophie darf nicht abstrakte Philosophie bleiben, sondern muss sich mit der konkreten Situation des Menschen beschäftigen.
- Sie hat dem menschlichen Leben einen Sinn zu geben, soll der Mensch nicht in Angst und Verzweiflung verfallen.
- Einzige Möglichkeit: ganz dem christlich Absoluten zu leben.

Literarisches Leben

Darstellung einer Großstadt (Berlin, Nollendorfplatz) von Ernst Ludwig Kirchner (1912)

Die meisten Autoren wohnen in der **Großstadt**, hier finden sich ihre Verleger und ihr Publikum. In der Metropole Berlin ist die neue Massenkultur am deutlichsten zu spüren. Die Unterhaltungsindustrie gewinnt zunehmend an Boden. Gegenüber dieser Entwicklung nehmen die Expressionisten eine kritisch-distanzierte Haltung ein. Sie zeigt sich auch im **Kabarett**, einer Kleinkunstbühne, die Ende des 19. Jahrhunderts aus den Pariser Künstlerkneipen hervorgegangen ist. Charakteristisch ist eine Mischung aus Literatur, Musik, künstlerischer Bewegung und bildender Kunst. So werden humoristisch-satirische Texte als Lieder, Chansons, Gedichte, Balladen und Sketche vorgetragen, Pantomime, Tanz und Artistik angeboten. Die Inhalte pointieren, karikieren und parodieren meist aktuelle und allgemein bekannte Themen. Frühe Kabaretts im deutschen Sprachraum sind das „Überbrettl" (gegr. 1901) und „Schall und Rauch" (1902) in Berlin, „Elf Scharfrichter" (1901) mit Wedekind in München und „Das Nachtlicht" in Wien. Die Expressionisten suchen gern das Berliner „Neopathetische Cabaret" (1910) auf.

Etwa seit 1910 treten **Film und Kino** ihren Siegeszug in Deutschland an. 1917 wird der Filmkonzern „Ufa" (Universum-Film AG) gegründet. Neben den vom Expressionismus beeinflussten irrealen Sujets (Robert Wiene: *Das Cabinet des Dr. Caligari*, 1920; Fritz Lang: *Dr. Mabuse, der Spieler*, 1922) werden Historienfilme produziert (Fritz Lang: *Die Nibelungen*, 1923/24). Etliche Autoren sehen als Verfasser von Drehbüchern einen neuen Wirkungskreis. Filmische Darstellungstechniken beeinflussen bald Erzählweise und Dramaturgie.

Unter den zahlreichen **Zeitschriften**, bei denen Schriftsteller mitarbeiten, ragen *Die Aktion*, herausgegeben von Franz Pfemfert, und *Der Sturm*, ediert von Herwarth Walden, hervor. Viele Autoren engagieren sich hier auch politisch.

Autoren und Werke

Gottfried Benn: geb. am 2. 5. 1886 in Mansfeld (bei Berlin), gest. am 7. 7. 1956 in Berlin

Gottfried Benn (1886–1956) stand unter dem Einfluss Nietzsches. 1912 erschien die Gedichtsammlung *Morgue* mit schockierenden Themen aus dem medizinischen Bereich. Erfahrungen menschlichen Leids während des Ersten Weltkriegs als Militärarzt in Brüssel führten zur Desillusionierung und Absage an herkömmliche Weltanschauungen. Die *Gehirne*-Novellen (seit 1914) sind monologische Prosatexte mit autobiografischen Elementen um die Figur des Dr. Rönne. Unvereinbar erscheinen Sinnliches und Intellektuelles. Allein das heroische Bekenntnis zur Kunst vermag aus der Sinnlosigkeit des Daseins zu befreien. 1917–1935 war Benn Facharzt für Haut- und Geschlechtskrankheiten in Berlin. 1933/34 geriet er kurzzeitig unter nationalsozialistischen Einfluss. Nach 1945 haben Benns Lyrik und Prosa der Sprache neue Bereiche erschlossen und starke Wirkung auf die zeitgenössische Literatur ausgeübt.

Alfred Döblin (1887–1957) war Arzt für Neurologie und Psychiatrie in Berlin. 1933 emigrierte er über Zürich und Paris in die USA. 1945 kehrte er nach Deutschland zurück. Sein Hauptwerk ist der Großstadtroman *Berlin Alexanderplatz* (1929), der chronologisch das Leben des entlassenen Sträflings Franz Biberkopf schildert. Der Einfluss von John Dos Passos' *Manhattan Transfer*, James Joyce' *Ulysses* und der Psychoanalyse Sigmund Freuds lässt sich erkennen. Anregungen fand Döblin auch beim Film (Montagetechnik).

Georg Heym (1887–1912) beschwört in seiner Lyrik die Dämonie der Großstadt (*Berlin*, *Der Gott der Stadt*) und die Schrecken des Krieges (*Der Krieg*). Melancholie und Endzeitstimmung prägen sein frühreifes Werk.

Die entscheidenden Themen des Dramatikers **Georg Kaiser** (1878–1945) sind der neue Mensch und dessen Opferbereitschaft. Die Trilogie *Gas* und das Drama *Die Bürger von Calais* (1914) haben seinen Ruhm begründet.

Franz Kafka: geb. am 3. 7. 1883 in Prag, gest. am 3. 6. 1924 in Kierling

Franz Kafka (1883–1924) wurde als Sohn eines wohlhabenden jüdischen Kaufmanns in Prag geboren. Nach einem Jura-Studium war er bei einer Versicherung tätig. Sein Werk ist ohne den atmosphärischen Hintergrund Prags kaum denkbar. Spannungen mit seinem autoritären Vater, die Erfahrung stupider Bürokratie, Judentum und Kulturkrise prägten sein Weltbild. Kontaktlosigkeit (*Die Verwandlung*), unbegreifbare Schuld (*Das Urteil*, *Der Proceß*) und Isolation (*Der Hungerkünstler*) sind wiederkehrende Themen. In einer Welt, in der Botschaften den Einzelnen nicht mehr erreichen können (*Eine kaiserliche Botschaft*), besteht die Gefahr, den Lebenssinn zu verfehlen (*Vor dem Gesetz*).

Marlene Dietrich als Tänzerin Lola in *Der blaue Engel*, 1930

Heinrich Mann (1871–1950) fühlte sich dem Sozialismus und romanischer Kultur verpflichtet. In *Professor Unrat* (1905, Roman; unter dem Titel *Der blaue Engel* mit Emil Jannings verfilmt) liefert er die Karikatur eines von Pflichteifer durchdrungenen Gymnasiallehrers, der einer Tänzerin verfällt. Sein bekanntester Roman ist *Der Untertan* (1914), eine scharfe Satire wilhelminischen Untertanengeistes.

Das bürgerliche Lustspiel *Die Hose* (1911) von **Carl Sternheim** (1878–1942) entlarvt die sozialen Aufstiegsabsichten eines kleinen Beamten.

Ernst Toller (1893–1939) nahm als Freiwilliger am Ersten Weltkrieg teil. Später wurde er Pazifist und Sozialist. Sein expressionistisches Bekehrungsdrama *Die Wandlung* (1919) spiegelt seine Entwicklung. Wegen seiner Mitgliedschaft im Zentralrat der bayerischen Räterepublik musste er fünf Jahre in Festungshaft verbringen. Hier entstand sein Drama *Masse Mensch*, das den tragisch endenden Einsatz einer Sozialistin zeigt. Mit dem Drama *Die Maschinenstürmer* (1920/21) kritisiert er Ausbeutung und Kinderarbeit.

Der Salzburger **Georg Trakl** (1887–1914) hatte Pharmazie studiert, war aber wegen tiefer Depressionen und Drogenabhängigkeit kaum in der Lage, seinen Beruf als Apotheker auszuüben. In Trakls Lyrik spürt man den Einfluss Hofmannsthals, Baudelaires und Rimbauds. Herbst, Nacht und Tod sind stets wiederholte Motive. Sie zeugen von der Einsamkeit des Menschen, der dem Verfall des Menschlichen, wie er besonders im Krieg zum Ausdruck kommt, nichts entgegenstellen kann. Die metaphernreiche Sprache geht vom Sinnlichen ins Visionäre und rätselhafte Gleichnis über. Klang, Bild, Farbsymbolik und Chiffre drücken expressiv das hinter den Dingen verborgene Grauen aus (*Der Herbst des Einsamen*, *De profundis*). Als Militärapotheker erlebte er die Schlacht bei Grodek in Galizien (*Grodek*). Er starb an einer Überdosis Kokain.

Der in Prag geborene **Franz Werfel** (1890–1945) stand mit Franz Kafka und Max Brod in freundschaftlichem Kontakt. In seiner „magischen Trilogie“ *Der Spiegelmensch* (1920) bringt er den Gegensatz von scheinbarem und wahrem Ich zum Ausdruck. Die Novelle *Nicht der Mörder, der Ermordete ist schuldig* (1920) greift den im Expressionismus beliebten Vater-Sohn-Konflikt auf. Der Roman *Das Lied von Bernadette* (1941) ist die Geschichte des Wunders von Lourdes. In seinem letzten Roman *Stern der Ungeborenen* (1946) werden pessimistisch die Folgen einer der Technik verfallenen Welt aufgezeigt.

Kennzeichen, Themen und Motive

Die expressionistische Literatur ist eine Antwort auf die wirtschaftlichen, sozialen und politischen Veränderungen der Zeit. Ihre Vertreter kritisieren Kapitalismus, Industrialisierung, verkrustete Autoritätsstrukturen und die Scheinheiligkeit des wilhelminischen Bürgertums. Sie wenden sich gegen das materielle Weltbild des Naturalismus, die Vordergründigkeit des Impressionismus und das Dekorative des Jugendstils. Allen Strömungen innerhalb des Expressionismus sind folgende Merkmale gemeinsam:

- Protest gegen Individualitätsverlust, Kulturverfall, Materialismus, technischen Fortschritt und soziales Elend,
- Glaube an die gefühlsbestimmten Möglichkeiten des Menschen, der einen idealistischen Aufbruch zu neuer Humanität beschwört, aber auch
- Resignation angesichts der Grausamkeiten des Krieges und der Ohnmacht, die erkannten Missstände zu beheben.
- Ziel ist es, die innere Wirklichkeit, das Wesentliche, zum Ausdruck zu bringen.

Alle Themen und Motive kreisen um vier Schwerpunkte: Auflösung des Ich, neuer Mensch, Krieg und Großstadt. Der Verlust verbindlicher Werte ist maßgeblich an der Orientierungslosigkeit und Unsicherheit des modernen Menschen beteiligt. Der damit eingeleitete **Ich-Verlust** des Einzelnen zeigt sich bei den Expressionisten in einer seelenlosen, automatisierten Großstadtwelt, in der das Ich entweder zum Teil einer funktionalisierten Maschinerie degeneriert ist oder in seinem „Willen zur Macht" das Kapital zu seinem Götzen erhebt. Im sozialdarwinistischen Kampf aller gegen alle verdinglicht sich das Ich, während die Gegenstände personifiziert werden.

Edvard Munchs Bild *Der Schrei* (hier die Version von 1895) visualisiert Kernthemen des Expressionismus: Angst, Apokalypse, Ich-Verlust

Der Erste Weltkrieg führt die animalische Natur des Menschen vor Augen. Von hier ist es nicht weit zu Abnormalität, sinnlicher Entartung und Wahnsinn. Auch die hybride Überzeichnung des Menschen (vgl. Nietzsche, Nationalsozialismus) ist Ausdruck einer Degeneration und Dissoziation.

Angesichts solcher Auflösungstendenzen fordern viele einen **Neubeginn**. Dieser äußert sich in religiöser Motivik, Pazifismus, Menschlichkeit, Sozialismus und einer Absage an jegliches autoritäre Verhalten (vgl. auch den Vater-Sohn-Konflikt bei Franz Kafka: *Das Urteil*; Walter Hasenclever: *Der Sohn*).

Soldaten in einem zerbombten Wald bei Ypern/Belgien, 1917

Schon lange vor dem Ausbruch des **Ersten Weltkriegs** ahnen die Künstler die Katastrophe (vgl. Georg Heym: *Der Krieg*, 1911). Industrialisierung, Vermassung, Untertanenmentalität, Materialismus und der Verfall humanistischer Werte werden von den Autoren als Ursachen des Bösen erkannt. Der Krieg fordert unter den jungen Autoren Opfer: Alfred Lichtenstein, Reinhard Johannes Sorge, Ernst Stadler und August Stramm fallen; Georg Trakl nimmt sich das Leben. Die Zerstörungskräfte fördern die Motive des Verfalls, der Ausgeliefertheit, der Verzweiflung und des Todes (vgl. Trakls Herbstgedichte, Benns Ekel vor einem animalischen Menschen, Kafkas Schuldgefühle).

Mit der Industrialisierung, der damit verbundenen Landflucht und Verstädterung wird das **Großstadt-Motiv** verstärkt aufgegriffen. Die Expressionisten setzen sich in ihrer Lyrik eingehend mit der Thematik auseinander. An großen epischen Werken, die sich mit der Großstadt beschäftigen, erscheinen 1922 von James Joyce *Ulysses*, 1925 von John Dos Passos *Manhattan Transfer*, 1927 von Franz Kafka *Amerika* und 1929 von Alfred Döblin *Berlin Alexanderplatz*. Das Motiv wird meist von negativen Konnotationen begleitet. Die Großstadt trägt Züge des verruchten biblischen Babylons, eines Molochs, der seine Bewohner verschlingt. Gemeinschaft kann in der Massengesellschaft nicht gelingen. In einer Welt der Hektik, des Kapitalismus, der Korruption, des unnatürlichen, mechanisierten und monotonen Daseins, der Kriminalität und des Schmutzes bleibt die Menschlichkeit auf der Strecke. Der entindividualisierte Einzelne fühlt sich in der Anonymität verloren. Die Stadt als Raum bedeutet Enge und Freiheitsberaubung; Zeit wird als monotoner Ablauf erfahren, aus dem man nur durch Normverstoß ausbrechen kann.

Theorie, Formen und Sprache

Theorie

Folgende Aspekte prägen die expressionistische Kunst:

- Kasimir Edschmid sieht im Expressionismus eine neue Bewegung, in der sich ein „maßloses Gefühl“ verwirkliche und ein neues Weltbild verdichtet zum Ausdruck komme (*Über den Expressionismus in der Literatur und die neue Dichtung*, 1919).
- Kurt Pinthus legt Wert auf die intensive Darstellung des Menschlichen (Vorwort zu: *Menschheitsdämmerung*, 1920).

- Gottfried Benn betont den Einfluss von Hölderlin und vor allem von Nietzsche. Es gelte, tradierte Wirklichkeiten zu zertrümmern und dem Nihilismus die Kunst als einzige Möglichkeit entgegenzuhalten (Einleitung zu: *Lyrik des expressionistischen Jahrzehnts,* 1962).
- Der Einfluss des Films wird in der Montage- und Simultantechnik deutlich.

Formen

In der **Lyrik** kommen die pathetischen Gefühle des Expressionismus, seine Sehnsucht nach Brüderlichkeit und Einheit, aber auch sein Erschrecken vor dem Dämonischen am deutlichsten zum Ausdruck (vgl. Gedichte von Gottfried Benn, Georg Trakl, Georg Heym, Ernst Stadler). In den Kabaretts blüht das witzige Chanson, Bertolt Brecht schreibt Songs und Balladen.
Auch im **Drama** gelingt es, die Spannungen zwischen Unmenschlichem und Menschlichem darzustellen. So werden auf der Bühne Wandlungsfähigkeit, Opferbereitschaft und Aufbruchswille thematisiert. Zur Betonung des Typischen werden die Bühnenmittel stark reduziert.
Die **Epik** tritt zurück. Sie ist meist auf kleinere Formen angelegt und bevorzugt Novelle und Erzählung. Mit Satire, Groteske und idealisierter Utopie versucht man der Zeit zu begegnen.

Sprache

Sie drängt einerseits auf Verkürzung und Intensivierung, andererseits entlädt sie sich pathetisch, barock, hymnisch. So finden sich Raffungen, Ausrufe, Antithesen, Hyperbeln, Substantivreihungen, Satzbrüche, asyndetische Verkürzungen, Assoziationsketten, Akkumulationen, Abstraktionen, aber auch eine subjektiv ausgerichtete Metaphorik, Monologisierung und hymnisch-pathetische Steigerungen. Weitere Merkmale sind die freie Rhythmik und Sprachexperimente, z. B. durch eine gebrochene und gekürzte Syntax (Wortfetzen, „Telegrammstil").

Sprache des Expressionismus

> […] Lebhafte Straßen tauchten auf, die Seestraße, Leute stiegen ein und aus. In ihm schrie es entsetzt: Achtung, Achtung, es geht los. Seine Nasenspitze vereiste, über seine Backe schwirrte es. „Zwölf Uhr Mittagszeitung", „B. Z.", „Die neuste Illustrirte", „Die Funkstunde neu", „Noch jemand zugestiegen?" Die Schupos haben jetzt blaue Uniformen. Er stieg unbeachtet wieder aus dem Wagen, war unter Menschen. Was war denn? Nichts. Haltung, ausgehungertes Schwein, reiß dich zusammen, kriegst meine Faust zu riechen. Gewimmel, welch Gewimmel. Wie sich das bewegte. […]
> (Döblin: *Berlin Alexanderplatz*, 1929)

Übersicht: Die Literatur in der Zeit des Expressionismus

Hintergrund	**Politik:** Erster Weltkrieg, Ende des Kaiserreichs, Krisenjahre der Weimarer Republik **Gesellschaft:** Industrialisierung, Massengesellschaft, Großstadtleben **Kultur, Weltbild:** • Verhaltensunsicherheiten, Anfälligkeit für Diktaturen, Flucht in ästhetische Scheinwelten, Hinwendung zur eigenen Existenz, Versuch eines idealistischen Aufbruchs im Expressionismus • Impulsgeber: Freud, Nietzsche, Bergson, Kierkegaard
Literarisches Leben	Berlin als Zentrum einer Massenkultur, Beginn des Kabaretts, Beginn von Film und Kino, Zeitschriften: *Die Aktion, Der Sturm*
Autoren und Werke	• Benn: *Morgue*-Gedichte, *Gehirne*-Novellen • Döblin: *Berlin Alexanderplatz* • Heym: Lyrik • Kaiser: *Die Bürger von Calais* • Kafka: *Die Verwandlung, Das Urteil, Der Proceß, Vor dem Gesetz* • Heinrich Mann: *Professor Unrat, Der Untertan* • Sternheim: *Die Hose* • Toller: *Die Wandlung, Masse Mensch* • Trakl: Lyrik *(Der Herbst des Einsamen, Grodek)* • Werfel: *Der Spiegelmensch, Stern der Ungeborenen*
Kennzeichen, Themen und Motive	**Kennzeichen:** Protest gegen Individualitätsverlust, Kulturverfall, Materialismus, technischen Fortschritt, soziales Elend; Glaube an einen Wandel zur Humanität; Resignation **Themen und Motive:** Ich und Welt, Krieg, Großstadt
Theorie, Formen und Sprache	**Theorie:** • Edschmid: Expressionismus als Ausdruck intensiven Gefühls • Pinthus: das Menschliche als Ziel des Expressionismus • Benn: Expressionismus als Wirklichkeitszertrümmerung, Kunst als Mittel gegen den Nihilismus • Beginn der Montage- und Simultantechnik **Formen:** • Lyrik: Ausdruck für Gefühle; Chansons, Songs, Balladen • Drama: Wandlungs-, Erlösungsdramen; reduzierte Bühnenmittel • Epik: kurze Formen (Erzählung, Novelle) dominieren **Sprache:** intensivierter, pathetischer und hymnischer Ausdruck, Sprachexperimente (Sprachreduktion, „Telegrammstil“)

Die Literatur in der zweiten Hälfte der Weimarer Republik (1925–1933)

Hintergrund

Plakat: Reklame für eine Revue in Berlin, 1928

Die Jahre 1924 und 1925 bringen der Weimarer Republik eine kurze Konsolidierung (Ursachen: Stresemanns Verständigungspolitik, wirtschaftliche Erholung). Doch die anhaltende **innenpolitische Krise** (fehlende demokratische Tradition, Auflösung des parlamentarischen Regierungssystems durch Anwendung des Art. 48, Parteilichkeit der Justiz, Radikalisierung der Öffentlichkeit) und die **ökonomische Destabilität** (Weltwirtschaftskrise, Arbeitslosigkeit) kennzeichnen in verstärktem Maße eine politisch und gesellschaftlich labile Situation, die von den sog. **„goldenen Zwanzigern"** nur übertüncht wird.
Weiterhin ist Berlin Zentrum der Massenkultur. In Kino- und Theaterpalästen, Kleinbühnen, Varietés, Tanzsälen, Boxarenen und Sportplätzen finden sich zahlreiche Besucher ein.

Literarisches Leben

In besonderer Blüte steht das **Kabarett** in Berlin. In München werden die Komiker Karl Valentin und Liesl Karlstadt populär. Bald wird die Kleinbühne ein Forum für linksorientierte Künstler, die vehement, aber letztlich vergeblich gegen heuchlerisches und rückwärtsgewandtes Spießbürgertum, Obrigkeitshörigkeit und wachsenden Nationalismus agieren und für Außenseiter und Proletarier eintreten.
Seit Mitte der 20er-Jahre zieht es viele europäische Schauspieler in die Filmstudios von Hollywood (z. B. Greta Garbo, Marlene Dietrich). Von hier kommt der **Film** als Massenware nach Deutschland, seit 1928/29 auch als Tonfilm. Filmtechniken wie Blende, Schnitt und Montage werden auf die Literatur übertragen.
Der **Rundfunk** verbreitet sich rasch. 1925 wird die Reichsrundfunkgesellschaft gegründet, 1926 nimmt die „Deutsche Welle" ihr Programm auf. Ende der 20er-Jahre hat das Hörspiel einen ersten Höhepunkt. Bekannte Autoren (z. B. Benn, Brecht, Döblin) arbeiten für diese Gattung.
Die wirtschaftliche Lage vieler Kulturträger und Schriftsteller ist bedrohlich. Viele leben an der Grenze des Existenzminimums. Zudem reduziert das mangelnde Interesse des Publikums für anspruchsvolle moderne Kunst das soziale Ansehen der Autoren. Eine wachsende Gegnerschaft baut sich in nationalsozialistischen Kreisen auf (vgl. Rosenbergs *Kampfbund für Deutsche Kultur*, 1927).

Autoren und Werke

In der Auseinandersetzung mit der Kriegspropaganda und den bürgerlichen Vorstellungen seiner Zeit ist der in Augsburg geborene **Bertolt Brecht** (1898–1956) schon früh misstrauisch geworden. Bereits sein erstes Stück *Baal* (1919) liefert eine aggressive Bilderfolge gegen bürgerliche Traditionen. Gesellschaftskritik zeigen *Trommeln in der Nacht* (1922), *Aufstieg und Fall der Stadt Mahagonny* (1930) und *Die heilige Johanna der Schlachthöfe* (1930). Anklage, Parodie und Satire des frühen Brecht erinnern an Büchner, Villon und Karl Valentin. Zusammen mit dem Komponisten Kurt Weill verfasste er *Die Dreigroschenoper* (1928). Unter dem wachsenden Einfluss des sozialistischen und marxistischen Gedankengutes entwickelte Brecht seit der Mitte der 20er-Jahre die Theorie vom **„epischen Theater“**, das die Zuschauer desillusionieren und zur rationalen Kritik führen soll. Das Theaterstück bekommt damit die Funktion eines „Lehrstücks“. Brecht demonstrierte seine Absicht in *Mutter Courage und ihre Kinder* (1941), im Parabelstück *Der gute Mensch von Sezuan* (1943) und im *Leben des Galilei* (1943). Die Beschäftigung mit der chinesischen Literatur führte zu seinem Drama *Der kaukasische Kreidekreis* (1944/45). 1933 verließ Brecht Deutschland. Über Prag, Wien, Zürich und Paris floh er nach Svendborg in Dänemark, 1940 nach Finnland und 1941 über die UdSSR in die USA. 1947 ließ er sich in Ostberlin nieder.

Bertolt Brecht: geb. am 10. 2. 1898 in Augsburg, gest. am 14. 8. 1956 in Ostberlin

Der Österreicher **Hermann Broch** (1886–1951) ist durch seine Trilogie *Die Schlafwandler* (1930/32) und vor allem durch *Der Tod des Vergil* (1945) bekannt geworden. Klage über den Verfall der Werte und Hoffnung auf eine neue mystisch geprägte Zeit sind seine Grundthemen.

Lion Feuchtwanger (1884–1958) musste 1933 als Jude und Pazifist emigrieren (Frankreich, USA). Er schrieb Dramen (Zusammenarbeit mit Brecht) und erneuerte den historischen Roman (*Jud Süß*, 1925). Der Zeitroman *Erfolg* (1930) erfasst den Aufstieg des Nationalsozialismus.

Hermann Hesse (1877–1962), Sohn eines Missionspredigers, floh als Fünfzehnjähriger aus dem theologischen Seminar Maulbronn und wurde Buchhändler. Seit 1904 arbeitete er als freier Schriftsteller. Ab 1919 wohnte er in Montagnola im Tessin. 1946 erhielt er den Nobelpreis für Literatur. Schwäbischer Pietismus des Elternhauses, schulische Enge und das Leiden an einer nihilistischen und pessimistischen Gegenwart sind Hesses Grunderfahrungen. In der Novelle *Unterm Rad* (1906) verarbeitete er sein eigenes Schultrauma. *Siddhartha* (1922) zeigt das Verlangen nach stillem Glück und den buddhistischen Läu-

Hermann Hesse: geb. am 2. 7. 1877 in Calw (Württemberg), gest. am 9. 8. 1962 in Montagnola (Tessin)

terungsweg. In *Der Steppenwolf* (1927) ist Harry Haller Außenseiter in einer leistungsorientierten Gesellschaft. Den Gegensatz von sinnlichem und geistigem Leben gestaltet er in *Narziß und Goldmund* (1930). Hesses Hauptwerk ist der Erziehungsroman *Das Glasperlenspiel* (1943). Das Gefühl des Ausgestoßenseins, die innere Auseinandersetzung mit den sinnlichen und geistigen Kräften, die Ablehnung des Krieges und die Suche nach östlichen Erkenntniswegen führten in den 70er- und 80er-Jahren zu einer Hesse-Renaissance.

Thomas Mann: geb. am 6. 6. 1875 in Lübeck, gest. am 12. 8. 1955 in Zürich

Thomas Mann (1875–1955) stammte aus einer Lübecker Patrizierfamilie. Nach dem Tod des Vaters folgte er seiner Mutter nach München. 1929 erhielt er den Nobelpreis für Literatur. 1933 emigrierte er in die Schweiz, dann in die USA. Nach dem Krieg ließ er sich in Kilchberg bei Zürich nieder.

Thomas Mann bekannte sich zur bürgerlichen Tradition. Seine konservative Haltung erwuchs aus der Sorge um das Humane in einer Zeit politischer Barbarei. Die Einflüsse von Mythos und Bibel, Reformation, Aufklärung, Klassik, Romantik, der Philosophie Schopenhauers und Nietzsches, der Musik Wagners und der Psychoanalyse Freuds werden in seinen Werken immer wieder deutlich. Sein Erstlingsroman *Buddenbrooks* (1901) schildert den „Verfall einer Familie", aber auch den Untergang des alten Bürgertums. Die Novelle *Der Tod in Venedig* (1913) bietet die Geschichte des bislang disziplinierten Schriftstellers Gustav von Aschenbach, der durch die Verführung des Ästhetischen in einen tödlich-dionysischen Rausch gerissen wird. Die Atmosphäre Venedigs hat ambivalenten Charakter. Lebenssüße und Todesnähe vermischen sich. Das eigentliche Thema ist die Stellung des Künstlers in der Spannung zwischen Form und Chaos. In seinem Roman *Der Zauberberg* (1924) schildert Thomas Mann die Krisensituation des morbiden europäischen Großbürgertums am Vorabend des Ersten Weltkriegs. Im Geiste Lessings und Goethes zeigt die Tetralogie *Joseph und seine Brüder* (1933–1943) den Weg des Menschen aus dem Mythos in sittlich-vernünftige Höhe. Der Roman *Lotte in Weimar* (1939) diente der Auseinandersetzung mit dem Goethebild seiner Zeit. Eine Abrechnung mit dem Nationalsozialismus wird *Doktor Faustus. Das Leben des deutschen Tonsetzers Adrian Leverkühn, erzählt von einem Freunde* (1947). Immer wieder griff Thomas Mann in seinen Erzählungen den unauflöslichen Konflikt zwischen Bürgerlichkeit und Künstlertum auf (vgl. *Tristan*, *Tonio Kröger*).

Aktuelles Buchcover von *Der Tod in Venedig*

Der in Klagenfurt geborene **Robert Musil** (1880–1942) studierte in Berlin Philosophie, Psychologie, Mathematik und Physik. 1906 erschien sein autobiografisch gefärbter Schulroman *Die Verwirrungen des Zöglings Törleß*. Der fragmentarische Roman *Der Mann ohne Eigenschaften* (1930–1943) ist ein Schlüsselwerk der Zeit.
Joseph Roth (1894–1939) beschreibt in seinen melancholischen Romanen den Niedergang der österreichischen Monarchie (*Radetzkymarsch*).

Die Verwirrungen des Zöglings Törleß: Titelblatt der Erstausgabe (1906)

Richtungen, Themen und Motive

Die Literatur der Zeit bildet ein differenziertes Spektrum:
Gegen die uneinlösbaren Hoffnungen des Expressionismus wenden sich die Vertreter der **Neuen Sachlichkeit**. Desillusioniert, nüchtern und pragmatisch halten sie Tatsachen fest. Sie verarbeiten wissenschaftlich objektive Quellen, analysieren die sozialen Verhältnisse, beschreiben die menschliche Psyche, verfassen Reportagen und Tatsachenromane. Zu nennen sind die Reportagen Egon Erwin Kischs (1885–1948), die Romane Lion Feuchtwangers, die sog. Gebrauchslyrik z. B. von Ringelnatz, Tucholsky und Kästner, und der dokumentarische Anteil, den Erwin Piscator auf die Bühne bringt.
Das Wissen um die Gefährdung des Menschen und die Suche nach Geborgenheit und innerer Freiheit führen zu einer **religiösen Erneuerung**. Autoren wie Werner Bergengruen, Gertrud von Le Fort, Ezard Schaper, Rudolf Alexander Schröder, Stefan Andres und Reinhold Schneider bekennen sich zu christlichen Werten und treten für ein humanes Menschentum ein.
Bald nach dem Abklingen des Expressionismus kommt es zu einem Wiederaufleben der deutschen **Naturlyrik**. Dabei wird die Natur als ein konkretes Gegenüber sachlich beobachtet. Das schließt nicht aus, dass die realen Erscheinungen als Symbole und Chiffren einer transzendenten Wirklichkeit gedeutet werden können (naturmagische Richtung). Nicht selten findet sich der Einbau mythischer Bilder als Abwehr einer überzogenen Technikgläubigkeit und Sinnsuche in einer orientierungslosen Zeit. Zu nennen sind in diesem Zusammenhang Autoren wie Oskar Loerke (1884–1941), Wilhelm Lehmann (1882–1968) und Georg Britting (1891–1964), von denen ein direkter Weg zu Peter Huchel, Günter Eich und Karl Krolow führt.
Verlorenes glaubt man auch in der Beschwörung der **Heimat** zu finden. Neben einer trivialen Richtung erscheint bei vielen Autoren der Hei-

matbegriff ambivalent. So zeigt Ludwig Thoma (1867–1921) in *Magdalena* und *Moral* die Enge der bäuerlichen Welt, Lena Christ (1881–1920) gibt in ihren *Erinnerungen einer Überflüssigen* der Sehnsucht nach dem Oberland Ausdruck. Oskar Maria Graf (1894–1967) überschreitet mit seiner Autobiografie *Wir sind Gefangene* (1927) die provinziellen Grenzen.

Eine **proletarisch-sozialistische Literatur** hat ihren Ursprung in den politischen Verhältnissen der Sowjetunion (Oktoberrevolution 1917) und Deutschlands (Spartakusaufstand 1919). Zu den engagierten Autoren zählen Johannes R. Becher (1891–1958) und Anna Seghers (1900–1983). Mit theoretischen Schriften treten bereits in den 20er-Jahren Georg Lukács und Walter Benjamin hervor. 1928 wird der „Bund proletarisch-revolutionärer Schriftsteller" gegründet (Orientierung am „Sozialistischen Realismus" Maxim Gorkis).

Theorie, Formen und Sprache

Theorie

Die mit der Auflösung des Weltbilds verbundene Sprach- und Erzählkrise (vgl. Hofmannsthals *Chandos-Brief*) setzt sich fort. Massengesellschaft und neue Medien veranlassen zum Experimentieren (Reportage, Montagetechnik).

In der Absicht, die Gesellschaft zu verändern, entwickelt Brecht das epische Theater. Entscheidend für ihn ist dabei, dass der Zuschauer stets sein kritisches Bewusstsein bewahrt, um klar urteilen und handeln zu können. Zur Erreichung dieses Ziels bedient sich Brecht der Mittel der Verfremdung (vgl. S. 113).

Formen

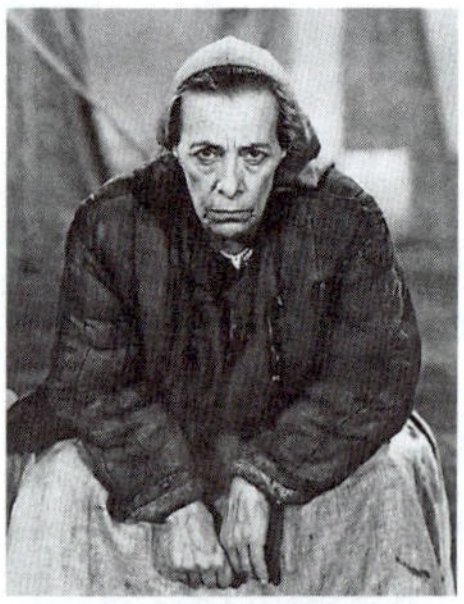

Helene Weigel als Mutter Courage. Inszenierung am Berliner Ensemble 1956

Besondere Bedeutung kommt der **epischen Dichtung** zu, v. a. dem Roman. Er greift im Sinne der Neuen Sachlichkeit geschichtliche, biografische und aktuelle Themen auf (historischer Roman, Zeitroman: Franz Werfel, Erich Maria Remarque, Alfred Döblin, Lion Feuchtwanger, Hans Fallada). Daneben stehen Kleinformen, die sich für den Rundfunk verwenden ließen (Essay, Hörspiel).

Im **dramatischen Bereich** finden die Zeit- und Lehrstücke Bertolt Brechts (episches Theater) und Ödön von Horváths neben dem dokumentarischen Theater Erwin Piscators und den Volksstücken (Ludwig Thoma, Marieluise Fleißer) Beachtung. Steigender Beliebtheit erfreut sich der Film.

Die **Lyrik** tendiert zur Versachlichung. Die Ballade wird neu entdeckt. In der Naturlyrik kommt neben sachlicher Beschreibung auch eine metaphysische Komponente zum Ausdruck. Zu erwähnen sind lyrische Gebrauchsformen, die vom einfachen Spruch über Song und Schlager bis zum Marschlied reichen.

Sprache

Traditionelle Formen genügen der Moderne nicht mehr. In Anlehnung an die Filmtechniken setzt man verschiedene Erzählelemente zusammen (Montageroman). Die chronologisch ablaufende Zeit wird von der Zeitschichtung abgelöst. Das Raumerlebnis verlagert sich zunehmend vom sinnlich wahrnehmbaren Bereich in das Bewusstsein. Im sog. „stream of consciousness" werden assoziative Bilder- und Gedankenketten darzustellen versucht (Mittel: innerer Monolog). Dies führt zur Auflösung der Syntax bis zu Satz- und Wortfragmenten. Umgangssprache und Dialekt werden verstärkt berücksichtigt. Erzählperspektiven wechseln rasch. Der auktoriale Erzähler tritt zurück.
Brecht arbeitet mit den Möglichkeiten der Verfremdung, Erwin Piscator will die Zuschauer ins Theaterspiel integrieren. Er verwendet für seine Ziele Sprechchöre, Revuen, Bildprojektionen und Filme.

Sprache der Neuen Sachlichkeit

Als sie einander acht Jahre kannten
(und man darf sagen: sie kannten
sich gut),
kam ihre Liebe plötzlich abhanden.
Wie andern Leuten ein Stock oder Hut.

Sie waren traurig, betrugen sich heiter,
versuchten Küsse, als ob nichts sei,
und sahen sich an und wussten
nicht weiter.
Da weinte sie schließlich. Und er
stand dabei.

Vom Fenster aus konnte man
Schiffen winken.
Er sagte, es wäre schon Viertel nach vier
und Zeit, irgendwo Kaffee zu trinken.
Nebenan übte ein Mensch Klavier.

Sie gingen ins kleinste Café am Ort
und rührten in ihren Tassen.
Am Abend saßen sie immer noch dort.
Sie saßen allein, und sie sprachen
kein Wort
und konnten es einfach nicht fassen.

(Erich Kästner: *Sachliche Romanze*)

Übersicht: Die Literatur in der zweiten Hälfte der Weimarer Republik

Hintergrund	**Politik:** Erfolge in der Außenpolitik, innenpolitische Spannungen, Destabilität durch Weltwirtschaftskrise **Gesellschaft:** Arbeitslosigkeit, Radikalisierung **Kultur:** „Goldene Zwanziger", Berlin als Zentrum der Massenkultur
Literarisches Leben	**Unterhaltung und Medien:** Kabarett, Film, Rundfunk: Hörspiel **Autoren:** schlechte finanzielle Lage, politisches Engagement **Publikum:** • wachsendes Interesse an trivialer Sensationsliteratur • rechte Szene: Gegner moderner Kunst
Autoren und Werke	• Brecht: *Baal, Die Dreigroschenoper, Mutter Courage und ihre Kinder, Der gute Mensch von Sezuan, Leben des Galilei* • Broch: *Die Schlafwandler, Der Tod des Vergil* • Feuchtwanger: *Jud Süß, Erfolg* • Hesse: *Unterm Rad, Siddhartha, Der Steppenwolf, Das Glasperlenspiel* • Thomas Mann: *Buddenbrooks, Der Tod in Venedig, Der Zauberberg, Joseph und seine Brüder, Doktor Faustus* • Roth: *Hiob, Radetzkymarsch*
Richtungen, Themen und Motive	• Neue Sachlichkeit: objektive Wiedergabe der Wirklichkeit • religiös orientierte Literatur: christlich-humane Weltsicht • Naturlyrik: sachlich und naturmagisch • Heimatkunst: trivial und ambivalent • proletarisch-sozialistische Literatur: Orientierung am sozialistischen Realismus
Theorie, Formen und Sprache	**Theorie:** Brecht: episches Theater **Formen:** • Epik: Zeitroman, historischer Roman; Essay, Hörspiel • Drama: Zeit- und Lehrstück, dokumentarisches Theater, Volksstück; Film • Lyrik: Gebrauchslyrik, Naturlyrik, Ballade, Songs, Schlager, Marschlied **Sprache:** Zeitschichtung, Montage, stream of consciousness, Perspektivenwechsel, Syntaxauflösung, Umgangssprache, Dialekt; Mittel der Verfremdung

Die Literatur in der Zeit des Nationalsozialismus (1933–1945)

Hintergrund

Am 10. 5. 1933 ließen die Nationalsozialisten auf öffentlichen Plätzen in Deutschland die Werke unliebsamer oppositioneller und jüdischer Autoren verbrennen. Viele Schriftsteller trieb diese „Säuberung" des kulturellen Lebens in Deutschlands ins Exil oder in den Selbstmord

Hitlers Machtübernahme am 30. Januar 1933 leitet eine Zeit der Diktatur und des Krieges, den Holocaust und Barbarei in bisher nicht gekanntem Ausmaß ein. Die Kontinuität der deutschen Kultur wird nachhaltig zerstört.
So wird eine in Politik und Gesellschaft praktizierte **Gleichschaltung** auch im Kulturbereich angestrebt. Mit Zensur versuchen die Nationalsozialisten, Kunst und Literatur gemäß ihren Zielen zu reglementieren. Autoren, die sich nicht fügen, erhalten Schreibverbot, werden verfolgt, inhaftiert und ermordet. Die Folgen dieser Barbarei (1933: Bücherverbrennung, Austritt der deutschen Abteilung aus dem internationalen PEN-Club, Bildung der Reichskulturkammer unter Josef Goebbels) sind für die deutsche Literatur verheerend.
Sozialdarwinismus (Überleben der Tüchtigsten), die Ideen des Grafen Gobineau (Hierarchie der Menschenrassen), Vorstellungen von Houston Stewart Chamberlain (Antisemitismus) und vor allem die Rassenlehre von Alfred Rosenberg sind die **ideologischen Quellen** des Nationalsozialismus.
Die Exilliteratur steht in der Tradition demokratischer bzw. marxistischer Kultur, während die in Deutschland verbliebenen Autoren Kraftquellen aus christlich-humanistischem und **existenzialistischem** Gedankengut erschließen.

Existenzialismus: Richtung der modernen Philosophie. Die Auflösung der alten Ordnungen und das verstärkte Erleben menschlicher Grunderfahrungen wie Angst und Verzweiflung werden zum zentralen Motiv des Denkens. Karl Jaspers und Martin Heidegger, die führenden Vertreter, gehen in ihren Theorien auf Kierkegaard zurück und beeinflussen den frz. Existenzialismus von Sartre und Camus (vgl. S. 262)

Literarisches Leben

Rund 1 500 namhafte Autoren verlassen Deutschland und gehen im **Exil** einem ungewissen Schicksal entgegen. Zunächst wendet man sich ins europäische Ausland. Mit dem Ausbreiten der nationalsozialistischen Herrschaft flieht man in die USA, nach Mexiko, Südamerika und in die Sowjetunion. Zentren der deutschen Exilliteratur entstehen in Prag (bis 1939), Paris (bis 1940), London, Stockholm, Amsterdam, Moskau und New York.

Der umstrittene Begriff **„innere Emigration"** steht sowohl für die in Deutschland oft unter Lebensgefahr weiterschreibenden Autoren als auch für Schriftsteller, die sich ins Private und Innerliche zurückzogen. Da Distanz Ablehnung und Duldung bedeuten kann, lässt sich keine pauschale Aussage über die in Deutschland verbliebenen Autoren treffen. Zahlreiche Selbstmorde verdeutlichen die ausweglos scheinende Situation (1935: Kurt Tucholsky, 1936: Eugen Gottlob Winkler, 1938: Egon Friedell, 1939: Ernst Toller, 1940: Walter Hasenclever, Walter Benjamin, Jochen Klepper, 1942: Stefan Zweig). Paul Kornfeld wurde im KZ Lodz, Albrecht Haushofer *(Moabiter Sonette)* in Berlin-Moabit ermordet.

Fast alle Autoren lehnten das NS-Regime ab. Nur wenige unterlagen seinen Fangstricken (Hanns Johst). Einzelne, die sich zunächst blenden ließen, kehrten der Diktatur bald den Rücken (Gottfried Benn).

Die NS-Kulturpolitik zerstörte den Literaturbetrieb nicht nur durch Verfolgung kritischer Autoren und Verbot anspruchsvoller Literatur, sondern auch durch Förderung trivialer, regimeadäquater Werke.

Autoren und Werke, Themen und Motive

Die Radioansprachen der Reihe *Deutsche Hörer!*, die das deutsche Programm der BBC zwischen 1940 und 1945 ausstrahlte, wurden 1942 und 1945 auch in Buchform veröffentlicht

Exilliteratur

Obwohl uneinheitlich und vielschichtig, ist der Exilliteratur doch das Grundthema **„Humanität"** gemeinsam. Die Autoren fühlen sich als Repräsentanten deutscher Kulturtradition, mit der sich das Geschehen in Deutschland nicht vereinbaren lässt. So entstehen im Ausland viele Werke als Antwort auf Diktatur und Krieg. Die Autoren rufen auf, warnen, klagen an, analysieren und dokumentieren. In den monatlichen Radiosendungen *Deutsche Hörer!* (ab 1940) wandte sich Thomas Mann über BBC London an Deutschland.

Viele Stücke Brechts wie *Mutter Courage* und *Schweyk im zweiten Weltkrieg* greifen die Zeitthematik auf. Im Romanbereich sind zu nennen: Klaus Manns *Mephisto*, Lion Feuchtwangers *Exil*, Anna Seghers' *Das siebte Kreuz*. In der Lyrik nehmen Brecht, Johannes R. Becher, Else Lasker-Schüler und Franz Werfel Stellung. Im Exil entstehen aber auch Werke, die nicht unmittelbar die politische Situation thematisieren. So arbeitet Thomas Mann an seinem Roman-Zyklus *Joseph und seine Brüder*, Stefan Zweig schreibt seine *Schachnovelle* (1941); Franz Werfel und Joseph

Roth verfassen mehrere Romane. Die Rückkehr vieler Emigranten nach dem Krieg erleichtert der deutschen Literatur den Neubeginn und den Kontakt zur internationalen Literatur.

Antifaschistische Literatur in Deutschland

Eines der wenigen Publikationsorgane, in denen Vertreter der inneren Emigration zu Wort kommen können, ist bis zu ihrem Verbot 1943 die *Frankfurter Zeitung*. Viele Werke kreisen um die Frage der Macht (Werner Bergengruen: *Der Großtyrann und das Gericht*, Reinhold Schneider: *Las Casas vor Karl V.*, Jochen Klepper: *Der Vater*, Stefan Andres: *El Greco malt den Großinquisitor*). Rückzug ins Innere und Flucht aus einer politisch fanatisierten Umgebung kommen in den Gedichten der naturmagischen Richtung (z. B. Oskar Loerke, Wilhelm Lehmann) und bei Autoren zum Ausdruck, die sich an traditionelle Formen und Themen anlehnen (Rudolf Hagelstange, Georg Britting). Angesichts der erlebten Unmenschlichkeit greifen viele Lyriker religiöse Themen auf (Rudolf A. Schröder).

Faschistische Literatur

Die Werke der vom NS-Regime hofierten Autoren heroisieren Volk und Reich. Thematisiert werden Führerfiguren (Heinrich Bauer: *Florian Geyer*), das *Volk ohne Raum* (Hans Grimm), das *Volk auf dem Wege* (Josef Ponten), Bauerntum (Hermann Stehr: *Das Geschlecht der Maechler*), Märtyrertum (Hanns Johst: *Schlageter*), die Überlegenheit der nordischen Rasse (Erwin G. Kolbenheyer: *Gregor und Heinrich*), Krieg in vielen trivialen Romanen. Auch der Film wurde für die Propaganda eingesetzt (Veit Harlan: *Kolberg*, 1945).

Theorie, Formen und Sprache

Theorie

Zwischen 1936 und 1939 kommt es zu einer heftigen literaturtheoretischen Auseinandersetzung, der sog. **Expressionismusdebatte**. Der kommunistische Literaturtheoretiker Georg Lukács stellt in der Moskauer Exilzeitschrift *Das Wort* die These auf, dass der Expressionismus und andere moderne Strömungen subjektiv, irrational und dekadent seien. Damit aber ließen sich keine antifaschistischen Ziele verwirklichen. Eine Rückkehr zu den großen gesellschaftskritischen Realisten sei deshalb notwendig. Dagegen wenden sich Ernst Bloch, Walter Benja-

min, Anna Seghers und Bertolt Brecht: Die Moderne könne nicht mit den Mitteln der Vergangenheit sinnvoll erfasst werden.
Ein anderer Streitpunkt ist der **historische Roman**. Linksorientierte und sozialistische Autoren sehen in diesem Genre eine Flucht vor den Realitäten. Befürworter wie Lion Feuchtwanger und Alfred Döblin verweisen dagegen auf die zeitkritische Haltung, die bei vielen Autoren gleichwohl deutlich werde.

Formen und Sprache

Exilliteratur: In Aufrufen und Anklageschriften wird die politische Situation in Deutschland kommentiert. In Autobiografien (Toller: *Eine Jugend in Deutschland*, 1933), Erzählungen und Romanen kommt Zeitgeschehen zum Ausdruck (Graf: *Der Abgrund*, 1936; Horváth: *Jugend ohne Gott*, 1937; Seghers: *Das siebte Kreuz*, 1942). Dramatiker haben kaum Gelegenheit, ihre Werke aufzuführen.
Literatur der inneren Emigration: Die Lyrik ist die wichtigste Gattung der antifaschistischen Literatur. Ihre besondere künstlerische Form (vgl. die Beliebtheit des Sonetts) steht gegen das Chaos der Zeit, ihr verschlüsselter Inhalt enthält Botschaften, die den Machthabern unzugänglich sind. In gefahrvoller Zeit bietet das Tagebuch die Möglichkeit der Selbstauseinandersetzung. Der kunstvolle Essay beschäftigt sich mit Fragen des Ästhetischen (Eugen Gottlob Winkler). Erzählung und Roman greifen wiederholt historische Stoffe auf, in denen nicht nur die Flucht aus der Realität, sondern vor allem auch indirekt Kritik geübt wird durch die Beschreibung von Gegenwelten. Das Drama tritt gegenüber Lyrik und Prosa zurück.
NS-Literatur: Die Epik konzentriert sich auf den Bauern- und Kriegsroman. Lyrik und Drama verherrlichen NS-Themen. 1933 entwickelt sich aus dem Drama das Thingspiel (Freilichttheater für Massenveranstaltungen).

Übersicht: Die Literatur in der Zeit des Nationalsozialismus

Hintergrund	**Nationalsozialistische Diktatur:** • Gleichschaltung von Politik, Gesellschaft und Kultur • Reglementierung von Kunst und Literatur • ideologische Quellen: Sozialdarwinismus, Gobineau, Chamberlain, Rosenberg
Literarisches Leben	Emigration (Tradition demokratischer bzw. marxistischer Kultur), innere Emigration (christliches bzw. existenzialistisches Gedankengut), Gefährdung der Autoren, Verarmung des Literaturbetriebs
Autoren und Werke, Themen und Motive	**Exilliteratur:** • Autoren als Repräsentanten deutscher Kulturtradition • Stellungnahme der Autoren zu den Vorgängen in Deutschland • Autoren: Thomas Mann, Brecht, Klaus Mann, Feuchtwanger, Seghers, Lasker-Schüler, Werfel **Antifaschistische Literatur in Deutschland:** • Bedeutung der *Frankfurter Zeitung*; Thematisierung der Macht durch Bergengruen, Reinhold Schneider, Klepper, Andres • Rückzug ins Innere; Religiöses: Naturlyrik, religiöse Lyrik **Faschistische Literatur:** Heroisierung von Volk, Reich, Führer, Krieg
Theorie, Formen und Sprache	**Theorie:** Expressionismusdebatte; Diskussion über historischen Roman **Formen und Sprache:** • Exilliteratur: Aufrufe, Anklagen, Essays, Erzählungen, Romane • Innere Emigration: Lyrik, Tagebuch, Essay • NS-Literatur: Bauern- und Kriegsroman

Die deutschsprachige Literatur im Westen (1945–1990)

Hintergrund

Der 19-jährige Volkspolizist Conrad Schumann flüchtet am 15. 8. 1961 mit einem Sprung über eine Stacheldrahtabsperrung vom sowjetischen Sektor in den Westteil Berlins

Weltpolitisch stehen die Jahre nach 1945 unter einem zunehmenden **Ost-West-Gegensatz**. Deutschland wird geteilt. 1949 entstehen die Bundesrepublik und die Deutsche Demokratische Republik. Berlin erhält eine Sonderstellung, Österreich wird neutral. Während sich im Westen eine demokratische Gesellschaft ausbildet, gerät der Osten immer stärker in Abhängigkeit von der Sowjetunion und ihrem kommunistischen System. Fortan bestimmen Kalter Krieg und atomares Wettrüsten die Weltpolitik. Erst der drohende wirtschaftliche Zusammenbruch der Sowjetunion bringt eine Entspannung, die 1989 zum Fall der Mauer und 1990 zur Wiedervereinigung führt.

Im Verlauf ihrer Geschichte hat sich die Bundesrepublik im Inneren mit teilweise massiven Problemen auseinanderzusetzen (Wiederbewaffnung, Studentenunruhen, Außerparlamentarische Opposition, Terrorismus, Nachrüstung). Das Problem der Arbeitslosigkeit konnte bis heute nicht bewältigt werden.

Die westliche Gesellschaft ist durch **Pluralismus**, **Kapitalismus**, **Leistungsdenken**, **Pragmatismus** und **Konsumorientiertheit** geprägt. Kommunikationssysteme verbinden jeden Winkel der Welt. In der Multimedia-Gesellschaft explodiert das Informationsangebot.

Auf kulturell-weltanschaulicher Ebene bestimmen folgende Themen die Auseinandersetzung: Holocaust, Werteverlust, Probleme der Massengesellschaft, Bedrohung durch technischen Fortschritt, Informationsüberflutung.

Wie kann das Leben angesichts des Transzendenz- und Werteverlusts, des Holocausts, der Selbstentfremdung, Isolation und Verzweiflung überhaupt ertragen werden?

- Diese Frage, von der jüngeren Generation nach dem Zweiten Weltkrieg gestellt, versucht der **französische Existenzialismus** zu beantworten. Nach Sartre ist der Mensch dann frei, wenn er sich zum Handeln entscheidet und zu diesem bekennt (vgl. *Die Fliegen*). Für Camus kann die absurde Welt nicht verstanden werden. Freiheit und Würde erlangt der Mensch, wenn er das Sinnlose hinnimmt, aber gleichzeitig einen inneren Abstand als eine Form des Protests zu ihm schafft (*Der Mythos des Sisyphos*).

- Die kritischen Gesellschaftsvorstellungen der **„Frankfurter Schule“** (Theodor W. Adorno, Max Horkheimer, Herbert Marcuse, Jürgen Habermas) liefern theoretische Grundlagen für die studentische Protestbewegung und für Stimmen, die sich gegen das Establishment erheben.
- Für Ludwig Wittgenstein sind die „Grenzen meiner Sprache die Grenzen meiner Welt“. **Erkenntnis und Wirklichkeit** hängen damit von den Möglichkeiten der **Sprache** ab. Basil Bernstein stellt die später umstrittene These über den Zusammenhang von Sprache und sozialer Schicht auf.

Horkheimer, Adorno und Habermas (rechts hinten), die wichtigsten Repräsentanten der „Frankfurter Schule“, im Jahr 1964

Literarisches Leben

Verschiedene Faktoren prägen das literarische Leben seit 1945:

- der geistige Nachholbedarf, wie er sich im Bekenntnis zu literarischen Traditionen (Klassik, Realismus, Expressionismus) und im Interesse an westlicher Literatur (Hemingway, Saint-Exupéry) zeigt,
- die Rolle der zurückkehrenden Emigranten (einschließlich eines Streits über die Bewertung der Emigration und der inneren Emigration),
- Papierknappheit und wachsende Bedeutung von Zeitungen (Kurzgeschichte!) und Rundfunk (Hörspiel!),
- Autoren-Gruppen (besonders: „Gruppe 47“, „Gruppe 61“, „Werkkreis Literatur der Arbeitswelt“),
- wiederholte Versuche einer Standortbestimmung von Literatur, die von einer ersten Bestandsaufnahme (Günter Eich: *Inventur*, 1947) bis zur Postmoderne reichen (vgl. Peter Handkes „Elfenbeinturm“ einerseits und das politische Engagement Heinrich Bölls und Günter Grass’ andererseits),
- eine fragwürdige Bildungsreform (Analyse von Werbetexten statt Klassiker-Lektüre),
- literarische Experimente (z. B. die konkrete Poesie),
- das Verhältnis zwischen BRD- und DDR-Autoren,
- die wachsende Informationsflut in der Multimedia-Gesellschaft.

Das wirtschaftlich orientierte Denken der westlichen Demokratien beeinflusst Kultur und Kunst. Zunehmend wird die Literaturproduktion nach pragmatisch-kapitalistischen Maßstäben ausgerichtet. Das bedeutet:

Frankfurter Buchmesse 1963: Taschenbücher aus den USA

- für das **Verlagswesen:** Großverlage setzen sich gegenüber Kleinverlagen durch. Ihre Marktanalysen und ihr kapitalintensiver Werbeeinsatz für publikumswirksame Werke bestimmen den Literaturmarkt. Große Medienkonzerne entstehen. Kleinere Verlage versuchen sich zu spezialisieren.
- für den **Autor:** Der Druck gewinnorientierter Verlage wächst. Der finanziell abhängige Autor ist durch Vorgabe von Terminen und Themen eingeengt.
- für das **Publikum:** Eine aufwendige Werbung der Medienkonzerne vermittelt, was ihm zu gefallen hat. Die Kurzlebigkeit der literarischen Mode fördert die permanente Nachfrage. Angesichts der wachsenden Buchproduktion geht der Überblick verloren. Literaturkritiker sind gefordert.
- für die **Kunst:** Am günstigsten ist es, wenn es gelingt, das Publikum für Qualität zu begeistern. Romane, die verfilmbar sind, haben dabei weit bessere Chancen als Dramen oder gar Gedichte, denn sie können einem breiteren Publikum zugänglich gemacht werden und führen so zu einem höheren Absatz. Im lyrischen Bereich setzen sich kurzlebige Texte durch, die für den Liedermarkt der Schlager- und Pop-Szene geschrieben sind, und in der Regel keine Qualität beanspruchen.

Theorie

In der Moderne gibt es eine Vielzahl unterschiedlicher Äußerungen zur Poetik. Wichtige Ansätze liefern die Vertreter der marxistisch-materialistischen (Lukács), der phänomenologischen (Heidegger) und der kommunikationstheoretisch-linguistischen (Saussure) Richtung. Etliche Schriften weisen auf den Experimentalcharakter moderner Kunst (so Arbeiten von Broch und Musil). Ernst Bloch orientiert die Kunst am Utopischen, an der Beschreibung des Möglichen, aber noch nicht Geleisteten. Adornos dialektische Ästhetik versucht den Doppelcharakter der Kunst aufzuzeigen: Kunst sei zwar gesellschaftlich bedingt, wende sich aber gegen die Gesellschaft. Heidegger sieht als Aufgabe der Kunst, das anwesende, aber verborgene Sein zu verdeutlichen. Umberto Eco, von der Zeichen- und Informationstheorie beeinflusst, betont die Offenheit und Vieldeutigkeit des Kunstwerks. Das Wissen um das Rätselhafte der Kunst, das sich jedem Zugriff zu entziehen scheint, darf als Beleg für Existenz und Freiheit der Kunst gewertet werden.

Autoren, Werke, Themen, Gattungen

Epik

Etliche Romane, die unmittelbar **nach dem Krieg** in Deutschland erscheinen, sind schon im Exil verfasst und im Ausland publiziert worden, so *Das siebte Kreuz* von Anna Seghers (Mexiko 1942, Berlin 1946), *Das Glasperlenspiel* von Hermann Hesse (Zürich 1943, Berlin 1946) und *Stalingrad* von Theodor Plivier (Moskau 1943/44, Berlin 1946). In Deutschland veröffentlicht 1947 Hermann Kasack *Die Stadt hinter dem Strom*, bereits 1946 erscheint Elisabeth Langgässers *Das unauslöschliche Siegel.* Zeitkritik wird deutlich, wenn auch mit unterschiedlichen Intentionen: Geht es Plivier um Dokumentation und Entmythologisierung, so fragen Kasack und Langgässer nach den Ursachen des Bösen, die in Technisierung und Glaubenslosigkeit gesehen werden. Der Rückzug aus einer inhuman gewordenen Welt wird bei Hesse beschrieben, am Ende erscheint diese Fluchtmöglichkeit jedoch infrage gestellt. In der Nachkriegszeit tritt die **Kurzgeschichte** an die Stelle der Novelle (wichtige Vertreter: Borchert, Aichinger, Schnurre, Langgässer). Die Romane der **50er-Jahre** versuchen die Vergangenheit aufzuarbeiten und sich mit der aktuellen gesellschaftlichen Gegenwart auseinanderzusetzen. Böll, Koeppen, Andersch, Frisch, Martin Walser und Grass stehen hier repräsentativ. Der Tenor ist häufig pessimistisch. Krieg und nationalsozialistische Vergangenheit bleiben weiter Thema, dazu kommen die Frage nach der Position des Menschen im technischen Zeitalter und die Sorge um die Entwicklung der bundesrepublikanischen Gesellschaft. Das Individuum glaubt, als Nonkonformist nur am Rande der Etablierten eine Lebensmöglichkeit zu sehen.

Diese Themen werden in den **60er-Jahren** weitergeführt (vgl. Böll: *Ansichten eines Clowns*) und um die Problematik des geteilten Deutschlands erweitert (Uwe Johnson). Bereits 1955 ist Siegfried Lenz (1926–2014) mit seinen masurischen Geschichten *So zärtlich war Suleyken* bekannt geworden. 1968 erscheint sein Hauptwerk *Deutschstunde*, in dem er sich mit der Nazizeit, einer unreflektierten Autoritätsgläubigkeit und einem missverstandenen Pflichtbegriff auseinandersetzt.

Allerdings entspricht der moderne Roman oft nicht den Erwartungen der Öffentlichkeit. Breite Leserschichten bevorzugen die traditionelle, geradlinige Erzählform, d. h. Romane, die inhaltlich die Sehnsüchte der Masse widerspiegeln, und Figuren, die eine leichte Identifikation erlauben. Der anspruchslose Bestseller gewinnt an Bedeutung.

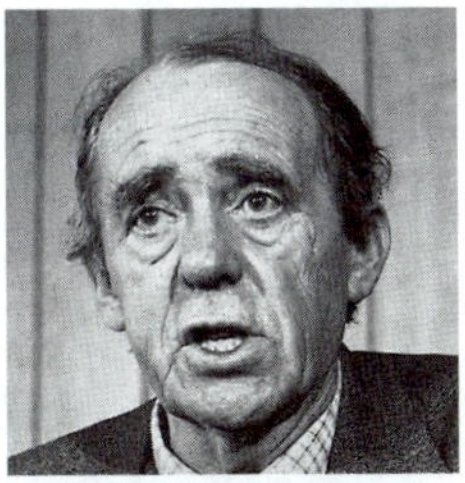

Heinrich Böll: geb. am 21.12.1917 in Köln, gest. am 16.7.1985 in Langenbroich (Eifel)

In den **70er-Jahren** scheint die Krise des Romans überwunden, man spricht von einer „Tendenzwende". **„Neue Subjektivität"** und **„Neue**

Innerlichkeit" sollen den Neubeginn signalisieren. Rückzug auf das Private, eigenes Schicksal und die Spiegelung eigener Zustände in anderen Figuren werden thematisiert (vgl. Karin Struck [1947–2006]: *Die Mutter*, 1975; Gabriele Wohmann: *Frühherbst in Badenweiler*, 1978). In der Beschäftigung mit sich selbst sieht man nicht eine Flucht, vielmehr eine Möglichkeit des Widerstandes, der Selbsterhaltung (vgl. Wohmann: *Selbstverteidigung*, 1971). 1978 erscheint Martin Walsers Bestseller *Ein fliehendes Pferd*. In der Novelle wird ein Pferd auf der Flucht zur Metapher für die Flucht zweier befreundeter Männer vor den sie bedrängenden Realitäten. Offen bekennt sich Peter Handke zum Rückzug in den **Elfenbeinturm** und verweist dabei auf Hermann Lenz, der eindeutig mit seinem Werk der Aktualität absagt. Neben diesem Rückzug steht die dokumentarische Literatur (Günter Wallraff), die aber in Gefahr gerät, sich im Poetischen zu verlieren.

Elfenbeinturm: Metapher für Weltabgeschiedenheit und Unberührtheit
vgl. S. 234

Die **80er- und frühen 90er-Jahre** stehen unter einem neuen Schlagwort: **Postmoderne**. Umberto Ecos *Der Name der Rose* (1980, dt. 1982) wird zu einem Schlüsselwerk. Ecos Roman ist eine ins Mittelalter verlegte Kriminalgeschichte, gleichzeitig eine Anspielung auf italienische Zeitverhältnisse (Affäre Aldo Moro) und Diskussionsforum für wissenschaftstheoretische Probleme. Damit wird die Tendenz klar: Vielfalt der Themen, Motive, Perspektiven und Deutungsmöglichkeiten. Der Leser sieht sich durch Anspielungen und Zitate angeregt **(Intertextualität)**. Die Figuren der Postmoderne sind Außenseiter, oft mit besonderen Fähigkeiten ausgestattet. Der Verschränkung und Vieldeutigkeit von Themen, Motiven und Erzähltechniken entspricht die sprachliche Gestaltung. Bei Eco vermischen sich Hoch- und Umgangssprache, Latein und Geheimzeichen. Was heißt Postmoderne? – Vermischung von Vergangenem und Gegenwärtigem, Intellektuellem und Trivialem, Geistigem und Sinnlichem. In Deutschland erscheinen Sten Nadolnys *Die Entdeckung der Langsamkeit* (1983), Patrick Süskinds *Das Parfum* (1985), Christoph Ransmayrs *Die letzte Welt* (1988) sowie Robert Schneiders *Schlafes Bruder* (1992). Der 1995 verlegte Roman *Ein weites Feld* von Günter Grass wird von der Literaturkritik zwiespältig aufgenommen. 1999 erhält Grass den Nobelpreis für Literatur.

Intertextualität: Bezugnahme auf andere Texte, z. B. durch Zitate, Motive, Anspielungen, sprachlich-stilistische Eigenheiten

Drama

Die deutschen Dramatiker hatten es während des Dritten Reiches schwerer als die Vertreter der beiden anderen Gattungen, da sie mit ihren Werken auf eine Bühne angewiesen waren und Aufführungen in Deutschland nicht, im Exil kaum möglich waren. Unmittelbar nach dem Krieg konzentrieren sich die Theater häufig auf klassische Stoffe

(*Iphigenie, Nathan*), aber auch moderne ausländische Autoren wie Wilder, Williams, Giraudoux, Sartre und Anouilh wurden gespielt. Zwei deutsche Werke bestimmten die frühe Zeit: Zuckmayers *Des Teufels General* (1946) und Borcherts *Draußen vor der Tür* (1947). Bedeutung gewann nach dem Krieg auch das **Hörspiel**, das bereits in der Weimarer Zeit eine erste Blüte erlebt hatte (Borchert, Weyrauch, Eich, Bachmann). In der Folgezeit werden neben **Brecht**, der am Berliner Ensemble sein episches Theater aufführt, **Dürrenmatt** und **Frisch** bedeutsam. Sie unterscheiden sich bereits in ihrer Intention von Brecht. Während dieser eine Veränderung der Gesellschaft im Sinne des marxistischen Sozialismus anstrebt, fehlt bei den Schweizern die ideologische Absicht. Beide glauben nicht mehr an eine Veränderbarkeit der Welt mithilfe des Theaters. Während Frisch mit seinen Parabelstücken noch eine Verhaltensänderung beim Betrachter erzeugen will, zeigen die grotesken Stücke Dürrenmatts nur mehr die Widersinnigkeit der Welt.

In den 60er-Jahren tritt das **dokumentarische Theater** in den Vordergrund. Es will mit objektivem Quellenmaterial arbeiten, lehnt dichterische Erfindung ab und setzt sich die Entschleierung der Wahrheit zum Ziel (vgl. Peter Weiss, Rolf Hochhuth, Heinar Kipphardt). Neben dem Dokumentartheater beginnt 1966 mit Martin Sperrs *Jagdszenen aus Niederbayern* das **neue Volksstück**, das sich mit Werken von Franz Xaver Kroetz in den 70er-Jahren durchsetzt. Eine deutliche Konfrontation mit dem herkömmlichen Theater sucht **Peter Handke**. In seiner *Publikumsbeschimpfung* (1966) gibt es weder Auftritte, noch Dialoge, noch ein Bühnenbild.

Charles Brauer und Werner Rehm am 31. 8. 2011 im Gastspiel *Warten auf Godot* des Hamburger Ernst Deutsch Theaters im Berliner Schlosspark Theater

Eine Dramenform, die sich ebenfalls vom herkömmlichen Theater abwendet, ist das **absurde Theater** (Samuel Beckett: *Warten auf Godot*, Eugène Ionesco: *Die Nashörner*). Die Sinnlosigkeit der Welt bedingt den Verzicht auf einen logischen Handlungsablauf, klärende Dialoge und Lösungen. Die Personen verharren in Kontaktlosigkeit, reden aneinander vorbei, alles bleibt offen.

Lyrik

1949 stellt **Adorno** die Behauptung auf, dass es nach Auschwitz unmöglich sei, Gedichte zu schreiben: Die dichterische Sprache habe durch ihren Einsatz für die NS-Diktatur an Glaubwürdigkeit verloren; nach der unfassbaren Grausamkeit der Hitlerdiktatur sei das Gedicht als ästhetische Ausdruckform nicht mehr vertretbar. In diesem Sinne macht Günter Eich Bestandsaufnahme in seinem Gedicht *Inventur* (1947), in dem alltägliche Dinge nüchtern aneinandergesetzt werden. Der Dichter muss äußerst behutsam mit der Sprache umgehen, sozusagen nach der Katastrophe erst wieder buchstabieren lernen.

Wichtig für das Verständnis der Lyrik wurde Gottfried Benns Marburger Vortrag *Probleme der Lyrik* (1951). In der Dichtung erkennt er einen Weg, Wirklichkeit zu schaffen, um so Chaos und Nihilismus zu entgehen. Wilhelm Lehmann und Peter Huchel sehen in der Naturlyrik die Möglichkeit einer neuen Wirklichkeitsorientierung. Karl Krolow macht darauf aufmerksam, wie in der deutschen Naturlyrik das individuelle Ich sich gegenüber der Natur fortgesetzt zurücknimmt. Einen Neuansatz im Ringen um die Sprache versucht die Österreicherin **Ingeborg Bachmann** (1926–1973). Sie bemüht sich um eine vieldeutige Metaphorik, neue, oft paradoxe Kombinationen, wo traditionelle Bilder fragwürdig und verbraucht erscheinen (*Die gestundete Zeit*, 1953; *Anrufung des großen Bären*, 1956). In den Gedichten von **Marie Luise Kaschnitz** (1901–1974) verbinden sich christliche Humanität mit moderner Existenzangst (*Neue Gedichte*, 1957). Das Leid der verfolgten Juden haben vor allem **Nelly Sachs** (1891–1970; 1966 Literatur-Nobelpreis) und **Paul Celan** (1920–1970) angesprochen. Die Schwierigkeit, es in Worte zu fassen, führte zum verschlüsselten, „hermetischen" Gedicht.

Nelly Sachs (1910): geb. am 10. 12. 1891 in Berlin-Schöneberg, gest. am 12. 5. 1970 in Stockholm

Die **politische Lyrik** nimmt z. T. das Erbe von Brecht, Tucholsky und Erich Kästner aus den 20er-Jahren wieder auf (Enzensberger, Fried). Ein Zwischenspiel sind die Sprachexperimente der **konkreten Poesie** (Eugen Gomringers *Konstellationen*, 1953). Die **Lyrik der 70er-Jahre** versucht, in einfacher Sprache Augenblickserlebnisse festzuhalten, wobei das Ich wieder in den Vordergrund tritt (Neue Subjektivität; vgl. Karin Kiwus, Ursula Krechel).

B Literatur nach 1945

Dies ist meine Mütze,
dies ist mein Mantel,
hier mein Rasierzeug
im Beutel aus Leinen.

Konservenbüchse:
Mein Teller, mein Becher,
ich hab in das Weißblech
den Namen geritzt.

Geritzt hier mit diesem
kostbaren Nagel,
den vor begehrlichen
Augen ich berge.

Im Brotbeutel sind
ein Paar wollene Socken
und einiges, was ich
niemand verrate,

so dient es als Kissen
nachts meinem Kopf.
Die Pappe hier liegt
zwischen mir und der Erde.

Die Bleistiftmine
lieb ich am meisten:
Tags schreibt sie mir
Verse,
die nachts ich erdacht.

Dies ist mein
Notizbuch,
dies meine Zeltbahn,
dies ist mein Handtuch,
dies ist mein Zwirn.

(Eich: *Inventur*, 1947)

Übersicht: Die deutschsprachige Literatur im Westen

Hintergrund	**Politik:** Kapitulation (1945), Gründung der BRD und der DDR (1949), Blockbildung, Kalter Krieg, Wiedervereinigung (1990); innenpolitische Probleme: Wiederbewaffnung, Studentenbewegung, Terrorismus, Arbeitslosigkeit **Gesellschaft:** demokratisch, pluralistisch, kapitalistisch; Multimedia-Gesellschaft **Kultur, Weltanschauung:** Vergangenheitsbewältigung, Technikentwicklung, Selbstentfremdung; Existenzialismus, Frankfurter Schule, Wittgenstein
Literarisches Leben	**Beeinflussende Faktoren:** westliche Literatur, Zeitungen und Rundfunk, Autoren-Gruppen, „Elfenbeinturm“ und politisches Engagement, Informationsflut **Buch als Ware:** • Verlage: Großverlage, Buchgemeinschaften, Medienkonzerne • Autor: wachsender Erfolgsdruck; Publikum: Orientierung an literar. Moden; Kunst: oft Quantität vor Qualität, Bestseller, Trivialliteratur
Theorie	marxistische, phänomenologische, kommunikationstheoretische Ansätze; Experimentalcharakter moderner Kunst; Dialektik der Kunst: Adorno; Offenheit des Kunstwerks: Eco
Autoren, Werke, Themen, Gattungen	**Epik:** • Exil- und Nachkriegsliteratur: Zeitkritik, Fluchtmöglichkeiten: Seghers, Hesse, Plivier, Langgässer; Kurzgeschichte • 50er-Jahre: Vergangenheitsbewältigung, Mensch im techn. Zeitalter, Nonkonformismus: Böll, Koeppen, Andersch, Frisch, Grass, S. Lenz • 60er-Jahre: Zeitkritik: Böll, S. Lenz; geteiltes Deutschland: Johnson • 70er-Jahre: Neue Subjektivität, Neue Innerlichkeit: Struck, Wohmann; Rückzug: Handke; Dokumentation: Wallraff • 80er-, 90er-Jahre: Postmoderne: Nadolny, Süskind, Robert Schneider **Drama:** • Nachkriegszeit: Klassik, ausländische Moderne; Zuckmayer, Borchert; Hörspiel: Weyrauch, Eich • 50er-Jahre: Brecht; Parabelstücke: Frisch, Groteskes: Dürrenmatt • 60er-Jahre: dokumentarisches Theater: Weiss, Hochhuth, Kipphardt; Volksstück: Fleißer, Horváth, Kroetz; absurdes Theater **Lyrik:** • Nachkriegszeit: Bestandsaufnahme: Eich • 50er-Jahre: Kunst gegen Chaos: Benn; Naturlyrik: Lehmann, Huchel, Krolow; Konkrete Poesie: Gomringer, Jandl • 60er-Jahre: hermetisches Gedicht: Sachs, Celan, Eich, Bachmann; politische Lyrik: Enzensberger, Fried, Degenhardt • 70er-Jahre: Augenblickslyrik, Neue Subjektivität: Kiwus, Krechel

Die Literatur der DDR (1945–1990)

Hintergrund

Die theoretische Grundlage der DDR-Literatur bildete der **sozialistische Realismus** (künstlerische Richtung, die seit dem Allunionskongress der Schriftsteller in Moskau 1934 verbindlich für die sowjetischen Autoren war; Kennzeichen: marxistische Grundlage, Einsatz für die von der kommunistischen Partei geführte Arbeiterklasse, Aufzeigen der revolutionären Entwicklung, Erziehung des Publikums im sozialistischen Sinn, positiver Held, realistische Zeiterfassung, optimistische Zukunftsperspektive).

Sozialistischer Realismus: Darstellung idealisierten gesellschaftlichen Lebens (Natursteinmosaik von Walter Womacka am Haus des Lehrers, Berlin)

In Deutschland hatte sich 1928 der „Bund proletarisch-revolutionärer Schriftsteller" (BPRS) gegründet. Seine Mitglieder nahmen die Ideen des sozialistischen Realismus auf und suchten sie in ihren Exilwerken zu verwirklichen. Zwischen dem Cheftheoretiker des BPRS, Georg Lukács, und Brecht kam es zur sog. **Expressionismusdebatte**. Während Lukács die sozialistische Literatur in der Tradition der Klassik und des bürgerlichen Realismus sah, trat Brecht für moderne, experimentelle Literatur ein. Lukács forderte ein harmonisch abgerundetes Kunstwerk, das Typisches (gesellschaftliche Klassenprobleme) im Besonderen (Leben des Einzelnen) widerspiegeln soll. Montage, Reportage und Verfremdung wurden als Formalismus kritisiert und abgelehnt.

Literarisches Leben

Die Literaturschaffenden waren in der DDR niemals frei. Bereits in der Besatzungszeit bestimmte die sowjetische Militäradministration, welches Werk gedruckt werden durfte. Sozialistisch orientierten Autoren, die aus dem Krieg zurückkehrten, wurden kulturelle Aufgaben übertragen (Johannes R. Becher, Anna Seghers, Bertolt Brecht). Nach der Gründung der DDR kontrollierten und überwachten staatliche Stellen die Schriftsteller. Schon früh wird deutlich, dass die Partei die **Literatur** als ein Mittel zur Durchsetzung ihrer **politischen Ziele** betrachtet. Wer sich der offiziellen Kulturpolitik fügt und bereit ist, die Menschen sozialistisch-ideologisch zu beeinflussen, wird gefördert. Wer andererseits künstlerische Selbstständigkeit reklamiert, wird kritisiert, als reaktionär verteufelt und seine Werke bleiben unveröffentlicht.
Dem, der sich nicht anpassen will, bleibt nur die **Emigration**. Bereits in den 50er- und 60er-Jahren verlassen die DDR: Horst Bienek, Ernst

Bloch, Peter Huchel, Uwe Johnson, Heinar Kipphardt, Christa Reinig. Nach der Ausbürgerung Wolf Biermanns (1976) kommt es zu einer größeren Ausreisewelle. Zu ihr gehören Sarah Kirsch, Günter Kunert, Reiner Kunze, Erich Loest.

Entwicklung, Autoren, Themen

Anfang der 50er-Jahre versuchen parteikonforme Autoren den Aufbau des Sozialismus positiv zu beschreiben (sog. **„Aufbau-Literatur"**). Sie zeigen Helden, die die sozialistische Idee gegen alle Hindernisse zum Sieg führen und Optimismus verbreiten. Auch das Theater dient der politischen Zielsetzung. Es bringt Figuren auf die Bühne, die im Arbeitsprozess stehen und den Weg zum Sozialismus vorantreiben sollen. Die führende Figur im Theaterleben ist Brecht, der 1948 aus den USA zurückkehrte. In Ostberlin baut er das **„Berliner Ensemble"** auf, dessen Leitung seine Frau Helene Weigel übernimmt. Nach Brechts Tod, 1956, wirken seine Vorstellungen weiter, so bei Heiner Müller (1929–1995). Die zweite Hälfte der 50er-Jahre zeigt den Unwillen der Partei gegenüber nicht linientreuen Autoren. Literarische Experimente in Anlehnung an Kafka und moderne amerikanische Autoren werden öffentlich verworfen.

Der bekannteste Roman dieser Jahre ist Bruno Apitz' (1900–1979) *Nackt unter Wölfen* (1958), der authentisches Geschehen im KZ Buchenwald thematisiert. 1959 wird auf der Bitterfelder Konferenz ein Programm entworfen (der sog. **„Bitterfelder Weg"**), das die führende Position der SED im Kulturbereich betont und den sozialistischen Realismus als Kampfmittel gegen moderne Entwicklungen fordert. Arbeiter sollen sich verstärkt literarisch betätigen und den sozialistischen Aufbau in Industrie und Landwirtschaft beschreiben (Parole: „Greif zur Feder, Kumpel!"). Umgekehrt sollen Berufsautoren den Weg zum Arbeiter finden (Parole: „Dichter in die Produktion!"). Es kommt jedoch nicht zur Entstehung einer Arbeiterliteratur. Auf der zweiten Bitterfelder Konferenz 1964 wird das Scheitern indirekt zugegeben.

Die Epik der 60er-Jahre steht unter dem Begriff **„Ankunftsliteratur"** (nach dem Titel des Romans *Ankunft im Alltag* von Brigitte Reimann, 1961). Sie schafft Helden, die sich im Verlauf eines Bildungsprozesses in die sozialistische Gesellschaft eingliedern. Neben klischeehaften Werken finden sich auch anspruchsvollere Arbeiten (Erwin Strittmatter: *Ole Bienkopp*, 1963).

Unter der Losung „Greif zur Feder, Kumpel! Die sozialistische Nationalkultur braucht dich!" spricht der Schriftsteller Erwin Strittmatter auf der 1. Bitterfelder Konferenz, 24. 4. 1959

Ulrich Plenzdorf: geb. am 26. 10. 1934 in Berlin, gest. am 9. 8. 2007 bei Berlin

Christa Wolf: geb. am 18. 3. 1929 in Landsberg/Warthe (heute Gorzów Wielkopolski in Polen), gest. am 1. 12. 2011 in Berlin

Viele jüngere Autoren beginnen in den 60er-Jahren Gedichte zu veröffentlichen, in denen Persönliches, etwa die Sehnsucht nach Glück und Geborgenheit, anklingt. Daneben findet sich Satirisches, aber auch Pessimistisches. Zu nennen sind: Wolf Biermann, Johannes Bobrowski, Volker Braun, Sarah Kirsch, Reiner Kunze. Das Drama steht zwar weiterhin unter den Vorgaben der Partei, doch Tendenzen zur Darstellung persönlicher Bedürfnisse, teilweise mythisch eingekleidet, sind erkennbar (Peter Hacks [1928–2003]: *Amphitryon*, 1967; *Adam und Eva*, 1972).

Ulrich Plenzdorfs Werk *Die neuen Leiden des jungen W.* (1972/1973) fand auch im Westen ein großes Echo. Edgar Wibeau bricht seine Ausbildung ab und zieht als Außenseiter in ein Gartenhaus. Er hat eine Beziehung zur Verlobten eines etablierten Zeitgenossen. Die Lektüre von Goethes *Die Leiden des jungen Werther* vermittelt ihm Parallelen zu seinem eigenen Leben. Das Werk entfachte in der DDR eine Diskussion um die Aufgaben von Kunst und Literatur. Wibeaus Verhalten, seine Unangepasstheit, sein schnoddriger Jugendjargon und die Möglichkeit, dass seine „Leiden" die Verfassung einer ganzen Generation spiegeln, riefen ablehnende Politikerstimmen auf den Plan.

Unangepasste Figuren bringt auch **Volker Braun** auf die Bühne. In *Freunde* (1971) und *Hinze und Kunze* (1979) kritisiert er überzogene Forderungen an die Arbeiter im Arbeitsprozess. **Christoph Hein** wird durch seine Novelle *Der fremde Freund*, die in der Bundesrepublik unter dem Titel *Drachenblut* (1982) erscheint, bekannt. Eine Autorin, die wiederholt in die öffentliche Kritik geriet, ist **Christa Wolf** (1929–2011). Das SED-Mitglied stieß mit seinen Werken *Der geteilte Himmel* (1963), *Nachdenken über Christa T.* (1968) und *Kindheitsmuster* (1976) auf deutliche Vorbehalte der Partei. Nach der Wende entfachte Wolfs Erzählung *Was bleibt* (1990) einen Literaturstreit in Deutschland. Man warf der Autorin Opportunismus vor (vgl. S. 276).

Literatur der DDR

> […] Ich weiß nicht, ob mich einer begreift, Leute. Jedenfalls fing ich Idiot noch am selben Tag an, die ganze olle verlassene Kolonie nach brauchbaren Gegenständen abzusuchen. Ich weiß nicht, ob sich einer vorstellen kann, was in so einer Kolonie alles drinsteckt. Ich kann nur sagen, alles, im Ernst, bloß nicht, was ich brauchte. Ich schleppte trotzdem alles ran, was irgendwie brauchbar aussah. Erst mal Material haben, dachte ich. Das war der erste Stein zu meinem Grab, Leute. Der erste Nagel zu meinem Sarg. […]
>
> (Plenzdorf: *Die neuen Leiden des jungen W.*, 1973)

Übersicht: Die Literatur der DDR

Hintergrund	• Sozialistischer Realismus (in der Sowjetunion: 1934) • Expressionismusdebatte (1937/38): Gegensatz zwischen Lukács (für traditionelle Lit.) und Brecht (für moderne experimentelle Lit.)
Literarisches Leben	• Besatzungszeit: Literatur unter sowjetischer Kontrolle • DDR: Literatur unter Kontrolle der SED; Repressalien gegen kritische Autoren; Emigration von Autoren in den Westen; 1976: Ausbürgerung W. Biermanns; Folge: Ausreisewelle
Entwicklung, Autoren, Themen	**50er-Jahre:** • „Aufbau-Literatur“: optimistisches Bild vom Sozialismus • Absage an literarische Experimente, Vorgehen gegen nicht linientreue Autoren; B. Apitz: *Nackt unter Wölfen* • „Bitterfelder Weg“: Arbeiter als Autoren, Autoren in die Produktion **60er-Jahre:** • „Ankunftsliteratur“: Eingliederung in die sozialistische Gesellschaft als Bildungsprozess; E. Strittmatter: *Ole Bienkopp* • Lyrik: Sehnsucht nach Menschlichem **Ab 70er-Jahre:** Diskussion über die Aufgaben der Kunst, ausgelöst durch: • Ulrich Plenzdorf: *Die neuen Leiden des jungen W.* • Christa Wolf: *Kindheitsmuster; Nachdenken über Christa T.* • Volker Braun: *Freunde; Hinze und Kunze* • Christoph Hein: *Der fremde Freund/Drachenblut*

Die deutsche Literatur nach der Wiedervereinigung

Hintergrund

Schon bald nach der Wiedervereinigung legt sich die spontane Begeisterung, bedingt durch hohen finanziellen Einsatz der alten Bundesländer und wachsende Arbeitslosigkeit in den neuen. Soziale Probleme führen zu einem Mitgliederanstieg bei politischen Extremgruppierungen. Über die Jahrtausendwende hinaus scheint die „Mauer in den Köpfen" vieler Deutscher noch nicht gefallen zu sein. Die Frage nach der politischen, gesellschaftlichen und weltanschaulichen Identität Deutschlands steht ebenso im öffentlichen Interesse wie die Intensivierung globaler Beziehungen mit ihren Vor- und Nachteilen.

Bedeutsame internationale Ereignisse und Entwicklungen wirken sich nachhaltig in Deutschland aus:

9/11: Der islamistisch motivierte Terroranschlag auf das World Trade Center erschütterte die Welt nachhaltig.

- Am **11. September 2001** erfolgt ein Anschlag islamistischer Terroristen auf die Vereinigten Staaten, bei dem die Türme des World Trade Center zerstört werden und etwa 3 000 Menschen den Tod finden. Dieser Schock bildet einen historischen Einschnitt in der Geschichte der USA. Er führt zur Ausrufung des Antiterrorkrieges durch Präsident George W. Bush sowie zum Afghanistan- und Irakkrieg.
- Die deutsche Wiedervereinigung motiviert die zukunftsorientierten Kräfte der **Europäischen Union**. Anfang 2014 gehören ihr 28 Länder mit über einer halben Milliarde Menschen an. Im Juni 2016 sprachen sich bei einer Volksbefragung im Vereinigten Königreich 51,89 % der Wähler für den Austritt aus der EU aus („Brexit"). Noch sind die erheblichen wirtschaftlichen und politischen Folgen nicht überschaubar.
- Seit 2011 herrschen in **Syrien** Krieg und Gewalt. 2014 annektiert Russland die **Krim**, im gleichen Jahr brechen kriegerische Auseinandersetzungen in der **Ostukraine** aus. Das Auftreten der Terrororganisation **Islamischer Staat** verschärft die Konfliktlage im Nahen Osten. Weltweit gehen zahlreiche **Anschläge** auf ihr Konto.
- Ausgelöst durch Bürgerkriege, Terrorismus, wirtschaftliches und humanitäres Elend, kommt es ab 2015 zu einem starken **Anstieg von Asylsuchenden**. Diese Flüchtlinge, die vor allem aus Afrika, dem Nahen Osten und Afghanistan stammen, hoffen auf bessere

Lebensbedingungen in der EU. Die bis heute nicht gelöste **Flüchtlingskrise spaltet Europa** und führt zum **Erstarken nationalistischer Kräfte** in vielen EU-Staaten.

- Die wechselhafte, eigenwillige und isolationistische Politik des amerikanischen Präsidenten **Donald Trump** (Präsident seit Januar 2017) **verunsichert die Weltwirtschaft** und schürt politische Spannungen (Motto: „America first").
- Seit Jahren warnen Wissenschaftler vor den Folgen des **Klimawandels** (wesentliche Ursache: Verschmutzung der Erdatmosphäre mit Kohlendioxid). Sie verweisen auf Erderwärmung, Gletscherschmelze, steigenden Meeresspiegel und sich häufende Wetterextreme. Besonders in armen Ländern drohen Hungerkatastrophen. 2019 protestieren junge Menschen mit Schulstreiks unter dem Motto „Fridays for Future" weltweit für den Klimaschutz.

Die „Fridays for Future"-Bewegung ist eine Jugendbewegung von globalem Ausmaß.

In der Gesellschaft kann man einen langsamen, aber stetigen **Umstrukturierungsprozess** beobachten. Die bürgerliche Mitte verliert an stabilisierender Kraft. Die Oberschicht bleibt an Leistung und Erfolg orientiert, die untere Mittelschicht bzw. Unterschicht ist zum Teil traditionsverwurzelt, zum Teil konsum-materialistisch bis hedonistisch ausgerichtet. Die Anzeichen einer zunehmenden Kluft zwischen Arm und Reich mehren sich. Aber auch Integrationsprobleme und Bildungsnotstand (PISA-Studie!) belasten die Gesellschaft. Die Zahl der Single-Haushalte steigt weiter an. Ursachen sind nicht nur längere Arbeitszeiten und berufliche Flexibilität, sondern auch die gesellschaftliche Akzeptanz des Alleinseins und der Partnerschaft auf Zeit.

Am Beginn des 21. Jahrhunderts lassen sich verschiedene **weltanschauliche Trends** beobachten:

- ein leicht abnehmendes Interesse an der hedonistisch ausgerichteten Spaßgesellschaft der 90er-Jahre,
- eine zunehmende Bereitschaft der jüngeren und mittleren Generation („Generation online"), sich in der virtuellen Welt zu bewegen,
- eine Tendenz zu einer auf Lebensqualität ausgerichteten Einstellung, in der Werte, Sinnsuche, Ruhe und Geborgenheit zählen und einen Rückzug aus einer hektischen, schnelllebigen und fordernden Welt bedeuten („Cocooning" als neuer Trend; von engl. *cocoon* = Kokon).

- Nach wie vor aber sind in weiten Teilen der Bevölkerung existenzielle Ängste, Orientierungsprobleme, Skeptizismus, Pessimismus, Fluchtgefühle und Anfälligkeit für extreme Ideologien verbreitet.

Globalisierung und Digitalisierung verändern traditionelle Wirtschaftsformen. Heute nutzen mehr als vier Milliarden Menschen das Internet. Täglich wächst ihre Anzahl um eine Million. Aufgrund steigender Konkurrenz, aber auch aus Profitgier verlagern zahlreiche Firmen ihre Produktion in „Billiglohn-Länder".
Diesseitsorientierung und strenges kapitalistisches Denken verändern die ethische Haltung vieler Unternehmer. Zwar befindet sich Deutschland im Zentrum des neuen Europa, doch steigt die Zahl der **Arbeitslosen** bis Anfang 2005 auf über 5 Millionen (12,1 %). Von der rot-grünen Regierungskoalition unter Bundeskanzler Gerhard Schröder (SPD) eingeleitete Gegenmaßnahmen (Hartz-Gesetze) greifen zunächst nicht. Nach der Bildung einer großen Koalition (2005) unter Angela Merkel (CDU) nimmt die Arbeitslosigkeit parallel zu einem globalen wirtschaftlichen Aufschwung ab (Dezember 2007: 3,4 Mill. = 8,1 %; Mai 2014: 2,88 Mill. = 6,6 %; Juli 2019: 2,28 Mill = 5,0 %).
Sorgen bereiten vielen Deutschen die Entwicklung der EU, die Sicherheit der Arbeitsplätze, Terroranschläge, Altersversorgung, Flüchtlingskrise sowie der Klimawandel. Die einst so großen Hoffnungen, die man auf ein geeintes Europa setzte, sind heute einer breiten Skepsis gewichen. Für die Zukunft befürchtet man einen Machtanstieg im extremen rechten und linken Spektrum.

Literarisches Leben; literarische Entwicklungen

Wende und Wiedervereinigung wirken sich zunächst v. a. auf die Literaturproduktion und die Rezeptionsbereitschaft in den neuen Bundesländern, dem ehemaligen „Leseland DDR", aus. Das Ende der staatlichen Bevormundung, Kontrolle und Überwachung stürzt den literarischen Markt zunächst in heftige Turbulenzen. Er wird von Verlagsauflösungen, -neugründungen und -umstrukturierungen geprägt. Diskussionsgegenstand bilden die Rehabilitierung ehemals ausgeschlossener Autoren, aber auch die Frage, inwieweit die ideologisch-politische Inanspruchnahme der DDR-Literatur ihrer künstlerischen Aussagekraft geschadet habe. Dies betrifft v. a. das **Verhältnis von Literatur und Moral**.
Eine heftige, auch im Ausland viel beachtete Auseinandersetzung entzündet sich an **Christa Wolfs** Erzählung *Was bleibt* (1990). Führende Literaturkritiker zweifeln Wolfs Glaubwürdigkeit an. Die Kontroverse,

die sich über mehrere Jahre hinzieht, beinhaltet auch die Frage nach der grundsätzlichen Beurteilung von Schriftstellern, die unter besonders schwierigen politischen Bedingungen arbeiten müssen. Während manche Kritiker vor vorschnellen Verurteilungen warnen, meinen andere, dass vor allem den konsequent Verfolgten das Recht zur literarischen Äußerung zustehen müsse.

Die moralische Integrität des Schriftstellers wird 2006 erneut zum internationalen Thema der Feuilletonisten, als **Günter Grass** seine Nazivergangenheit und Mitgliedschaft in der Waffen-SS in der *Frankfurter Allgemeinen Zeitung* (kurz vor dem Erscheinen seiner Autobiografie *Beim Häuten der Zwiebel*) eingesteht. Grass muss sich Vorwürfen der Unredlichkeit, Heuchelei und eines fragwürdigen Marketingkalküls stellen. 2012 löst sein Gedicht *Was gesagt werden muss,* in dem er Israel der Kriegstreiberei beschuldigt, weltweit Empörung und Widerspruch aus.

Günter Grass: geb. am 16. 10. 1929 in Danzig, gest. 13. 04. 2015 in Lübeck

In den Jahren nach der Wiedervereinigung erscheinen zahlreiche Werke ostdeutscher Schriftsteller auf dem Literaturmarkt. Aufsehen erregen besonders die Arbeiten von Volker Braun, Thomas Brussig, Christoph Hein, Wolfgang Hilbig (1941–2007), Wulf Kirsten, Monika Maron, Heiner Müller (1929–1995) und Christa Wolf (1929–2011). In verschiedenen literarischen Formen (u. a. Autobiografie, Tagebuch und Roman) wird in der „**Wendeliteratur**“ aus vielfältigem persönlichen Erinnern und Gewissensbefragen ein gesellschaftliches Gedächtnis, dessen schon historisches Erfahrungs- und Erlebnispotenzial dem gesamtdeutschen Gegenwartsbewusstsein hilfreiche Akzente setzt.

Doch zunächst, als die Grenzen fallen, sieht man sich mit der Frage konfrontiert, nach welchen Regeln ein sinnvoller Diskurs zu gestalten sei. So löst die **Begegnung deutsch-deutscher Autoren** eine Reflexion über das jeweils eigene Selbstverständnis aus. Im Verlauf dieser Bestandsaufnahme sehen verschiedene westdeutsche Kritiker die deutsche Literatur in einer **Krisensituation**. Sie konstatieren einen desolaten Zustand und beklagen Stagnation, mangelnden Realitätsbezug, fehlendes erzählerisches Talent, rückläufige Leserzahlen und, von wenigen Ausnahmen abgesehen, einen Verlust an internationaler Bedeutung. Außerdeutschen Entwicklungen wie der Postmoderne (vgl. S. 85, 266) sei zu wenig Beachtung geschenkt worden.

In dieser problematischen Lage erregen junge Autoren wie Christian Kracht (geb. 1966), Benjamin von Stuckrad-Barre (geb. 1975) und Benjamin Lebert (geb. 1982) Aufsehen. Sie bekennen sich zur **Popliteratur**, schreiben für ihresgleichen, thematisieren ihre Gegenwart mit dem Akzent auf Sex, Drogen und Musik und bedienen sich einer Sprachmischung aus Slang und Szenejargon. Ein neuer Markt, der vorwiegend junge Menschen anspricht, wird erschlossen und erzielt durch geschickt eingesetzte Werbestrategien enorme Verkaufserfolge. Die banale Wirklichkeit, das „Abfällige“, ist Gegenstand der Trashliteratur (engl. *trash* = „Abfall“). Ihre Vertreter wollen sich von der traditionellen Literatur absetzen. Eine populäre aus den USA importierte Form der Popliteratur sind die **Poetry Slams**. Es handelt sich um einen literarischen Wettbewerb, bei dem in Bars und Musikkneipen selbst verfasste Texte in festgelegter Zeit vorgetragen und vom Publikum bewertet werden. Nach dem Urteil verschiedener Beobachter des literarischen Marktes hat die Popliteratur bereits 2001 ihren Höhepunkt überschritten.

Ich bin dann mal weg; Bestseller aus dem Jahr 2006

Neben der Belletristik erfreut sich das **Sachbuch** seit dem Ende der 90er-Jahre steigender Beliebtheit, besonders wenn es Wissen erzählerisch-spannend verpackt anbietet („narrative nonfiction“). Beispiele sind die Bestseller des TV-Entertainers Hape Kerkeling über seine Reise auf dem Jakobs-Weg *Ich bin dann mal weg* (2006) oder *Freiheit: Ein Plädoyer* (2012) von Joachim Gauck.

Eine weitere interessante Entwicklung ist die wachsende Nachfrage nach **Hörbüchern**. Sie bieten neue Möglichkeiten der Rezeption, indem sie vorhandene Leerstellen der sinnlichen Aufnahme ausfüllen. So lässt sich etwa bei der Tätigkeit im Haushalt oder beim Autofahren Literatur aufnehmen. Auch Vertreter der älteren Generation, deren Sehvermögen eingeschränkt ist, bevorzugen dieses Medium.

Als leicht zugängliche Publikations- und Verbreitungsmöglichkeit gewinnt das Internet an Bedeutung. Zunehmend wird traditionelle **Literatur in digitaler Form** angeboten. 2018 lag der Absatz von E-Books in Deutschland bei 32,8 Millionen (= 5 % des Buchumsatzes), ein Anstieg um 12,7 % gegenüber 2017.

Aufgrund der technischen Möglichkeiten des Netzes entstehen zudem neue, spezielle Textproduktionen. So bindet die **Netzliteratur** das Publikum in die Entstehung eines Textes ein. Der Leser wird zum Mitautor und experimentiert multimedial mit Worten, Tönen, Bildern und Videosequenzen in einem dynamisch fortschreitenden Prozess. Da jederzeit in die Textgenese eingegriffen werden kann, verlieren überkommene Erzählstrategien an Relevanz.

Als neue literarische Formen präsentieren sich **Online-Tagebücher** und Schreib-Projekte, an denen oft eine Vielzahl von Autoren beteiligt ist. Hier kann man persönliche Erlebnisse transparent machen und unmittelbar auf aktuelle Ereignisse reagieren (vgl. Twitterliteratur, auch: Twiction, Twitteratur: Nutzer des Online-Dienstes „Twitter“ versuchen in auf 140 Zeichen beschränkten Kurztexten literarische Qualität zu bieten).

Der moderne Literaturbetrieb wird entscheidend von den **Buchmessen** und den **Medien** bestimmt. Neben der Frankfurter Buchmesse, der größten und bedeutendsten Buchmesse der Welt, hat sich die Leipziger Buchmesse als „Lesefest“ einen Namen gemacht. Diese Messen informieren über Neuerscheinungen und innovative Trends und verstehen sich als Kommunikationsplattformen für Autoren, Verlage und Leser. In Literatursendungen wie *Das literarische Quartett* von Marcel Reich-Ranicki (bis Ende 2001) und der Nachfolgesendung *Lesen!* (2003–2008) von Elke Heidenreich werden ausgewählte Bücher vorgestellt und besprochen. Medien wie *Der Spiegel*, *Focus* und *Stern* veröffentlichen regelmäßig Bestsellerlisten, an denen sich die breite Öffentlichkeit orientiert. Starke Beachtung finden renommierte **Literatur-Preise**, wie der Georg-Büchner-Preis (2017 an Jan Wagner, 2018 an Terézia Mora, 2019 an Lukas Bärfuss), der Ingeborg-Bachmann-Preis (2019 an Birgit Birnbacher für *Der Schrank*), der Deutsche Buchpreis (2018 an Inger-Maria Mahlke für ihren Roman *Archipel*) und der Belletristik-Preis der Leipziger Buchmesse (2019 an Anke Stelling für ihren Roman *Schäfchen im Trockenen*).

Die Leipziger Buchmesse ist nach derjenigen in Frankfurt die zweitgrößte Buchmesse Deutschlands und versteht sich vorrangig als Publikumsmesse.

Eine Absatzsteigerung der in Medien und Buchmessen hervorgehobenen sowie mit Preisen bedachten Werke ist in jedem Fall zu erwarten. Da sich die Verlage als Wirtschaftsunternehmen verstehen, versuchen sie mit geschickter Marketingstrategie Lesererwartungen zu erkennen und zu beeinflussen. Die Berücksichtigung aktueller Trends im Massengeschmack verspricht zwar quantitativen Erfolg, dieser ist aber nicht selbstverständlich mit Qualität gleichzusetzen. Zunehmend führen literarische Agenturen als Vertreter der Autoren die Verhandlung mit den Verlagen. Die Leserschaft verändert sich langsam. Während Jugendliche Fernsehsendungen und Computerspiele bevorzugen, zeichnet sich eine wachsende Leserzahl bei der älteren Generation ab.

Gattungsmerkmale, Themen, Autoren, Werke

Epik

Die Autoren versuchen einer **komplex erfahrenen Wirklichkeit** zu entsprechen. Sie montieren verschiedene Wirklichkeitsebenen, verfremden und lösen auf, vermischen Reales mit Fantastischem. Die Figuren sind austauschbar, beliebig. Formal zeigt sich eine Abwendung von überkommenen Vorgaben, so in der Aufgabe des linearen Erzählens sowie der Auflösung chronologischer Handlungsabfolgen und fester Orte. Die Vermischung von anspruchsvoller und trivialer Literatur sowie Intertextualität und Berücksichtigung historischer Stoffe verweisen auf Elemente der Postmoderne. Mit verschiedenen Formen wird experimentiert. So vielfältig wie die Gestaltungsmöglichkeiten, so breit ist das thematische Spektrum. Einige Schwerpunkte lassen sich dennoch erkennen:

Ein breiter Raum des Schrifttums der 90er-Jahre wird von ostdeutschen Autoren ausgefüllt. Thematisiert werden die Ereignisse von 1989/1990 und das frühere Leben in der ehemaligen DDR. **Wolfgang Hilbig** (1941–2007; 1989: Ingeborg-Bachmann-Preis, 2002: Georg-Büchner-Preis) beschreibt in seinem erfolgreichen Roman *„Ich"* (1993) eine Figur, die, von der Stasi erpresst, langsam ihre Identität verliert und zwischen Realität und Täuschung nicht mehr zu unterscheiden weiß. Ebenfalls ein großer Verkaufserfolg ist **Thomas Brussigs** Schelmenroman *Helden wie wir* (1995). Der Protagonist, ein junger Mann, der in seiner Art an Grass' Romanfigur Oskar Matzerath erinnert, entlarvt auf groteske Weise die Verhältnisse in der DDR. Schonungslos rechnet **Volker Braun** in *Der Wendehals. Eine Unterhaltung* (1995) mit dem früheren Staat ab, kritisiert aber zugleich die Einstellung der Bundesbürger. Die autobiografische Arbeit *Vierzig Jahre. Ein Lebensbericht* (1996) von **Günter de Bruyn** zeigt die Schwierigkeiten eines Menschen, der sich dem sozialistischen Regime nicht unterordnen will. Im gleichen Jahr erscheint **Christa Wolfs** (1929–2011) *Medea. Stimmen* als Bearbeitung eines antiken Stoffes. Wolf deutet die rächende Heldin des antiken Mythos als Verfolgte um, die in ihrer Heimat nicht geduldet und im westlichen Korinth als Barbarin verachtet wird. Ein Vergleich mit dem Lebensweg der Autorin drängt sich auf. **Ingo Schulze** behandelt in *Simple Storys. Ein Roman aus der ostdeutschen Provinz* (1998) den sozialen Umbruch in Ostdeutschland zur Wendezeit. Zusammenhängende Kurzgeschichten zeigen an einer Reihe von Schicksalen und aus vielen Perspektiven, wie sich die Wende auf Menschen einer thüringischen Kleinstadt

Wie so viele epische Texte wurde auch Wolfs Roman *Medea. Stimmen* für das Theater adaptiert, hier für das Berliner Ensemble (2008).

auswirkt. Zur Wendezeit spielt auch Schulzes Roman *Neue Leben* (2005).
Bei Johanna, Protagonistin in **Monika Marons** Roman *Endmoränen* (2002), hat die Wende eine tiefe Krise ausgelöst. Sie kommt sich überflüssig vor und sieht in ihrer Arbeit und ihrem Leben keinen Sinn mehr. Ein sehr privates Schicksal greift **Irina Liebmann** in ihrem Roman *Wäre es schön? Es wäre schön! Mein Vater Rudolf Herrnstadt* (2008) auf. Sie geht der von Idealen und Irrtümern gezeichneten Geschichte ihres Vaters nach, eines bekannten Journalisten und Kommunisten in der frühen DDR, der mit dem verkrusteten Staatsapparat in Konflikt geriet und dafür büßen musste. Im gleichen Jahr erscheint **Uwe Tellkamps** umfangreicher Gesellschafts- und Schlüsselroman *Der Turm.* Er spielt vor der Wende in einem vom Bildungsbürgertum bewohnten Dresdener Villenviertel oberhalb der Elbe. Tellkamp erhält für sein Werk 2008 den Deutschen Buchpreis. Preisträger von 2011 ist **Eugen Ruge** mit seinem DDR-Familienepos *In Zeiten des abnehmenden Lichts,* das unterhaltsam und humorvoll Historisches in der Form einer Familiengeschichte erzählt.
Im Wendejahr 1989 ist **Sven Regeners** erfolgreicher Debütroman *Herr Lehmann* (2001; verfilmt 2003) angesiedelt, eine vergnüglich zu lesende Geschichte eines Barmanns aus Berlin-Kreuzberg und seiner kleinen, unspektakulären Welt.
Martin Walser veröffentlicht 1991 sein Erzählwerk *Verteidigung der Kindheit.* Darin lässt er einen auf seine Mutter fixierten Helden unter der deutschen Teilung leiden. **Günter Grass**' *Ein weites Feld* (1995) behandelt vielschichtig deutsche Geschichte vom Vormärz bis in die Zeit nach der Wende und versucht historische Parallelen aufzuzeigen. Als Buch der Wende erwartet, war die Aufnahme bei der Kritik geteilt.

Martin Walser: geb. am 24. 3. 1927 in Wasserburg (Bodensee)

Eine andere Gruppe von Werken belegt, dass die Kriegs- und Nachkriegszeit bei einigen Autoren immer noch ein zentrales Sujet bildet. Heimatverlust und -suche, Schuld, Trennungsversuche und Erinnerung bilden thematische Schwerpunkte. Am historischen Beispiel des im Zweiten Weltkrieg versenkten Schiffs *Wilhelm Gustloff* thematisiert Günter Grass in seiner Novelle *Im Krebsgang* (2002), wie die Vergangenheit in die Gegenwart hineinwirkt. **Hanns-Josef Ortheil** versucht sich mit *Abschied von den Kriegsteilnehmern* (1992) von der Vätergeneration zu trennen. **Winfried Georg Sebalds** (1944–2001) Roman *Die Ausgewanderten* (1994) schildert in vier Erzählungen das Leben von vier aus der europäischen Heimat vertriebenen Juden. Alle zerbrechen an ihrem Schicksal. Sebald schreibt, um Erinnerung zu bewahren, Ausgeliefertsein und Heimatlosigkeit erkennbar zu machen. Um Vergan-

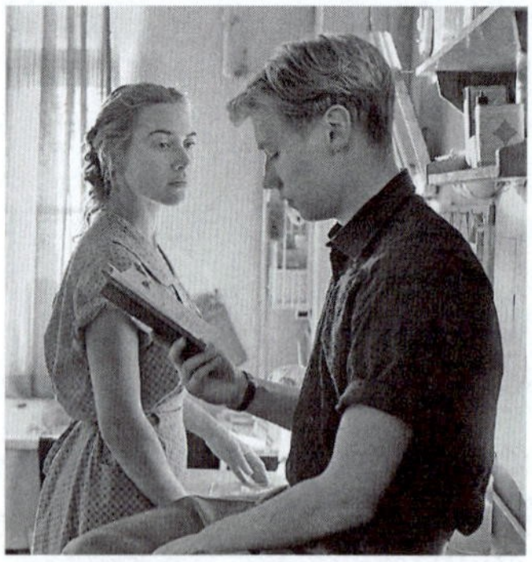

Der Vorleser: Szene aus der Verfilmung mit Kate Winslet und David Kross (2008).

genheit und Schuld kreist **Bernhard Schlinks** Bestseller *Der Vorleser* (1995). Sein Ich-Roman *Die Heimkehr* (2006) handelt von der Suche nach Herkunft und Heimat. **Uwe Timms** Novelle *Die Entdeckung der Currywurst* (1993; verfilmt 2007) berichtet von menschlichen Beziehungen in den letzten Kriegstagen und der Nachkriegszeit. Timms *Am Beispiel meines Bruders* (2003) ist der Erinnerung an den älteren Bruder gewidmet, der mit 19 Jahren 1943 in einem ukrainischen Lazarett starb.

Viele Autoren sehen ihre Gegenwart pessimistisch. Sie beschreiben Identitätsverlust, existenzielle Angst, Beziehungsprobleme, Unbehaustheit und Getriebensein in einer egoistischen, fremdgewordenen Welt.

Der 1990 veröffentlichte Großstadtroman *Rebus* des Österreichers **Peter Rosei** ist von Melancholie geprägt. 1995 erscheinen drei Romane österreichischer Autoren, in denen ebenfalls Morbidität dominiert: **Elfriede Jelineks** *Die Kinder der Toten*, **Christoph Ransmayrs** *Morbus Kitahara* und **Josef Haslingers** *Opernball*. Elfriede Jelineks (1998: Georg-Büchner-Preis; 2004: Literatur-Nobelpreis) Werk ist bissige Sozialkritik, gekleidet in eine Art von Totentanz. Hier wie in fast allen ihren Werken nimmt sie satirisch-provokant Stellung gegen gesellschaftliche Missstände. Christoph Ransmayr liefert eine düstere Welt-Utopie, nach der eine positive menschliche Entwicklung nicht möglich ist. Auch Haslingers Politthriller verfolgt gesellschaftskritische Absichten. Damit reihen sich diese Romane in eine österreichische Literaturtradition, die immer wieder Fragen der Schuld, Heimatlosigkeit, Verzweiflung und Vergänglichkeit aufgreift und sich einer heilen Heimatidylle verweigert.

Patrick Roth ist durch seine Christustrilogie (*Riverside*, 1991; *Johnny Shines*, 1993; *Corpus Christi*, 1996) bekannt geworden. Ihre Teile tragen den Charakter von Kriminalgeschichten und fallen durch eine kunstvoll-archaisierte Sprache auf. **Sibylle Bergs** Debütroman *Ein paar Leute suchen das Glück und lachen sich tot* (1997) thematisiert das Scheitern von Glücksuchern im alltäglichen Wahnsinn. Ihr Reiseroman *Die Fahrt. Vom Gehen und Bleiben* (2007) zeichnet das Schicksal ruhelos getriebener Figuren nach, die auch an entlegenen Orten keine Zufriedenheit finden. Heimat existiert nicht mehr, und jede Reise erweist sich als eine Fahrt in die eigene Fremdheit. **Katharina Hacker** beschreibt in ihrem mit dem Deutschen Buchpreis 2006 ausgezeichneten Roman *Die Habenichtse* (2006) eine düstere, trostlose Welt, die von Egoismus, menschlicher Kälte und Kommunikationsproblemen beherrscht wird und in der es keine tieferen Werte gibt. In ihrem Erstling

Das Blütenstaubzimmer (1997) kritisiert **Zoë Jenny** eine egoistisch ausgerichtete Gesellschaft, in der normale Eltern-Kind-Beziehungen misslingen. Die Protagonistin Helene in **Julia Francks** Roman *Die Mittagsfrau* (2007) zerbricht an einer Vielzahl von Schicksalsschlägen und setzt in den Nachkriegswirren ihr kleines Kind auf einem Bahnsteig aus. In **Martin Mosebachs** (geb. 1951) Roman *Der Mond und das Mädchen* (2007) werden die Eheprobleme des jungen Bankers Hans inmitten des ironisierten Frankfurter Großstadtlebens dargestellt, und **Bernhard Schlinks** *Liebesfluchten* (2000) beschreibt in sieben Erzählungen Fluchtformen der Liebe.

Christian Krachts (geb. 1966) *Faserland* (1995) steht am Beginn der deutschen Popliteratur der 90er-Jahre. Der Roman, der von der Reise eines jungen Mannes von Sylt durch sein „Fatherland" in die Schweiz erzählt, versucht verschiedene Facetten der Generation des Protagonisten zu reflektieren. Obwohl Inhalt und Sprache vor etlichen Kritikern nicht bestehen können, begründet Krachts Werk eine unerwartete Nachfrage nach Popliteratur. In seinem 2001 erschienenen Roman *1979* setzt er sich mit dem brüchig gewordenen westlichen Wertesystem, dem Islamismus und Maoismus auseinander. Sein Roman *Imperium* (2012), der vom Scheitern eines Aussteigers handelt, wird in der literarischen Öffentlichkeit kontrovers diskutiert.

Die Vermessung der Welt: Cover des Bestsellers von Daniel Kehlmann (2005)

Einen völlig anderen Weg beschreitet **Daniel Kehlmann** (geb. 1975) in dem Bestseller *Die Vermessung der Welt* (2005). Der Autor folgt humorvoll den Biografien zweier Wissenschaftler: des Mathematikers Carl Friedrich Gauß und des Naturforschers Alexander von Humboldt. Dabei erfasst er aber nicht nur die unterschiedlichen Charaktere der beiden Protagonisten, sondern bietet auch einen Einblick in ihre wissenschaftlichen Leistungen. 2017 erregt sein Roman *Tyll* Aufsehen. Hier schildert er in bildhafter, humorvoller und ironischer Sprache die Ohnmacht des Einzelnen während des Dreißigjährigen Krieges.

2009 erscheinen mehrere Werke, die sich mit Krankheit, Alter, Leid und Tod beschäftigen. Zu ihnen zählen **Jens Petersens** *Bis dass der Tod* (2009: Ingeborg-Bachmann-Preis) und **Kathrin Schmidts** *Du stirbst nicht*. Die spannungsvolle Verbindung von Liebe und Sterben greift **Michael Kumpfmüller** (geb. 1961) in *Die Herrlichkeit des Lebens* (2011) auf. Es ist die Liebesgeschichte zwischen der 25-jährigen Köchin Dora Diamant und dem todkranken Franz Kafka, eine wahre Geschichte über das Leben, das Schreiben und das Sterben inmitten der alltäglichen Sorgen der Weimarer Inflationszeit. In *Leben* (2013) verarbeitet **David Wagner** (geb. 1971) die eigene Autoimmunhepatitis und Lebertransplantation. Er liefert eine Chronik einer Kranken- und Gesundungsgeschichte, protokolliert seine Gedanken und dunklen Ängste, aber auch die Erfahrung von Glücksmomenten.

Das Leid, wie es durch Unterdrückung, Verfolgung und Folter unter der Ceauşescu-Diktatur erfahren wurde, bestimmt als beklemmendes Leitmotiv das Werk von **Herta Müller** (geb. 1953). Immer wieder wird in harten, oft surrealen Sprachbildern die schreckliche Erinnerung gegenwärtig: *Herztier* (1994), *Der König verneigt sich und tötet* (2003), *Atemschaukel* (2009). 2009 erhält Herta Müller den Literatur-Nobelpreis.

Wie Herta Müller kommen auch die Schriftsteller **Richard Wagner, William Totok, Johann Lippet** und **Helmuth Frauendorfer** aus Rumänien. Sie gelten als Vertreter der multikulturellen Literatur in Deutschland. Bereits in den 70er- und 80er-Jahren spricht man von der sogenannten „Gastarbeiterliteratur", später von „Migrantenliteratur", „Exilliteratur" und „interkultureller Literatur". Viele Themen der deutschschreibenden, aus der Fremde stammenden Autoren kreisen um Vergangenheitserlebnisse, Flucht, Heimatlosigkeit und Identitätsproblematik. Mitunter gelingt es, die erfahrenen Schwierigkeiten ironisch distanziert zu bewältigen. Zu den bekannteren Autorinnen und Autoren gehören die in Prag geborene **Libuše Moníková** (1945–1998), **Terézia Mora** (geb. 1971 in Sopron, Ungarn; 1999: Ingeborg-Bachmann-Preis) und der in Damaskus geborene Erzähler **Rafik Schami**. Aus Moskau kommt **Wladimir Kaminer** *(Russendisko)* und aus Tiflis in Georgien die Theaterregisseurin, Dramatikerin und Romanautorin **Nino Haratischwili** (geb. 1983). 1965 übersiedelte **Feridun Zaimoglu** (geb. 1964) mit seinen Eltern aus der Türkei nach Deutschland. 1995 erscheint sein erstes Buch *Kanak Sprak. 24 Mißtöne vom Rande der Gesellschaft*, das die Lebenssituation türkischer Migranten thematisiert. Mit dem Bestseller *Leyla* (2006) reiht er sich unter die besten deutschsprachigen Autoren der Gegenwart ein.

Feridun Zaimoglu:
geb. am 4. 12. 1964 in Bolu (Türkei)

Aus Bosnien und Herzegowina stammt der bereits mit zahlreichen Preisen bedachte **Saša Stanišić** (geb. 1978). Sein Debütroman *Wie der Soldat das Grammofon repariert* (2006) wurde in zahlreiche Sprachen übersetzt. 2014 erhielt er den Preis der Leipziger Buchmesse in der Sparte Belletristik für seinen zweiten Roman *Vor dem Fest*.

Das Genre des neokonservativen Familienromans wird von verschiedenen Autoren aufgegriffen. 2005 erscheinen **Eva Menasses** *Vienna*, eine humorvoll erzählte anekdotenreiche Geschichte einer Wiener Familie mit jüdischen Wurzeln, und **Arno Geigers** ebenfalls in Wien spielender Roman *Es geht uns gut*, der an drei Generationen österreichische

Geschichte sensibel und vergnüglich erfahrbar macht. In **Reinhard Jirgls** Roman *Die Stille* bildet ein Fotoalbum den Hintergrund zur Geschichte zweier Familien, in der sich thematisch dicht und sprachlich eigenwillig die Ereignisse des 20. Jahrhunderts spiegeln. **Eugen Ruges** autobiografischer Debütroman *In Zeiten des abnehmenden Lichts* (2011) hält die Erfahrungen von vier Generationen mit dem DDR-Sozialismus fest. Familie, Liebe, Schuld, Krieg und die Macht der Vergangenheit sind die mit dramatischer Intensität erzählten Themen in **Nino Haratischwilis** Roman *Mein sanfter Zwilling* (2011).
In *Vielleicht Esther* (2014) geht die in Kiew geborene Autorin **Katja Petrowskaja** den Spuren ihrer leidvollen, besonders vom Holocaust geprägten Familiengeschichte nach.
Der Berliner Schriftsteller **Jan Peter Bremer** (geb. 1965; 1996: Ingeborg-Bachmann-Preis für *Der Fürst*) erzählt präzise, leicht und einfallsreich in *Der amerikanische Investor* (2011) über einen Autor, der sich in einer Schreibkrise befindet und dem neuen amerikanischen Hausbesitzer einen Beschwerdebrief zu schreiben versucht.

Drama

Dem Drama wird nicht die gleiche Aufmerksamkeit geschenkt wie dem epischen Schrifttum. Auch hier lässt sich eine Vielfalt von Gestaltungsmöglichkeiten erkennen. Deutlich ist die Abkehr vom traditionellen bürgerlichen Theater; mitunter sind der Einfluss des expressionistischen Dramas, des epischen Theaters Brechts, aber auch postmoderne Ansätze feststellbar (**postdramatisches Theater**). Manche Autoren experimentieren mit Formenmischungen und Hereinnahme fremder Textpassagen. Tendenzen zur mosaikartig montierten Szenenfolge, zu langen Monologen, sogar zur stummen Darstellung (**Peter Handke** (geb. 1942): *Die Stunde da wir nichts voneinander wußten*, 1992) sind festzustellen. Die Form soll einer fremd gewordenen, zersplitterten und beziehungsarmen Welt entsprechen. Zu den bedeutenden Regisseuren zählen **Frank Castorf** (geb. 1951), **Christoph Schlingensief** (1960–2010), **Thomas Ostermeier** (geb. 1968) und **Christoph Marthaler** (geb. 1951).

Postdramatisches Theater: Der Begriff stammt vom Frankfurter Theaterwissenschaftler Hans-Thies Lehmann. Um die Kommunikation zwischen Schauspieler und Zuschauer zu erhöhen, wird der Text der Dramenvorlage auf die Bühnen- und Aufführungssituation abgestimmt

1995 stirbt der Dramatiker und Regisseur **Heiner Müller**, dessen Arbeit oft um Sterben und Tod kreist, beispielsweise die einem Totentanz gleichenden Szenenfolge *Germania 3. Gespenster am Toten Mann* (1996). Tod, Schuld und die Schatten der Vergangenheit finden sich nicht nur in den Prosawerken, sondern auch in den Stücken von **Elfriede Jelinek**, so in *Burgtheater* (1985) und *Der Tod und das Mädchen I–V* (2002).

Botho Strauß' Schauspiel *Ithaka* (1996) lehnt sich an Homers Heimkehr des Odysseus an. Gezeigt wird, wie sich das Fehlen des Herrschers auf die Bevölkerung von Ithaka auswirkt. Mythische Stoffe behandeln auch **Volker Braun** in *Limes. Mark Aurel* (2002) und **Moritz Rinke** in *Die Nibelungen* (2002).

Top Dogs: Urs Widmers Theaterstück über entlassene Topmanager wurde bis zum Tod des Autors im April 2014 weltweit rund 170-mal inszeniert (im Bild eine Aufführung des Theater tri-bühne Stuttgart)

Wiederholt werden die Probleme der modernen Arbeitswelt angesprochen. **Thomas Hürlimanns** Stück *Carleton* (1996) problematisiert am Leben des amerikanischen Agronomen Carleton den technischen Fortschritt. In **Urs Widmers** (1938–2014) Drama *Top Dogs* (1996) will eine Gruppe von gekündigten Top-Managern mit Hilfe der „New Challenge Company" die Krise des „Outplacements" überwinden und ins Berufsleben zurückkehren. Das Stück, das aus Interviews des Autors mit entlassenen Managern entstand, besitzt keinen durchgehenden Handlungsstrang. Seine offene Form zeigt Nähe zum epischen Theater. Auffällig sind die austauschbaren Figuren, die im Fachjargon parlieren, der besonders in der „Schlacht der Wörter" deutlich wird. Im „Stück in vier Akten" *Republik Vineta* (2000) von **Moritz Rinke** versuchen sechs psychisch kranke Manager den Verlust ihres Arbeitsplatzes mit ärztlicher Hilfe durch ein Planungsspiel zu ersetzen. Das Vorhaben scheitert. Eine aktuelle Thematik greift **Rolf Hochhuth** in *McKinsey kommt* (2004) auf. Es geht um die von Konzernbossen durch Profitgier verschuldete Arbeitslosigkeit.
Hürlimanns Komödie *Das Lied der Heimat* (1998) kreist um Gottfried Keller, der vergeblich dem Trubel an seinem 70. Geburtstag in die Schweizer Bergwelt zu entfliehen versucht.
2018 wurde am Nationaltheater Mannheim *Der Elefantengeist* des Schweizer Autors und Übersetzers **Lukas Bärfuss** uraufgeführt. Das Werk ist eine kritische Auseinandersetzung mit dem „Kanzler der Einheit" Helmut Kohl.

Lyrik

Die moderne Lyrik zeigt ein vielfältiges Spektrum: Orientierung an klassischen Formen steht neben der Bereitschaft zum Experiment, Chiffriertes neben klarer Daseinsbeschreibung. Zur Diagnose der Befindlichkeit von Ich und Welt gehören Ironie, Erinnerung, Klage, Rückzug und verschlüsselter Wunsch.
In subjektiver Betroffenheit drückt sich die Wiedervereinigungsthematik in **Jürgen Beckers** *Foxtrott im Erfurter Stadion* (1993) aus. Erinne-

rungen an die verlorene Heimat der Kindheit zwischen Dresden und Meißen, Veränderungen in detailliert beobachteter Natur und Gesellschaft sowie Kritik des modernen Sprachverfalls bilden thematische Schwerpunkte in der Lyrik **Wulf Kirstens**, so in den Sammlungen *Stimmenschotter* (1993) und *Wettersturz* (1999). Auch **Thomas Rosenlöcher** setzt die lange Reihe deutscher Naturlyrik fort. Formal der Tradition verbunden enthalten seine Gedichtbände *Schneebier* (1988), *Ich sitze in Sachsen und schau in den Schnee* (1998) und *Am Wegrand steht Apollo* (2001) Idylle und beißenden Spott. Hartes, archaisches Naturleben findet sich in **Helga M. Novaks** Lyriksammlung *Silvatica* (1997), die damit in mythische Welten vorstößt, abseits aller modischen Trends.

Eigenwillig sind die Gedichte von **Robert Gernhardt** (1937–2006). Sie stehen in der Tradition Heines, Morgensterns und Tucholskys und zeigen einen zeitgenössischen Chronisten, virtuos in der Form und feinnervig im Inhaltlichen. Die Themen in *Lichte Gedichte* (1997), *In Zungen reden* (2000) und *Im Glück und anderswo* (2002) kreisen um Glück und Vergänglichkeit. In seinen letzten Arbeiten, besonders in der Sammlung *Später Spagat* (2006), beschäftigt er sich mit seiner schweren Erkrankung.

Durs Grünbeins Lyrik verbindet souverän traditionelle Formen mit modernen Themen. Die Gedichte in *Schädelbasislektion* (1991) weisen auf den Einfluss G. Benns. In *Falten und Fallen* (1994) wird ein Ich beklagt, das völlig auf mathematische Formeln festgelegt ist. Die Sammlung *Nach den Satiren* (1999) begleitet ein lyrisches Subjekt in einer Spätkultur. Müde möchte es sich aus einer unerträglichen Welt zurückziehen. Elegischer Grundton, Vergänglichkeit, Trauer um die eigene Zeitlichkeit bestimmen die Gedichte in *Erklärte Nacht* (2002). Das Streben nach Klassizität und die Suche nach einer imaginären antiken Welt erkennt man auch in *Strophen für übermorgen* (2007).

2018 erscheint bereits die 4. Auflage der Lyriksammlung *Regentonnenvariationen* von **Jan Wagner** (geb. 1971). Darin wirft der vielfach ausgezeichnete Autor einen poetischen Blick auf die Dinge der Natur und versucht deren Wesen aus besonderen Perspektiven zu ergründen.

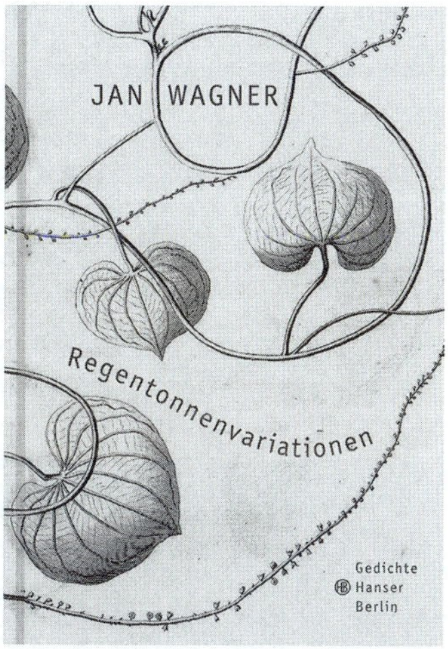

Cover der *Regentonnenvariationen*, mit denen Jan Wagner moderne Naturlyrik vorlegt.

Übersicht: Die deutsche Literatur nach der Wiedervereinigung

Hintergrund	**Internationale Ereignisse:** Auflösung der UdSSR (1991); Terroranschläge (USA: 11. 9. 2001); Kriege in Afghanistan, Irak, Syrien; Ukraine-Krise; Großbritannien: Votum für EU-Austritt (2016); Flüchtlingskrise (2015); Spannungen in der EU; Erstarken nationalistischer Kräfte **Gesellschaft:** Abflauen der Wiedervereinigungseuphorie; Arbeitslosigkeit; Flüchtlingskrise; Integrationsprobleme; demografischer Wandel **Wirtschaft:** Konkurrenzverschärfung durch Globalisierung, Profitorientierung; D. Trump: Verunsicherung der Weltwirtschaft
Literarisches Leben; literarische Entwicklungen	• Turbulenzen im Literaturmarkt, Krisensituation der dt. Literatur • Literaturstreit: Christa Wolf; Günter Grass • Postmoderne, Wendeliteratur, Popliteratur, Sachbücher, Hörbücher digitale Bücher (E-Books), Netzliteratur • Bedeutung von Buchmessen, Literatursendungen, Bestsellerlisten, Literatur-Preisen, literarischen Agenturen
Gattungsmerkmale, Themen, Autoren, Werke	**Epik:** • Form: Elemente der Postmoderne, Abkehr vom linearen und chronologischen Erzählen, Montage • Themen: Wende, DDR-Vergangenheit (Hilbig, Brussig, Braun, de Bruyn, Wolf, Schulze, Maron, Liebmann, Walser, Grass); Kriegs-, Nachkriegszeit (Ortheil, Sebald, Schlink, Timm); leidendes Ich in trostloser Welt (Rosei, Jelinek, Ransmayr, Haslinger, Berg, Hacker, Timm, Jenny, Franck, Mosebach, Schlink, Kumpfmüller); Religiöses, Traumhaftes, Unbewusstes (Roth); Popkultur (Kracht, Stuckrad-Barre); Biografisch-Wissenschaftliches (Kehlmann) **Drama:** • Form: Abkehr vom bürgerl. Theater, Einflüsse des Expressionismus, des epischen Theaters, der Postmoderne; montierte Szenenfolgen und längere Monologpartien; Postdramatisches Theater • Themen: Mythos (Strauß, Braun, Rinke); Moderne Arbeitswelt (Hürlimann, Widmer, Rinke, Hochhuth); Künstler und Ruhm (Hürlimann); Krankheit, Alter, Leid, Sterben und Tod (H. Müller, Jelinek, Petersen, Schmidt); Familiäres (Menasse, Geiger, Scheuer, Jirgl, Ruge, Haratischwili); interkulturelle Literatur (Moníková, Mora, Schami, Kaminer, Haratischwili, Zaimoglu) **Lyrik:** • Form: klassische Form neben Experimentellem, Tendenzen zur Chiffre, Ironie, Elegie, distanzierten Betrachtung • Themen: Natur (Kirsten, Rosenlöcher, Novak, J. Wagner); Spiel und Betroffenheit (Gernhardt); Elegisches (Grünbein)

Sprache – Kommunikation – Medien

Sprache

Was ist Sprache?

Anzahl der Sprachen:
- derzeit gesprochene Sprachen: ca. 7 000
- davon Schriftsprachen: ca. 3 500
- fortlaufende Verringerung der Sprachenanzahl: im Jahr 2200 schätzungsweise nur noch ca. 100 Sprachen

Menschliches Leben ist gemeinschaftliches Leben, das erst durch Sprache möglich wird. Dieses wichtigste Kommunikationsmittel enthält drei Bedeutungskomponenten, die der Schweizer Linguist **Ferdinand de Saussure** mit den Begriffen „langage", „langue" und „parole" bezeichnet hat:

- **„langage"** steht für die universelle Fähigkeit zu sprechen (Sprachkompetenz),
- **„langue"** meint die konkrete, überindividuelle Einzelsprache als ein System von Zeichen, die über bestimmte Regeln miteinander verbunden sind (z. B. Deutsch, Englisch),
- **„parole"** bezeichnet die individuelle Verwendung der Sprache, also den eigentlichen Sprachgebrauch, das Sprechen (Performanz = Sprachverwendung im Rahmen einer konkreten Sprechsituation).

Aufgaben der Sprache

- Sprache ist ein **Medium des Denkens**. Mit ihr benennt der Mensch die Gegenstände, setzt sie in sinnvolle Zusammenhänge und gestaltet so seine Welt.
- Sprache **übermittelt Informationen** und fungiert als Lern- und Bildungsinstrument, mit dessen Hilfe Wissensdefizite geschlossen und Bildungsgefälle ausgeglichen werden. Sie ermöglicht es, Geschehenes festzuhalten, in der Vergangenheit Konserviertes wieder abzurufen und Zukunft zu entwerfen.
- Sprache kann **zum Handeln auffordern** (z. B. „Bitte setzen Sie sich!") und dieses **steuern** (vgl. Werbung, Propaganda).
- Als Muttersprache bietet sie Raum zur **Identitätsfindung**.
- In der Literatur ist sie **Ausdruck schöpferischen Tuns**.
- Über den Austausch von Informationen dient sie der **Kommunikation** und besitzt daher eine **gemeinschaftsbildende Funktion** (vgl. die Verwandtschaft von lat. *communicare* = mitteilen, teilen mit lat. *communio* = Gemeinschaft).

Ursprungstheorien

Der Ursprung der Sprache ist nicht geklärt. Im Verlauf des menschlichen Nachdenkens über Sprache haben sich zwei unterschiedliche Theorien gebildet:

- Sprache ist von **ursprünglicher Natur** bzw. den Menschen von **Gott** eingegeben.
- Sie ist eine **Schöpfung des menschlichen Geistes** und entwickelt sich mit ihm.

Am **Beginn vieler Kulturen** steht die enge **Verbindung von Sprache und Religion**. In dieser frühen Phase wird Sprache meist für eine göttliche Schöpfung gehalten. So gehen in der ägyptischen Mythologie Sprache und Schrift auf den Gott Thot(h) zurück, im Hinduismus auf Gott Brahma, und nach den isländischen Sagas gilt Odin als Erfinder der Runenschrift. Alle Weltreligionen besitzen „Heilige Schriften". Nach der **Bibel** entsteht die Welt durch Gottes Wort.

Der Anfang des Evangeliums nach Johannes in einer mittelalterlichen Handschrift lautet auf Deutsch: „Im Anfang war das Wort, und das Wort war bei Gott, und Gott selbst war das Wort." (Auf Lateinisch: „In principio erat verbum / Et verbum erat apud dominum / Et dominus erat verbum.")

Die Verflechtung von Sprache und Religion wurde bereits in der **Antike** kritisiert. Für **Parmenides aus Elea** (520/515–460/455 v. Chr.) ist die Sprache durch Menschen festgelegt. Ausgehend von der These, der Mensch sei das Maß aller Dinge, lehnten die **Sophisten** die Idee vom göttlichen Ursprung der Sprache ab; sie verwiesen auf die Mehrdeutigkeit der Wörter und interessierten sich für Argumentationsstrategien und den Einsatz rhetorischer Mittel. **Platon** (427–347 v. Chr.) diskutiert in seinem Dialog *Kratylos* beide Theorien, legt sich aber nicht fest. Die **Stoiker** glaubten, Sprache sei durch Lautnachahmung entstanden.

Auch in der **Neuzeit** wurde die Frage nach dem Ursprung der Sprache vielfach diskutiert. Nach **Gottfried Wilhelm Leibniz** (1646–1716) hat Gott den Menschen als soziales Wesen erschaffen und ihn deshalb zur Sprache befähigt. Sprachentwicklung verlaufe über die sinnliche Wahrnehmung konkreter Dinge hin zur Abstraktion. **Johann Gottfried Herder** (1744–1803) betont den menschlichen Ursprung der Sprache.

Ferdinand de Saussure: geb. am 26. 11. 1857 in Genf, gest. am 22. 2. 1913 auf Schloss Vufflens/Schweiz

Diese setze mit der Vernunft ein und entfalte sich mit der menschlichen Entwicklung (*Abhandlung über den Ursprung der Sprache,* 1772). Für **Wilhelm von Humboldt** (1767–1835) beginnt Sprache „unmittelbar und sogleich mit dem ersten Akt der Reflexion“. Nach **Ferdinand de Saussure** entsteht Sprache aus menschlicher Übereinkunft. **Noam Chomsky** (geb. 1928) vertritt die These, dass im menschlichen Gehirn ein unbewusstes Regelsystem (gleichsam ein Grundmuster aller Sprachen) vorliege. Dieses habe einen kreativen Aspekt, der die Einzelsprachen erst ermögliche.

Sprachfamilien

Miteinander verwandte Sprachen bilden **Sprachfamilien**, die sich auf eine gemeinsame Ursprache zurückführen lassen. Beispielsweise gehört Deutsch zu den germanischen, Französisch zu den romanischen und Russisch zu den slawischen Sprachen, die alle von einer **indogermanischen (indoeuropäischen) Ursprache** abstammen.

Indoeuropäisch

Indisch	Iranisch	Griechisch	Keltisch	Italisch	Germanisch	Slawisch	Baltisch
…	…		…	Lateinisch	Englisch	Russisch	Lettisch
				Italienisch	Friesisch	Ukrainisch	Litauisch
				Französisch	Niederländisch	Polnisch	
				Rumänisch	Deutsch	Tschechisch	
				…	…	…	

Indoeuropäische Sprachfamilie

Sprachwandel

Deutscher Gegenwarts-Wortschatz
- Standardsprache: ca. 75 000 Wörter
- Allgemeinsprache: 300 000 – 500 000 Wörter (vgl. das Englische: ca. 500 000–600 000; das Französische: ca. 300 000)
- Gesamtbestand einschl. Fachwortschatz: über 10 Millionen
- *Deutsches Wörterbuch* v. J. u. W. Grimm (1852–1961): ca. 330 000 Wörter

Soziokulturelle und historische Veränderungen wirken sich auch auf die Sprachentwicklung aus. Wir sprechen von toten (z. B. Latein) und lebenden Sprachen. Wörter, die nicht mehr gebraucht werden, sterben aus (z. B. Droschke, Telefonzelle), andere hingegen entstehen neu. Diese sind entweder notwendiger Ausdruck fortschreitender Welterfahrung oder nur kurzlebige Modeerscheinungen. Veränderungen zeigen sich in der **Anzahl der Wörter, in Aussprache, Schreibweise, Grammatik und Bedeutung**.
Die Zahl der Wörter wächst mit der zunehmenden Differenziertheit des Lebens. Allein im 20. Jahrhundert nahm der deutsche Wortschatz um ein Drittel zu. In allen Wissenschaftsbereichen zeigt sich ein deutlicher **Anstieg englischsprachiger Ausdrücke**. So gibt es derzeit rund

100 000 **Fremd- und Lehnwörter** im Deutschen, davon ca. 5 000 **Anglizismen**. Eine Ursache liegt in der fortschreitenden Globalisierung (bevorzugte Bereiche: Wirtschaft, Technik, Wissenschaft); wer heute wahrgenommen werden will, publiziert in der Regel auf Englisch. Ein weiterer Grund könnte aber auch die verlorene Weltgeltung deutscher Spitzentechnologie sein.

Im Verlauf der Jahrhunderte veränderte sich bei manchen Wörtern die Aussprache. Beispielsweise kam es vom **Mittelhochdeutschen zum Neuhochdeutschen** zu Lautveränderungen (z. B. Dehnungen), zu Veränderungen in der Schreibweise (mhd. *wîn* → nhd. *Wein*), der Grammatik (mhd. *diu kint* → nhd. *die Kinder*) und der Bedeutung (mhd. *ar(e)beit* = Mühsal, nicht Arbeit!; mhd. *frouwe* = Herrin, nicht Frau).

Neben der deutlichen Zunahme von Anglizismen findet man im **20. und 21. Jahrhundert** eine ganze Reihe sprachlicher Veränderungen: z. B. Wortkürzungen *(Automobilomnibus → Bus)* und Kürzungen der Satzlänge (von 25–35 Wörtern in der Literatursprache des 18. und 19. Jahrhunderts zu Sätzen mit 10–12 Wörtern), Tendenz zum Nominalstil und zu Passivkonstruktionen (besonders in der Verwaltungssprache), Rückgang der starken Verben *(buk → backte)*, Ersatz des Genitivobjekts durch präpositionale Fügungen und Wegfall des Genitiv-*s* (*Ich freue mich des Sommers → Ich freue mich über den Sommer*).

Besonderes Aufsehen erregte die **Rechtschreibreform** von 1996, die eine Vereinfachung der Rechtschreibung zum Ziel hatte. Sie löste eine heftige Auseinandersetzung zwischen Befürwortern und Gegnern aus und führte 2004 und 2006 zu Überarbeitungen.

Fremdwort: direkte Übernahme des fremdsprachigen Worts, das sich nicht bzw. nicht grundlegend der aufnehmenden Sprache angepasst hat und deshalb als „fremd" empfunden wird, z. B. *Chanson, Jeans*

Lehnwort: das fremdsprachige Wort wurde so weit angepasst, dass seine ursprüngliche Herkunft nicht mehr zu erkennen ist, z. B. *Fenster* (aus lat. *fenestra*)

Hochsprache und Dialekt

Abgrenzung

- Die standardisierte Hochsprache entwickelte sich in einem jahrhundertelangen Prozess aus der Vielfalt der Regionalsprachen.
- Während es sich beim **Dialekt** bzw. bei der **Mundart** um eine regional begrenzte Sprachform handelt, wird die **Hochsprache** im öffentlichen Bereich und überregional verwendet. Zwischen Dialekt und Hochsprache steht die oft mundartlich gefärbte **Umgangssprache**.
- Beim Dialekt handelt es sich um die älteste Form der Sprache. Er ist zumeist der mündlichen Kommunikation vorbehalten. Gegenüber der Hochsprache zeichnet er sich durch stärkere Expressivität und Anschaulichkeit sowie einen teils differenzierteren Wortschatz aus.

J. A. Schmeller (1785–1852): Verfasser des Bayerischen Wörterbuchs (4 Bde., 1827–1837)

Entwicklung der Hochsprache

Wirtschaftliche, soziokulturelle und politische Ursachen haben die Vereinheitlichung der Sprache vorangetrieben. Zu nennen sind vor allem:

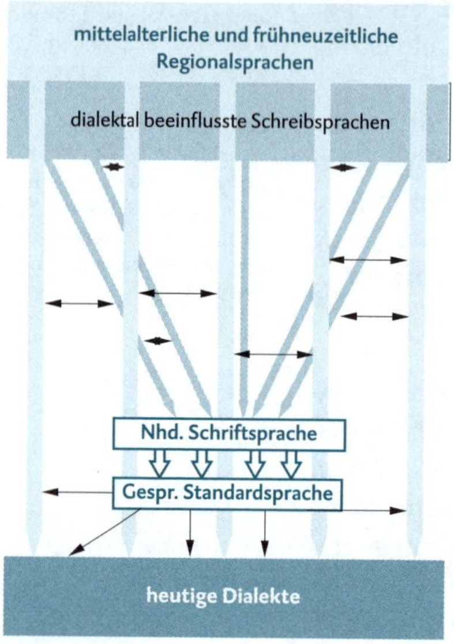

Modell zur Entwicklung und zu Beeinflussungsrichtungen im Verhältnis von Mündlichkeit und Schriftlichkeit

- der Buchdruck (Drucker bevorzugten wegen der besseren Verkaufsmöglichkeiten Formen, die überall verstanden wurden),
- die Ausdehnung von Verkehr und Handel (Ausbau der Verkehrswege),
- die Verbreitung literarischer und religiöser Schriften,
- das Bemühen um Sprachreinheit seitens verschiedener literarischer Kreise (vgl. barocke Sprachgesellschaften),
- nationale Interessen (Befreiungskriege 1813/15),
- die Einführung der allgemeinen Schulpflicht (Ende 18. Jahrhundert),
- die bewusste Abwertung des Dialekts (besonders gravierend im 19. Jahrhundert; der Unterschied zwischen Hochsprache und Dialekt spiegelte den Gegensatz von Stadt und Provinz, gebildeten und ungebildeten, wohlhabenden und armen Bevölkerungsschichten. Dialektsprechen galt als verpönt, der Sprecher wurde sozial abgewertet.).

Dialekt-Renaissance

Zwar ist die Anzahl der Dialektsprecher stark zurückgegangen. Seit dem Beginn der 1970er-Jahre lässt sich jedoch ein neues Interesse an der Mundart feststellen. Der Dialekt findet Eingang in Musik, Film und Werbung. Besonders jüngere Künstler bedienen sich seiner. Als Ursachen lassen sich anführen:

- Der Dialekt zeichnet sich durch Lebensnähe und Unmittelbarkeit aus.
- Damit stellt er ein Gegengewicht zur fortschreitenden sprachlichen Abstraktion, Vereinheitlichung und Schablonisierung dar.
- In einer orientierungsarmen Zeit bietet er die Möglichkeit zur Identifikation und vermittelt Tradition, Geborgenheit und Intimität.
- Der Dialekt besitzt ein breiteres affektives Potenzial als die Hochsprache und wirkt dadurch intensiver und lebendiger, dies gewiss auch durch die unbefangenere Verwendung von Ausdrücken, die auf einer höheren Sprachebene vermieden werden.

Ausgewählte Gruppensprachen

Fach- und Berufssprachen

Zunehmende Arbeitsteilung und Spezialisierung führten zur Entstehung differenzierter Fachsprachen. Mit Fortschritten in Technik, Industrie und Naturwissenschaft bildeten sich oft in Anlehnung an das Lateinische Fachterminologien (Fachbegriffe, Fremdwörter), die zwar die gruppenspezifische Kommunikation und Integration förderten, andererseits eine Abschottung nach außen bewirkten. Ein besonderer Fall ist das sog. Amtsdeutsch, eine Verwaltungssprache, die den Bürgern das Verstehen von Behördentexten erschwert (Abstraktheit, Schachtelsätze, Wortzusammensetzungen, Unverständlichkeit). Neben den Merkmalen der Fachsprache, wie **Präzision, Eindeutigkeit und Effizienz**, muss eine Verwaltungssprache jedoch verständlich, d. h. bürgernah sein. Nur so kann das politisch-gesellschaftliche Leben funktionieren.

Jugendsprache

„Jugendsprache" ist ein ungenauer Sammelbegriff für verschiedene Sprechweisen Jugendlicher. Zu ihnen zählen u. a.: Schülersprache, Studentensprache, Netzjargon, Ghettoslang, Kiezdeutsch, Türkendeutsch, Kanak Sprak.

Es handelt sich dabei um meist dem mündlichen Gebrauch vorbehaltene Sprachformen, die **geografische, soziale, historische, ethnische und altersbedingte Ursachen** haben und deshalb auch unterschiedliche Formen annehmen können. Sie grenzen sich gegenüber der Erwachsenenwelt ab, sind also „Kontrasprachen", und dienen einer **gruppeninternen Kommunikation** sowie einer **Identitätsfindung** innerhalb der jeweiligen Lebenswelt.

Feridun Zaimoglus Buch *Kanak Sprak – 24 Mißtöne vom Rande der Gesellschaft* (1995) macht auf einen Szenejargon („**Ethnolekt**" = Sprechstil einer ethnischen Minderheit in einem begrenzten Sprachraum) aufmerksam, der von zweisprachig aufgewachsenen Jugendlichen (zumeist Nachfahren von türkischstämmigen Immigranten) verwendet wird.

Stilistische Merkmale der Jugendsprache sind: Übertreibung, Intensivierung, Ironie, Interjektion, Metaphorik, Wiederholung, Kürzung, Füllwörter, Ellipsen, Provokationen, Satzbrüche.

„Kiezdeutsch": Beispiele vom Cover des Buchs der Germanistin H. Wiese

Sprache, Denken und Wirklichkeit

Vgl. zur Thematik:
- Heinrich v. Kleist: *Über die allmähliche Verfertigung der Gedanken beim Reden*
- Johann Peter Hebel: *Kannitverstan*
- Hugo v. Hofmannsthal: *Ein Brief* (Chandos-Brief)
- Günter Eich: *Inventur* (vgl. S. 268)
- Peter Handke: *Kaspar*

Die Frage nach dem Verhältnis von Sprache, Denken und Wirklichkeit ist bis heute nicht befriedigend beantwortet worden. Der Vorstellung, dass Sprache die Dinge klar beim Namen nennt, also Wirklichkeit erfasst und so zur Erkenntnis des Daseins beiträgt, wurde schon in der Antike heftig widersprochen. Nach **Parmenides** kann die von Menschen festgelegte Sprache nicht der eigentlichen Wirklichkeit gerecht werden: „Darum wird alles bloßer Namen sein, was die Sterblichen in ihrer Sprache festgelegt haben, überzeugt es sei wahr." Für die **Sophisten** beruht Sprache auf Übereinkunft, das Wort ist Mitteilungsinstrument, es besitzt keine magische Kraft. **Kant** hat in seiner *Kritik der reinen Vernunft* (vgl. S. 197) verdeutlicht, dass Wirklichkeit nicht „an sich" gegeben ist, sondern nur innerhalb der Grenzen unserer Wahrnehmungs- und Erkenntnisfähigkeit. **Wilhelm von Humboldt** baut auf dieser Vorstellung auf. Nach seiner Theorie gibt Sprache nicht das Denken wieder, sondern das Denken erfolgt in der Sprache, es ist abhängig von ihr. Dass die Sprache das Denken forme, bekräftigt auch die **Sapir-Whorf-Hypothese**, benannt nach den Sprachwissenschaftlern Edward Sapir (1884–1939) und Benjamin Whorf (1897–1941). Sie enthält zwei Thesen:

- Sprachen sind wie Netze, die aufgrund ihrer unterschiedlichen Beschaffenheit die außersprachliche Wirklichkeit unterschiedlich einfangen (**„Prinzip der sprachlichen Relativität"**).
- Jede (Mutter-)Sprache legt Denken und Handeln fest und vermittelt eine spezifische Weltsicht.

Ludwig Wittgenstein betont: „Die Grenzen meiner Sprache bedeuten die Grenzen meiner Welt." Nach Ansicht des amerikanischen Philosophen **Robert B. Brandom** (geb. 1950) sind sprachliche Aussagen nicht objektiv. Wirklichkeit erfolge ausschließlich im Rahmen der soziokulturell bedingten Sprachregeln.

Jede Fremdsprache, die man erlernt, verändert und erweitert das eigene **Weltbild**. Heute weiß man, dass bilinguale Personen ihre Weltsicht nach der Sprache, die sie gerade sprechen, ausrichten.

Das Lernen fremder Sprachen erweitert unser Weltbild

Fazit:
- Die Behauptung, dass Wort und Gegenstand identisch seien, ist problematisch.
- Wir denken, werten und urteilen weitgehend in den von der Sprache vorgegebenen Maßstäben und Grenzen.
- Das Lernen fremder Sprachen erweitert unser Weltbild.

Kommunikation

Allgemein versteht man unter Kommunikation die **Übermittlung und den Austausch von Informationen**. Neben etlichen anderen Bereichen wird der Begriff vor allem in der Sprachwissenschaft, der Journalistik und der Medienforschung verwendet.
Erfolgt die Verständigung sprachlich (Laute, Schrift, Gebärdensprache), spricht man von **verbaler Kommunikation**; ist sie nicht sprachlich (Gesten, Mimik, Körperhaltung, Erröten, Schwitzen, Lächeln, Tonfall, Kleidung, Tattoos, Haarschnitt), von **nonverbaler Kommunikation**.

Man unterscheidet drei **Kommunikationsformen:**

- Bei der **Selbstkommunikation** (intrapersonale Kommunikation, Autokommunikation, innere Kommunikation) werden innerhalb einer Person Inhalte der Umwelt oder oft auch unwillkürlich eintretende Bewusstseinsinhalte aufgenommen und verarbeitet.
- Die **zwischenmenschliche Kommunikation** (interpersonale Kommunikation) bezeichnet den Informationsaustausch zwischen Personen (oft als Teil einer sozialen Interaktion).
- Bei der **Massenkommunikation** (mediengebundene Kommunikation) geschieht die Nachrichtenübermittlung öffentlich durch technische Verbreitungsmittel (Medien) in der Regel einseitig, d. h. ohne Rollenwechsel zwischen Sprecher und Hörer und bei räumlicher, zeitlicher oder raumzeitlicher Distanz.

Kommunikationsmodell

Der Ablauf der Informationsvermittlung lässt sich vereinfacht in einem aus der Nachrichtentechnik stammenden **Kommunikationsmodell** darstellen, bei dem ein Sender eine in Zeichen verschlüsselte **(codierte)** Nachricht an einen Empfänger über eine materielle Verbindung (Kanal; z. B. Schallwellen, Funkwellen, Lichtwellen) übermittelt. Der Empfänger muss die Nachricht entschlüsseln **(decodieren)**, um sie zu verstehen.
Sender und Empfänger verfügen über unterschiedliche Zeichenvorräte. Verständigung erfolgt innerhalb des gemeinsamen Anteils dieser Zei-

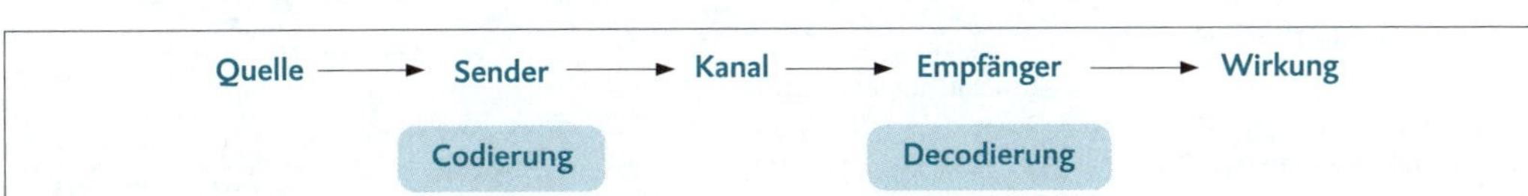

Kommunikationsmodell

chenvorräte. Bei einer sprachlichen Kommunikation ist dies der gemeinsame Wortschatz. Das sprachliche Verhalten von Sender und Empfänger wird zusätzlich durch bestimmte gesellschaftliche und persönliche Vorgaben geprägt (Normen, soziale Rolle und Status, Erziehung, Bildung u. a.), die im Kommunikationsprozess mehr oder weniger beteiligt sind und berücksichtigt werden müssen **(Konnotationen)**.

Das sprachliche Zeichen

Das Grundelement der Kommunikation ist das sprachliche Zeichen. Für **de Saussure** ist dieses die Verbindung einer Lautfolge mit einer Bedeutung (Inhalt, Vorstellung; bilateraler Charakter des Zeichens). Beispielsweise löst die Lautfolge [b]-[a]-[u]-[m] (= das Bezeichnende) die Vorstellung „Baum“ (= das Bezeichnete) aus. Nach de Saussure existiert die Verbindung von Ausdruck und Inhalt nicht von Natur aus, sie ist vielmehr **„arbiträr“**, d. h. willkürlich gewählt und auf Konvention beruhend.
Ausdruck und Vorstellung können sich auf einen ganz bestimmten Baum in der Realität beziehen. Diese Entsprechung der Vorstellung mit dem außersprachlichen Gegenstand nennt man Referenz (auch: das **Denotat**).
Man unterscheidet **drei Dimensionen des Zeichens:** die syntaktische, semantische und pragmatische Dimension. Die **Syntaktik** untersucht den Stellenwert des Zeichens im System und die Beziehungen der Zeichen untereinander (im Sprachbereich: Wortschatz und Grammatik). Die **Semantik** beschäftigt sich mit der Bedeutung des Zeichens, die sein Inhalt und seine Beziehungen zur Umgebung erkennen lässt (im Sprachbereich: die Vorstellung vom Inhalt eines Wortes und die Bedeutung, die ihm im Kontext der Wörter und der Situation zukommt). Die **Pragmatik** analysiert den konkreten Gebrauch (im Sprachbereich: die Sprachverwendung), also die Beziehung der Zeichen zu den Menschen (im Sprachbereich: Absicht, Zweck, Wirkung einer Aussage).

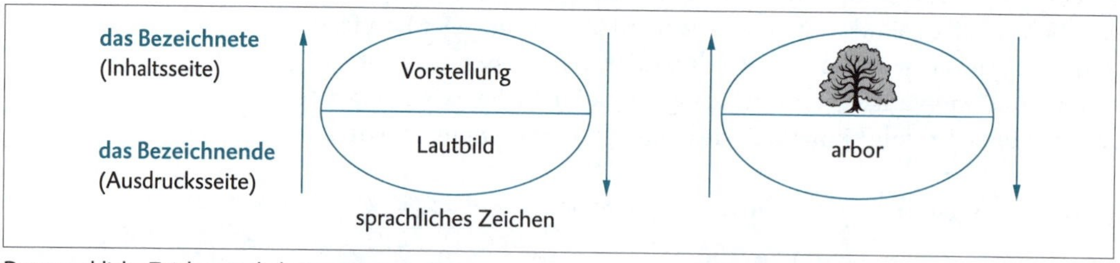

Das sprachliche Zeichen nach de Saussure

Nach dem deutschen Sprachpsychologen und Sprachtheoretiker **Karl Bühler** (1879–1963) hat das Zeichen drei Funktionen: die Ausdrucks-, Appell- und Darstellungs-Funktion. Die **Ausdrucks-Funktion** macht ein Zeichen zum Symptom (Kundgabe) für den Sprecher, der etwas mitteilen möchte. Es sagt also etwas über ihn aus. Die **Appell-Funktion** macht es zum Signal (Auslösung). Es fordert den Empfänger zu etwas auf. Die **Darstellungs-Funktion** weist darauf hin, dass das Zeichen ein Symbol für Gegenstände und Sachverhalte ist, die der Sender mitteilen möchte.

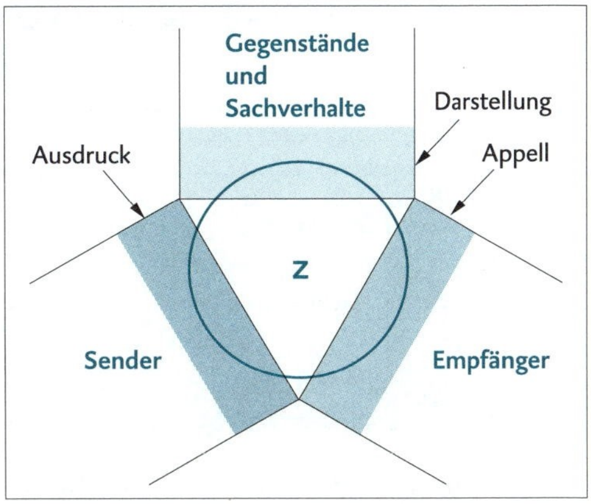

Das Organon-Modell nach Bühler

Friedemann Schulz von Thun (geb. 1944) hat das Bühler'sche Modell differenziert und erweitert. Nach ihm besteht eine Nachricht aus vier Komponenten (Kommunikationsquadrat, vgl. S. 300):

- **Selbstoffenbarung:** Der Sprecher gibt mit seiner Botschaft etwas von sich zu erkennen.
- **Sachinhalt:** Der Sprecher informiert über Sachverhalte.
- **Appell:** Der Sprecher verfolgt eine bestimmte Absicht, er will beim Empfänger etwas erreichen.
- **Beziehung:** Sie zeigt die Einstellung des Sprechers zum Empfänger.

Einflussfaktoren und Kommunikationsstörungen

Zum Gelingen sprachlicher Verständigung ist es notwendig, dass Sprecher und Hörer über einen **gemeinsamen Zeichenvorrat (Code)** verfügen. Die Hauptbedeutung einer sprachlichen Äußerung kann mitunter von Nebenbedeutungen begleitet werden **(Konnotationen)**, die beabsichtigt oder unbeabsichtigt mitschwingen.

Einflussfaktoren

Verschiedene Faktoren beeinflussen den Kommunikationsvorgang:

- das soziokulturelle, wirtschaftliche und politische Umfeld,
- Ort und Zeit der konkreten Situation,
- die Individualität der Beteiligten: Geschlecht, Alter, Bildungsstand (Sprachkenntnisse), Beruf, Interessen,
- der Kommunikationsgegenstand.

Kommunikationsstörungen

Kommunikationsstörungen können beim Sprecher, bei der Übermittlung und beim Hörer auftreten.

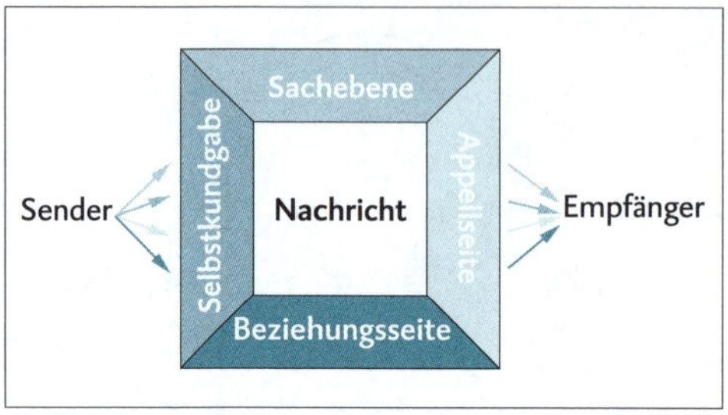

Kommunikationsquadrat nach Schulz von Thun. Als besonders störanfällig betrachtet Schulz von Thun die Beziehungsseite einer Nachricht, weil sich in ihr das Verhältnis der Gesprächsteilnehmer zueinander verbirgt.

- Beim Sprecher: Überforderung durch Situation, Thema, physisch-psychische Verfassung; Desinteresse; Aussprache (laut/leise, undeutlich); ungeeignete Sprachebene (Sondersprache, Fachsprache), unpassende Informationsauswahl, beabsichtigte Einflussnahme bzw. Manipulation;
- bei der Übermittlung: Lärm, technische Pannen;
- beim Empfänger: Verhören, Desinteresse, ungenügender Zeichenvorrat, überzogene Erwartungen, bewusstes Missverstehen.

Medien

Nach modernem Sprachgebrauch sind Medien Kommunikationsmittel, die in folgende Kategorien eingeteilt werden: Printmedien, audiovisuelle Medien und elektronische Medien.

Einteilungsmöglichkeiten

Printmedien

Zu ihnen gehören alle auf Papier gedruckten Medien, also Zeitungen, Zeitschriften, Bücher, Plakate und andere gedruckte Mitteilungen (z. B. Prospekte, Flyer, Visitenkarten, sogar Banknoten). Merkmale einer modernen Zeitung sind: Aktualität (Informationen über gegenwärtiges Geschehen), Periodizität (fortlaufendes Erscheinen), Publizität (Öffentlichkeit) und Universalität (Offenheit gegenüber allen Themen). Zeitschriften erscheinen ebenfalls in regelmäßigen Abständen und zeigen inhaltlich meist eine spezifische Ausrichtung (Publikums-, Fachzeitschriften). Infolge der Möglichkeiten des elektronischen Publizierens geraten klassische gedruckte Tageszeitungen zunehmend unter Druck.

Große deutsche Tageszeitungen
Exemplare/Tag (2. Quartal 2014 – 1. Quartal 2019):
- Bild (Berlin) 2 444 783 – 1 497 614 (= -39 %)
- Süddeutsche Zeitung (München) 397 033 – 338 001 (= -15 %)
- Rheinische Post (Düsseldorf) 321 056 – 286 751 (= -11 %)
- Frankfurter Allgemeine Zeitung (Frankfurt/M.) 306 779 – 230 311 (= -25 %)

Audiovisuelle Medien

Dieser Bereich umfasst Medien, die Ton- und Bildinformationen vermitteln, also Radio, Fernsehen, Fotografie und Film. Seit der Mitte der 80er-Jahre existiert das duale System, d. h. ein Nebeneinander von öffentlich-rechtlichen und privaten, meist werbefinanzierten Sendern.

Die öffentlich-rechtlichen Sendeanstalten (z. B. ARD, ZDF, Deutschlandradio) sichern laut Bundesverfassungsgericht die Grundversorgung der Bevölkerung mit Information und Unterhaltung. Um diese Aufgabe wahrnehmen zu können, werden sie durch Beiträge der Bürger finanziert.

Elektronische Medien

So bezeichnet man Medien, die auf einem Datenträger in elektronischer Form oder online im Internet vorliegen. Unter Multimedia versteht man Inhalte, die aus einer digitalen Datenmischung von Text, Bild und Ton bestehen. Das Internet hat mit seinen Diensten (z. B. E-Mail, Chat) in den letzten Jahren die Medienlandschaft revolutioniert und das Kommunikationsverhalten spürbar verändert (vgl. Facebook als größtes soziales Netzwerk mit ca. 2,4 Milliarden Nutzern; Stand: 2019).

Aufgaben der Medien

Medien vermitteln zwischen der Welt und uns. Ihnen kommen entscheidende Funktionen zu, die den Einzelnen, soziale Gruppen und die Gesamtgesellschaft betreffen. Notwendige Voraussetzung ist dabei die im Grundgesetz gewährleistete freie Berichterstattung (GG Art. 5).

Grundgesetz Art. 5 (1): „Jeder hat das Recht, seine Meinung in Wort, Schrift und Bild frei zu äußern und zu verbreiten und sich aus allgemein zugänglichen Quellen ungehindert zu unterrichten. Die Pressefreiheit und die Freiheit der Berichterstattung durch Rundfunk und Film werden gewährleistet. Eine Zensur findet nicht statt.“

- Medien haben die Aufgabe, über alle Bereiche aktuellen Geschehens zu **informieren**. Sie bemühen sich um schnelle Beschaffung, Auswahl, Präsentation sowie (über die bloße Nachricht hinausreichend) um Ursachenanalyse und kritische Kommentierung der Fakten.
- Medien fungieren als **Bildungs- und Kulturträger**, eine Aufgabe, die in den letzten Jahren zunehmend an Bedeutung gewonnen hat. Neben den zahlreichen Zeitschriften (Schülerzeitungen, Jugendpresse, Fachzeitschriften, „Special-Interest-Zeitschriften“) und den umfassenden Angeboten im Internet (E-Learning) sind im Fernsehbereich das Telekolleg, populärwissenschaftliche Sendungen, Kinder- und Jugendsendungen, anspruchsvolle Musiksendungen, Literaturmagazine, wissenschaftliche, philosophische und religiöse Beiträge zu nennen. Medien vermitteln geistige Strömungen und motivieren zur Beschäftigung mit Lebens- und Sinnfragen.
- Medien bieten **Unterhaltung**. Angebote zur Freizeitgestaltung gehören zu den Hauptaufgaben der Massenmedien.
- Medien informieren über ökonomische Entwicklungen in der globalisierten Welt, sie testen Waren, helfen dem potenziellen Verbraucher, sich in der Vielfalt der Angebote zu orientieren, und **aktivieren** durch Information und Werbung **den Wirtschaftskreislauf**.

- Medien wirken bei der **Meinungsbildung** mit. Sie sind wichtig, um Öffentlichkeit und Transparenz als notwendige Bestandteile einer Demokratie herzustellen. Indem sie über soziale, wirtschaftliche, kulturelle und politische Zusammenhänge informieren, fördern sie eine aktive Teilnahme am politischen Prozess. Mitunter werden die Medien als „vierte Gewalt" (neben Legislative, Exekutive, Judikative) bezeichnet. Der Ausdruck verweist auf die wichtige Kontrollfunktion bei der Aufdeckung von Fehlentwicklungen, Missständen und Amtsmissbrauch (vgl. „Watergate-Affäre", „WikiLeaks").
- In der multikulturellen Welt sorgen die Medien mit ihren allgemein interessierenden Themen (z. B. Sport, Wahlen) für **soziale Öffnung, Abbau von Vorurteilen und Integration**. Darüber hinaus vermitteln sie **soziales Rollenverhalten** und Handlungsmuster. In einer unüberschaubar gewordenen Welt bieten sie **Orientierungshilfe**, indem sie die Informationsfülle filtern, ordnen und transparent machen.

Mediengeschichte

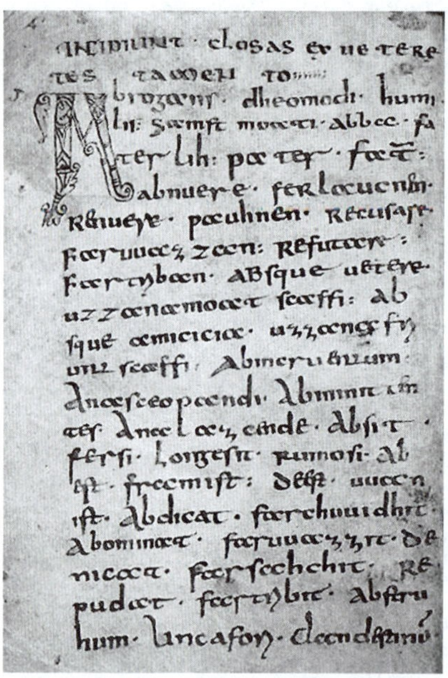

Erste Seite des *Codex Abrogans*, des ältesten bekannten deutschen Buchs, entstanden in der Domschule von Freising um das Jahr 750

Die Medienwelt des **Mittelalters** war uneinheitlich. Zunächst übernahmen die Klöster den **Übergang von der mündlichen zur schriftlichen Kommunikation**. In ihren Schreibstuben entstanden kostbare Pergamenttexte mit meist religiösen Inhalten. Zu diesem Bereich kamen bald die Burgen und Höfe, auf denen fahrende **Sänger** als Informationsvermittler auftraten. Universitäten standen über wandernde Scholaren miteinander in Verbindung. In Kirchen vermittelte man in Predigten, Weihnachts- und Osterspielen die christliche Botschaft.

Eine Revolution in der Buchproduktion bedeutete die Erfindung des **Buchdrucks** mit beweglichen Metallletern durch Johannes Gutenberg **(Mitte 15. Jahrhundert)**. Gedruckte Texte erleichterten nun den Zugang zum antiken Wissen. Zum Buch, das als teures Medium noch lange einer gebildeten und elitären Schicht vorbehalten blieb, kamen bald **Flugblätter und Flugschriften**, die sich rasch während der **Reformationszeit** und des **Dreißigjährigen Krieges** verbreiteten und die Vorläufer unserer Zeitungen und Zeitschriften darstellten.

Im **17. Jahrhundert** begann die Geschichte des **Zeitschriftenwesens**. Als erste deutsche **Zeitung** gilt die 1609 in Wolfenbüttel erschienene Wochenzeitung *Aviso*. Das Zeitschriftenwesen trug zu einer selbstbewussten, am Informationsaustausch interessierten Öffentlichkeit bei.

An der **Wende zum 18. Jahrhundert** wollte das aufgeklärte Bürgertum nicht nur informiert werden, sondern auch verschiedene Meinungen angeboten bekommen. „Gelehrte Zeitschriften“ enthielten Buchbesprechungen, Reiseberichte und wissenschaftliche Forschungsberichte; „moralische Wochenschriften“ wollten das sittliche Verhalten verbessern.

Beschleunigt wurde das **Medienwesen im 19. Jahrhundert** durch die Erfindungen des elektromagnetischen **Telegrafen** (1832/1833), der **Rotationsmaschine** (1872) und der **Setzmaschine** (1884). Seit der Mitte des 19. Jahrhunderts verbreitete sich die **Fotografie**, gegen Ende war das **Telefon** bereits im Gebrauch.

Die **Weimarer Republik** war eine Blütezeit der Printmedien. 1923 begannen in Deutschland die regelmäßigen **Rundfunksendungen**. Im **Dritten Reich** wurden die Medien kontrolliert, zensiert, verboten, Journalisten mit Schreibverbot belegt, verfolgt, verhaftet. Das Radio („Volksempfänger“) wurde Medium demagogischer Propaganda. 1931 wurde auf der Deutschen Funkausstellung in Berlin zum ersten Mal ein vollelektronisches **Fernsehen** gezeigt. 1938 fertigte Konrad Zuse einen programmierbaren Rechner und Vorläufer des modernen **Computers**.

1952 startete das Deutsche Fernsehen, 1963 begann das ZDF den Sendebetrieb, 1967 folgte das Farbfernsehen. In den 80er-Jahren kam es in der Bundesrepublik zur Gründung zahlreicher Privatsender. Die 80er- und 90er-Jahre brachten den Siegeszug von **Heimcomputer, Internet, World Wide Web** und **Handy**. Der Anteil der Internetbenutzer in Deutschland betrug 2018 etwa 84 % (2008: 65 %). Heute bieten Fernseh- und Rundfunkanstalten ein breites Angebot an Live-Streaming und Mediatheken (TV und Radio über das Internet).

Entwicklung der Kommunikationsmedien

Probleme der Massenmedien

Neben den positiven Wirkungen der Massenmedien (vgl. Aufgaben der Medien, S. 301 f.) lässt sich auch eine Reihe von Problemen erkennen.

- Zu den Kennzeichen moderner Gesellschaften gehört die stetig steigende **Fülle rasch wechselnder Informationen**, die eine eingehende und kritische Auseinandersetzung mit den Inhalten erschwert. Offenbar stößt dieses Informationsüberangebot an die Grenzen menschlicher Aufnahmefähigkeit: Es erweitert nicht geistige Horizonte, sondern führt eher zu einer **passiven** bis **resignativen Haltung**. Das erklärt auch das wachsende Bedürfnis nach trivial-unterhaltenden Medienangeboten, die Bevorzugung von Themen aus dem Spektrum „heile Welt“ und das Verlangen nach virtueller (Computerspiele) oder selbst geschaffener (soziale Medien) Realität.
- Medien müssen sich als Wirtschaftsunternehmen gegen Konkurrenten behaupten. In diesem täglichen Kampf spielt das schnelle Informationsangebot eine wichtige Rolle. Wer zuerst die besondere Nachricht der Öffentlichkeit präsentiert, gewinnt. Da liegt die Versuchung nahe, zeitintensives Recherchieren durch bloße **Spekulationen und Vermutungen** zu ersetzen. Weitere gängige Mittel zur Steigerung der Auflagen- und Einschaltquoten sind Emotionalisierung, Auf- und Abwertung sowie Übertreibung. Bei der Informationsauswahl steht oft nicht die Bedeutung des Ereignisses im Fokus, sondern dessen Reizpotenzial. Ein auf **Sensationsmache** ausgerichteter **Skandal-Journalismus** entfernt sich von einer seriösen Berichterstattung und fügt der Glaubwürdigkeit der Medien Schaden zu.
- **Politiker und Medien sind aufeinander angewiesen.** Die staatlichen Herrschaftsträger wollen mit journalistischer Hilfe sich selbst, ihre Vorstellungen und Pläne der breiten Öffentlichkeit präsentieren; die Medienvertreter versuchen, über die Politiker an Informationen zu gelangen. Da bei solchen Kontakten oft auch die eigene Karriere eine Rolle spielt, kann die zur Berichterstattung notwendige **journalistische Distanz** leicht

Informationsveränderung im medialen Kommunikationsprozess

verloren gehen. Ist die Informationsbeschaffung erschwert, kann es vorkommen, dass sich Journalisten ihre Themen von Interessenverbänden und Herrschaftsträgern vorgeben lassen und unreflektiert Sprache bzw. Inhalt von Politikeräußerungen übernehmen.

- Die Bezeichnung **„Vierte Gewalt“** für die Medien verweist nicht nur auf deren Kontrollfunktion gegenüber der Politik. In ihr schwingt auch das Unbehagen mit, Journalisten könnten ihre **Macht missbrauchen**. Es ist offensichtlich, dass Medienmehrheiten politische Entscheidungen mitbestimmen. Zunehmend folgen die Bürger nicht mehr ihrer eigenen Erfahrung und ihrem Urteil, sondern der von der Medienmehrheit propagierten Meinung. Bei Ereignissen in fernen Krisen- und Kriegsgebieten ist eine persönliche Wahrnehmung ohnehin nicht möglich. Medienmacht heißt deshalb: Macht über die Informationsauswahl und Faktenbewertung. Medien vermitteln nicht nur die Welt, sondern wollen auch im Mittelpunkt stehen, die Welt nach ihren Vorstellungen beeinflussen und verändern (vgl. lat. *medium* = Mittelpunkt, Öffentlichkeit). Es kommt also nicht auf die bloße Nachricht an, sondern auf das, was man aus ihr machen kann und macht, die mediensubjektive Bewertung des Ereignisses oder des Politikerverhaltens. Diese Macht erlaubt, mit Wort, Bild und Ton zu verherrlichen oder zu verdammen. Der Begriff **„Mediokratie“** (Medienherrschaft) verdeutlicht diese Macht.
- Den Medien wird häufig vorgeworfen, dass sie Sensationsgier, Nervenkitzel und Angstlust mit einem Übermaß an **Gewaltdarstellungen** befriedigen. Diese Kritik richtet sich sowohl auf dokumentarische Gewaltszenen (Szenen von Kriegsschauplätzen) als auch auf fiktionale Gewalt (z. B. Computerspiele). Besonders Kinder, die nur schwer zwischen Realität und Fiktion unterscheiden können, sind gefährdet. Es kann keine gewaltfreie Medienwelt geben, weil die Realität nicht gewaltfrei ist. Entscheidend sind vor allem die Art der Präsentation (Sachlichkeit, Beachtung der Menschenwürde) und der jeweilige Kontext (Ursachenanalyse). Oft ist die Darstellung von Kriegsschauplätzen eine Gratwanderung zwischen Informationspflicht und möglichen Auswirkungen.

Nach dem Rücktritt Christian Wulffs als Bundespräsident im Jahr 2011 wurde von vielen Seiten die Rolle der Medien kritisiert: Diese hätten verschiedene Vorwürfe gegen Wulff gezielt skandalisiert und zu einer Machtprobe zwischen Medien und Politik aufgebauscht

Das Internet im aktuellen Diskurs

Die rasante Verbreitung des Internets – ein Produkt der Digitalen Revolution – hat die Welt grundlegend verändert. Heute zeichnen sich seine Chancen, aber auch seine Risiken immer schärfer ab.

Das **Internet** ist der **größte Informationsvermittler und -speicher**. Die Möglichkeit, auf dieses **globale und ständig aktualisierte Wissen einfach und schnell zuzugreifen**, wird von seinen Nutzern besonders positiv bewertet. Dessen Einsatz, wirkungsvoll durch Algorithmen unterstützt, führt zu **neuen Erkenntnissen** und erleichtert **Entscheidungsfindungen**. Es **beschleunigt** den technisch-wissenschaftlichen **Fortschritt, optimiert Arbeitsprozesse und steigert** damit die **Lebensqualität**.

2008 fragte der SPIEGEL provokativ nach den Auswirkungen des Internets auf unsere Gehirnleistung.

Allerdings bereiten die großen, ohne Unterlass strömenden **Datenmengen** (Big Data) **Probleme**. Diese liegen im **Umfang**, in der **Suche**, der **Überprüfung** und der **Kontrolle der Daten**. Bereits der Zugriff auf die gewünschten Informationen bedarf der Hilfe von Suchmaschinen, von denen Google gleichsam eine Monopolstellung einnimmt. Überprüfung und rechtsstaatliche Kontrolle der rasch wechselnden, aus der ganzen Welt stammenden Daten sind nahezu unmöglich. Kritisch wird ebenfalls oft angemerkt, dass sorgloser Umgang mit dem Internet und eigene Bequemlichkeit die Fähigkeit reduzieren, komplexe Zusammenhänge zu durchschauen. Man befürchtet, dass das Internet allmählich das Gedächtnis seiner Nutzer ersetzt und geistige Leistungen, wie die Fähigkeit zu kritischem Urteil, übernimmt. Manche sprechen gar von „digitaler Demenz". Damit erhöht sich die **Anfälligkeit für Manipulationen**.

Das Internet **vereinfacht, verbilligt und erleichtert zwischenmenschliche Kontakte**. Es **erweitert zeitunabhängig den Kommunikationsradius** (vgl. Global Communities) und verkürzt damit den Abstand zwischen den weltweit verstreuten Kommunikationspartnern. Gegenüber den traditionellen Medien, bei denen sich die Kommunikation in der Regel einseitig gestaltet, es also keinen Rollenwechsel gibt, bietet das Internet die Möglichkeit, in Blogs und Foren selbst **aktiv an der Meinungsbildung teilzunehmen**. Wissenschaftler können sich über ihre Forschungen austauschen. In totalitären Staaten stellt das Internet oft die einzige **Möglichkeit der Opposition** dar, mit der Außenwelt in Kontakt zu treten. Allerdings unternehmen hier die politischen Machtträger alles, um unerwünschte Inhalte zu blockieren.

Blog: tagebuchartig geführte, öffentlich zugängliche Webseite
Internetforum (Pl. -foren): virtueller Ort zum Meinungsaustausch

2015 kürten die Sprachbeobachter der britischen Oxford Dictionaries ein Emoji zum Wort des Jahres.

Obwohl die sozialen Netzwerke (Facebook, Twitter, Instagram u. a.) stark auf Emotionalisierung setzen, wirkt die Internetkommunikation, bei der das unmittelbare persönliche Gegenüber fehlt, **unverbindlicher und anonymer**. Es handelt sich eben nicht um eine reale Gesprächssituation, in der auch Mimik, Gestik, Tonfall und Augenkontakt Stimmungen und Absichten vermitteln.
Die digitale Welt hat auch unsere **Sprache verändert**. Aus dem Englischen wurden zahlreiche Wörter übernommen und eingedeutscht, beispielsweise „googeln", „downloaden", „chatten", „skypen" oder „twittern". Als Ersatz für den nonverbalen Anteil einer Kommunikation hat sich ein spezifischer Netzjargon gebildet, der Gefühle durch Akronyme oder den Einbau von Emoticons anzeigen soll. Die Schnelligkeit des Nachrichtenaustauschs und Begrenzungen der Zeichenmenge (bei Twitter 140 Zeichen) führen zum Wegfall von Satzzeichen und Satzkürzungen sowie zur Verwendung von Kürzeln. Differenziertes Argumentieren wird dadurch erschwert. Während manche Wissenschaftler in der Entwicklung der Internetsprache ein Anzeichen von Lebendigkeit und Kreativität sehen, sprechen andere von Sprachverflachung, sprachlicher Anarchie und Kulturverlust.

Akronyme: Kurzwörter, die aus den Anfangsbuchstaben mehrerer Wörter gebildet werden, z. B. „lol" = „laughing out loudly"; „OMG" für „Oh my God!"
Emoticon / Emoji: Zeichen, das im digitalen Schriftverkehr Gefühle und Stimmungen ausdrückt

Oft geht es allerdings nicht um eine sinnvolle Argumentation zu einem aktuellen Thema. Im Kollektiv einer anonymisierten und globalisierten Welt wünschen sich viele Menschen, stärker **beachtet und anerkannt** zu werden. Sie sehen im Internet eine Chance, sich individuell einzubringen und reduzieren hier ihre Kommunikation auf bloße **Selbstdarstellung**. Der Erfolg ihrer Inszenierung hängt von der Menge der Follower ab, die durch Like-Klicks der Präsentation zustimmen. Dabei dürfen die Influencer im schnellen Kommunikationsfluss den Anschluss nicht verlieren. Kritiker verweisen auf mangelnde Unabhängigkeit durch Produktplatzierungen in den Beiträgen der Influencer.

Follower: Internet-Nutzer, die in den sozialen Netzwerken anderen Usern folgen
Influencer: Personen, die aufgrund ihrer dominierenden Rolle in den sozialen Netzwerken viele Anhänger haben

Für die Nutzer von Social Media steigt die **Suchtgefahr**. Die virtuelle Welt fungiert oft auch als Unterschlupf für Menschen, die im realen Leben Schwierigkeiten haben. Sie suchen in Foren Gleichgesinnte, um sich gegenseitig zu bestätigen und zu bestärken. Nicht selten handelt es sich um Personen mit politisch extremen Ansichten. Hier bildet das Internet eine fragwürdige **Flucht- und Profilierungsmöglichkeit**.
Datenschutz ist kostenaufwändig und bleibt letztlich **relativ**. Hacker-Angriffe lassen sich nicht völlig ausschließen und können zum kom-

pletten Datenverlust führen. In jedem Fall bedeutet die Preisgabe persönlicher Daten im Netz ein nicht zu unterschätzendes Risiko. Denn diese Angaben zu unserer digitalen Identität lassen sich zu **kriminellen Zwecken** missbrauchen (Identitätsdiebstahl). Beim **Cyber-Mobbing** werden die Opfer beleidigt, eingeschüchtert und sozial ausgegrenzt. Der zugefügte psychische Schaden ist dann oft nur schwer zu beheben. Manche Personen (Trolle), die in der Regel ihre Identität verbergen, legen es darauf an, die Kommunikation innerhalb einer Internet-Community zu stören. Sie provozieren, schikanieren und schüren damit Konflikte. **Hassreden und Hasskommentare** in Blogs und Internetforen haben meist einen fremdenfeindlichen, rassistischen Inhalt und werden in Deutschland juristisch geahndet, wobei ihre große Menge die Bearbeitung und Bekämpfung vor erhebliche Herausforderungen stellt.

Die Möglichkeiten der neuen Technologien finden im **wirtschaftlichen und politischen Bereich breites** Interesse. Zur Absatzsteigerung setzen Firmen **Algorithmen** ein und ermitteln aus früheren Suchanfragen, aus Kaufverhalten und ins Netz gesetzten persönlichen Daten passgenaue Vorschläge für die Nutzer (Data-Mining). Mit dem sog. **Big Nudging** versucht man, die Bürger „anzustupsen" und zu einer bestimmten Handlung zu bewegen, im Extremfall manipulativ zu steuern. Die unbedachte, kritiklose Übernahme solcher „Angebote" könnte **abhängig** machen, die individuelle **Entscheidungs- und Entfaltungsfreiheit beeinträchtigen** und in letzter Konsequenz die **Bürger zu bloßen Befehlsempfängern** degradieren. Das würde die Errichtung einer Diktatur begünstigen. Ein Beispiel für politische Einflussnahme ist das Social Scoring in China, durch das Menschen nach ihrem persönlichen Verhalten belohnt oder bestraft werden.

Data-Mining: Methode zum Erkennen von Gesetzmäßigkeiten, Mustern, Trends innerhalb großer Datenmengen

Social Scoring: Datenauswertung zur Verhaltensbeurteilung

Eine Form der manipulativen Einflussnahme sind **Fake News**. Sie vermitteln bewusst unwahre Behauptungen, um politischen Gegnern zu schaden.

Im **Wettbewerb mit dem Internet** haben die **traditionellen Medien** an Quoten und Auflagen verloren (siehe S. 300). Dies **belastet die journalistische Arbeit** und könnte die Aufgabe der Medien als Kontrollorgan der Politik und glaubwürdige Bildungs- und Kulturträger beeinträchtigen (siehe S. 305). Die Fülle rasch wechselnder und sich verbrauchender Informationen erschwert ein sorgfältiges, zeitaufwändiges Recherchieren. Damit wächst die Versuchung, Seriöses dem Sensationellen und Populistischen zu opfern. Zusätzlich haben sich die Journalisten gegen rechtsextreme Hetze zu behaupten. In den letzten Jahren ist die Anzahl der **Anfeindungen, Drohungen und gewalttätigen**

Übergriffe gegenüber Journalisten beunruhigend gestiegen (vgl. „Lügenpresse"). Um die Pressefreiheit als ein besonderes Verfassungsgut zu wahren, muss sich die **Politik** noch stärker ihrer **Verantwortung** für den Schutz der journalistischen Arbeit bewusst werden. Für Journalisten ist es wichtig, ihre Arbeitsweisen dem Konsumenten nachvollziehbar zu machen. Es gilt, trotz Internet-Konkurrenz, erhöhtem Arbeitsdruck und unzureichendem öffentlichen Schutz **achtsam mit Inhalt und Sprache** der Beiträge umzugehen. Der Verrohung, wie man sie im emotional und aggressiv aufgeladenen Wortschatz des extrempolitischen Spektrums findet, sollte man rational-kritisch begegnen. Ein gefährliches Vokabular, wie „Flüchtlingswelle" und „Flüchtlingslawine", das durch den Vergleich mit Naturkatastrophen Ängste schürt, darf nicht kommentarlos übernommen werden.

Auch **der Nutzer ist gefordert**, Inhalte im Internet und den sozialen Netzwerken auf ihren Wahrheitsgehalt zu prüfen und zweifelhafte Beiträge nicht unhinterfragt zu akzeptieren und zu verbreiten.

Übersicht: Sprache – Kommunikation – Medien

Sprache	**Bedeutungskomponenten** • langage: Sprachkompetenz • langue: Einzelsprache • parole: Sprechen
	Funktionen • Medium des Denkens, der Weltbenennung u. -Gestaltung • Ausdruck künstlerisch-kreativer Handlung • Informationsvermittler, Bildungsinstrument • Konservierungsmittel • gemeinschaftbildendes Kommunikationsmittel
	Ursprungstheorien • Sprache von ursprünglicher Natur (auf Gott zurückgehend) • an menschliche Vereinbarung u. an menschliche Entwicklung gebunden
	Sprachwandel Veränderungsprozess natürl. Sprachen im Zeitverlauf; Ursachen: soziokulturelle, wirtschaftliche u. politische Veränderungen; betroffen: alle Ebenen des Systems (Anzahl d. Wörter, Aussprache, Schreibweise, Grammatik, Bedeutung)
	Hochsprache und Dialekt • Dialekt: regional begrenzt, der mündlichen Kommunikation vorbehalten; bildhaft, konkret-lebensnah, affektiv; gegenwärtig: Dialekt-Renaissance • Hochsprache: aus Dialekten entwickelt (Ausbau v. Verkehr, Handel u. Verwaltung), geeignet für komplexe u. abstrakte Sachverhalte, überregionale Kommunikation
	Fach- und Berufssprachen • Funktionen: Sondersprache von Berufs- u. Interessengruppen; gruppenspezifische Kommunikation • Merkmale: Präzision, Eindeutigkeit, Effizienz • Problem: Ausschluss d. Öffentlichkeit; Erschweren der polit. Teilhabe (Behördensprache)
	Jugendsprache • Funktionen: altersspezifische „Kontrasprache“; gruppeninterne Kommunikation, Identitätsfindung innerhalb der Gruppe; Ethnolekt: Sprechstil einer ethnischen Minderheit • Merkmale: Distanz zur Hochsprache, Übertreibung, Intensität, Emotionalität, Syntax-Auflösung
	Sprache, Denken, Wirklichkeit • gegenseitige Abhängigkeit von Sprache u. Denken • Denken maßgeblich von Sprache bestimmt • Erkenntnis nur innerhalb sprachl. Grenzen möglich

Kommunikation	**Arten** verbale (= sprachliche) u. nonverbale (= nicht sprachliche) Kommunikation
	Formen • Selbstkommunikation: innere Verarbeitung von Wahrnehmungen u. Bewusstseinsinhalten • Zwischenmenschliche Kommunikation: Informationsaustausch zw. Personen • Massenkommunikation: öffentliche, durch Medien vermittelte Information
	Kommunikationsmodell • soziokultureller Kontext, Informationsquelle, Auslöser • Information → Person → Sender → Codierung d. Botschaft → Kanal → Empfänger →Decodierung d. Botschaft → Person im spezifischen Umfeld → Wirkung
	Sprachliches Zeichen • Verbindung von Ausdruck (das Bezeichnende) u. Inhalt (das Bezeichnete) • Dimensionen: syntaktische (Verhältnis d. Zeichen untereinander), semantische (Bedeutung d. Inhalts), pragmatische (Gebrauch d. Zeichens) Dimension • Funktionen (Bühler): Ausdruck, Appell, Darstellung; Kommunikationsquadrat (Schulz v. Thun): Selbstoffenbarung, Sachinhalt, Appell, Beziehung
	Einflüsse u. Störungen • Einflüsse: Situation, Beteiligte, Thema • Störungen: beim Sprecher, der Übermittlung, dem Empfänger
Medien	• Einteilung in Printmedien, audiovisuelle Medien, elektronische Medien • Aufgaben: Information, Bildungs- u. Kulturträger, Unterhaltung, Aktivierung der Wirtschaft, Meinungsbildung, Vermittlung von Handlungsmustern u. Orientierung
	Problematische Auswirkungen • Überangebot an Informationen: Desensibilisierung, Passivität, Flucht in triviale Unterhaltung • Medien im Konkurrenzkampf: Schnelligkeit statt Genauigkeit; Sensationsmache, Skandal-Journalismus • Meinungsbildung: Medien im Dienst der Herrschaftsträger; Medien als Herrschaftsträger („Mediokratie", „Vierte Gewalt") • Medien und Gewalt: dokumentarische und fiktionale Gewaltszenen; Problem von Nachahmungshandlungen

Internet – Pro und Kontra

Pro

- größter Informationsvermittler und -speicher; einfacher, schneller Zugriff auf umfangreiches, aktuelles Wissen → Beschleunigung des technisch-wissenschaftlichen Fortschritts, Steigerung der Lebensqualität
- Chance einer einfachen, billigen, zeitunabhängigen, zeitsparenden und weltweiten Kommunikation mit neuen kreativen Sprachformen (geprägt von Kurzwörtern, Abkürzungen und Emoticons)
- Möglichkeit zur aktiven Teilnahme am Meinungsbildungsprozess

Kontra

- Probleme bei der Verarbeitung und Überprüfung großer Datenmengen: Monopolisierung von Suchmaschinen; Internet als Gedächtnisersatz; Verlust kritischer Reflexion, dadurch Anfälligkeit für Manipulation
- Unverbindlichkeit und Anonymität der Internet-Kommunikation; Suchtgefahr; fragwürdige Flucht- und Profilierungsmöglichkeit; Angst vor Sprachverflachung durch Internetsprache
- mangelnde Sicherheit; wachsende Angriffsmöglichkeiten für Hacker; Missbrauch persönlicher Daten zu kriminellen Zwecken (Cyber-Mobbing; Trolling; Big Nudging; Identitätsdiebstahl); Einsatz von Algorithmen in Wirtschaft und Politik → Einschränkung persönlicher Entscheidungsmöglichkeit; Fake News; Hasskommentare
- Quoten- und Auflagenverlust bei traditionellen Medien → Belastung journalistischer Arbeit: Gefahr des Populismus, nachlässiger Umgang mit Sprache

Literaturhinweise

ANDREOTTI, M.: Die Struktur der modernen Literatur. Bern, Stuttgart ^{2}1990
BOHN, V.: Deutsche Literatur seit 1945. Frankfurt/M. 1995
BORMANN, A. v.: Gebremstes Leben, Groteske und Elegie. Zur Literatur in den neuen Bundesländern seit der Wende. In: Aus Politik und Zeitgeschichte. Beilage zur Wochenzeitung *Das Parlament.* B13 /98. S. 31–39
BRAAK, I.: Poetik in Stichworten. Kiel ^{5}1974
BRENDEL, A.: Textanalysen II. München ^{2}1977
BUCHWALD, M.: Medien-Demokratie. Auf dem Weg zum entmündigten Bürger. Berlin 1997
DAEMMRICH, H. S. u. I.: Themen und Motive in der Literatur. Tübingen 1987
DEUTSCHE AKADEMIE FÜR SPRACHE UND DICHTUNG, UNION DER DEUTSCHEN AKADEMIEN DER WISSENSCHAFTEN (Hrsg.): Reichtum und Armut der deutschen Sprache. Erster Bricht zur Lage der deutschen Sprache. Berlin, Boston 2013
EMMERICH, W.: Kleine Literaturgeschichte der DDR. Erweiterte Neuausgabe. Leipzig 1996
FRENZEL, E.: Stoffe der Weltliteratur. Stuttgart ^{3}1970
FRENZEL, H. A. u. E.: Daten deutscher Dichtung. Chronologischer Abriß der deutschen Literaturgeschichte. 2 Bde. München ^{34}2004
GLEISSNER, H.: Rhetorik. München 1973
GLÜCK, H. (Hrsg.): Metzler Lexikon Sprache. Stuttgart, Weimar 2010
GODERBAUER-MARCHNER, G.: Medien verstehen. Konstanz 2011
GOETTE, J.: Methoden der Literaturanalyse im 20. Jahrhundert. Frankfurt/M. ^{5}1979
GUTHKE, K. S.: Das deutsche bürgerliche Trauerspiel. Stuttgart ^{4}1984
GUTZEN, D. u. a.: Einführung in die neuere deutsche Literaturwissenschaft. Berlin ^{3}1979
HARTMANN, F.: Medien und Kommunikation. Wien ^{2}2013
HOFFMANN, F. G., RÖSCH, H., neu bearbeitet von RÖSCH, H. u. a.: Grundlagen, Stile, Gestalten der deutschen Literatur. Berlin 1998
HOHENDAHL, P. U.: Literaturkritik und Öffentlichkeit. München 1974
HUMBOLDT, W. v.: Schriften zur Sprache. Frankfurt/M. o. D.
KANZOG, K.: Erzählstrategie. Heidelberg 1976
KAYSER, W.: Das sprachliche Kunstwerk. Bern 1975
KESTING, M.: Das epische Theater. Zur Struktur des modernen Dramas. Stuttgart ^{5}1972
KILLY, W.: Wandlungen des lyrischen Bildes. Göttingen ^{7}1978
KLOTZ, V.: Geschlossene und offene Form im Drama. München ^{10}1980
KÖNIG, W.: dtv-Atlas Deutsche Sprache. Tafeln und Texte. München ^{17}2011
KRAFT, TH. (Hrsg.): Lexikon der deutschsprachigen Gegenwarts-Literatur seit 1945. 2 Bde. München 2003
KRYWALSKI, D.: Wege zur Philosophie: ein Text- und Arbeitsbuch. Grundlagentexte zur Philosophie (Sekundarstufe II). München 1996

LÄMMERT, E.: Bauformen des Erzählens. Stuttgart [8]1983
MANN, O.: Geschichte des deutschen Dramas. Stuttgart 1963
MAST, C. (Hrsg.): ABC des Journalismus. Ein Leitfaden für die Redaktionsarbeit. Konstanz [8]1998
METZLER-Literatur-Lexikon: s. SCHWEIKLE, G. u. I.
MEYN, H.: Massenmedien in Deutschland. Konstanz [2]2014
OELMÜLLER, W., DÖLLE-OELMÜLLER, R.: Diskurs: Sprache. Paderborn, München u. a. 1991 (= UTB 1615)
OPITZ, M., OPITZ-WIEMERS, C.: Tendenzen in der deutschsprachigen Gegenwartsliteratur seit 1989. In: Deutsche Literaturgeschichte. Von den Anfängen bis zur Gegenwart. Stuttgart, Weimar [7]2008. S. 666–740
PESTALOZZI, K.: Die Entstehung des lyrischen Ich. Berlin 1970
PFISTER, M.: Das Drama. Theorie und Analyse. München [4]1984
PLETT, H.: Textwissenschaft und Textanalyse. Heidelberg 1975
SALMON, W.: Logik. Stuttgart 1990
SCHLOSSER, H. D.: dtv-Atlas zur deutschen Literatur. Texte und Tafeln. München 1983
SCHLÜTER, H.: Sonett. Stuttgart 1979
SCHNEIDER, M.: Schauen Sie jedes Wort kurz an. In: BJVreport 1/2019, S. 10–12
SCHNEIDER, W.: Wörter machen Leute. Magie und Macht der Sprache. München, Zürich [3]1986
SCHRADER, M.: Epische Kurzformen. Theorie und Didaktik. Königstein 1980
SCHWEIKLE, G. u. I. (Hrsg.): Metzler Literatur Lexikon. Begriffe und Definitionen. Stuttgart [2]1990
STÄNDIGE KONFERENZ DER KULTUSMINISTER DER LÄNDER IN DER BUNDESREPUBLIK DEUTSCHLAND: Bildungsstandards im Fach Deutsch für die allgemeine Hochschulreife. Beschluss der Kultusministerkonferenz vom 18. 10. 2012
STANZEL, F. K.: Typische Formen des Romans. Göttingen [9]1979
WELLEK, R., WARREN, A.: Theorie der Literatur. Berlin 1966
WIEGMANN, H.: Geschichte der Poetik. Ein Abriß. Stuttgart 1977
WILPERT, G. v.: Sachwörterbuch der Literatur. Stuttgart [5]1969
WINKELS, H.: Gute Zeichen. Deutsche Literatur 1995–2005. Köln 2005
WITTGENSTEIN, L.: Logisch-philosophische Abhandlung. Tractatus logico-philosophicus. Frankfurt/ M. 2013 (= edition suhrkamp 2429)
WUCHERPFENNIG, W.: Geschichte der deutschen Literatur. Von den Anfängen bis in die Gegenwart. Stuttgart [3]1997
WUNDEN, W. (Hrsg.): Medien zwischen Macht und Moral. Beiträge zur Medienethik. Stuttgart 1989
ZIRBS, W. (Hrsg.): Literaturlexikon: Daten, Fakten und Zusammenhänge. Berlin 1998

https://statistik.arbeitsagentur.de/Statistikdaten/Detail/201512/analyse/analyse-arbeitsmarkt-zeitreihen/analyse-arbeitsmarkt-zeitreihen-d-0-201512-pdf.pdf (24. 07. 2019)
https://de.wikipedia.org/wiki/Digitale_Revolution (24. 07. 2019)
https://de.wikipedia.org/wiki/Medienp%C3%A4dagogik (24. 07. 2019)
https://www.spektrum.de/news/wie-algorithmen-und-big-data-unsere-zukunft-bestimmen/1375933 (24. 07. 2019)

Bild- und Textquellenverzeichnis

Umschlagbild: © huber-images.de/Smetek Wieslaw

Seiten:
1 (von links oben nach unten): Werner Winkler; © andresr – Fotolia; Cesare Maccari, Fresko im Palazzo Madama, Rom 1889; **15:** ullstein bild – Fondation Horst Tappe; **19:** © Cukurs/Dreamstime.com; **20:** Portrait von Karl Klimsch, ca. 1909; **22:** Jebulon, http://commons.wikimedia.org/wiki/File:Cicero_statue_courthouse,_Rome,_Italy.jpg, public domain; **30:** Pieter Claesz: Stillleben mit Totenkopf, Folianten, Taschenuhr und erloschener Öllampe. Ca. 1630, Öl auf Holz. Mauritshuis, Den Haag; **36:** PT Images. Shutterstock; **44:** ullstein bild – Sven Simon; **49** (von links oben nach unten): © DBPics – Fotolia.com; Carl Spitzweg: Der arme Poet. 1839, Öl auf Leinwand. Neue Pinakothek; Wikipedia: Foto H.- P. Haack; **50:** Johann Spies: Historia von D. Johann Fausten. Frankfurt/M.: 1587; **55:** Michael Kumpfmüller: Die Herrlichkeit des Lebens. Köln: Kiepenheuer & Witsch 2011 (Beispiel oben); Alfred Döblin: Berlin Alexanderplatz. Die Geschichte vom Franz Biberkopf. Berlin: S. Fischer 1929 (Beispiel unten); **56:** Max Frisch: Stiller. Frankfurt/Main: Suhrkamp 1954 (Beispiel oben); Heinrich Böll: Ansichten eines Clowns. Köln: Kiepenheuer & Witsch, 1963 (Beispiel unten); **66:** Johannes von Tepl: Der Ackermann aus Böhmen. Stuttgart: um 1470. Universitätsbibliothek Heidelberg, Cod. Pal. germ. 76, fol. 3r; **67:** ddp images; **69:** Franz Kafka: Die Verwandlung. Leipzig: Kurt Wolff 1916; **72:** Zacarias Pereira da Mata. Shutterstock; **73:** Moritz von Schwind: Morgenstunde. 1858, Öl auf Leinwand. Sammlung Schack, München; **79:** unbekannter Künstler (Faksimile/Holzschnitt aus Madrid aus dem Jahr 1929 vom Original 1489); **80:** ullstein bild – AP; **81:** Jacob und Wilhelm Grimm: Kinder- und Hausmärchen. Erster Theil. 2. Aufl. Berlin: Georg Andreas Reimer 1819; **82:** Ein kurtzweilig Lesen von Dyl Vlenspiegel geboren uss dem Land zu Bunsswick. Straßburg: 1515; **84:** Fotograf: Andreas Praefcke, http://commons.wikimedia.org/wiki/File:Groschenromane.jpg, public domain; **85:** Umberto Eco: Der Name der Rose. München: dtv 1986; **87** (von links nach rechts): Foto H.-P. Haack, http://commons.wikimedia.org/wiki/File:Fontane_Effi_Briest_(1896).jpg bzw. http://commons.wikimedia.org/wiki /File:Remarque_Im_Westen_nichts_Neues_1929.jpg, lizensiert unter cc-by-sa 3.0 (links/ Mitte); Siegfried Lenz: Deutschstunde. München: dtv 2006 (rechts); **91** (von oben nach rechts unten): © Ivan Bastien – istockphoto; picture-alliance; www.st-koenigshausen.blogspot.de; **92:** römische Theatermasken (Mosaik, um 100 v. Chr.) Kapitolinische Museen, Rom; **93:** Foto: shakko, http://commons.wikimedia.org/wiki/File:Sophocles_pushkin.jpg, lizensiert unter cc-by-sa 3.0; **99:** ullstein bild – Lieberenz; **100:** ullstein bild – Will; **103:** © Simone Manthey; **106:** © Juliane Zitzlsperger; **109:** Jörg Landsberg; **110:** picture-alliance / KPA Copyright; **111:** Büste von Aristoteles. Römische Kopie nach dem griechischen Bronze-Original von Lysippos, um 330 vor Chr. Foto: Jastrow (2006); **117** (von links oben nach unten): Apollon, römische Marmorstatue, ca. 200 nach Chr. Foto: Jastrow (2006); www.visipix.com; Eugen Gomringer: schweigen, aus: ders.: 33 Konstellationen, St.Gallen: Tschudy, 1960; **118:** Pearson Scott Foresman, http://commons. wikimedia.org/wiki/File:Lyre_(PSF).png, public domain; **125:** Albert Sterner, http://en.wikipedia.org/wiki/Image:Erl_ king_sterner.jpg; **126:** Altichiero da Zevio: Porträt des Francesco Petrarca, ca. 1370–1380; **130:** picture-alliance/dpa; **131:** Gottfried Benn: Statische Gedichte. Zürich: Verlag Die Arche 1948 (Beispiel Kreuzreim); **132:** John Foxx Collection. Imagestate; **133:** © Thomas Lammeyer – Dreamstime.com; **134:** Tischenko Irina. Shutterstoc; **139** (von links oben nach unten): Michel de Montaigne: Essais de Michel seigneur de Montaigne. Cinquième edition, augmentée d'un troisième livre. Paris: Abel L'Angelier 1588; Blend Images – Colin Anderson; © Franckgrondin – Dreamstime.com; **141:** © imago – Rüdiger Wölk; **142:** Thilo Sarrazin: Deutschland schafft sich ab. Wie wir unser Land aufs Spiel setzen. München: DVA 2010; **144:** akg-images; **149** (von links oben nach unten): © Bernd Lammel, Deutsche Bahn AG; © unitypix – Fotolia.com; © Izabela Habur/istockphoto.com; **159:** Anastasios71. Shutterstock; **162:** VLADGRIN. Shutterstock; **165** (von links oben nach unten): Fotovika. Shutterstock; © Franz Pflügl – Fotolia.com; © Domencolja – Dreamstime.com; **166:** Ständige Konferenz der Kultusminister der Länder in der Bundesrepublik Deutschland: Bildungsstandards im Fach Deutsch für die allgemeine Hochschulreife. Beschluss der Kultusministerkonferenz vom 18.10.2012, S. 31; **169:** Daten nach BDZV, IVW. Grafik: Statista, lizenziert unter cc-by-nd-3.0; **173** (von oben nach rechts unten): © steschum – Fotolia.com; Caspar David Friedrich: Kreidefelsen auf Rügen. Öl auf Leinwand, ca. 1818. Museum Oskar Reinhart, Winterthur; ullstein bild – ullstein bild; **176:** Andreas Gryphius, Kupferstich von Philipp Kilian, 17. Jh.; **177:** akg-images; **178:** Martin Opitz: Buch von der Deutschen Poeterey. Breslau: Müller/Brieg/Gründer 1624. Foto: Deutsches Textarchiv; **179:** Hans Jakob Christoffel von Grimmelshausen: Der Abentheurliche Simplicissimus Teutsch. Monpelgart [vielm.

Nürnberg]: Fillion [vielm. Felsecker] 1669; **183:** Gemälde von Johann Gottlieb Becker, ca. 1775. Schiller-Nationalmuseum und Deutsches Literaturarchiv Marbach; **184:** picture-alliance/Wolfgang Hilse; **185:** Alexis Peyrotte: Acanthus Leaf Design. Kupferstich, 1740. Cooper-Hewitt, Smithsonian Design Museum; **186:** Schabkunstblatt von Anna Maria Werner (1688–1753) nach einer Zeichnung von J. J. Hand (oben); Gemälde von Anton Graff, 1771. Kunstsammlung Uni Leipzig (unten); **187:** Charles Dudley Warner (Ed.): Library Of The World's Best Literature, Ancient And Modern. Vol. 2. New York: Pearle & Hill 1896; **192:** Kupferstich von Daniel Berger nach Nikolaus Daniel Chodowiecki, 1775; **193:** Ölgemälde von Ludovike Simanowiz, 1793/94; **194:** Christoph Sebastian; **195:** Gemälde von Johann Georg Ziesensis, 1776; **197:** Laokoon-Gruppe. Marmor, Nachbildung aus hellenistischem Original von 200 v. Chr. Vatikanische Museen. Foto: Marie-Lan Nguyen (2009); **198:** Goethezeitportal, www.goethezeitportal.de; **199:** Johann Heinrich Wilhelm Tischbein: Goethe in der Campagna. Öl auf Leinwand, 1787. Städel'sches Kunstinstitut, Frankfurt a. M.; **200:** © I-pics – Fotolia.com; **201:** picture-alliance/dpa (oben); Pastellbild von Franz Karl Hiemer, 1792 (unten); **202:** Zeichnung (um 1830) von Wilhelmine von Zenge nach einer Vorlage von Peter Friedel; **203:** ullstein bild – Binder; **206:** Caspar David Friedrich: Der Wanderer über dem Nebelmeer. Öl auf Leinwand, ca. 1818. Kunsthalle Hamburg; **207:** Wikipedia: Foto H.- P. Haack; **208:** Lithografie nach einem Gemälde von Franz Theodor Kugler, 1832 (oben); Stich von Ludwig Buchhorn nach einer Kreidezeichnung E.T.A. Hoffmanns, 1823 (unten); **209:** Kupferstich von Eduard Eichens, 1845; **211:** Ludwig Tieck: Der gestiefelte Kater. Ein Kindermärchen in drey Akten. Mit Zwischenspielen, einem Prologe und Epiloge. Berlin: Nicolai 1797; **214:** ullstein bild – Archiv Gerstenberg; **215:** Zeichnung von August Hoffmann, vermutlich 1833/34; **216:** picture-alliance/dpa; **217:** Radierung von Eduard Mandel nach einer Zeichnung von Franz Theodor Kugler, 1854 (oben); Lithografie von Bonaventura Weiß, 1851 (unten); **218:** Druck (o. J.) nach einer Fotografie; **219:** Carl Spitzweg: Im Dachstübchen. Öl auf Pappe, 1882; **222:** Bundesarchiv, Bild 183-R68588/Fotograf: unbek., 1871/Lizenz CC-BY-SA 3.0; **223:** Karl May: Der Schatz im Silbersee. Stuttgart: Union 1894 (oben); Theodor Fontane um 1890 (unten); **224:** Nik Schölzel (oben); Foto: Johannes Ganz, 1885 (unten); **225:** Lithografie/Plakat von Emil Orlik, 1897; **226:** Foto von 1886; **227:** Lithographie von Eduard Kaiser, 1840; **228:** picture-alliance/dpa; **229:** Gerhart Hauptmann: Bahnwörter Thiel. In: Der Apostel. Berlin: S. Fischer 1892; hier verwendete Ausgabe/Fundstelle: Hauptmann, Gerhart: Bahnwärter Thiel und andere Meistererzählungen. Berlin: Ullstein Buchverlage 2006; **231:** August Macke: Marienkirche mit Häusern und Schornstein. Öl auf Leinwand, 1911. Kunstmuseum Bonn; **235:** Gerhart Hauptmann: Die versunkene Glocke. In Bildern von Heinrich Vogeler. Berlin: Fischer & Franke 1898; **236:** Claude Monet: Impression, Sonnenaufgang. Öl auf Leinwand, 1872. Musée Marmottan Monet; **237:** Foto: Jacob Hilsdorf, 1910 (oben); Foto: um 1900 (unten); **238:** Fotografie von Ferdinand Schmutzer, ca. 1912; **239:** Foto: Nicola Perscheid, 1910; **240:** Foto: Notafly; **243:** Ernst Ludwig Kirchner: Nollendorfplatz. Öl auf Leinwand, 1912. Stiftung Stadtmuseum Berlin; **244:** Bundesarchiv, Bild 183-1984-1116-500/Fotograf: unbek., 1934/Lizenz CC-BY-SA 3.0 (oben); Foto: Winter 1923/24 (unten); **245:** Der blaue Engel. Regie: Josef von Sternberg. UFA, 1930; **246:** ullstein bild – Heritage Images/Fine Art Images; **247:** Foto: Frank Hurley, 1917. Australian War Memorial, ID E01220; **248:** Alfred Döblin: Berlin Alexanderplatz. Die Geschichte vom Franz Biberkopf. Berlin: S. Fischer 1929; hier verwendete Ausgabe/Fundstelle: Alfred Döblin: Berlin Alexanderplatz. Die Geschichte vom Franz Biberkopf. Berlin 1986, S. 9 ff. (Lizenzgeber: Walter Verlag, Düsseldorf); **250:** ullstein bild – Binder; **251:** Bundesarchiv, Bild 183-W0409-300 / Fotograf: Jörg Kolbe, 1954/Lizenz CC-BY-SA 3.0 (oben); The Nobel Foundation, 1946 (unten); **252:** The Nobel Foundation, 1929 (oben); Thomas Mann: Der Tod in Venedig. Frankfurt/Main: Fischer-Taschenbuch-Verlag 1992 (unten); **253:** Robert Musil: Die Verwirrungen des Zöglings Törleß. Wien/Leipzig: Wiener Verlag 1906; **254:** ullstein bild – ullstein bild; **255:** Erich Kästner: Doktor Erich Kästners lyrische Hausapotheke, Zürich: Atrium 2000; hier verwendete Ausgabe/Fundstelle: Erich Kästner: „Ich denke dein", Deutsche Liebesgedichte. Berlin: Verlag der Nation, S. 251; **257:** akg-images; **258:** Wikipedia: Foto H.- P. Haack; **262:** CIA Historical Collection; **263:** Foto: Jeremy J. Shapiro, April 1964, lizensiert unter cc-by-sa 3.0. URL: http://commons.wikimedia.org/wiki/File:AdornoHorkheimerHabermasbyJeremyJShapiro2.png; **264:** ullstein bild – Boris Spahn; **265:** Bundesarchiv, B 145 Bild-F062164-0004/Fotograf: Harald Hoffmann, 1981/Lizenz CC-BY-SA 3.0; **267:** ullstein bild – Dagmar Scherf; **268:** Foto um 1910; Günter Eich: Abgelegene Gehöfte. Frankfurt/M.: Schauer 1948; hier verwendete Ausgabe/Fundstelle: Günter Eich: Gesammelte Werke. Band 1: Die Gedichte. © Suhrkamp Verlag Frankfurt 1973; S. Ulrich Plenzdorf: Die neuen Leiden des jungen W. Rostock: Hinstorff 1973 (an die neue Rechtschreibung angepasst); **270:** picture alliance/ZB; **271:** Bundesarchiv, Bild 183-63679-0006/ Fotograf: Schmidt, 1959 / Lizenz CC-BY-SA 3.0; **272:** Foto: Günter Prust, lizensiert unter cc-by-sa 3.0. URL: http://commons.wikimedia.org/wiki/File: Ulrich_Plenzdorf_(1993)_by_ Guenter_Prust.jpg (oben); Bundesarchiv, Bild 183-1989-1027-300 / Fotografin: Katja Rehfeld, 1989 / Lizenz CC-BY-SA 3.0 (unten); **274:** picture alliance/AP Images; **275:** picture alliance/ZUMA Press; **276:** © Das blaue Sofa/Club Bertelsmann, http://commons.wikimedia.org/wiki/File: G%C3%BCnter_Grass_beim_Blauen_Sofa.jpg, cc-by-sa 2.0; **278:** Hape Kerkeling: Ich bin dann mal weg. Meine Reise auf dem Jakobsweg. München: Malik 2006; **279:** picture alliance/dpa; **280:** © dpa – Report; **281:** Foto: Blaues Sofa, Berlin, lizensiert unter cc-by-sa 2.0. URL:

http://commons.wikimedia.org/wiki/File: Gruppe_47_-_Sechzig_Jahre_danach_9.jpg; **282:** Allstar/THE WEINSTEIN COMPANY; **283:** Daniel Kehlmann: Die Vermessung der Welt. Reinbek: Rowohlt 2008; **284:** Foto: Arne List, lizensiert unter cc-by-sa 3.0. URL: http://commons.wikimedia.org/ wiki/File:Feridun_Zaimoglu_Mietmaler_bw.jpg; **286:** Foto: Stefan Kirchknopf/Theater tri-bühne Stuttgart; **287:** Jan Wagner: Regentonnenvariationen. Copyright © 2019 Carl Hanser Verlag, München; **289** (von links oben nach unten): © Rawpixel – fotolia.com; © Eisenhans – fotolia.com; picture alliance/dieKLEINERT.de/Thomas Kuhlenbeck; **291:** Coronation Gospels, British Library; **294:** Werner König: dtv-Atlas Deutsche Sprache. München: Deutscher Taschenbuch Verlag 2001; **295:** Heike Wiese: Kiezdeutsch – Ein neuer Dialekt entsteht. München: Verlag C.H. Beck 2012; **296:** © pistolseven. Shutterstock; **298:** nach Ferdinand de Saussure: Grundfragen der allgemeinen Sprachwissenschaft, 3. Aufl. Berlin: de Gruyter 2001; **299:** nach Karl Bühler: Sprachtheorie: Die Darstellungsfunktion der Sprache. Jena: G. Fischer 1934; **300:** nach Friedemann Schulz von Thun, http://www.schulz-von-thun.de/index.php? article_id=71, Zugriff am 14.10.14; **303:** TrendONE GmbH; **305:** Foto: Bernd Schwabe; http://upload.wikimedia.org/wikipedia/commons/5/59/2014-02-27_Freispruch_f%C3%BCr_Christian_Wulff%2C_%28234%29_der_Ex-Bundespr% C3%A4sident_und_seine_Verteidiger_Bernd_M%C3%BCssig_%28re.%29_und_Michael_Nagel_vor_den_Mikrofonen_%28und_Fernseh-Kameras%29.JPG; lizensiert unter CC-BY-SA-3.0 unported; **306:** DER SPIEGEL 33/2008; **307:** By permission of Oxford University Press, www.oup.com

Stichwortverzeichnis